—2012年辑—
河南社会科学文库

河南社会科学文库编委会

主 任 李恩东 杨 杰
委 员 (以姓氏笔画为序)
　　　　王喜成　　王朝纪
　　　　关玉梅　　张钢杰
　　　　李自强　　李恩东
　　　　杨 杰　　孟繁华
　　　　唐玉宏

论道德自我的价值实现

—※—

杨伟涛　著

河南人民出版社

图书在版编目(CIP)数据

论道德自我的价值实现 / 杨伟涛著. — 郑州：河南人民出版社, 2013.6
(河南社会科学文库. 2012年辑)
ISBN 978 - 7 - 215 - 08331 - 8

Ⅰ. ①论… Ⅱ. ①杨… Ⅲ. ①道德 - 价值(哲学) - 研究 Ⅳ. ①B82

中国版本图书馆 CIP 数据核字(2013)第 017022 号

河南人民出版社出版发行
(地址：郑州市经五路66号　邮政编码：450002　电话：65788050)
新华书店经销　河南省瑞光印务股份有限公司印刷
开本　710毫米×1000毫米　1/16　印张　20
字数　300千字
2013年6月第1版　　2013年6月第1次印刷
定价：69.00元

总 序

　　哲学社会科学研究具有社会公益性,是繁荣发展哲学社会科学、推动社会进步的重要根基。为支持和鼓励河南哲学社会科学研究成果走上交流平台,进入公众视野,发挥应有的影响力和辐射力,河南省社会科学界联合会在总结原有资助出版经验的基础上,于2010年设立了《河南社会科学文库》资助出版项目,对入选的研究成果,按照"统一标识、统一版式、统一封面设计"的方式,提供全额资助,由河南人民出版社统一编辑出版。迄今,已出版《城市发展战略》《中国城镇化研究》《强县扩权与城乡一体化发展研究》等著作,在社会上产生了良好的影响,深受广大社会科学工作者的欢迎。

　　2012年是中华民族发展史上具有重要意义的一年,也是中原经济区建设的关键历史时期。为学习、研究、宣传和贯彻党的十八大精神,进一步繁荣发展河南哲学社会科学事业,大力促进中原经济区建设,保持河南经济社会持续健康发展,我们在总结以往经验的基础上,策划出版了2012年度《河南社会科学文库》。它主要包括《中国农村金融排斥与包容——金融地理学视觉的分析》《中国创业型经济政策研究》《中原城市群空间联系研究》《食品安全:跟踪、预警与追溯》《论道德自我的价值实现》《中国共产党新时期的社会整合机制》《当代中国人幸福婚姻结构探微》《中华民族分裂时期统一策略研究》《汉代女性研究》和《文学的若干理论与当代问题》等10部著作,从不同层面反映了河南哲学社会科学的研究水平,充分展示河南哲学社会科学的学术创造力。

　　《河南社会科学文库》是一个开放的工程。今后,我们将随着形势和任务的需要,在省委和省政府的正确领导下,坚持以党的十八大精神为指导,紧密联系河南经济社会发展实际和人民群众的理论需求,科学地遴选有较高理论价值和实践意义的选题,不断推出新的有长期思想积淀的著作,并使之尽快转化为社会生产力,为加快推进河南振兴、中原崛起、富民强省提供有效的学理支撑。

河南省社会科学界联合会
2012 年 12 月

序

不论从何种意义上看,一种哲学的凝视,似乎是我们这个时代最为"矫情"、最为"奢侈",但又最为"必须"的"行动"。如果没有这样的一种凝视,我们没有办法平衡由感官世界而来的那种不可抗拒的繁多性、复杂性以及由现实利益的"冰水"所导致的痛彻骨髓的"寒冷"。

这个时代果真还需要道德吗?

那么,人们为什么还要有道德?

以及,在这个最重视"道德"的文明国度,在经历了佛山"小悦悦事件"后,人们如何还能指靠、如何还能诠释并最后唤醒我们同为人类的那个不可否弃的内在的道德自我?

不可否认,现代性道德自我的迷茫与困顿,伴随着道德意识的颠倒混乱,使得现代人经历着人类有史以来最为躁动不安又最为鲜活痛苦的精神生活之"实情"。俗世欲望的解放,的确成为推动社会的经济、技术、知识和理性之进步的强大动力,然而它也带来了道德自我之心灵秩序的纷争、分裂乃至失坠。就像当代英国牛津道德哲学家帕菲特所言,现代性诸种道德主张充斥着众多自败的逻辑,这恰恰是最令人担忧的事情。难道不是这样吗?

如果我们从一种消极悲观意义上看,当今社会是一个利益喧嚣、精神低迷、道德模糊的时代。如果我们从一种积极乐观意义上看,当今社会是一个呼唤道德、渴望良知、标举正义的时代。悲观也好,乐观也罢,人的欲望、需求似乎在无限膨胀,而在精神、人格方面又似乎显得渐趋萎靡。正是在对当下社会精神和道德现状的不断地拷问中,一种思想的警醒,一种哲学的凝视，要求人们关注自我心灵的完整：我们必须捕捉那个被放逐了的自我，必须理性而清醒地思考现时代重建现代人道德自我心灵的道德律之可能，必须让那个饱受分裂之苦的自我回归其精神本原。

以我们时代遭遇到的道德危机之症候看，道德自我之范畴与研究价值的设定，不仅仅是道德与自我的简单复合，也不仅仅是个体道德的简单描述，而且是在对道德本质、道德精神的精致思考前提下，所提出的具有形而上精神气质的道德哲学命题和时代课题。这一论题也契合了近代以来笛卡儿"我思"开创的主体性意识哲学由知识论的"自我"向道德形态的"自我"的转换。

从这一意义上看，摆在读者面前的这部专著，即是对这一论题的比较系统的学术探究。它是作者杨伟涛博士在他的博士论文基础上进一步修改扩充而成的，也是他以一种朴素的方式思考或回应我们时代道德问题的一种"思想警策"和"哲学凝视"。

由这种"凝视"，我想的最多的是卡尔·马克思对人的自由生活本质或人的类本质的揭示，以及汉娜·阿伦特对"积极生活"的强调。

历史地看，从亚里士多德以来，哲学家们一直在思考一种好的人类生活的可能性，然而到了启蒙之后的现代性道德哲学谱系，则主要地受制于规范伦理学对普遍道德原则的探求，道德自我的价值确证成为现代道德哲学力图回避的一大问题，也是现代性道德理论面临的一大难题。自20世纪50年代始，在复兴德性伦理传统的当代道德哲学运动中，道德自我的价值确证问题重新受到德性伦理学家的广泛关注，且由于其涉及对道德本质的重新审视以及对道德理论与社会生活的相互关系的紧密关联，已日益成为道德哲学、心理学、社会学等多学科关注的焦点。

杨伟涛博士的这篇论文，分别从道德本质与自我相关原理的本源、道德哲学学理的学源、社会生活与个体追求的实践三重维度论证了道德自我范畴的研究价值。每一层次的论证，都显得缜密严整；其中学源价值确证一节中，作者突出了黑格尔《精神现象学》中关于客观精神的三重世界——伦理世界、教化世界、道德世界以及相应的三重自我——伦理自我、法权自我、道德自我，由此将对道德本质的思考以及道德自我范畴的设定奠定了比较坚实的学理基础。

值得一提的是,这篇论文对道德自我的三大研究主题(或主旨)的强调,体现了一种独到的哲学眼光。

　　第一主题是个体形态道德自我价值诉求与社会价值的统一。一方面,它从学理资源进一步确证了中国、西方传统伦理思想中道德自我追求的价值主题和宝贵传统,另一方面更揭示了道德自我的价值形态的演进和更迭背景:从"自然型个体"的道德自我、到"社会型个体"道德自我,再到"个人型个体"的道德自我,依此详述了不同形态的个体自我的道德心理机制,并力图审视现代社会的个体自我道德认同困境。在此基础上,作者运用马克思主义的基本观点,对资本主义社会道德自我的遭遇和现状予以审视和批判,提出个性自由全面发展基础上的道德自我价值观;对中国当下社会的道德自我现状予以审视,提出当代中国个体道德自我价值构建的基本社会准则。

　　第二主题是个体道德自我本原上的伦理自然主义与道德理性主义的统一。作者以对传统伦理文化的精粹提炼和信诚,证陈了善性、怜悯不仅是纯然、先天的自然主义本性,还是在社会生活中得以文化基因遗传和现实生活实证的社会本能和人性倾向,由此提出反身而诚、反求诸己以及化德性为自然的道德修养论。个体自然感性形态的欲望、情感以及现实的需要和利益是人的现实存在方式和生命基本特征,作者批评禁欲主义、享乐主义对自然感性认识和处理的偏失,提出以理性建立欲望冲动的合理体系,对情感、需要和利益进行合理调节,并以博学穷理、躬身践行的道德修养,促使内在生命自然相和谐。以可持续发展理论为指导,注重生态觉悟,实现人与外部客观自然相和谐。

　　第三主题是道德自我内在精神追求与客观实践的相统一。作者致力于寻求和巩固道德自我的内在精神本原和基础,提出道德自我的修养、良心和人格的确立、精神超越以及人格和精神境界追求,为道德自我价值实现奠定可靠的精神基础。另一方面,作者时刻关注道德自我内在价值的外向价值推展,人我关系、群己关系、人与自然关系中道德自我的价值诉求,探求实践理性的确立以及意志自由、意志自律、伦理境遇中的权变智慧、实践道德评价,从而深刻揭示和破解了实践道德哲学中的重要难题和问题。由此,将道德自我的精神诉求与实践理性有机统一起来。

毫无疑问，相对于自然及其规律，道德规律体现的是人的自由。道德自我是对生命价值和意志自由的设定。这篇论文攫取了富有时代性特征的道德理论问题并将其融入自己关于道德自我命题及其价值实现的思考之中，这对于解决当下社会普遍的道德悬疑以及提升个体道德精神具有深刻而现实的意义。

在我看来，这篇论文的学术感觉和问题意识是值得肯定的。

比如说，它有异常鲜明的问题意识。既关注当下整体世界人们的精神状况，考量现代性、后现代性条件下人们道德认同的困境，又对中国改革开放以来面临现代化与市场经济、全球化以及高科技带来的社会、伦理转型以及道德自我价值冲突作了深刻的思考，并由此提出以道德自我破解现代性道德危机，具有鲜明的时代感和问题诉求意识。

再比如说，它有较为深层而宏阔的历史感。作者以道德自我为主题，深刻考察了中国传统伦理思想、西方道德传统中的精粹，注重吸取道德自我的宝贵精神资源；在具体问题的阐述和重要观点的论证方面，诸如伦理自然主义、道德理性主义、人与自然的和谐、人我关系、群己关系、实践理性等方面，都注重对历史传统优秀思想的合理汲取与升华。

最后，在资源运用方面，它注重中西方思想互映，强调传统和现代对照，以马克思主义方法进行合理取舍。在具体观点论证方面，凸显伦理自然主义与道德理性主义相统一、理论和内在精神追求与客观实践相统一、个体价值与社会价值标准相统一，体现了作者对道德自我价值实现方式问题的严谨思考。

杨伟涛博士长于思考，善于探索。他对人类的自然善性有着素朴的信念，且以之去体贴、去印证古今中外诸种伟大思想传统中的那些伟大学说。他既能在学源上，又能在人类生活境遇上，拿出各种有说服力的论证。他对道德自我的确证及其价值实现的探究，是富有理论成效和实践价值的，这将为他以后的学术研究奠定良好的理论基础。对于一位专注于道德自我问题且已经蔚然有成的年轻学者来说，能够始终咬定自己的问题，拒绝世俗的浮华与喧嚣，以一种少有的勇气独立地追问或思考，是一种非常可贵且令人感佩的品质。在这一点上，杨伟涛有着明确的学术探究方向，例如他曾经告诉我，想从两个方面拓展：一是拓深"自我"研究,希望发掘从"认知自我"向"道德自我"转换的基本形态及其现象学方法;二是以德国古典哲学为视角,探究道德自我形而上学基础的社会哲学转向,希求将道德自我的形而上学基础与社会哲学基础有机统一。我衷心地祝愿并期待作者在新的研究领域奋力开拓、富有创见!

且为序!

田海平
2012 年五一劳动节写于南京文昌桥

目 录

引论　时代的道德审视与道德自我价值实现研究的主旨 …… 1

第一章　道德自我的价值确证 …………………………… 22
第一节　道德自我的本原价值确证 ………………… 22
第二节　道德自我的学源价值确证 ………………… 35
第三节　道德自我的实践价值确证 ………………… 48

第二章　道德自我的传统价值溯源 ……………………… 66
第一节　中国道德理性主义文化传统中的道德自我 … 66
第二节　西方社会实践理性传统的道德自我 ……… 82
第三节　道德自我的历史认同形态 ………………… 95

第三章　当代中国道德自我的社会价值基准 …………… 122
第一节　道德自我价值的马克思主义理论主导 …… 122
第二节　中国当代社会的伦理转型和道德自我现状审视 …… 134
第三节　公民伦理视域中道德自我的社会价值构建与效准 …… 150

第四章　道德自我的内在价值基源与精神追求 ………… 167
第一节　道德自我的伦理自然主义基础与内倾修养 … 167
第二节　道德自我的内在自然和谐与理性主义修养 … 181

第三节　内在修养中道德自我的超越与境界追求……………… 201

第五章　道德自我的实践理性与交往实践中的价值推展
…………………………………………………………………… 226

第一节　交往实践与道德自我的实践理性……………… 227
第二节　人我关系中道德自我的外在价值推展………… 258
第三节　群己关系中的社会性道德自我价值实现……… 276

结语　道德本质以及自我价值实现的究诘………………… 290

参考资料……………………………………………………… 294

后记…………………………………………………………… 308

引论 时代的道德审视与道德自我价值实现研究的主旨

中国当前的所处时代,既潜涌集刚健有为与消极保守之气于一体的传统文化,亦彰显西方现代性、后现代文化所施影响的某些典型和多变样态,更多的是向现代社会转型过程中传统与现代的胶着、对峙以及各样价值矛盾和思想困惑。审视纷纭复杂的社会现象和文化精神特征,探求破解各种矛盾和问题的对策,是当代中国社会转型过程以及社会主义建设和发展中的重要课题,也是世界文化面临的共同精神难题。在尝试对传统文化的链接、资源整合的基础上,在深入解析人类道德文化本质、功能的基础上,笔者认为,"道德自我"有理由作为社会道德文化的主体目标以及解决社会价值矛盾和道德困境的应对性精神范畴和价值实践载体。

一、时代精神的考量与形上追问

肇起于欧洲的启蒙运动打破了笼罩着传统社会宗教伦理的神圣光环,把社会还原为功利的世界,社会理论由追求人的道德完善和善的生活转向仅仅是社会关系的调节,即"从德行的秩序转变为社会交际的调节"。黑格尔是第一个提出启蒙辩证法的哲学家,他认为启蒙的理性主观反思完结了传统精神的统一体,现代个人主义的自由瓦解了社会统一性的神圣基础。霍克海默强调形式合理性是"现代文化工业的基础",现代理性是由客观理性向主观理性的转变,理性的主观化实际上就是韦伯所说的文化的世俗化和精神的祛魅化;主观理性把世界视为非伦理的、机械的、量化的世界,理性是价值中立的手段和目的之间的协调,理性的主观化取消了道德和价值选择的客观基础,自由变成了个人主观任性的代名词。马科斯·韦伯把传统社会向现代社会的转变看作世俗化和合理化,但合理化的后果却形成了凌驾于个人自由之上的经济系统和官僚体制。马克思把封建宗法关系的解体看成资本主义生产方式的前提,但同时批判地指出其结果是形成了金钱主宰的阶级统治和社会的普遍拜物教特征。

(一)时代的精神镜像与道德忧思

世界性的现代、后现代之争,彰显西方世界的社会生活现状、价值观念的冲撞以及对启蒙以来现代理性的自识和反思;现代人的日常生活面临着多元、相互冲突的道德价值,面临着现时代的精神生活秩序与道德秩序的混乱,在精神深层中经受着来自价值秩序混乱的道德困惑与不幸。现代社会道德价值秩序的本质性移动与重构,是在现代人的精神气质与道德心态的变化下形成的;改革开放以来,面临市场经济、高科技和经济全球化浪潮的冲击,中国社会生活的阶层结构、人际关系在迁转,思想传统、价值观念在流变,道德世界呈现着精神分化和各种危机。

1. 时代的精神图景与问题隐忧

随着现代资本主义的发展,西方社会变得日益世俗化、现实化、功利化、消费化、享乐化、商品化,资本主义所固有的各种矛盾逐渐突显和尖锐,导致各种社会震荡和精神危机。雅斯贝尔斯(K. Jaspers)认为,当代社会的弊端集中体现为当代人无法挣脱的、深层次的精神危机,这一危机既来自始于近代的西方文化观念的没落,显露出它本身固有的弊端,又因现代人的现实生存处境的恶化——技术进步的诸多负效应、社会机构的钳制和大众的默默顺从、软弱无能,使人们对工作失去兴趣,不再有创造之乐而成为机器的附庸,文化事业充满了商业气息和畸形经营,"这口号我们已经听得很久了:'从意识返回到生命的无意识、信仰的无意识中去,离开精神,离开历史,离开绝对'"[①]。海德格尔曾叹述:"我们这个世

[①] [德]卡尔·雅斯贝尔斯:《时代的精神状况》,王德峰译,上海译文出版社2008年版,第121页。

界的精神沉沦已进步到如此之远,乃至各民族就要丧失最后一点点精神力量,丧失使我们还能看到这一沉沦的精神力量……世界黯淡下去,众神逃遁,大地解体,人变成群众,一切创造性和自由遭受憎恨和怀疑。"①荣格提醒世人:"我们的智识取得了最伟大的成就,但同时我们精神的寓居之地却陷入了破损失修的状况之中。"②社会学家吉登斯对现代性诊断说:"在晚期现代性的背景下,个人的无意义感,即那种觉得生活没有提供任何有价值的东西的感受,成为根本性的心理问题。"③在科学技术进步、物质生活丰裕的同时,人们无处不感到精神世界的陷溺与迷离。现代性的精神困倦也随着改革开放进程和市场经济进展而日益弥散、呈现于中国当下社会,"市场经济把它的等价交换原则渗透到全部社会生活中,并成为现代人的生活方式,便由此造成了人与自然的异化(无休止地攫取造成的'全球问题'),人与社会的异化(社会对人的全面发展的扭曲),人与他人的异化(金钱关系所形成的人际关系的冷漠与紧张),人与自我的异化(人异化为金钱的奴隶而造成的自我的失落)。在某种意义上,正是因为现代人的这种'物化'与'异化',使人愈益深切地感受到'精神家园'的失落:世界的符号化和自然的隐退所形成的'无根'的意识;价值尺度的多元化和不确定性所形成的'没有标准的选择';终极关怀的感性化所形成的'信仰缺失'、'形上迷失'和'意义失落'"④。无论人们如何赞赏、陶醉于物质文明的进步与社会财富的发达,精神文化方面的矛盾和困惑总是如影相随、弥深难愈,让人们无时不在怀恋甚至梦想唤回人类的原初、自然和传统世界丰富的人文精神。

2. 理想的失落与自我的迷失

欧洲启蒙运动的理性主义曾向现代人昭示了一种全新的关于存在、生命的价值阐释与道德定位,然而当下社会理性和文化的气质愈益隐遁,

---

① [德]海德格尔:《形而上学导论》,引自陈嘉映:《海德格尔哲学概论》,生活·读书·新知三联书店1995年版,第357页。
② [瑞士]荣格:《荣格文集》,冯川、苏克译,改革出版社1997年版,第53页。
③ [美]安东尼·吉登斯:《现代性与自我认同:现代晚期的自我与社会》,赵旭东、方文译,生活·读书·新知三联书店1998年版,第9页。
④ 孙正聿:《马克思辩证法理论的当代反思》,人民出版社2002年版,第210页。

"中世纪有传教士的基督教理想,文艺复兴时期有对世俗性的再发现,启蒙运动信奉理性的理想……但当代文化背后却是否定型的动力,这就是我们之所以不像以前所有时代的人们的原因,我们虽然没有共同的理想,甚至根本没有任何理想,但却生存了一段时间了"。① 现代性危机与以前所有时代的文化危机之不同在于生命因反对形式本身以致不再有形式可以表达自己;现代人不是没有共同理想,而是根本没有任何理想;生命的表现,不再是新的形式的形成,而只是生命的单纯原始表现,"绝对生命的一次冲击",冲击完就了事。理想的低沉使人们感怀自身意义的失落,"过去反对信仰,是为了解脱精神枷锁,是反对非理性的东西,它表现了人对理性的信仰,表达了人根据自由、平等、博爱原则建立一种新的社会秩序的能力,今日缺乏信仰则表现了人的极度混乱和绝望"②。现代人理性化的社会秩序与机器文明,实际上完成了人类一场彻底的生存价值与样式的转换,"价值序列最为深刻的转化是生命价值隶属于有用价值"③。现代性伦理从价值之展现的生命存在性伦理变为外在的偏爱型的行为与客观利益的交换伦理,从禁欲克制性伦理变为享乐型和惬意型伦理,从日常生活的价值共挈性伦理转变为主观性的相对伦理,从精神品质型、理想型道德转变为规则型、约束型和肉身感觉性道德。④ 理想的失落、价值的消解使得人们无时不在感受着自我认同的彷徨,"站在我们面前的是一个高度分化了的人,这个人在用崇高的自我确证征服了他的环境之后,又在对彼此了不相关的地位和兴趣的追逐中把自己撕裂成碎片,他忘记了自己的起因和传统,甚至对以前的自己丧失了记忆;他以此使自己一会儿这样一会儿那样,并最终陷入一种无望的、与自己的对抗"⑤。在价值转换的背景中,人们怀疑自身存在的价值和根据,有学者曾描绘国内当下青

---

① [德]西美尔:《现代人与宗教》,曹卫东译,中国人民大学出版社 2003 年版,第 29 页。
② [美]弗洛姆:《为自己的人》,孙依依译,生活·读书·新知三联书店 1988 年版,第 184 页。
③ [德]马克斯·舍勒:《价值的颠覆》,刘小枫编校,生活·读书·新知三联书店 1997 年版,第 141 页。
④ 金生鈜:《现代性价值位移与现代人的道德困境》,载《西北师大学报》(社会科学版) 2003 年第 2 期。
⑤ [瑞士]荣格:《荣格文集》,冯川、苏克译,改革出版社 1997 年版,第 134 页。

年学生的精神空虚状况,"(20世纪)80年代在阅历形式上的空缺直接导致了精神层面上的断裂。他们精神空虚,而市场化的一些港台流行音乐显然满足不了他们欲望的发泄与积郁情绪的终结,于是,他们通过染发、打孔、文身来给人们一种视觉上的冲击,开始一段自我欺骗的实体主义的摇滚历程。在这里,他们开始试图将阅历形式的虚无通过丰硕的外表来掩饰、伪装"①。精神困顿、理想失落所引致的自我迷茫在人们生活中处处显溢。

3. 社会伦理价值的缺失与个体的道德无涉

二战后迄今,西方国家经历着旷日持久的文化危机和反叛运动。20世纪60年代伊始,美国、欧洲曾相继发生个性解放、反主流文化以及学生抗议运动,传统的道德价值系统以及既有的道德标准受到贬谪和冲击,社会风尚发生了很大变化,使各种道德价值和理想不再具有绝对的权威性,导致社会非道德现象和道德真空。"我们的时代是一个强烈地感受到了道德模糊性的时代,这个时代给我们提供了以前未曾享受过的选择自由,同时也把我们抛入了一种以前从未如此令人烦恼的不确定状态。"②1979年7月,时任美国总统的卡特电视演讲中承认存在着"美国道德精神危机",指出"这是信仰危机,这种危机触及到我们民族意志的内心、灵魂和精神。我们能够看到这种危机在增加着对我们生活含义的怀疑,并且在损害着我们人民的目标的统一。我们的信仰破裂将危及美国的社会和政治制度自身灭亡的威胁……"③如同 A. 布鲁姆所描述的,"现在的学生没有善恶的观念,怀疑它的存在"(《美国心灵的封闭》)。20世纪80年代个人主义曾被抬到享乐主义顶峰,加利福尼亚大学教授贝拉(R. Bellah)调查数百名普通中产阶级美国人得出的结论是:20世纪80年代美国生活中起支配作用的是彻底的个人主义——这种观念认为个人是至高无上的和独立自主的,活着是为了自身;美国人的两个首要目的是:强烈的个

---

① 朱小珍主编:《生于80年代》,汉语大词典出版社2004年版,序言第1页。
② [英]齐格蒙·鲍曼:《后现代伦理学》,张成岗译,江苏人民出版社2003年版,第24页。
③ 参见沈宗美:《对美国主流文化的挑战》,载《美国研究》1992年第3期。

人情感和个人成功。① 20 世纪 80 年代,研究人员在欧洲 8 国进行的调查表明,欧洲公众认为,现时代使我们面对价值的变革特别是道德观的普遍衰落,2/3 的欧洲接受调查者不认为自己能信任他人。② 法国社会学家吉拉尔·梅尔梅在其 20 世纪 80 年代出版的《法国大观》中报告其考察结果,认为现代法国存在着功利主义、拜物主义、正统主义、超脱主义、唯我主义五种心态。③ 约翰·保罗等人描述,"在经济发达国度中,为数众多的人对价值的真正秩序表现出完全的冷漠。随着人们出于科学、技术和经济本身的目的而追求发展,精神价值随之被忽视、遗忘,甚至否定,似乎物质上的舒适安康就是生活的全部目的和最终目标(as though material well-being were the be-all and end-all of life)"。这一态度颠覆了真正文明的根基。④ 联邦德国总理赫尔穆勒·施密特也认为,"在我们这个社会的边缘和某些角落,肆无忌惮的利己主义、利欲和贪婪正以前所未有之势蔓延"⑤。以个人主义、利己主义为基础的民主自由与人权观念,导致各种对立、矛盾的观念和行为并存。德国哲学社会学家马克斯·舍勒指出:西方社会最高信仰的基督教伦理生活观的核心是像爱自己一样在爱上帝中爱周围的人,但是,"倘若有谁本着这条原则来看欧洲乃至世界当前的困境:那么充满他心灵的将会是什么样的感觉和思想呢? 的确,如果他以严肃的态度看待这条律令的话,那么充盈他内心的感觉就是绝望";"近两千年来基督教教育的丰硕成果之一,是一场运用理智、技术、工业、语言的一切手段进行闻所未闻的野蛮行径。……我们所窥见的一切,只暴露出一种道德倦怠的总体状况"⑥。现代性伦理生活史,已经证明了西方人丧

---

① [美]科尔森(C. W. Colson):《当今社会中的是与非(上)——道德准则问题》,夏伯铭译,载《现代外国哲学社会科学文摘》1992 年第 8 期,第 26~29 页。
② [法]斯托策尔:《当代欧洲人的价值观念》,陆象淦译,社会科学文献出版社 1988 年版,第 9 页。
③ 时波、张泽乾主编:《当代法国文化》,国际文化出版公司 1989 年版。
④ John Paul Ⅱ, Mater et Magistra, 引自[英]卡尔·白舍客:《基督宗教伦理学》第二卷,静也等译,上海三联书店 2002 年版,第 725 页。
⑤ [德]赫尔穆勒·施密特:《全球化与道德重建》,柴方国译,社会科学文献出版社 2001 年版,第 76 页。
⑥ [德]马克斯·版舍勒:《基督教的理念与当今世界》,引自刘小枫编:《舍勒选集》下卷,上海三联书店 1999 年版,第 803~804 页。

失终极目的之后把自身完全交给了自然欲望的满足,掠夺自然、掠夺他人,为所欲为,以社会福利为形式的功利主义等级秩序和世俗精神已经取代了宗教的爱的精神,使人类为了生存的希望而道德共负的这一必然使命蒙受打击,其本质是逐出了"爱的律令"中的伦理精神。精神危机、道德困境与个体对道德的疏离,也在中国现代社会生活中时有映现,如有学者所虑,"目前——21世纪初的现状,正是人类进入道德真空的时代,人类的旧道德已经全面瓦解、沦丧,而人类的新道德迄今仍旧未有诞生的痕迹";"丧失了道德精神的人,一切都只能退归本能,蜕变为任性、懒惰、嫉妒以及人性原恶的奴隶,而成为只知有物欲、肉欲而不知有精神的自然物种"①。社会伦理的退场、个体道德的缺失已经成为社会普遍的显性特征和大众的精神隐痛。

(二)时代精神的形上追问

在精神倦怠、道德虚无和理想失落的危机中,现代人经历着生活世界和生存整体意义丧失的焦虑,面对着存在性不安的深渊。由此提示我们对人生进行深层探究、历史追思和现代考量,挖掘存在的价值和生命意义,重塑人生的理想和人格精神追求,构塑道德价值的形上意蕴。

1. 上帝死了,人是什么?

对"人是什么"、"人性是什么"、"人的本质是什么"等问题的寻究构成哲学以及各门具体学科孜孜以求、无可穷尽的现实以及形而上追问主题。"从人类意识最初萌芽之时起,我们就发现一种对生活的内向观察伴随并补充着那种外向观察。人类的文化越向后发展,这种内向观察就变得越加显著。……在对宇宙的最早的神话学解释中,我们总是可以发现一个原始的人类学与一个原始的宇宙学比肩而立:世界的起源问题与人的起源难分难解地交织在一起。"②"人是什么?无疑这是所有问题中最重要的一个问题。因为其余众多的问题都取决于我们对人性的见解。"③希腊人最感兴趣的是人,其哲学或求知,不是出于一种纯粹的形而

---

① 黎鸣:《问天命——道德的沦丧》,中国社会科学出版社2004年版,第207、211页。
② [德]恩斯特·卡西尔:《人论》,甘阳译,上海译文出版社2003年版,第6页。
③ [英]莱斯利·史蒂文森:《人性七论》,赵汇译,国际文化出版公司1988年版,第3页。

上学的兴趣,而主要是为了道德和至善,苏格拉底告诫人们,"未经省察的生活,对人来说是没有意义的"(《申辩篇》38a)。他的问题视角代表着希腊哲学思想的重要转向和关注主题的转变,"苏格拉底第一次将哲学从天空召唤下来,使它立足于城邦,并将它引入家庭之中,促使它研究生活、伦理、善和恶"①。"在苏格拉底那里,不再有一个独立的自然理论或一个独立的逻辑理论,甚至没有像后来的伦理学体系那样的前后一贯和系统的伦理学说。唯一的问题是:人是什么?……他所知道以及他的全部探究所指向的唯一世界,就是人的世界。……他把人定义为:人是一个对理性问题能给予理性回答的存在物。"②对人的精致省察和确切把握历经着如何从自在、自为到实现自由的过程:近代启蒙哲学以理性解构神性、启蒙蒙昧,无限地提升了人在宇宙中的价值;卢梭在《论人类不平等的起源和基础》的开篇就指出:"我觉得人类各种知识中最有用而又最不完备的,就是关于'人'的知识。如果我们不从认识人类本身开始,怎么能够认识人与人之间不平等的起源呢?"③近代著名启蒙哲学家康德深思熟虑地把哲学研究的主旨界定为:"我可以知道什么?""我可以做什么?""我可以期望什么?"在洞彻基础上研究最终主题仍追索"人是什么?"在对人的理性本质无限赞誉的基础上提出始终要坚持"人是目的"的实践理性原则,"你的行动,要把你自己人身中的人性,和其他人身中的人性,在任何时候都同样看作是目的,永远不能只看作是手段"④。马克斯·舍勒以哲学人类学定义说,"按照某种理解,哲学的所有核心问题均可归结为这样一个问题:人是什么,人在存在、世界和上帝的整体中占据何种形而上学的位置? 一系列老一代思想家不无道理地习惯于将'人在宇宙中的地位'认作一切哲学课题的出发点,亦即致力于勘定人的本质及其存在的形而上学方位。帕斯卡尔的《思想录》一而再,再而三地将所有哲学

---

① [古罗马]西塞罗:《图库兰姆的谈话》,引自汪子嵩等著:《希腊哲学史》第 2 卷,人民出版社 1993 年版,第 364 页。
② [德]恩斯特·卡西尔:《人论》,甘阳译,上海译文出版社 2003 年版,第 8、10 页。
③ [法]卢梭:《论人类不平等的起源和基础》,李存山译,商务印书馆 1962 年版,第 72 页。
④ [德]伊曼努尔·康德:《道德形而上学原理》,苗力田译,上海人民出版社 2005 年版,第 47~48 页。

问题回溯到这一点上"①。舍勒一生中最为关注的是:人的本质、人在宇宙中的地位以及人的价值之所在的问题,他坚定地说:"自从我的哲学意识第一次觉醒以来,诸如'人是什么?''人在存在中的地位是什么?'一类问题便比其他任何一个问题更强烈、更集中地萦绕在我心头。多年来,我致力于从所有可能的方向来解决这个问题。"②随着近代自然科学对宇宙认识的拓展和对物质结构认识的精深,人们对社会结构宏观认识与对个体的认识通过各种途径、方法不断在加深,使得人们对自身的物象结构、自在潜能与精神要素及其活动机制获得精深的理解和把握,"在近代的开端……一个缓慢的智力的进展开始了;由于这种进展,人是什么? 这个问题转变到了——不妨说提高到了——一个更高的水平"③。19世纪与20世纪之交,尼采在《快乐的科学》中借助疯子向世人宣告:"上帝死了,上帝真的死了,是我们杀死了他!"这寓言意谓人可以靠自己站立起来,应该是人及其自我的挺立;在科学技术的挺进中,我们可以夸耀上帝已"不在场了"、"隐遁了",或是自诩认为现今人类已经成熟,长大成人;然而"上帝死了"却预示人类所面临的虚无主义,"尼采独自冒险宣告了即将来临的人的消失,并将它作为上帝消亡的一个必然结果。……在尼采看来,人道主义的消失是比上帝的废除更为激烈、更为深远的转变"④。现代社会使人类失去了一向的精神停靠的终极的价值港湾,漂泊在绵虚的价值空无和沦落之中。

2. 人之死,切问我是谁?

启蒙运动以来的理性化和工业化并没有真正实现"人是目的"的信念,技术对人的操纵也使得人未能成为自主的存在,反而是人本身的虚无化,20世纪60年代法国思想家福柯以其犀利与敏锐预言"人之死",认为人的主体性被知识和权力主体所消解并宣布"人"的终结,"在我们今天,

---

① [德]马克斯·舍勒:《论人的理念》,《舍勒选集》下卷,上海三联书店1999年版,第1281页。
② [德]马克斯·舍勒:《人在宇宙中的地位》,李伯杰译,贵州人民出版社1989年版,前言第1页。
③ [德]恩斯特·卡西尔:《人论》,甘阳译,上海译文出版社2003年版,第22页。
④ [美]弗莱德·多尔迈:《主体性的黄昏》,万俊人、朱国钧、伍海针译,上海人民出版社1992年版,第36页。

并且尼采仍然从远处表明了转折点,已被断言的,并不是上帝的不在场或死亡,而是人的终结。……尼采的思想所预告的,就是上帝的谋杀者之死"①。美国社会心理学家弗洛姆忧郁地宣称和指出:"19世纪的问题是上帝死了,20世纪的问题是人死了。在19世纪,不人道意味着残酷,在20世纪,不人道系指分裂对立的自我异化。过去的危险是人成了奴隶,将来的危险是人会成为机器人。"②"我是谁"、"什么是自我"的问题是对"人是什么"问题的切近和自我探求,是每个人萦绕心头、日夜苦思的内在追问,在对人如何重构的研究中意义非凡,"我是谁?……对我们来说,回答这个问题就是理解什么对我们具有关键的重要性"③。2000多年前的古希腊德尔菲神庙神谕启示和告诫世人"认识你自己"。奥古斯丁提出,人既是理性的动物,更是信仰的动物,且是唯一有信仰的动物;在上帝面前我是谁? 我是上帝的被造物,是上帝按照自己的形象造的,我应该而且必须相信上帝,否则我(人)就不配做上帝的肖像,我的存在就没有意义,在上帝面前追问"我是谁"对这一问题的回答,曾改变了希腊以降西方世界的价值取向,"(宗教)它保存了神话学和人类学而给他们以新的形态和新的深度。从此以后,认识自我不是被看成为一种单纯的理论兴趣;它不仅仅是好奇心或思辨的问题了,而是被宣称为人的基本职责。伟大的思想家们是最早反复灌输这个道德要求的。在宗教生活的一切较高形式中,'认识你自己'这句格言都被看成是一个绝对命令,一个最高的道德和宗教法则"④。人被宣称为应当是不断探究它自身的存在物,在他生存的每时每刻都必须查问和审视他的生存状况,生活的真正价值,就在这种审视和生活的批判态度中。"认识自我乃是哲学研究的最高目标——这看来是众所公认的。在各种不同哲学流派之间的一切争论中,这个目标始终未被改变和动摇过:它已经被证明是阿基米德点,是一切思

---

① [法]米歇尔·福柯:《词与物:人文科学考古学》,莫伟民译,上海三联书店2002年版,第503~504页。
② [美]埃里希·弗洛姆:《健全的社会》,孙恺祥译,贵州人民出版社1994年版,第291页。
③ [加]查尔斯·泰勒:《自我的根源:现代认同的形成》,韩震等译,译林出版社2001年版,第37页。
④ [德]恩斯特·卡西尔:《人论》,甘阳译,上海译文出版社2003年版,第6~7页。

潮的牢固而不可动摇的中心。即使连最极端的怀疑论思想家也从不否认认识自我的可能性和必要性。……在哲学史上，怀疑论者往往只是一种坚定的人本主义的副本而已。借着否认和摧毁外部世界的客观实在性，怀疑论者希望把人的一切思想都投回到人本身的存在上来。怀疑论者宣称，认识自我乃是实现自我的第一条件。……蒙田写道，'世界上最重要的事情就是认识自我'。"①传统社会里，对他人、群体的认同以及建立在之上的道德人格是个体认同的前提，"一个人只有在其他自我之中才是自我。在不参照他周围的那些人的情况下，自我是无法得到描述的"；"我通过我从何处说话，根据家谱、社会空间、社会地位和功能的地势、我所爱的与我关系密切的人，关键地还有在其中我最重要的规定关系得以出现的道德和精神方向感，来定义我是谁"②。宗教的式微使人获得了经营自我的权利和权力，现代人向自己提出了一个重新定义自我、建构自我或生产自我的任务和道德图景，自我认同是现代社会人们面临的重要问题；每个人都试图寻找或者维护自己的内心深处的特殊存在，人感觉不再仅仅是自然或社会群体的一部分，对于"你是谁"这个典型身份问题，"一个墨守传统的人通常回答'我是父亲的儿子'，今天的人则说，'我就是我，我就是自己的产物，在选择和行动的过程中我创造自己'。这种身份的变化是我们自身的现代性的标记。对我们来说，已经成为认识和身份源泉的是经验，而不是传统、权威和天启神谕，甚至也不是理性。经验是自我意识——个人同其他相形有别——的巨大源泉"③。伦理的奠基原则转向此岸的在世性，道德律令的正当性和规约性都内在于个人的自我之中，道德完全建立在主体意识之上，也意味着现代性伦理缺乏统一基点。现代道德的严重后果是人与人之间的道德陌生感，统一的道德基础已经丧失，现代人在自我诠释、价值选择和道德确定上是单子式的，道德的视域是分裂的；情感意向主导下的价值选择、道德行动是纯感觉性的，

---

① ［德］恩斯特·卡西尔：《人论》，甘阳译，上海译文出版社2003年版，第3页。
② ［加］查尔斯·泰勒：《自我的根源：现代认同的形成》，韩震等译，译林出版社2001年版，第48~49页。
③ ［美］丹尼尔·贝尔：《资本主义与文化矛盾》，赵一凡等译，生活·读书·新知三联书店1989年版，第137页。

价值的转换否定人类的道德责任与道德承担中的休戚与共。

3. 我能够做什么？

当代道德纷争。古代伦理学家的核心问题是"我应当成为一个什么样的人"？人们坚定地认为，美德对于人类幸福和完善是必不可少的，并假设美德的动机是内在于人类的。随着犹太－基督教传统在西方世界的兴起，道德的根源被放置在由上帝制定的法则的思想中，"我应该如何生活"的基本问题被转变为另一问题"我应该如何行动"，道德生活不再被看作是内部过来的，而是人类要求履行那些好像是从外部施加给他们的道德责任，影响到至今，现代道德哲学家仍关心"我应该做什么"，道德被重塑为一个与法律相类似的规则系统。"该做什么？如何行动？成为谁？对于生活在晚期现代性的场景中的每个人，都是核心问题，在任何水平上，无论是话语性的还是通过日常的社会行为，它们都是我们所要回答的问题。"[①]肇始于19、20世纪之交尼采的价值重估和摩尔所开创的语言学转向的现代西方伦理学有两个不同的切入面：一个是把主题确定为探讨人的生存处境的人本主义生存伦理学，如尼采、克尔凯郭尔、萨特、海德格尔等人的存在主义，弗莱彻的宗教境遇伦理，舍勒、哈特曼等人的价值论，罗尔斯、诺齐克等人的社会伦理学，他们关注人的生存体验，从研究人性出发，剖析人的基本生存状态和存在结构，从生理－心理学、社会心理学、个人与社会关系等经验与事实界定人的道德体验及道德行为；另一个是进行道德语言分析的科学主义分析伦理学，如西季威克、摩尔等人的直觉主义，普理查德、艾耶尔、史蒂文森等人的情感主义语言分析，维特根斯坦、图尔敏、黑尔等人的元伦理学语言分析，利用数理逻辑和语言分析的力量，探讨什么是善、道德判断的逻辑特征、道德的充足理由律等问题，试图为"判明什么才算值得追求的生活方式"提供可信的充足理由。两种倾向或者仅仅在抽象、理想的王国中对语言和论据进行分析，或者在自己头脑中虚构臆造出人的各种心境描述而对之进行道德的说教，认识不到一个完整的道德体系既要依赖于逻辑力量，又要依赖于事实和经验的论

---

① ［美］安东尼·吉登斯：《现代性与自我认同：现代晚期的自我与社会》，赵旭东等译，三联书店1998年版，80~81页。

题,把伦理学主题分裂成不同的趋向,各为自己存在的合理性进行争辩,没有一定的道德规范和公认的行为信念,并导致形式主义、僵化的道德形上学。当代道德言论最显著的特征是各自表达着多种不同的意见,存在广泛的道德论证,显示出难以达到一致的目标,体现为无休止的争辩、无法调和性的道德相对危机,"我们所拥有的,只是概念体系的残片,只是一些现在已丧失了那些赋予其意义的背景条件的片段,而我们确实所拥有的是道德的假象。我们仍在继续使用许多的关键性词汇。但在很大程度上(如果不是全部的话),我们在理论和实践(或道德)两方面都丧失了我们的理解力。""当代道德言辞最突出的特征是如此多地用来表述分歧,而表达分歧的争论的最显著特征是其无终止性。"①现代道德论争的各种主张,都是彼此竞争着的信念和价值观,是各自态度和情感的表达。情感主义是当代道德状况的显著表征,其认为所有的价值判断、道德判断都只不过是偏好、情感或态度的表达;情感主义认为任何事物都可以从自我所采取的立场上来评判,任何一个人都可以成为道德主体,他立足于自我而不是社会环境所规定的角色和社会实践上,各种各样的道德上的不一致被美化作"多元主义"、相对主义,堂而皇之地冠上了"自由个人主义"的美称,自我被认作缺乏任何必然的社会同一性;情感主义将道德判断仅仅视为自我情感的表达,否定其中可以彼此传递、论证的普遍认知内容,逻辑地导致怎么都行,在容忍相对主义的同时,又向虚无主义敞开了大门。"道德行为者从传统道德的外在权威中解放出来的代价是,新的自律行为者的任何所谓的道德言辞都失去了全部权威性内容。各个道德行为者可以不受外在神的律法、自然目的论或等级制度的权威约束来表达自己的主张,但问题在于,其他人为什么应该听从他的意见呢?"②存在主义哲学强调道德选择既无前例可援引,又无他人的意见可以参照,在某种意义上赋予道德原则不可通约的性质,使每一个人都成为立法者,相应地也蕴含着相对主义的趋向。缺乏公度性的道德相对主义、主观主义、多

---

① [美]麦金太尔:《德性之后》,龚群、戴扬毅译,中国社会科学出版社 1995 年版,第 4~5、9 页。
② [美]麦金太尔:《德性之后》,龚群、戴扬毅译,中国社会科学出版社 1995 年版,第 87 页。

元论境遇是近代启蒙运动方案失败的产物,使得合乎理性又公正的普遍性伦理似乎遥不可及。

二、哲学研究视域的转向与道德自我研究价值的凸显

自笛卡儿宣示"我思故我在",以"自我"为对象和主题是近代以来哲学研究的重要转型和特征。"自我"的发现和自觉分化是人对自身认识的深化,人们正是在这种认识和评价中,反观和提升自身。康德赞扬说,"人能够具有'自我'的观念,这使人类无限地提升到地球上一切其他有生命的存在物之上,因此,他是一个人"①。费希特主张,"自我是什么呢?自我是主体与客体的统一,是能意识者与所意识者、能观察者与所观察者、能思维者与所思维者的永恒的统一"②。社会学、心理学领域的研究从20世纪30年代的个体人格研究趋向于20世纪后半叶"自我"的实体性研究。"自我"是从自在、自为达至自由的发展过程,其哲学研究的主题是个体道德建构及价值实现。

(一)自在的"我"和自我:身体、社会、精神

对现实自我的肯定表现着人的特定、自在存在的方面。美国心理学家威廉·詹姆斯(W. James,1842—1910)区分了主我(I)和客我(me),主我是认识和行动的自我,客我则是作为经验对象的自我;③客我、经验自我包括三个部分:物质自我、社群自我和精神自我。(1)身体自我,是个体的物质、客观、自然存在,包括与个体不可分割的外在相貌、体形、体质、性别、年龄、仪态,内部的血液、组织器官、遗传DNA,总体健康水平以及身体感受性、动作、技能、言语等特征。费尔巴哈对身体、物质赋予意义说:"旧哲学的出发点是这样一个命题:我是一个抽象的实体,一个仅仅思维的实体,肉体是不属于我的本质的;新哲学则以另一个命题为出发点:我是一个实在的感觉实体,肉体的总体就是我的'自我'、我的实体本

---

① [德]伊曼纽尔·康德:《实用人类学》,邓晓芒译,重庆出版社1987年版,第17页。
② [德]费希特:《人的使命》,梁志学、沈真译,商务印书馆1982年版,第79页。
③ [American]W. James: *The Principles of Psychology*, Herny Holt, 1890, p172.

身。"①身体成为风格激进的后现代理论家所聚焦的文化哲学范畴,将人类的历史看成无非是"肉体"的历史的变奏,梅洛-庞蒂认为,"只有当我实现身体的功能,我是走向世界的身体,我才能理解有生命的身体的功能"②,"身体"是在与世界交往过程中实现自身的,是意义的"纽结",是"意义的发生场"。(2)社会自我,是处于关系和社会生活中的自我。首先是家庭因素,其次是在生活、工作、交往中所形成的社会关系中个体的角色、社会身份、从事职业、权利和义务、声誉和荣誉。个体往往是从同一社会群体其他成员的特定观点或从他所属的整个社会群体的一般观点间接地看待自我,"个体只有在与社会群体其他成员的关系中才拥有一个自我,自我的结构性表现或反映他所属的社会群体的一般行为形式"③。人们通常根据他所属的群体以及所处的社会情景对自我进行组织和调整。(3)精神自我,表现为有意识、心理活动的自我,是对自然、社会的主观反映和主动创造。从意识和过程讲,自我包括感觉、知觉、表象层次的意识和进行概念、判断、思维层次的理性;从意识内容和结构看,自我包括认知思维(理性)活动、情绪情感活动、意志活动中的自我;从意识存在方式看,自我包括静态的知识内容、结构和动态的思维、技能、技术水平。美国心理学家布朗在《自我》一书中将"自我"区分为主我和宾我,其中宾我指代自我中被注意、被思考或知觉到的客体,从中人们总结获得关于"人是什么"的总体概念,其次体认到关于个体是谁以及是什么样的看法;另一社会和心理学家乔治·米德将"我"或"自我"区分为主我和客我,客我代表自我的被动性、社会性一面,是自我关于他人对自我的形象的心理表象,是自我对他人对自我的期望的内在化或有组织的他人态度;主我代表自我的主动性、生物性一面,是有机体对他人态度的反应。

(二)自为的"自我":意识的"隐喻性结构"与自我意识

如果说雅典德尔斐神庙"认识你自己"的圣谕、中国先秦孔子式"吾

---

① 《费尔巴哈哲学著作选集》上卷,商务印书馆1984年版,第169页。
② [法]莫里斯·梅洛-庞蒂:《知觉现象学》,姜志辉译,商务印书馆2001年版,第109页。
③ [美]乔治·H.米德:《心灵、自我与社会》,赵月瑟译,上海译文出版社1992年版,第145页。

日三省吾身"的内省文化揭示古典思想的自我智慧的萌芽和有限的主体性,而笛卡儿的"我思"揭开了近现代哲学主体性思维的帷幕,那么以"自我"为对象和主题是近代以来哲学研究、文化视域的重要转型和特征。外在对象意识进入内向自我意识是意识的两极存在以及意识的深化,但是从"我"到"自我",并非完全对立的个体两极存在,是标志个体客观自在性"我"的自持和主观自为性"自我"内在超越的统一。

1. 主我以及自我的后发性

人之"我"不仅是被观察、体认的对象以及自在存在的实在、实体,也是一个对我、自身的存在主动内省、自我观察、自我觉知,并以潜在、本在的力量对自身的活动、发展施以影响、控制、规划和指导,布朗称之为"自我中积极知觉、思考部分",即主我,正是"我"的这种存在方式和能力,才使普通、自在的"我"真正成为"自我";詹姆斯在客我三个层次上,将主我作为自我第四个层次并称之为纯粹的自我,纯粹的自我是认识者和评判者,属自我的自我即主我。自我意识是对自己作为一个独特存在的个体的认识,是作为主体的我对自己以及自己周围的事物的关系,尤其是人我关系的意识,包括自我观察、自我评价、自我体验、自我监控等形式。在自我意识结构中有两个自我:一个是行动的我,是具体的、采取种种个别决断并付之于实现的自我;一个是评价的我,是普遍一般的、自身同一的、作为规范和模式的自我。马克思曾指出,"人不仅象在意识中所发生的那样在精神上把自己化分为二,而且在实践中、在现实中把自己化分为二,并且在他所创造的世界中直观自身"①。自我的本质是认知的,提供了自我的核心和基本结构的是自我意识而不是情感性经验及其运动神经;主我是对个体经验中的一个社会情境作出的响应,是个体对其他人的态度所作的回答,产生的自由、主动的感觉。自我意识是近代以来主体性思想发展的重要成果,"自笛卡儿以来,自我意识,即认识主体与自身的关系,提供了一把打开我们对于对象的内在绝对想象领域的钥匙。因此,形而上学思想在德国唯心主义那里表现为主体性理论。自我意识不是作为先

---

① [德]卡尔·马克思:《1844年经济学哲学手稿》,中共中央马恩列斯著作编译局译,人民出版社1979年版,第51页。

验能力的本源被放到一个基础的位置上,就是作为精神本身被提高到了绝对的高度"①。主我和自我意识是种绵延、反观的内省意识,最初只是对自我状况的直接感受,在以后的发展中,对自我的了解更多地来自外界客体中所得来的关于自我的间接信息。只有充分而且正确地了解和运用这些间接信息,人才能对自身有正确、恰当的意识,才能在复杂而变动不居的环境条件下区别自身和外在条件的性质和作用,才能有效地适应外在环境以利于自身的存在和发展。弗洛伊德提出的过分自恋、皮亚杰指出的儿童自我中心主义的长时间迁延,就是不善于运用外来客体带来的关于自我信息的对自我的幻觉认识。黑格尔区分了自我意识的三个发展阶段,这些阶段各与主体的一定成熟程度和主体与世界相互作用的性质相适应:第一阶段,"单个的自我意识",他只意识到自身存在、自己的同一性和其他客体的区别,黑格尔把自我意识发展的这个阶段称为"欲望的自我意识";第二个阶段,"承认的自我意识",其前提是人际关系的产生,人意识到自己是为他人存在,个人在与他人交往中,通过他人认识自己,从社会存在、社会身份中认识特殊的"个我";第三阶段,"全体自我意识",相互作用的"自我性"掌握"家庭、乡里、国家以至一切美德——爱情、友谊、勇敢、诚实、荣誉"的共同原则,从而不仅意识到自己的差异,而且意识到自己的深刻共同性以至于同一性,这种共同性就构成"道德实体",使个体的自我成为客观精神的一个因素、一个部分。②

2. 自我的先在性:先验自我与超验自我

①康德的先验自我是感性自我、知识可能性的先天条件和纯粹理性的统一。主体通过感性直观纯形式(时空)和知性思维纯形式(范畴)与存在(现象)联系,发挥主体的综合统一功能,认识过程就是主体能动地构筑建立经验对象的过程。在感性中表现时空对杂多质料的综合;在从感性向知性过渡中,则表现为想象力中再生的综合;在知性中则表现范畴对感性提供的经验材料进行综合统一,形成普遍性、必然性的认识;在理

---

① [德]哈贝马斯:《后形而上学思想》,曹卫东、付德根译,南京译林出版社2001年版,第31页。
② [苏]伊·谢·科恩:《自我论——个人与个人自我意识》,佟景韩等译,生活·读书·新知三联书店1986年版,第31~32页。

性中以理念为追求的目的,理性统摄、诱导知性从相对真理走向绝对真理,使知识达到系统化、完整化、理论化。康德把先验的主体看成是普遍性的存在,看成是产生先天知识的源泉,是认识方式的逻辑主体,它被称为"先验的统觉"、"先验的自我意识"、"我思",先验统觉的先验统一性、同一性保证了主体综合活动的完整性、一贯性和连续性。②胡塞尔的超验和纯粹自我。胡塞尔认为,在纯粹的或超验的意识领域,呈现出由"自我"→"我思"或"意识作用"→"我思对象"或"意识对象"的构成性(动态)图景,通过现象学还原后,自我还原成一种超经验的纯一式自我,其是纯粹意识领域中最本质的核心,又是意识之构成性的始源,一切意义和价值均由此引出。"我把我的自然人性的自我以及我的心灵生活——我的心理学的自我经验领域——还原为我的超验现象学的自我,即超验现象学的自我经验领域。"①超验自我通过自身的构成性意识,形成主观性的我思,其是一切意识的"光源",一切客观存在都因为超验自我的纯粹意识构成性作用显出意义。他忠告说,现代社会的危机实际是人的精神危机,热切地"呼唤人们去重新发现、重新肯定理性与精神的自律自主",诚挚坦言"我将尽我的知识和良心首先面对我自己"②。以超验自我及其意向性隐和确定着人的主体地位和至上意义。

(三)自由的"道德自我":道德自我的内涵、结构以及内在特征

1. 道德自我的基本内涵

道德自我是个体精神世界的价值追求,是对自我在整体世界、生活世界中的关系地位、存在价值、生命理想的整体思考和意义建构。自我的主客内在分化,主要表现在个体道德的反思、提升,道德自我范畴在传统伦理思想中以德性指称,是一定社会道德原则和要求在个体思想和行为中的体现,是主体在道德实践活动中所表现出来的比较稳定的行为特征和心理倾向,以良心、人格为其整体存在形态。近代以来,随着"自我"研究的进展和深化,"道德自我"作为比传统意义的德性、良心、人格更为完整

---

① [德]E.胡塞尔:《笛卡儿沉思》,D.凯恩斯英译本,海牙1971年版,第26页;中译本《笛卡尔沉思与巴黎演讲》,张宪译,人民出版社2008年版,第62页。

② [德]E.胡塞尔:《欧洲科学危机和超验现象学》,上海译文出版社1988年版,第21页;转引自万俊人:《现代西方伦理学史》下卷,北京大学出版社1998年版,第36、37页。

的范畴被关注和研究,成为具有内在实体性和主体性价值的范畴。相对于一般的道德品质研究,道德自我内涵道德自我意识、健全意识、主体意识等特征。"道德自我是从'实在自我'到关心他人和被关心的'理想自我'的转化中的一种积极关系。它建立在对人的相互关系性的基本认可的基础上。这种相互联系性自然而然地将我跟他人连在一起,并通过他人把我跟我自己重新联系在一起。"① 国内学者杨国荣界定为,"伦理关系所规定的义务,以具体的道德自我为承担者,道德自我也可以视为道德实践的主体"②。道德自我以对伦理关系及其义务的认可、承担为基础,是承担道德责任和自觉道德实践的主体。樊浩教授认为,"如果把人伦关系、伦理秩序看作是社会伦理实体,道德自我的意义,在于建立内在的个体德性的主体性,建立个体道德在完整的'自我'结构中的主体地位。由此,道德自我不仅应当是健全自我的有机构成,而且由于道德是作为人与动物相区分的重要表征,因而又是这个完整结构中的标志性构成。在广义上,'道德自我'包括三层含义:一是道德参与、调节、控制下的自我;二是德性、道德化的自我;三是在自我结构中与'本我'相对立或对待的自我,即'道德性的自我',它是在自我中建构一个道德宇宙。……道德自我是一个把道德心理、道德行为、道德品质统摄起来的综合性范畴"③。表达道德自我既是自我的内在组成部分,也是自我的完整状态和积极自由境界④,它使个体完整地把握并恰当地处理个体与自身以及外在实体的关系,达到人我、群己、天人关系的有机统一。基于前人对道德自我的解释而概括界定为:道德自我是具有将伦理德性、法权德性有机统一和升华,体现了道德自主性、自律性、自由性、同一性、超越性等本真特征,以良心和义务作为行为原则的人格精神实体。

---

① Nel Noddings: *Caring*: *A Feminine Approach to Ethics and Moral Education*, University of California Press, 1984, p49.
② 杨国荣:《伦理与存在——道德哲学研究》,上海人民出版社2002年版,第102页。
③ 樊浩:《伦理精神的价值生态》,中国社会科学出版社2001年版,第182~184页。
④ 从性质上看,自由分为消极自由和积极自由。消极自由是个人在特定领域内保有自己的权利空间,不受阻碍与干涉的自由;积极自由是通过理性的自我主导、意志的自我控制与自我实现达到的"成为某人自己的主人的自由",体现为主动性、创造性的选择和行动。

2. 道德自我的内在结构与特征

道德自我的基本结构和心理活动表现为三个层次：一是内在意识成分，包括认识功能和反思功能的道德认知和思维以及道德判断和评价，具有调控和监督功能的道德意志，具有激励和强化功能的道德情感，表达道德倾向的道德信念、道德理想、道德需要等因素；二是内涵知、情、意成分，体现为直觉方式与理智方式统一的良心实体；三是表征道德综合特征、能力和水平的道德人格。主体性道德自我的特征表现在：①理性自觉性，表现为理性的道德意识和道德自我意识。基于对道德价值的自觉体认，内心形成比较完整的道德认知和正确的善恶、荣辱、义利、是非等价值观念，同时具有反省性，具有个体自我思想、行为现状的明确意识，能够对自身的意念，包括各种感性的欲望、冲动加以反思和省察，做出判断、抉择，不为片面的感性规定和直接的意欲冲动所支配。②道德自主性，行为出于内在意愿或意志而选择和决断。"我者德之主，性情之所持也。"（王夫之《诗广书·大雅》）个体具有自由和善良意志，能够按照对道德知识的理解，出于义务、责任和良心而行动，自主决定自己行为实践、价值判断，自我对自己的行为负责，自觉承担道德行为的后果责任，不再是按照社会的习俗盲目行动或按照外在的要求被动行动。③道德自律性，表现为主体按照理性原则自我立法、自我监督、自我评价。"一个自律的人能够反思他当前的生活，并估价这些目的是否值得自己继续执著地追求。"①"具有真正道德价值的行为还有另一个特点，它完全是内在的。"②康德认为，人作为自由的存在，"仅仅遵循自己给自己颁布的法则"，"道德法则仅仅表达了纯粹实践理性的自律"，"意志自律是道德法则及与这些法则相一致的义务的唯一原则"③。自律赋予道德以自觉、自愿、自然的特征。④意志自由性，按照自己的意志利用必然性来改变偶然性从而选择实现某种可能性的活动。"意味着能够按照一个人自己的意志做出决定和采取行

---

① ［加］威尔·金里卡：《少数的权利——民族主义、多元文化和公民》，刘红风译，上海世纪出版集团2005年版，第340页。
② 《叔本华文集　人生智慧》，任立、潘宇编，华龄出版社1997年版，第363页。
③ ［德］康德：《实践理性批判》，关文运译，广西师范大学出版社2002年版，第21页。

动(选择的自由)。"①"人之能借意志自由动作,乃是一种高度的完善性质。"②在康德看来,人作为理性存在物,其意志应当是自由的,自由是人的一种天赋权利,是每个人由于他的人性而具有的独一无二的、原生的、与生俱来的权利。一个人只有作为纯粹的意志存在物而不是作为一个自然的存在物,他才是自我决定的,才能"自己为自己立法",才能遵从自己所立的法,意志自由是阐明道德自律性的关键。⑤自我同一性,表现为个体人格结构知情意的内在统一,表征着自我对道德规范系统的理解、进行道德选择和道德评价的定势和能力,自我认同的道德理想和追求的道德目标以及所达到的道德境界。个体道义原则和道德同一性构成和表征着个体道德自我。"个人自我意识的统一性和继承性不是表现在'自我'的经验素质上,而是表现在个人所尊奉和身体力行的道义原则上。莱布尼茨认为,个人的道德同一性是'自我'的特殊的第三维(其他两维是肉体同一性和区别自己与他人的意识),其产生有赖于主体对自己的行动和与之俱来的赏罚意识。正是这种理解行为事实的意义和对行为事实负责的能力使意识变为自觉。"③在时间和实践中表现为绵延的统一,自我具有相对稳定的思维模式、价值准则和行为定式,"德性首先表现为一种为善的意向,这种为善的意向不同于偶然的意念,而是一种稳定的精神定势"④。⑥内在的超越性,表现为对欲望、冲动的合理宰制和对个体自在利益的超越,自觉追求"修己以安人、安百姓","己欲立而立人,己欲达而达人"的社会抱负,实现个人与社会的统一。在当代新儒家冯友兰看来,由于人对于宇宙人生觉解程度的不同,便有了人生境界和精神风范的不同,道德境界是对自然境界、功利境界的超越。

---

① [德]包尔生:《伦理学体系》,何怀宏、廖申白译,中国会科学出版社 1988 年版,第 385 页。
② [荷兰]斯宾诺莎:《笛卡儿哲学原理》,王荫庭译,商务印书馆 1958 年版,第 15 页。
③ [苏]伊·谢·科恩:《自我论——个人与个人自我意识》,佟景韩等译,生活·读书·新知三联书店 1986 年版,第 27 页。
④ 杨国荣:《伦理与存在——道德哲学研究》,上海人民出版社 2002 年版,第 143 页。

第一章 道德自我的价值确证

作为健全的思维、高尚的价值以及有为的实践理性相统一的自由精神和人格实体，道德自我的发生、存在及其价值映现，是人类社会道德的本质特征，也是个体自我构成和发展的内在要求。道德自我的发生为古今许多思想家、伦理学家所关注和予以学理确证。在现实生活中，道德自我与个体生命完善以及社会秩序和谐密切相关，显示着重要的现实意义和实践价值。

第一节 道德自我的本原价值确证

道德是人类社会特有成就和文明因素，"人类所不同于其他动物的特性就在于他对善恶和是否合乎正义以及其他类似观念的辨认"[1]。也可以说"只有人的行为才是道德评价的对象，其他事物或行为一般说来不存在道德价值问题"[2]。作为以善恶观念为中心，通过社会舆论、内心自律所形成的社会关系调节规范，道德的发生及其本质在于理想性、主体性，取得社会成员的自我认同；个体自我的存在特质、价值实现与道德密切相关。道德自我既是个体精神世界的最高成就，也是个体社会活动的价值基点和诉求。

---

[1] [希腊]亚里士多德：《政治学》，吴寿朋译，商务印书馆1965年版，第8页。
[2] 阮青：《价值哲学》，中共中央党校出版社2004年版，第94页。

一、道德的主体性本质与自我维度

道德具有社会历史性、规范性和创造性三重本质,与个体的自为、主体性价值密切相关,显示了道德存在和发展的可能性或必然依据及其与个体自我的密切关联。

(一)道德的社会历史性和主体性

关于道德产生基础、存在本质、发展和演变的依据等问题,和历史上的客观唯心主义理念论、神启论,主观唯心主义先验论等不同,历史唯物主义揭示了道德是人类生产和生活中进行自发、内在的调节方式和文明养成。"马克思主义把维持社会生活方式的必要性、调整人的交往、发展人的精神世界和人的社会自我肯定和自我超越生活状况的需要,看作是道德的根源。"[①]马克思指出,"整个所谓世界历史不外是人通过劳动而诞生的过程"[②]。劳动使人诞生的历史过程,也是人类社会形成的过程,"人在积极实现自己本质的过程中创造、生产人的社会联系、社会本质"[③]。人和社会的紧密联系内在包含着对法、道德的需要,"在社会发展某个很早的阶段,产生了这样的一种需要:把每天重复着的生产、分配和交换产品的行为用一个共同的规则概括起来,设法使个人服从生产和交换的一般条件。这个规则首先表现为习惯,后来便成了法律"[④]。道德是人们生产、分配和交换过程中的自律规范,无论是伦理风俗、礼仪制度,还是法律规范,都是人类自我约束的道德表现。中国思想家也曾确认道德的历史事实起源,"人生而有欲也,欲而不得,则不能无求;求而无度量分界,则不能无争。争则乱,乱则穷。先王恶其乱也,故制礼义以分之,以养人之欲,给人以求。使欲必不穷乎物,物必不屈于欲,两者相持而长,是礼之所起也"(《荀子·礼论》)。道德是人类基于自身需要的共通价值和认定规

[①] [苏]阿尔汉格尔斯基:《马克思主义伦理学的对象、结构、基本方面》,杨远、石毓彬译,中国社会科学出版社1990年版,第48页。
[②] 《马克思恩格斯全集》第42卷,人民出版社1979年版,第131页。
[③] 《马克思恩格斯全集》第42卷,人民出版社1979年版,第24页。
[④] 《马克思恩格斯选集》第3卷,人民出版社1995年版,第211页。

范,与社会发展和人们利益需要密切相关,"道德标准和精神的各种范畴一样,是在人们的交往过程中产生和发展起来的。因此,道德也是社会的产物"①。马克思揭示说,"只能得出这样的结论:人们自觉地不自觉地,归根结底总是从他们阶级地位所依据的实际关系中——从他们进行生产和交换的经济关系中吸取自己的道德观念"②。道德并非是对现实经济利益的被动反映,道德是人们的能动实践精神,以自身的觉悟,反作用于经济和社会生活,使人类在和谐、良好的社会环境中生活和生产。道德的存在、发展和进步,是人类和个体自身的主体性表征的主要形式,是人类内在需要和利益诉求的实现机制,"虽然道德规范也采取命令形式(绝对要求),但是它们的激发力量一方面依靠社会舆论的权威,另一方面依靠道德关系主体的自我意识"③。道德的实存、发展和应用必然取决于社会成员自我的普遍参与、自觉认同和主动创设。

(二)道德规范的社会理想本质和超越性

伦理和道德是人对"应然"的追求,使人趋于一种"好"的生活、为人处世的完满状态和理想境界,形成某种人生存在的张力。蔡元培力倡人类独具的宽厚精神和道德理想,"人类之义务,为群伦不为小己,为将来不为现在,为精神愉快而非为体魄之享受"④。理想性和应然性是道德的重要本质特征,表现着对自身和社会更高的愿望与理性期待。道德规范和约束是对行为的抑制,而目的在于对行为者的思想进行劝导,"道之以德,齐之以礼,有耻且格"(《论语·为政》),达到人们对行为的内在约束和自觉性。伦理规范的价值应当性、实践合法性通过道德主体获得内心确证和心理认同为前提;道德阶段的自由是主观意志的自由、"自为地存在的意志(自由)","道德的观点,从它的形态上看就是主观意志的法"⑤。道德自我将抽象、朴素、外在的法规和他律变成为意识的自主和

---

① [美]拉蒙特:《人道主义哲学》,贾高建译,华夏出版社1990年版,第84页。
② 《马克思恩格斯选集》第3卷,人民出版社1995年版,第434页。
③ [苏]阿尔汉格尔斯基:《马克思主义伦理学的对象、结构、基本方面》,杨远、石毓彬译,中国社会科学出版社1990年版,第121~122页。
④ 蔡元培:《世界观和人生观》,《蔡元培选集》,中华书局1959年版,第18~19页。
⑤ [德]黑格尔:《法哲学原理》,范扬、张企泰译,商务印书馆1961年版,第111页。

意志的自律,按照道德考虑而理智地作出决定。道德对人的行为的规范和约束,既是对现实利益关系调节和现实社会秩序的维护,又体现着人们基于社会现实基础上对"善"价值以及对理想社会的追求和勾画,"所谓道德,乃是一种比伦常更高的意识形态"①。"道德的观点是关系的观点、应然的观点或要求的观点。"②道德"应当"体现着人的意志自由、主体性、理想性及其对现实性和自身有限性的超越,促进社会和个体超越现实生活的教条、规则和行为,朝向更高的境界和目标去努力和追求,以实现对主观世界和外在客观世界的改造。人类以道德思维追求在实然与应然、规范性和导向性、对称性和非对称性的统一中把握世界,体现着对个体、当下、物质利益的超越性。道德关系固然以其普遍性表现了自我之间关系的内在性和对称性,但又具有非对称的一面:我对他人尽道德责任,并不要求或期望他人以同样的方式回报我,否则行为便会趋于功利化而失去其道德意义,"与正义相比,仁爱涵盖的行为范围更广。仁者热衷于帮助他人,正义者侧重于不损人利己。……这两者的主要区别在于,仁爱者的行为不取决于受惠者是否回报,而正义者则根据他人是否回报来决定自己的行为。前者是无条件的,后者是有条件的……正义以相互性为条件,仁爱则不需要这一条件,仁爱者仍会以仁爱之心待人"③。德性之质的仁爱具有超越普遍性正义规范的力量,以此展示了自我之间关系的外在性、超越性和道德崇高性,"实际上,道德的基础不是对个人幸福的追求,而是对整体幸福,即对部落、民族、阶级、人类的幸福的追求。这种追求和利己主义毫无共同之点。相反地,它总是以或多或少的自我牺牲为前提"④。道德以应然性、导向性、奉献性为特征追求理想和超越,在个体自我的主体性追求中获得存在价值。

(三)道德的创造性与主体价值

道德既具有规范功能,也独具创设价值,体现为道德主体的主动选择,"道德自由要求个人在其生命活动一切范围内有创造积极性。而道

---

① [德]黑格尔:《精神现象学》上卷,贺麟、王玖兴译,商务印书馆1997年版,第238页。
② [德]黑格尔:《法哲学原理》,范扬、张企泰译,商务印书馆1961年版,第112页。
③ 慈继伟:《正义的两面性》,生活·读书·新知三联书店2001年版,第19页。
④ 《普列汉诺夫哲学著作选集》第1卷,生活·读书·新知三联书店1961年版,第551页。

德积极性本身,即参加创造新生活形式的能力,同因循守旧、保守主义、异己的习俗、恶习的不调和态度,是这一积极性不可或缺的方面"①。创造性是道德内涵的特征和功能,"盖分道德为两个方面:曰伸张的方面,实即创造的方面;曰拘束的方面,实即抑止的方面。……于旧有之道德另加以新扩充,亦即所谓伸张的道德也……文化之道德方面亦不能自行进步,而必有待于道德家之个人精神为之代表"②。创造性体现为通过社会道德楷模或优秀思想家的提倡,促进道德向理想和完美的境地提升,"一切伟大的伦理学家们的显著特点正是在于,他们并不是根据纯粹的现实性来思考。如果不扩大甚至超越现实的界限,他们的思想就不能哪怕前进一步。除了具有伟大的智慧和道德力量以外,人类的伦理导师们还极富于想象力。他们那富有想象力的见识渗透于他们的主张之中并使之生气勃勃……伦理导师们的本性和特征绝不是谦卑地接受'给予',伦理世界绝不是被给予的,而是永远在创造之中"③。生活世界本身是变迁的,人们在不断地从事着社会实践,创造着新的生产方式与社会关系,也同时创造出新的道德与价值的"应当",并在适当的条件下使应然转化为社会伦理必然,伦理和道德观念在社会的实践中不断转换和得到提升;符合社会变迁的伦理精神和时代价值不会自行呈现,有效的道德价值在个体人格的道德洞见中自明地被给予,伦理的变革往往萌生于个体道德的觉悟,伦理学家包尔生曾经描述个体道德对伦理精神的提升和改进过程,"所有哲学都发端于个体从普遍接受的意见的解脱。……他们反抗传统的价值,反抗已变得无用和谬误的理想,反抗虚伪和谎言,反抗已经失去意义的常识。他们宣传新的真理,指出新的目标和新的理想,这一新的理想把新的生机注入灵魂,使它提高到一个更高的水平"④。道德主体是社会价值真正的规定者、决定者,个体通过实践和理性两种方式:一是实践中将

---

① [苏]阿尔汉格尔斯基:《马克思主义伦理学的对象、结构、基本方面》,杨远、石毓彬译,中国社会科学出版社,1990年版,第224页。
② 张东荪:《道德哲学》第7章,引自徐洪兴主编:《二十世纪哲学经典文本:中国哲学卷》,复旦大学出版社1999年版,第354~355页。
③ [德]恩斯特·卡西尔:《人论》,甘阳译,上海译文出版社2003年版,第94~95页。
④ [德]弗里德里希·包尔生:《伦理学体系》,何怀宏、廖申白译,中国社会科学出版社1988年版,第316页。

抽象的道德准则应用于现实生活中,灵活地做出道德选择和行为方式,其二是提炼式的理性的道德创造,个体将某些人生问题和实存道德关系在个体体验基础上,经过独立的概括、推演,以警句、格言、箴言等形式加以表达,帮助自己和他人处理现实生活问题和利益关系,在现实生活实践中超越习俗和传统,提炼和提倡新道德,实现道德创造,以此进一步体现着道德的主体性价值。

二、自我的道德维度

社会个体成员的存在,从外在客观方面,处于社会伦理关系和秩序中,具有相应道德存在的属性;从主观方面,个体通过道德认识、把握和适应社会,成就个体自我的生命和精神价值。"自我性和善,或换言之自我性与道德,原来是难解难分地纠缠在一起的主题";"我通过我从何处说话,根据家谱、社会空间、社会地位和功能的地势、我所爱的与我关系密切的人,关键地还有在其中我最重要的规定关系得以出现的道德和精神方向感,来定义我是谁"①。"道德空间中的自我"或对"道德根源的善"的趋向是自我现代认同的根本内容和人格特征。

(一)社会伦理关系与自我的道德存在

人的本质的丰富性在于其社会关系和类特性存在,"人是类的存在物……人把自身当作现有的、有生命的类来对待,当作普遍的因而也是自由的存在物来对待"②。社会关系和类特性本质,源起于特定的伦理结构和秩序,"伦,道也,言人所行之行皆同道理"(孔颖达疏《礼记·中庸》)。"伦为人群相待相依之生活关系。"③"伦"是人与人相互植入群体而构成的共同生活关系;人类自身再生产、发展中起调节两性关系和婚姻家庭关系的道德准则体系,婚姻方面由群婚、对偶婚制走向一夫一妻制,家庭是重要的伦理实体和道德调节机构,"男女有别然后父子亲;父子亲然后义

---

① [加]查尔斯·泰勒:《自我的根源:现代认同的形成》,韩震等,译林出版社2001年版,第3、49页。
② 《马克思恩格斯全集》第42卷,人民出版社1979年版,第95页。
③ 黄建中:《比较伦理学》,山东人民出版社1998年版,第21页。

生;义生然后礼作,礼作然后万物安。无别无义,禽兽之道"(《礼记·郊特牲》)。孟子注重建立于家庭关系基础上的人伦之教,认为"人伦明于上,小民亲于下","圣人有忧之,使契为司徒,教以人伦"(《孟子·滕文公上》);《中庸》认为"五者天下之达道也";儒家将人伦秩序概括为五伦十教:父慈子孝、君惠臣忠、夫义妇顺、兄友弟恭、朋友有信;人伦关系的设定包含着各自身份以及相应的社会责任和义务,"为人君,止于仁;为人臣,止于敬;为人子,止于孝;为人父,止于慈;与国人交,止于信"(《大学》)。戴震认为人伦格局是个体必然的存在方式,"有是身,而君臣、父子、夫妇、昆弟、朋友之伦具"(《孟子字义疏证下》)。"《中庸》曰:'君臣也,父子也,夫妇也,昆弟也,朋友之交也,五者,天下之达道也。'……五者,自有身而定也,天地之生生而当理也"(《原善下》)。数千年文明里,人伦被看作人们存在的必然形式;行其所当为,止其所当止,被看作是人伦主体的承天道之当然、行人道之应然之事。近代维新派康有为也着力论证传统家法、人伦的当然性和重要性,"圣人者,因人情之所乐,顺人事之自然,乃以家法以纲纪之,曰:'父慈、子孝、兄友、弟敬、夫义、妇顺'。此亦人道之至顺,人情之至顺也"(《大同书》)。民国时期著名学者王国维自觉世道大变,人伦大坏,自沉于颐和园湖中,史学家陈寅恪写诗感慨他"从容一死殉大伦"①。当代生命科学,以基因、生理切证了血缘、亲情的存在和始源价值,展现了个体伦理关系本根属性和以之为基础的道德存在特征。在伦理关系基础上,发展起来了人们之间丰富的社会联系,人的存在是个体性与类特性、个人利益与社会利益的统一,在生活实践的历史过程中,通过共同的伦理结构、理念、价值原则、行为规范、评价标准等,构成存在本身的伦理道德生活,提供了将社会成员凝聚起来的内在力量,也为个体走向具体存在以及社会整合提供了某种前提。"人何以能群?曰:分。分何以能行?曰以义。故以义分则和。和则一,一则多力,多力则强,强则胜物。故宫室可得而居也,故序四时,裁万物,兼利天下,无它故焉,得之分义也。"(《荀子·王制》)人类生活具有社会公共性和伦理联系性本质,设定了个体的道德存在及其职责和义务,"作为确定的人,现

---

① 冯友兰:《中国哲学史新编》下册,人民出版社1999年版,第557页。

实的人,你就有规定,就有使命,就有任务,至于你是否意识到这一点,那都是无所谓的。这个任务是由于你的需要及其与现存世界的联系而产生的"①。社会伦理关系对道德具有某种本体论意义,道德属于人在社会联系中不可或缺的规定、使命和任务,并以具体的道德自我为承担者;自由、责任与道德自我构成人的伦理,存在着难以分离的关系。"一般而言,我们认为道德规范的特性在于它阐明了社会团结的基本条件。法律和道德就是能够把我们自身和我们与社会联系起来的所有纽带,它能够将一群乌合之众变成一个具有凝聚力的团体。人和社会团结的根源——任何促使人们去体谅他人的动力,任何对自身行为不带私心的规定,都可以称为道德,这些纽带的数量越多、力量越强,道德本身也就越牢固。"②个体之间的相与德性促进了社会整体建构与秩序稳固,道德构成了伦理关系、社会秩序与个体整合所以可能的必要担保与主体形式。

(二)个性自由与自我的道德需要

启蒙运动以来,理性和自由成为人们追求的首要价值,除了理性带给人在自然面前的自由,社会中自由的运用和实现,依托于两个基本向度和条件:一方面是外在的联合以及权利的相互尊重,另一方面是个性自由的完善。自由既指能独立于别人的强制意志,同时根据普遍法则,又能够和所有人的自由并存,既包括个人自身安全、占有身外东西的权利以及生命内在的权利即"个人法权",又涉及与他人的关系和"公共法权",个人法权存在的条件是"以每个人自己的自由与每个别人的自由之协调一致为条件而限制每个人的自由……而公共权利则是使这样一种彻底的协调一致成为可能的那种外部法则的总和"③。"自由就是从事一切对别人没有害处的活动的权利。"④"没有限制的自由肯定是不存在的,脱离社会秩序就没有人的存在,人只能通过社会秩序来发展自己的个性,并且随着社会

---

① 《马克思恩格斯全集》第3卷,人民出版社1960年版,第329页。
② [法]埃米尔·涂尔干:《社会分工论》,渠东译,生活·读书·新知三联书店2000年版,第356页。
③ [德]康德:《历史理性批判文集》,商务印书馆1990年版,第181~182页。
④ 《马克思恩格斯全集》第1卷,人民出版社1956年版,第438页。

的发展而发展。"①道德源自社会共同体存在与发展的需要,是出自对共同利益的维护以及对利己之心的遏制;在国家和社会生活中,道德构成了自由、民主等社会核心价值的理论资源以及法权、权利的保证。道德不仅是维持社会生产、生活秩序,使个体在社会中得以生存、交往、活动的基本条件,也是个人自我完善、自我发展的精神力量,改变、影响着存在本身,并通过制约内在人格、行为方式、道德秩序等而具体地参与真正的人的世界的建构。爱因斯坦指出,"每个人都必须有机会发展其可能有的天赋。只有这样,个人才能得到应该属于他的满足感;也只有这样,社会才能最大限度地繁荣"②。马克思指出人"不是由于有逃避某种事物的消极力量,而是由于有表现本身真正个性的积极力量才得到自由"③。在文化意义上人们认定,"在人身上,只有在精神和自由的生活占了感官和情感的生活的优势的时候,人才算是一个人"④。精神和自由一方面以自然科学成就体现于人与自然之间,另一方面以道德体现于人与社会之间,自我实现或完善既具有伦理义务,也是个体追求的道德目标,"在德性与智力方面,我们能够不断改善我们自己的状况,这一事实赋予我们以自我完善的义务"⑤。卢梭认为"唯有道德的自由才使人类真正成为自己的主人;因为只有嗜欲的冲动便是奴隶状态,而唯有服从人们自己为自己制订的法律,方是自由"⑥。康德也认为,人类理性的立法(哲学)有两大目标,即自然和自由,自由指道德自由,人格的尊严和价值在于它在道德上是自律的,具有自由和善良意志,道德自由是来自于纯粹理性的先验自由。道德意义上的人格完美、行为正当,最终落实于存在本身的完善,道德所追求的善,始终以实现存在的具体性、全面性为内容,与人自身存在的完善呈

---

① [美]查尔斯·霍顿·库利:《人类本性与社会秩序》,包凡一、王湲译,华夏出版社 1989 年版,第 275 页。
② 爱因斯坦:《道德与情感》,载《爱因斯坦晚年文集》,方在庆等译,海南出版社 2000 年版,第 21 页。
③ 《马克思恩格斯全集》第 2 卷,人民出版社 1957 年版,第 167 页。
④ [法]雅克·马里坦:《个人与公益》,引自《现代外国哲学论集》第 2 辑,生活·读书·新知三联书店 1982 年版,第 41 页。
⑤ W. D. Ross: What Makes Right Act Right? In *Readings in Ethical Theory*, Appleton-Century-Crofts,1952,p178.
⑥ [法]卢梭:《社会契约论》第 1 卷第 8 章,何兆武译,商务印书馆 1981 年版,第 33 页。

现出内在的统一性。道德的更本质特点在于(人的)存在本身的提升或转换,是以达到真正意义上的存在为指向,善的追求在不同的意义上指向存在价值的肯定、实现和存在潜能的发展完成,"道德所指向的善在个体之维表明通过潜能的多方面实现而'占有自己全面的本质',走向真实具体的存在,在社会之维则表现为赋予人的全面发展以必要的历史前提,并使社会本身达到健全的形态"①。对社会自由的积极维护,对个性自由的追求和道德自由的价值认同,使人产生着强烈的道德需要,"道德需要是表现人的稳定心理状态特点的一种高级的社会需要,这种心理状态表达人创造善、确定正义、根除恶的自愿和无私的追求"②。"道德需要作为一种特殊的、高级的社会需要,它同一般的物质需要和精神需要不同,它不是从社会去获得、索取、占有、使用、享受某种物质的或精神的产品来满足自己,而是通过对社会或他人得给予、风险、牺牲来满足自己。道德需要是建筑在高度自觉的、完全自律的、依靠内心信念来满足的一种需要。道德需要作为一种心理机制,它表现出一个人能够把对社会、对他人的献身、贡献和给予当做是一种崇高的义务和责任,并能够在履行这种义务和责任时感到愉快,感到高兴,并且在内心中有一种满足了自己最崇高的需要的欣喜愉悦之情。"③道德需要和自由体现着个体人格完善的内在自由和生命价值实现的主动、高尚追求,赋予人调动起人的全部内在力量去拓展自由,赋予人以崇高的热情以及在克服困难、战胜挫折和痛苦中确证自己并实现自我、表现自己真正个性的积极手段和力量。

三、"道德"范畴的形上伦理和德性价值的统一

中国传统文化核心是个体的道德修养和道德自我的价值实现,关于道德范畴的推演以及道德文化的主题深刻体现了道德自我的价值。中国传统文化以"道"、"德"两个范畴分别指称客观世界特别是伦理世界中的

---

① 杨国荣:《伦理与存在——道德哲学研究》,上海人民出版社2002年版,第10页。
② [苏]阿尔汉格尔斯基:《马克思主义伦理学的对象、结构、基本方面》,中国社会科学出版社1990年版,第79页。
③ 《罗国杰文集》下卷,河北师范大学出版社2000年版,第196页。

形上本原和人文价值理念,二者的贯通和辩证关系淬砺着"道德"范畴的衍生和推展,道德范畴是本体和价值的有机统一,也是道德自我的价值呈现过程。

(一)"道"的形而上本体意义与"德"的价值内涵及其"道"体基础

"道"原指人们由此达彼所行经之路,后被引申为轨道、法则以及人的行为原则和规范,"形而上者谓之道"(《易传·系辞上》);经过抽象和提炼,"道"成为中国古典哲学和思想体系的最高形上范畴,相当于西方哲学的"逻各斯",涵摄理、气、命等存在范畴,决定德、性、善等价值意义。"道"并非"气"、"原子"或五行等自然哲学具象物质本体,却是自然和万物生存、运动、变化发展的"始基"、根据、最根本的存在和必然持循的本质规律,是得到传统哲学推崇和认同的形上本原、终极性客观基础以及生命意义的赋予者。"道"贯穿于天地万物之中并支配着它们的运动变化,"道也者,通乎无上,详乎无尽,运乎诸生"(《管子·宙合》)。"道为天地万物所以生之总原理。"①基于对"道"的自然形上本体性质的体认,古代思想家致力于洞察和提炼社会之道、人道的客观存在和本体意义,确证作为人类生存方式、社会生活的伦理秩序以及道德实践的总体原则。人间伦理规范、行为从事是以"道"为价值判断和取舍的标准,仁、义、礼等价值理念作为人伦的根本原则,并且以"道"赋予其以普遍、绝对的形上本体理性,"礼出乎义,义出乎理,理因乎道者也"(《管子·心术上》),"道也者何也?曰:礼义、辞让、忠信是也"(《荀子·强国》),"道者,所由适于治之路也。仁义礼乐皆其身也"(《汉书·董仲舒传》),"博爱之谓仁,行而宜之之谓义,由是而之焉之谓道"(韩愈《原道》)。人伦之"道"是天下匡正的本基和个体立身处世的根本准则,是"人之所失以死,所得以生也;事之所失以败,所得以成也"(《管子·内业》)。"道"是社会伦理生活的总体原则,是道德世界的本体依据和行为范型。

"德"原指事物或人的自然本性、禀赋,兼具涵指个体内在致求所达到的心性、德性以及德行,"德"的个体生命价值、社会伦理价值与自然天性、社会人性之"道"密切关联、相互贯通。源自于天道之"德"以其自然

---

① 冯友兰:《中国哲学史》上册,华东师范大学出版社2000年版,第135页。

本性、纯朴品性涵养和成就具体事物、个体生命及其内在本然价值。"德"构基并蕴含着事物运行、生命发展的现实性根据,"最初德与性的意义相类,皆系天生的事物"①。儒家学说力图切证,恻隐、羞恶、是非、辞让等仁义礼智善"德"根植于心,乃人不虑而知、不学而能的良心、良知和良能,是本于天性的"我固有之"和"天理之公";表明并肯定人性之"德"对于天地之道的贯通,称赞德性的本然实在价值以及人文社会价值,"故大德,必得其位,必得其禄,必得其名,必得其寿。……故大德者必受命"(《中庸》)。"所以据德也,外不乱内即性得其宜,静不动和即德安其位,养生以经世,抱德以终年,可谓能体道矣。"(《文子·九守》)源自于沟通天人的伦理仪式、天然本性的"德"经过心志伦理的发展、个体心性价值的发掘,由对人王的品格、行为的要求转化成为普遍道德规范,成为对个体心性、品质所要求的价值范畴。"'德'从心以后,则多与个人的意识、动机、心意有关……从西周到春秋的用法来看,德的基本含义有二,一是指一般意义上的行为、心意,二是指具有道德意义的行为、心意。由此衍生出的德行、德性则分别指道德行为和道德品格。"②道德意义的"德性"源自于对人道规律、伦理秩序的洞察、把握和内心持守。《说文解字》对"外得于人,内得于己"诠解:"内得于己,谓身心所自得也。外得于人,谓惠泽使人得之也。"朱熹言:"道者,人之所共由,德者,己之所独得。""德者,得也,行道而有得于心者也。"(《四书章句集注·学而篇》)深刻表明"德"在尊重和体验"道"基础上个体主体性和心性价值意义。"德性"以人伦为道体依据和基本准则,是个体对社会"仁义"等重要准则的涵收、内化和持循,涵指优良的品性、情操或贤于众者的操行,是经过心性修养所培植的德性品质和达到的精神境界。"德"贯通于天道、人道之间,是协调和处理人事、人际关系,实现人生理想的基本条件,"尊德乐义,则可以嚣嚣矣"(《孟子·尽心上》)。"服世长民莫如德。"(《孟子·公孙丑下》)人们对伦理世界道德规范的建构和发掘,体现了道德的自觉,是德性的自在存在方式。

---

① 李玄伯:《中国古代社会研究》,开明书店1949年版,第184页。
② 陈来:《古代宗教与伦理》,生活·读书·新知三联书店1996年版,第291页。

(二)"道德"范畴的衍生及其主体性价值意蕴

在总结自然本性以及心性之"德"的经验价值基础上,传统思想家努力探索和揭示天道、人道与德性的贯通,使"德"获得深厚的形上本体和逻辑前提支持,"道德"范畴得以孕育而成,其涵摄尊重伦理本体和发挥主体能动性的双重意义。"道"是化生万物的形上本体,"道者,德之钦也"(《庄子·庚桑子》),"德"是"道"之本质的载体和显现,"德者道之舍"(《管子·心术上》),"道有积而德有功,德者,道之功"(《韩非子·解老》)。"道"和"德"是整体与部分、一般与个别、本体与功用的关系,如同阴阳互含互渗、不可分割:作为相辅相成、紧密联结的本体存在和价值范畴,二者结合、延展为"道德"范畴是哲学和伦理思维发展的内在定势。道家"道德"范畴发挥老子注重于体自然之"道"而本性自"德","尊道贵德"思想,天德、至德就是合"道"之德,"道德"是对天地万物生成与运动规律"道"的深切领悟、把握和顺应。儒家基于孔子"志道据德"主张"道德"既反映和把握人类社会生活与发展规律的根本准则和社会规范,也表达个体对于准则规范的融通和持守;"道德"涵摄社会规范和个体品性,特别指称圣贤的高尚品质和理想的精神气质。传统思想非常注重道德在人伦生活中的思想和实践价值,"顺理不失之为道,道德定而民有轨矣"(《管子·君臣》)。"非道德无以治天下……夫道德者,匡邪以为正,振乱以为治,化淫败以为朴,淳德复生,天下安宁,要在一人。"(《文子·道德》)充分阐发道德原则在社会生活中的本体意义以及对个体德性价值要求。传统思想注重于作为普遍规律的自然之道德与作为社会规范的人伦之道德的有机统一,"道德仁义,天之道也"(王充《论衡·辨祟篇》)。以天道、人道原理的贯通,使仁、义、礼被赋予了普遍的、绝对的真理性,成为古代中国社会人们生活所必须遵循的伦理道德修养准则,"道德"成为反映人们循乎道体而成就生命本质和处理社会生活的重要思想范畴以及实践理性。梁漱溟等人深切肯定道德和人文理性,"亦是中国文化特征之所寄"[①]。中国道德文化的优势发展,与道德范畴运展中所包含形上本体与德性价值的贯通以及辩证思维密切相关,"道德"范畴的运

---

① 《梁漱溟全集》第3卷,山东人民出版社1990年版,第122页。

思兼含并贯通伦理与德性、"事实"与"价值"双重意义:"道德"之"道"是人们通过长久观察、总结和凝思对世界万物起源、存在秩序、运行规律和事物之间相互关系的体认和把握所达到的真理,是人类探索、认识世界的成就,特别指代对社会生活、人伦秩序所提炼而成的原理、准则和规范,是人的"类"存在方式和文化结晶以及人类文明和社会发展的重要尺度,成为生活之"是"和普遍性伦理规范;道德之"德"是人们适应自然规律和社会生活、维系社会存在以及推动社会发展所形成的品性和修养,体现着主体性的"善"和"价值",是个体肯定和发展自己,实现精神完善的特殊方式以及做人的基本原则和途径。黑格尔认为,"道德将反思与伦理结合,它要去认识这是善的,那是不善的。伦理是朴素的,与反思结合的伦理才是道德"①。道德是"应然"之是和自由价值追求,是理想生存状态的追求和自我超越的人格要求以及尊严的体现,道德信念和理想、道德品质和人格作为人们行为的"应当"而不断提升人们对理想的追求和向善的价值。个体道德品质的培养、道德价值的实现必须致力于外在社会价值和内在主体价值的密切结合;对道德的把握和价值实现,根本在于个体认同和内化作为社会本质规范的道体基础上,使自己心有独得,行有所依,达到主体性德性和道德自我的境界。

第二节　道德自我的学源价值确证

道德自我存在和价值的设立,在富有见识的思想家对伦理、道德的深入和辩证研究中得到肯定和注解,为道德自我的研究奠定并提供了重要的理论研究基础和学术探究资源。

---

① [德]黑格尔:《哲学史讲演录》第2卷,贺麟、王太庆译,商务印书馆1959年版,第43页。

一、德性、实践理性类型与自我价值

德性及其实践理性是中西方道德哲学关注的主题和人的道德本性，"君子尊德性而道问学"（《中庸》），"德性者，非耳目口体之性，乃仁义礼智之根心而具足者也"（王夫之《张子正蒙注》卷二）。德性是人生向善的本性追求和品质，"人的德性就是种使人成为善良，并获得其优秀成果的品质"①；"德性是一种获得性品质，这种德性的拥有和践行，使我们能够获得对实践而言的内在利益，缺乏这种德性，就无从获得这些利益"②。对德性的肯定，既是人们对人类共同生活经验的总结，也是对人性怵惕恻隐之心的洞察，还是对人性光芒、道德自我和生命价值的积极建构和显扬。

（一）亚里士多德的德性论：伦理德性、理智德性

亚里士多德对古希腊的道德思考和伦理思想的发展，作了全面分析、概括和总结，他以至善和幸福作为现实生活和伦理学的中心问题，并将二者统一起来，认为幸福就在于"善行"、有为的实践、"合理的活动"，"幸福就是合乎德性的现实活动"，"最优良的善德就是幸福，幸福就是善德的实现，也是善德的极致"③。德性以及品质的提高是伦理学的核心；入善成德出于天赋、习惯和理性三端，并由此把德性分为伦理德性和理智德性。伦理德性主要由风俗习惯沿袭而来，是在社会生活环境中，在一定的人群关系中，受到社会共同体行为方式、价值态度的熏陶而形成的对人情事理的敏感、合适的反应品质，是在人伦关系中通过现实活动形成的优良品质，习惯是人的第二天性，ethikee（伦理）是由 ethos（习惯风俗）转化而成。"理智德性大多由教导而生成、培养起来，所以需要经验和时间。"④

---

① ［古希腊］亚里士多德：《尼各马克伦理学》，苗力田译；《亚里士多德全集》第 8 卷，中国人民大学出版社 1992 年版，第 34 页。
② ［美］麦金太尔：《德性之后》，龚群、戴扬毅译，中国社会科学出版社 1995 年版，第 241 页。
③ ［古希腊］亚里士多德：《政治学》，吴寿朋译，商务印书馆 1965 年版，第 364 页。
④ ［古希腊］亚里士多德：《尼各马克伦理学》，苗力田译；《亚里士多德全集》第 8 卷，中国人民大学出版社 1992 年版，第 27 页。

理智德性是经过后天学习、锻炼,经过理智、理性水平的提高而培养的德性,是个体掌握、运用智慧、理性所表现出来明智、审慎、合乎中道原则的主体德性。"人类(除了天赋和习惯外)又有理性的生活;理性实为人类所独有。……三者之间要是不相和谐,宁可违背天赋和习惯,而依从理性,把理性作为行为的准则。"①理智、思辨是灵魂最高贵部分,是能够理会原始公理、终极对象的思考和判断,是合乎本己德性的纯净无碍、持久、快乐的实现活动和最大幸福。人的价值等级决定于个人的德性等级,在两类德性中,起主导作用,决定人的价值等级的是理智德性,特别是其中的内修或纯粹理性,因为它能够正确地选择和确立人生目的,"人的特殊功能是根据理性原则而具有理性的生活","操修理性而运用思想是人生至高的目的"。他把这种决定行为善的目的善,看作出自人性、发自本然的内在善,即绝对善,体现为"绝对价值","一个真正善良而快乐的人,其本性的善一定是绝对的善,当他发扬其内在的善德时,一定能明白昭示其所善具有绝对的价值(品格)"②。伦理德性是相对标准,是在社会生活环境和一定的人群关系中,受到社会共同体的行为方式、价值态度的熏陶而形成的对人情事理的敏感合适的反应品质,是做一个好公民的标准;理智德性是绝对标准,是要有完全符合中道要求或体现圆满德性的至善品德,是自我实现、圆满地完成自己的理性功能,是道德自我的内在结构和实现标志。在此,理智德性接近于具有主体性、自觉性的道德自我,体现为自我对德性构成的重要价值。

(二)托马斯·阿奎那的德性论:实践(伦理)德性、理智德性与神学德性

作为中世纪最重要的神学哲学家,托马斯·阿奎那受亚里士多德的影响,重视对德性和道德行为的研究,它突破当时完全以"神的启示"、单纯信仰解释道德的神学氛围传统,强调理智和习惯在形成人的德性和道德行为中的作用。"德性是指一个人力量之完善",他重视理性,认为道德判断虽然受意向、情感的推动,但对意向、目的、善以及自我需要的理解

---

① [古希腊]亚里士多德:《政治学》,吴寿朋译,商务印书馆1965年版,第385页。
② [古希腊]亚里士多德:《政治学》,吴寿朋译,商务印书馆1965年版,第384页。

皆属理性的过程;同时关切人类伦理经验的具体处境,显示伦理思想的常识性和经验性。在此基础上他把德性分为三种:实践的德性、理智的德性和神学德性。实践的德性相当于伦理德性,指人的习惯品性,此方面正如他对德性的定义,"德性乃是习惯","mos 这个字有两个意义,有时候是 custom(习惯)的意义,有时候它又指去做一件事情的一种自然或类似自然的意向"①。第二种意义上也包括习惯的意义在内,因为习惯可以成为自然的且产生有如自然意向的一种意向。个人在社会生活中所形成的习惯以及在此基础上形成的意欲能力,是人的基本德性和实践理性,是推动其他行动的力量,这正相当于亚里士多德所说的伦理德性。理智德性是理性思维的习性和理智的能力,运用理智使真理的思考达到完善;理智的德性包括直观、学识与智慧三个形式与阶段。"在人类的动作中,使思维的或实行的理智有所完善,就是理智的德性;如果它使意欲部分有所完善,就是实践德性。"②理智的德性高于实践或伦理的德性,习性是思考的准备,实践和伦理德性的正当意向在于使意欲能力依照理性而倾注于"应该"趋向的善;人们对于实践德性的目的、所运用的正当手段,需要借助于理性去正确地品评、判断和处理。神学德性是意志遵循上帝启示和使徒教导而培养出的超自然德性,包括信仰、希望和仁爱的德性,使灵魂的本性提高到神性状态,操行同作为超自然的上帝联系起来,灵魂达到极度完满,它突破和超越个体理性的有限和障碍,得到不断提升和超越,达到最高的善。理智德性和神学德性都体现了德性培养和形成中个体思维和自主理性的意义,超越于经验的实践和伦理德性,运用理性所主动追求和实现的道德自我。

(三)哈贝马斯实践理性区分:实用理性、伦理理性和道德理性

德国法兰克福派学者哈贝马斯认为从合目的性、善和正义角度人生实践中所遇到的各类问题可分为三类,相应地呈现为三种实践理性:①实用性问题,寻求什么是合目的的、最有效的。实践理性在实用方面的应用体现在对具体生活问题的思考及其决断,合乎理性的行为要么是在目标

---

① 周辅成编:《西方伦理学名著选辑》上卷,商务印书馆 1964 年版,第 374 页。
② 周辅成编:《西方伦理学名著选辑》上卷,商务印书馆 1964 年版,第 376 页。

给定情况下对手段的合理性选择,要么是在现有条件给定情况下对于目标的理性选择,实践上思考是在目的合理性视域内运转,目的在于寻求合意的技术手段、战略或方案即"我应当做什么",是选择以一定价值或目标为依据的目的合理性行为。②伦理性问题,思考什么是善的、好的。实践理性在伦理方面的应用体现在对一个人好的生活方式的选择,指向于"我是谁?我希望成为什么样的人?"自我的同一性决定于人们是怎样看待自己和打算怎样来看待自己——人们把自己想象成什么样的人,并且根据一个什么样的理想来规划自己及其生活;自我的发展和形成受到交织在一起的两个因素的影响:有关自我之生活历史发生过程的描述性因素以及自我——理想的规范性因素。伦理问题及其实践理性应用主要着眼于个人的生活理想设计或集体生活的生活方式选择。③道德性问题,研究什么是正义的、普遍性的。实践理性在道德方面的应用体现为在自己的行为与他人的行为发生利益冲突时所主张的公正态度,准则构成了伦理与道德的交接面。从伦理角度看,所检验的是一种准则是否对"我"有好处并与场合相适应;从道德角度来看,所考虑的是一种准则能否作为普遍的法则为所有人所遵守,"道德的要求是绝对的或无条件的命令,这一命令使有效的规范得以表达或者暗含与这种规范的关联。……人们'应当'做什么或者'必须'做什么,在这里不如说是有这样的意义,即这样做是正当的因而是一种义务"①。实践理性从正义角度得到应用,摆脱了自我中心的视角,道德领域充分体现了人作为理性存在的意志自由,"所谓道德的立场就是相信对权利和义务问题可以在个人自由这一前提下得出公正的判断"。伦理性问题考虑的是个人的群体生活中个体生活方式选择和自我中心的价值追求;道德实践理性体现主体性自我的诉求以及对伦理实践理性价值的扩展和提升,朝向公正和普遍性的道德自我。

---

① [德]哈贝马斯:《商谈伦理学的诠释》,引自万俊人主编:《20世纪西方伦理学经典》Ⅳ,中国人民大学出版社2004年版,第549页。

二、精神世界现象学的确证

在被马克思称作"黑格尔哲学真正的诞生地和秘密"的《精神现象学》中,黑格尔认为,意识的生长遵循纯粹理性的规律,在意识(狭义)、自我意识、理性过程和形态中,是作为主观精神特征的个体意识,只是作为潜在的普遍自我意识和"精神的抽象物";在"精神"阶段,意识表现为"我们",表现为社会以及实际的社会历史,是追求并具有普遍性特征的客观精神以及表现为行动和现实中的普遍自我意识。精神世界的基本形态是"真实的精神,伦理",在此基础上中间经由"自我异化的精神,教化",而最终达至"自我确定性,道德",相应于三个精神世界的主体分别为实体性自我、功利自我、道德自我,表现了道德世界观对自在、自为世界的超越。

(一)伦理社会和实体性自我

伦理是意识取得真理性、客观性和现实性的初始精神形态,伦理世界初步表现为现实的家庭、民族和共同体的实体性及其普遍精神,"诸伦理本质以民族和家庭为其普遍现实"①,普遍性或实体性是伦理世界的真理,"伦理只不过是各个个体的本质在个体各自独立的现实里的绝对的精神统一,是一个自身普遍的自我意识。……这个伦理的实体,在普遍的抽象里,只是思维出来的规律,但同样直接地即是现实的自我意识,或者说,它就是礼俗伦常"②。"伦理行为的内容必须是实体性的,换句话说,必须是整个的和普遍的;因而伦理行为所关涉的只能是整个的个体,或者说,只能是其本身是普遍物的那种个体。"③伦理和伦理实体是人们自在性的、现实的、直接的生活世界,在这个美好的伦理世界里,实体与自我互相渗透而无对立,对个体具有强大的包容性和无限的自然亲和力,"我所以居于伦理的实体之中,是因为对的事情对我来说是自在而自为存在着

---

① [德]黑格尔:《精神现象学》下卷,贺麟、王玖兴译,商务印书馆1979年版,第17页。
② [德]黑格尔:《精神现象学》上卷,贺麟、王玖兴译,商务印书馆1979年版,第233页。
③ [德]黑格尔:《精神现象学》下卷,贺麟、王玖兴译,商务印书馆1979年版,第9页。

的;所以,伦理的实体是自我意识的本质;而自我意识则是伦理实体的现实和实际存在,是它的自我和意志"①。个体性完全消融于整体性之中,靠普遍的伦理精神而联系成为一个整体,以之作为个体的感情寄托和精神信仰。黑格尔形象地用"悲怆情愫"表达个体与实体之间的自然伦理关系和皈依情态,"在个体那里实体是作为个体性的悲怆情愫出现的,而个体性是作为实体的生命赋予者出现的,因而是凌驾于实体之上的。但是,实体这一悲怆情愫同时就是行为者的性格;伦理的个体性跟他的性格这个普遍性直接地自在地即是一个东西,它只存在于性格这个普遍性中"②。在伦理世界中,人们饱含"伦理热情",像自然的天性一样毫不犹豫地亲近于伦理实体或共体——民族和家庭,个体没有真实、独立的意向,出诸"伦理意识"而"伦理行动",是无需理性的立法与逻辑证明而出于自然的伦理冲动。"一个自由民族的生活只自在地或直接地是实在的伦常……而伦常和法律的整体就是一个特定的伦理实体";"古代最明智的人们曾创出格言说:智慧与德行,在于生活合乎自己民族的伦常礼俗"③。伦理世界处于一种和谐无纷争的状态,"伦理王国在它的持续存在里始终是一个无瑕疵、无分裂而完美纯一的世界"④,伦理世界的自我是以伦常礼俗为德性标准、追求普遍性本质的实体性自我。

(二)教化世界和法权自我

在伦理世界里个体分属于两类基本的实体:"诸伦理本质以民族和家庭为其普遍现实,但以男人和女人为其天然的自我和能动的个体性。"两类实体以及不同的行为个体各有自己的规律和法则:支配家庭的法则来源于共同的先天祖先,概指以"神的规律";支配国家的法则来源于共同体后天的政治生活,以"人的规律"概指。不同规律支配的两类实体以及出诸实体的个体行动必然发生矛盾,"行为破坏着伦理世界的安定组织和平稳运动",当初互相补充、彼此确认的组成部分变成消灭自身与对

---

① [德]黑格尔:《精神现象学》上卷,贺麟、王玖兴译,商务印书馆1979年版,第290页。
② [德]黑格尔:《精神现象学》下卷,贺麟、王玖兴译,商务印书馆1979年版,第27页。
③ [德]黑格尔:《精神现象学》上卷,贺麟、王玖兴译,商务印书馆1979年版,第226、235页。
④ [德]黑格尔:《精神现象学》下卷,贺麟、王玖兴译,商务印书馆1979年版,第19页。

方的东西,"伦理实体之被注定或被规定要这样消亡,要这样过渡为另一形态,乃是由于伦理意识本质上是直接趋向着法律或法权发展的"①。"伦理的领域"遭到破坏与否定,普遍的伦理精神为抽象的、孤立的个人以及法权主体所代替,进入标志社会自我异化开始的"法治社会"。人与人之间失去了精神的、内在的伦理联系,在矛盾和冲突中社会分裂为现实王国和信仰王国,并以外在于本质的异化或教化作为自身的特定存在。个体把自己的本质异化为外在的社会现实:国家权力与财富,并以之作为个人的"教养"。启蒙世界的自我表现为个体性、功利性的自我。"法权"、"教化"是对伦理普遍性的异化和消解。

(三)道德世界之道德自我

经过理性的启蒙,意识过渡到具有自我意识和自身确定性的精神王国,即道德世界。道德世界观转向内心,注重理性精神,德行是合乎理性的理智行为,"健康的理性是直接知道规律,同样,规律对健康的理性也是直接有效准"②。"从这个规定开始,一个道德世界观形成了,这个道德世界观是由道德的自在自为存在与自然的自在自为存在的关系构成的。"③人们既保持了个体性,而个体的行为又期望与整体一致,追求自在与自为相统一、主体意志自由与普遍性统一。道德自我意识和行为在追求普遍性中往往以义务为自身的目的和对象并自视崇高,"道德意识一般是现实的和能动的,在它的现实和行动中履行着义务,它把义务当成本质"。"道德行为不是什么偶然的和有限的东西,因为它以纯粹义务为本质:纯粹义务构成着唯一的整个的目的。"④对义务的体认和承担使个体感觉到与普遍性、实体性的同在,体验着自身的责任和价值;但是纯粹义务脱离现实,割裂了义务与实在、道德与自然之间的联系,具有空洞、抽象的特征。当道德达到良心自我时,它"根本拒绝那认为义务与现实互相

---

① [德]黑格尔:《精神现象学》下卷,贺麟、王玖兴译,商务印书馆1979年版,第17、20、32页。
② [德]黑格尔:《精神现象学》上卷,贺麟、王玖兴译,商务印书馆1979年版,第280页。
③ [德]黑格尔:《精神现象学》下卷,贺麟、王玖兴译,商务印书馆1979年版,第126页。
④ [德]黑格尔:《精神现象学》下卷,贺麟、王玖兴译,商务印书馆1979年版,第126、138页。

矛盾的意识","只作为良心,有了它的自身确定性,道德的自我意识这才取得内容以充实以前那种空虚的义务和空虚的权利以及空虚的普遍意志;而且,因为它这种自身确定性同样是直接的东西,所以它有了自身确定性也就有了特定客观存在本身"①。个人凭良心行动,无需以彼岸的"纯粹义务"为衡量是非的标准,而以自己、现实的良心作为绝对的权威,"良心因而就凭它凌驾于一切特定法律和义务之上的至高尊严而把随便一种什么内容安置到它的知识和意愿里去;良心就是这样一种创造道德的天才,这种天才知道它自己的直接知识的内心声音即是上帝的神圣声音"。良心追求至善和自身确定性,以自身确信的善的精神作为不同的自我意识的公共元素,"自身的确定性就是纯粹的直接的真理性","在得到了表述时,就把它的自身确定性设定为纯粹的自我并从而设定为普遍的自我",通过追求义务与现实统一,达到自在与自我、道德与感性之间的和谐,"道德行为直接就是冲动和道德间的实现了的和谐"②。因此"所谓道德,乃是一种比伦常更高的意识形态"③。超越于伦理、教化世界所实现的主、客观精神统一与和谐,就是道德自我形态。

三、道德思维转换与道德自我价值呈现

社会变革和思想发展的进程中,人们在寻思确定、有效的观念和思维模式,"自古希腊以来,西方思想家一直在寻找一套统一的观念……这套观念可以被用于证明或批评个人行为或社会生活以及社会习俗和制度,还可为人们提供一个进行个人道的思考和社会政治思考的框架。"④(哲学家)为了证明或批判生活方式和社会改造纲领提供着基础。"在每一个时代,对世界事物的一般解释,都被一些未被挑战或怀疑过的范式所预

---

① [德]黑格尔:《精神现象学》下卷,贺麟、王玖兴译,商务印书馆1979年版,第148页。
② [德]黑格尔:《精神现象学》下卷,贺麟、王玖兴译,商务印书馆1979年版,第164、156、164、156页。
③ [德]黑格尔:《精神现象学》上卷,贺麟、王玖兴译,商务印书馆1979年版,第238页。
④ [美]理查·罗蒂:《哲学和自然之境》,李幼蒸译,北京三联书店1987年版,中译本作者序11页。

先假定,任何一个人,不管他自认为与同时代人的共同语言多么少,都做不到与世隔绝。这就像一个被围在中间的池塘——它周边的时空充满了某种气氛。当然思想的构成因素很难被察觉和分析,因为它长久地隐藏在许多性格迥异之人的思维里。"①综观伦理、道德事实发展以及道德哲学理论发展,在众多、纷乱的理论和价值形态背后,基本的范式转换在于:由追求形而上、绝对本质的本体思维,到致力于论证伦理秩序并建构规范的伦理实体思维,当代则凸显自我理性的道德思维,由此也确证和提升道德自我价值。②

(一) 本体思维:追求形而上普遍本质和绝对本体

对于本体思维,有学者描述,"形而上学的本体论向度的最初形成,就始于古希腊哲学家们对万物的'始基'或'本源'的寻求。而到了中世纪,这个万物所归的'一'就成了全知全能的最高本体——'上帝';'本体思维'是指由本体论作为'第一哲学'所确立的哲学思维路向,本体思维总是要达到某一作为最终根据的存在者(或'在场之物'),一切其他的存在者皆由于它才成为'生成、消亡和持存中的某种可知的东西',本体思维……在可感知的现象世界之上或者之外设计了一个超感性的本体世界或者超验世界,并用这个'超感性世界'来说明一切、解释一切。本体思维代表了一种需要先验制约因素并极力诉诸外在权威、根源或根据对事物及其现实进行解释或说明的哲学思维路向"③。本体论哲学形上气质和思维范式既是人们对宇宙本源的探寻,也反映在道德根源的追问之中;在道德来源的思考中,人们最初总是在极力寻究现实生活世界背后绝对、形上特征的本体和依据。中国传统社会对形上本体"天"、"命"、"道"、"天理"的道德皈依,在西方关于理念世界和上帝的绝对信仰,都体现为道德形上本体思维的总体特征。诸如"就柏拉图的思想来说,构成公正

---

① [英]康福德(F. M. Comford):《修昔底德的神话和历史》,*Thucydides Mythistoricus*, Lodon Ronuledge & kpaul.,1907,p6.
② 受田海平教授的《从"本体思维"到"伦理思维"》启发进一步引发;此处思维三种类型可比照哈贝马斯实践理性中实用理性、伦理理性和道德理性的区分以相互解释,参看本书 22 页。
③ 田海平:《从"本体思维"到"伦理思维"》,载《学习与探索》2003 年 5 期,第 7~11 页。

相待的道德基础的本体论叙述无疑与他科学的宇宙论是相对应的"①。理性是观察和理解的能力,合理性也是秩序眼光,由理性支配就是受正确的眼光或理解力支配,从中发觉宇宙秩序,"高级的生活是理性指导的,而理性的本身是根据宇宙和灵魂中的秩序感加以界定的。高级的生活是这样的生活,在其中理性——纯正、秩序、界限、不变——控制着屈从于过度、贪得无厌、变化无常和自相冲突的欲望"②。我们通过思想或理性所获得的是自制,通过理性的自我控制,带来与自我相统一、镇定和泰然自若的冷静;善良生活由理性支配,对永恒的、善的秩序的爱,是我们对善良行为和善良生活热爱的最终根源和真实形式;受理性支配,意味着人的生活由其知道和热爱的在先存在的理性秩序所塑造,宇宙秩序的眼光成为真正的德性或实践智慧的本质条件。"在亚里士多德的理论中,'超善'所起的作用就是'最高的善'本身,这是整体的善良生活,即所有的善以其适当的比例结合在一起。"③斯多噶派哲人也看到并热爱事物整体的善良性质,追求整体至善,为上帝实体理念的衍生奠立思想根源,"超常善常把本质的关联放在超越人类生活的存在或实在上,如柏拉图放在善的理念上、有神论的观念放在上帝上,而某些浪漫主义派生的观念放在作为伟大源泉的自然上"④。奥古斯丁的全部观点受到由普罗提诺传给他的柏拉图学说的影响,宇宙是理性秩序的永恒实现,现存存在和知识的最终原则是上帝,被创造出来的世界展示着有意义的秩序,它分有着上帝的理念。"奥古斯丁这样的基督教柏拉图主义者,把上帝看作占据了柏拉图善理念的位置。"⑤上帝永恒的法则颁布秩序,人之为善都与他们理解和爱这种秩序有关,灵魂的全部道德条件最终依赖于它所关注和热爱的东

---

① [加]查尔斯·泰勒:《自我的根源:现代认同的形成》,韩震译,译林出版社2001年版,第10页。
② [加]查尔斯·泰勒:《自我的根源:现代认同的形成》,韩震译,译林出版社2001年版,第28页。
③ [加]查尔斯·泰勒:《自我的根源:现代认同的形成》,韩震译,译林出版社2001年版,第99页。
④ [加]查尔斯·泰勒:《自我的根源:现代认同的形成》,韩震译,译林出版社2001年版,第109页。
⑤ [加]查尔斯·泰勒:《自我的根源:现代认同的形成》,韩震译,译林出版社2001年版,第141页。

西。本体思维强烈地贯注着对宇宙间秩序的探究与超善理念的本体式迷恋。

(二)伦理思维:注重伦理体系和规范的建构和论证

伦理思维是关系和秩序思维,"伦理思维的出发点,是确认'生活'高于存在、先于存在,它不是从'人与存在的对立向度'运思,而是从'人与存在的相与向度'运思。因此,伦理思维是对生活本身的关注,它不是由理性的、主体的、知识的进路寻求对世界的控制和主宰,而是在一种民主的、包容的、对话的、参与的理路中探寻人'在世界中'的'相与之道'"①。与追求人文世界最高本体决定性不同,在伦理和道德发展的历史进程中,许多思想家致力于论证当下社会生活、伦理秩序的合理性,强调个人对社会组织、伦理实体的绝对义务,这种伦理型思维范式在传统中国、古希腊城邦社会以及近代资产阶级契约伦理思想中都有体现。中国传统思想特别是儒家重视人与人之间的关系即"人伦","人之所异于禽兽者几希,庶民去之,君子存之,舜明于庶物,察于人伦,由仁义行,非行仁义也"(《孟子·离娄下》)。"夏曰校,殷曰序,周曰庠,学则三代共之,皆所以明人伦也。人伦明于上,小民亲于下。"(《孟子·滕文公上》)社会治理的目标在于"彝伦攸叙",以"五伦"为代表的人际关系被认为是恒久性关系。秦汉之儒在人伦关系中特别凸显君臣、父子、夫妇关系,"臣事君、子事父、妻事夫,三者顺则天下治,三者逆则天下乱。此天下之常道也"(《韩非子·忠孝》)。吕不韦提出,"凡为治必先定分:君臣、父子、夫妇。六者当位,则下不逾节,而上不苟为矣,少不捍辟,而长不简慢矣"(《吕氏春秋·处方》)。成书于战国末至汉初的《礼仪》提出君、父、夫"三至尊"的观念;董仲舒明确提出"三纲"思想,"天子受命于天,诸侯受命于天子,子受命于父,臣妾受命于君,妻受命于夫"(《春秋繁露·受命》)。班固明确表述为:"三纲者何也?谓君臣、父子、夫妇也。……故《含文嘉》曰:君为臣纲,父为子纲,夫为妻纲。"(《白虎通义·三纲六纪》)确立了人伦秩序的本体原则,并侧重于单方面的服从、义务、尊卑秩序关系,以此为基则,在宋明时期发展为天理、良心准则,"人莫大于父子,义莫大于君臣,是谓三

---

① 田海平:《从"本体思维"到"伦理思维"》,载《学习与探索》2003年5期,第7~11页。

纲之要,五常之本,人伦天理之至,无逃乎天地之间"(《晦庵文集》卷十三)。从伦理思维滑向绝对本体思维,压制、牺牲许多个体社会成员的道德权利和主体能动性,"总之,我认为要人尽单方面的爱,尽单方面的纯义务,是三纲说的本质。……所不同者,三纲的真精神,为礼教的桎梏,权威的强制所掩蔽,未曾受过启蒙运动的净化,不是纯基于意志的自由,出于真情之不得已罢了"[1]。古希腊时期城邦,推崇公开性、民主、自治的政治生活,道德问题的权威从家庭家族转移到城邦公共生活秩序,"一般公民有能力参与城邦事务,能够以爱国之心履行其对城邦的责任"[2]。道德完善意味着模范地尽到公民的权利和义务公民美德肯定世俗生活,主张将个人生存的理由诉诸城邦秩序,要求个体服从于公共政治生活,推崇正义美德并以之协调各种德性,体现为伦理思维。走出神学樊笼,以现实伦理实体规范个体角色和活动模式,也是近代资产阶级契约型伦理思维特征。

(三)道德思维:道德自我的主体性价值呈现

道德思维是把道德依据从形上本体、外在秩序规范的思考转向内在理性和主体性价值的发现和运展的主体性思维方式。伦理和道德分别代表人们不同的思维意向,"伦理所要完成的是致力建立某种人伦秩序,形成人伦原理,建构伦理实体;而道德所要解决的是个体如何认同、内化这种人伦秩序与人伦原理,形成个体德性,建立道德自我"[3]。除了自我对伦理实体、秩序的被动认同、内化,道德思维还在于积极地透视道德本质,以自身的内在价值理性、主体性履行道德责任,参与新的道德世界秩序的建构。随着欧洲启蒙运动和理性的张扬,道德世界个体主体性、反思精神对于个体德性以及社会道德生活愈显重要,如笛卡儿"在一种真正的意义上,把道德根源置于我们内心了"。"道德根源于我们自身内部,尤其在我们所拥有的某种力量中。"康德以自由、理性作为人们的道德先验能力和来源,"康德还是分享着对作为自我决定的自由的现代强调。他坚

---

[1] 贺麟:《五伦观念的新检讨》,《文化与人生》,商务印书馆1988年版,第61~62页。
[2] [美]马文·佩里:《西方文明史》上卷,商务印书馆1993年版,第79页。
[3] 樊浩:《修养传统与道德自我》,《人文杂志》1996年4期,第21~26页。

持把道德律看作源于我们意志的东西"。对自我的分解和理性控制的主体已变成人们熟悉的现代道德自我形象,"个人对自我采取分解的态度……规定着关于人类主体性及其有特点的力量的新理解,伴随着这一点,出现了善的新概念和道德根源的新区域:自我负责的理想,这是用伴随着它的关于自由和理性的新定义以及关于尊严的相关含义表达的……人的主体性是由自我规定的"①。建立在个体理性觉悟之上的个体人格的独立性、完整生命存在的价值与尊严的凸显,是现代性的基本意蕴,也成为现代性道德的基本追求。个体道德生活的蓝图不再是纯然被规定的,社会不再提供个体生命意义的唯一解答,不再垄断个体生命意义的解释与话语权,个体不再是作为单纯的受者被置于道德生活的标准答案之中,而是寻求个体德性在现实生活中的平等对话与自主建构,人的自由行为通过理性化的良知,自主、自律、自由地追求和实现道德,构成道德自我。

第三节 道德自我的实践价值确证

道德及其产生并不仅只是"为人"的问题,不仅是外在的手段(条件、工具),它本身就是人的生活所固有的价值尺度,是人类及个体生活的内在目的之一。道德自我是个体修养成熟的重要内容和基本标志,也是社会存在、发展与和谐的基本条件。

一、道德自我的个体价值意义

道德自我是个体适应和参与社会的社会化进程中的主要任务和标志,也是个体内在精神世界完善与和谐的价值观保证。张东荪认为,"任何人,生在世上,其最大的根据在自己的存在,即所谓有我。所以一切人

---

① [加]查尔斯·泰勒:《自我的根源:现代认同的形成》,韩震译,译林出版社2001年版,第213、482、125、266页。

生问题都以我为出发点";"以我为出发点,扩充自我的道德观"①。真正的道德体现着从肯定自我走向肯定社会人群,奠基于"自我"道德修养和精神追求。

(一)个体社会化的根本任务和成才标志

社会道德由外在规范转向个体自我道德,是社会道德发挥功能的必然要求和重要条件,也是个体存在和发展的内在要求。人类和个体的价值在于社会性和社会生活,"(人)不仅是一种合群的动物,而且是只有在社会中才能独立的动物"②;"人的本质是人的真正的社会联系,所以人在积极实现自己本质的过程中创造、生产人的社会联系、社会本质"③。人本主义学者马斯洛认为"文化和环境虽然不能创造,甚至也不能增强遗传性潜能,但却可以轻而易举地彻底消灭或者削弱这种潜能,人性具有很强的可塑性。……做人,在生而为人意义上的做人,同时也必须在成长为人的意义上进行界定。在这个意义上,一个婴儿只不过是一个潜在的人,必须在社会、文化、家庭中成长为人"④。个体成长的过程就是与他人交往、学习和掌握社会知识、社会规范和社会生活方式,形成社会生活能力以及适应社会生活要求,由单一的自然人、生物人成长为社会人的社会化过程。"个人在其中成长的实际的历史世界所发生的作用,连同双亲和学校对他施加的有目的的教育,以及社会生活的各种风俗习惯的影响,最后,还有他所有的见闻与经历给予他的影响——这一切都使他获得了所谓的他的文明化。"⑤人的发展取决于反映人们认识、改造世界主观条件和能力大小的人的综合素质,包括身体素质、文化素质和思想道德素质(包括思想意识和道德行为状态)。"教化是生活的一种形式,其基础乃是精神之修养和思想的能力,其范围乃是一种成系统的认识。"⑥道德包含着人类关系中极其宝贵的经验和特殊知识,在掌握和应运于各种关系

---

① 张东荪:《道德哲学》,引自《民国丛书》第2编第9册,上海书店1989年版,第646页。
② 《马克思恩格斯选集》第2卷,人民出版社1995年版,第2页。
③ 《马克思恩格斯全集》第42卷,人民出版社1979年版,第24页。
④ [美]马斯洛:《动机与人格》,许金声等译,华夏出版社1987,前言第12页。
⑤ [德]卡尔·雅斯贝尔斯:《时代的精神状况》,王德峰译,上海译文出版社2008年版,第77页。
⑥ [美]马斯洛:《动机与人格》,许金声等译,华夏出版社1987年版,第93页。

中形成、发展和创造着自我,使人克服自我的局限,超越于一己之囿,了解人生价值、生活意义以及对他人、自身、社会、自然环境的责任,确立崇高的人生理想,使个体人生价值不断得到提升;道德是个体恰当地认识和处理与自然、他人和社会的关系,达到与外部世界融洽与和谐的社会实践理性,学习和接受社会道德,积极参与社会道德实践,是个体获得社会认同、参与社会生活,实现自身作为社会成员规定性的根本途径和形式。个体社会化往往伴随着化自然天性为德性的过程,通过环境的影响、教育的引导以及理性的体认、情感的认同和自愿的接受,外在的普遍规范逐渐融合于自我的内在道德意识,并在道德实践中凝而成为稳定的德性,知当然与行当然获得内在同一,使人由自然意义上的存在成为社会的存在,并进而提升为道德的主体,个体真正成为社会共同体中的成员,并构成社会交往有序化与合理化的内在基质。美国心理学家柯尔伯格把个体道德的发展分为三个水平、六个阶段:(1)前习俗水平,着眼于行为的具体后果与自身利害关系,包括:惩罚与服从的定向阶段,为避免惩罚,对权威与权力持无条件服从态度;工具相对主义倾向阶段,行为是满足自己需要的工具性、手段性。(2)习俗水平,认为道德的价值在于维持社会的传统秩序,包括:人际和谐或"好儿童"倾向阶段,行为是为了赢得他人的赞许;维护法律或秩序的道德定向阶段,行为在于尊重权威,维护既定社会秩序。(3)后习俗水平,履行社会道德标准,包括:社会契约定向阶段,行为是遵循约定俗成的契约规范与争取个体权利;普遍道德原则定向阶段,注重于服从普遍原则与道德良心的统一。皮亚杰、柯尔伯格等人关于个体道德发展阶段理论一定程度上确证了个体社会化的基本进程与道德发展的可能性。

古往今来许多思想家和教育工作者都把德性、道德人格的培养作为个体成长的重要任务,荀子认为,"德操然后能定,能定然后能应,夫是之谓成人"(《荀子·劝学》)。注重"成德"与"成人"的统一;中国历史上有著名的"德才之辩":"才者,德之资也;德者,才之帅也……才德全尽谓之圣人,才德兼之谓之愚人,德胜才者谓之君子,才胜德者谓之小人。凡取人之术,苟不得圣人、君子而与人,与其得小人,不若得愚人。"(司马光《资治通鉴》卷一)历史上品评人物首先在于个人品行,选拔官员注重"举孝廉"。19世纪德国教育家赫尔巴特提出,"教育的唯一工作与全部工作可以总结在这一概念中——道德。道德普遍地被认为是人类的最高目的,因此也是教育的最高目的"①。洛克指出,"应该知道德行与善良的心灵比任何学问或文字都重要","我认为,德行是一个人或一个绅士所应具备的首要的也是最必不可少的一种禀赋"②。列宁强调,"应该使培养、教育和训练现代青年的全部事业,成为培养青年的共产主义道德的事业"③。在当代中国,德性和道德还涵括着个体政治立场,为此"各级各类学校,不仅要建立完备的文化知识传授体系,而且还要把德育放在首位,确立正确的政治方向"④。德性和道德价值观的培养是社会化的重要任务和成熟标志。在社会化和德性培养过程中,引导个体自我教育,塑造主体性道德自我人格,是实现个体德性社会化的关键步骤。"真正的教育只能在自我教育的前提下进行,自我教育是见之于行动的人的尊严。"(苏霍姆林斯基)"主体性道德人格教育,它对于社会民主制度的发展与完善,对社会的安定与和谐,对社会公正的确立与维护具有重要价值,因为,具有自主、理性、自律的道德判断、道德选择和道德实践的个体是民主的、和谐的、公正的社会建立的基础。"⑤道德自我具有自我认识、自我调节、自我教育、自我导向、自我激励和自我完善的主体功能,以健全的理性、高尚的情感、坚定的意志完成社会化。

(二)个体自身修养与精神和谐的主宰

1. 道德自我的人生价值导向意义

人追求价值和意义的存在,"人的价值不仅在于他做什么,而且在于做事的是什么人"⑥。"人内在的伟大不在于他能利用事物和怎样利用事

---

① [德]赫尔巴特:《论世界的美的启示为教育的主要工作》,引自张焕庭主编:《西方资产阶级教育论著选》,人民教育出版社1979年版,第259~260页。
② [英]洛克:《教育漫话》,徐大建译,上海人民出版社2005年版,第152页。
③ 《列宁全集》第3卷,人民出版社1959年版,第302~303页。
④ 江泽民:《在庆祝中华人民共和国成立四十周年大会上的讲话》,载《人民日报》1989年9月30日。
⑤ 肖川:《主体性人格教育》,北京师范大学出版社2002年版,第39页。
⑥ [美]约翰·密尔:《论自由》,程崇华译,商务印书馆1959年,第63页。

物,而在于他能超出自己,确定一种立场……哲学就是让这种确定立场发生。"①在人们的价值追求中,道德构成生命最崇高的意义,基督教学者坎默尔指出,"道德价值比所有其他价值更根本,因为道德价值所触及的不仅仅是我们做什么、体验什么或具有什么,而且触及到我们'是什么'"②。道德是确立科学世界观、人生观的前提和核心,德性的根本意义在于首先确立人生正确的价值目标,"德性确定一个正确的目标,明智则提出达到目标的手段"③。斯宾诺莎认为,德性的基础和个人的幸福即在于努力保持人的自我存在,"保存自我的努力乃是德性的首先的唯一的基础"。"德性的原始基础乃在于遵循理性指导,以保持自己的存在","绝对遵循德性而行,在我看来不是别的,即是在寻求自己利益的基础上,以理性为指导而行动、生活,保持自我的存在"④。在实现道德存在的过程中,道德帮助个体积极地理解现实的社会关系、人我关系,完整把握社会的价值体系,使自己的特殊需要具有合理性,使自己的行为具有道德价值,将道德要求转化为内心信念,自觉以其指导自己的行为,激励自我不断向上,使人的潜能得到更大程度的发挥,尽可能得到全面、自由、和谐发展。包尔生认为伦理和道德居于各种实践科学之首,帮助人们确立人生目的和至善追求,"要把至善视为一种完善的生活——即一种导向在和其他紧密相连的人们的密切交流中,身体和精神的力量都得到完全的发展并使之充分地实行于人的存在的所有方面,充分地加入社会主要的历史和精神生活之中的生活"。"德性及其实行也构成了完善生活的内容……德性在完善的个人那里有其绝对的价值。""人类行为的客观价值从根本上说是由它和最后也是最高的目的或至善的联系决定的;这一最高目的或至善就在于存在物的完美发展和生命功能的完善训练。一个善良意志的价值,一个由义务感驱动的意志的价值,从根本上说是依赖于它影响行动朝

---

① Heldegger, Der Deutsche Idealismus, Fischte, Schelling. Hegel, Gesamtausgabe28, Frankfurt am Main,1997,p7.
② [美]查尔斯·L.坎默尔:《基督教伦理学》,王苏平译,中国社会科学出版社1994年版,第9页。
③ 《亚里士多德全集》第8卷,苗力田编译,中国国人民大学出版社1992年版,第134页。
④ [荷兰]斯宾诺莎:《伦理学》,贺麟译,商务印书馆1983年版,第186、187页。

向至善的力量。"道德同时指出实现至善目的的方式和手段,而且道德不仅是手段和工具,"用来实现完善的生活的手段并不只是一种没有价值的、外在的、技术的手段,而是同时构成了完善的生活内容的一部分"。德性"就它们代表着善者的品性而言,它们也不仅是一个外在的目的的外在手段,而是本身也是完善的人生和至善的一部分。同样,作为德性的表现的道德行为同时也是目的的实现,而不仅仅是外在的手段"①。道德理想作为一种范导的目标,为人们提供了精神发展的方向,使个体始终受到理想的鼓舞,避免世俗的沉沦,不断实现精神升华,无论对于个体生命价值的透悟还是社会价值的实现,都有着重要的意义。"一个人追求的目标越高,他的才力就发展得越快,对社会就越有益;我确信这也是一个真理。这个真理是由我的全部生活经验,即是我的观察、阅读、比较和深思熟虑的一切确定下来的。"②道德丰富、充实人的心灵世界,道德自我对善的追求及其价值实现是实现人生价值的根本指向。

2. 道德自我的内在精神和谐与平衡

道德内在于人,是提升人类和个体生存价值的内在精神力量,"德性必定被理解为这样的品质:将不仅维持实践,使我们获得实践的内在利益,而且也将使我们能够克服我们所遭遇的伤害、危险、诱惑和涣散,从而在对相关类型的善的追求中支撑我们,并且还将把不断增长的自我认识和对善的认识充实我们"③。历史上,苏格拉底告诫人们说,"德性和智慧是人生的真幸福"④。唐代刘禹锡曾作《陋室铭》,自持"斯是陋室,惟吾德馨";个体具有丰富的需要系统,道德自我将自我实现这个蕴涵了所有其他需要的最高层次需要确立为个人追求。"人生最有价值的就是最好地发展人的最高能力和使较高的功能支配较低的功能。……人的完善的生命是一种心智在其中自由和充分地生长。各种精神力量在思维、想象

---

① [德]弗里德里希·包尔生:《伦理学体系》,何怀宏、廖申白译,中国社会科学出版社1988年版,第10、141、199、10、213页。
② [苏联]高尔基:《论文学》,人民文学出版社1978年版,第340页。
③ [美]麦金太尔:《德性之后》,龚群、戴扬毅译,中国社会科学出版社1995年版,第277页。
④ 周辅成编:《西方伦理学名著选辑》上卷,商务印书馆1964年版,第181页。

和行动方面都达到最高完善的生命。""对于真正善良的人来说,对于意志完全由德性支配的人来说,有德性的行为始终是最大的幸福和喜悦,即使它并不带来外在的幸福,即使它反给它的肉体带来磨难。"①毛泽东青年时期读包尔生《伦理学原理》赞成道德对于自我价值实现的意义,"人类之目的在实现自我而已,实现自我者,即充分发达吾身体及精神之谓"。"吾于伦理学上有二主张:一曰个人主义,一切之生活动作所以成全个人,一切之道德所以成全个人……吾惟发展吾一身,使吾内而思维、外而行事,皆达正鹄。"②道德以精神性使个体超越于感性活动的贪恋和纵恃,在节制中获得身体与心灵的平衡;以理想性使个体将自身归置于社会的发展、个体进步之中,获得广阔的社会生活场域,以久远的视野获得理想的鼓励、精神的支援,循守生命的永恒价值。"培养全面发展的、和谐的个性的过程就在于:教育者在关心人的每一个方面、特征的完善的同时,任何时候也不要忽略人的所有各个方面和特征的和谐,都是由某种主要的、首要的东西所决定的。……在这个和谐里起决定作用的、主导的成分是道德。"③德国哲学家海德格尔认为人在世的存在状态就是烦(德语Sorge,焦虑、烦恼、担心、操心等意),与他物发生关系产生烦忙,与他人发生关系产生烦心,"只要此在是'在世的存在',它就彻头彻尾地被烦所支配,'在世'打上了烦的印章,这烦与此在是一而二、二而一的"④。萨特认为焦虑是人生存的常态,是个体面临各种选择的可能性时所具有的情绪体验,人正是在焦虑中选择自己、领悟自己,"正是在焦虑中,人获得了对他的自由的意识,如果人们愿意的话,还可以说焦虑是自由,这存在着的意识的存在方式,正是在焦虑中自由在其存在里对自身提出问题"⑤。人

---

① [德]弗里德里希·包尔生:《伦理学体系》,何怀宏、廖申白译,中国社会科学出版社1988年版,第237~238、347页。
② 夏伟东等:《论个人主义思潮》,高等教育出版社2006年版,第51~52页。
③ [苏联]苏霍姆林斯基:《给教师的建议》下,杜殿坤编译,教育科学出版社1981年版,第227页。
④ [德]海德格尔:《存在与时间》,引自刘放桐:《现代西方哲学》,人民出版社2000年版,第343页。
⑤ [法]让-保罗·萨特:《存在与虚无》,陈宣良等译,生活·读书·新知三联书店1987年版,第61页。

生的有限性与不确定性让人在选择和成就自己本质时充满着责任、孤寂、烦恼和紧张等。人作为类存在物，有许多共同的要求、愿望和目的，道德鼓励人们相互合作，使人们不必担忧无端或恣意地被欺骗、被伤害或被残杀。罗素认为，"伦理情感和伦理戒律从最初时起就一直有两个完全不同的来源，即平等和交换，或社会的妥协。像我们到目前为止一直讨论的各种道德一样，它既不依赖迷信，也不依赖宗教，宽泛地说，它出自一种平静生活的愿望"①。德国哲学家石里克指出，"关于美德和幸福之间关系的论断只是说，好人总是比利己主义者更有希望过最快乐的生活，他比后者有更大的获得幸福的能力"②。德性确立了精神生活的向度，避免了精神生活低俗化，提升了精神生活在生活中的位置以及幸福的层次，促进了人的全面发展。

（三）个体行为实践的内在价值基源

人在实践中得到对自身本质的现实肯定和价值确证，道德是人们贯注了理性、意志与情感于一体的最高尚的实践理性。"一个善的人就是一个能有效地解决个人和社会生活问题的人。"③道德具有自我调节和导向功能，能够自我约束和控制，自觉规范行为选择和个性发展方向，使社会道德规范和外在要求获得强大的个体心理支援，"从道德上讲，任何道德原则都要求社会本身尊重个人的自律和自由"④。自律水平的个人在特殊的情境中，恰当地将抽象、具有普遍意义的社会道德规范化为具体、合宜的行动，实现道德认知到行动的具体操作。实际存在着的道德准则，并不具有普遍指导一切具体情境的行为应用功能，个体形成的已有的义务观念、良心机制、道德经验和行为习惯，并不适用于现实复杂多变的情境；为了正确的行为选择，个体必须善于把道德要求和已有的道德经验同自己面临的具体情况、特殊情境结合起来，做出明智的选择；道德赋予人

---

① ［英］罗素：《伦理学和政治学中的人类社会》，肖巍译，中国社会科学出版社1992年版，第46页。
② ［德］石里克：《伦理学问题》，张国珍等译，商务印书馆1997年版，第169页。
③ ［德］弗里德里希·包尔生：《伦理学体系》，何怀宏、廖申白译，中国社会科学出版社1988年版，第213页。
④ ［美］威廉·K. 弗兰克纳：《善的求索——道德哲学导论》，黄伟合等译，辽宁人民出版社1987年版，第247页。

坚守信念、克服困难和矛盾、战胜挫折和痛苦的积极手段和力量,指导人在现实生活和各种冲突情境中以内在德性的坚韧以及对道德关系的完整把握,做出高尚的、真正表现人的本质的选择。在当今市场经济、高科技革命、经济全球化和对外开放的复杂环境中,在扑朔迷离的生活与文化背景中,在面临着物欲主义、消费主义生活的诱惑以及外来和传统文化价值挑战面前,建构道德自我,践行道德准则和规范,促进人格道德自我认同和同一,是个人立身处世、应付挑战的根本实践理性;道德自我能够从相互冲突的道德准则和规范中,在相互矛盾的社会道德价值和角色期望中,理智地区分道德的性质、价值等级并做出明智的选择,积极更新道德观念,发展和完善社会道德体系。

二、道德自我的社会和谐价值

个体成员道德水平和风貌是评价社会文明和进步的根本标准;在当代社会工具理性过于张扬的时代,道德自我是引导人与自然、他人、社会构建和谐关系的世界观前提和实践理性原则。

(一)道德自我是社会文明的根本标志和价值保证

道德素质是社会整体道德水平的体现,我们总是通过具体社会成员,即个体的道德素质现状来评估社会道德和精神风貌。道德不是人类生存和生活的纯粹外在性工具,道德首先是人类社会和生活本身的一种价值维度,具有目的性价值,许多思想家把道德作为人和动物的临界点,作为人的主体性价值标志,先秦思想家荀子概言,"人有气、有生、有知亦且有义,故最为天下贵也"(《荀子·王制》)。思想家不只将道德视为人的精神现象或意识活动,而且理解为天道的彰显和天理秩序体现,"天之本质为道德,而其见于事物也,为秩序……以天道之秩序,而应用于人类社会,则凡不合秩序者,皆不得为道德"[1]。亚里士多德在历史早期就揭示,"人类由于志趋善良而有所成就,成为最优良的动物;如果不讲、违背正义,他

---

[1] 蔡元培:《中国伦理学史》,商务印书馆1987年影印版,第11页。

就堕落成为最恶劣的动物"①。美国学者弗兰克纳认为,社会之所以在惯例、法律和审慎之外,还促成道德这样的体系来指导人们的行为,是由于如果不这样,生活在群体中的人们就不能取得一种令人满意的生存条件,人们将或者生活在自然状态中,过一种如霍布斯所说的"荒凉的、可怜的、龌龊的、野蛮的和匮乏的"生活;或者将处于一种超乎我们想象的极端专制的文明状态,在此状态下,个人一切可能的偏离都将被一种有效的强制威胁所制止。②"当道德成为人类生活的必要条件时,道德或道德的方式也就内在地成了人类生活或生存的一部分,而不是外在于人类生活的某种设置、背景或工具,道德的存在或有道德的生活本身就是人类的生存方式或生活方式。"③道德生活、能力和实践是人所具有的本质上区别于动物界的能力,是人的行为方式和生活意义之所在,一个社会的道德状况关系到该社会的兴衰;道德不仅表现为文化现象,而且成为社会控制和管理的重要手段,中国思想家历来非常重视道德在促进社会和谐发展中的作用,认为道德不仅对人群、人际关系的协调发挥积极影响,而且在国家治理、社会稳定等方面都有不可替代的作用。"抚民者,节用于内,而树德于外,民乐其性(生),而无寇仇。"(《左传·昭公十九年》)立国之基是用道德来安抚民心、和顺民意。"德礼为政教之本,刑罚为政教之用,犹昏晓阳秋相须而成者也。"(《唐律疏议·明例疏》)道德是人类科技、政治文明活动不可疏离的最高原则,科学家爱因斯坦提醒人们,"我们这一时代的一大特征就是科学研究硕果累累,科研成果在技术应用中也取得了巨大成功。大家都为此感到欢欣鼓舞。但我们切莫忘记,仅凭知识和技巧并不能给人类的生活带来幸福和尊严。人类完全有理由把高尚的道德标准和价值观的宣道士置于客观真理的发现者之上"④。美国学者马里坦认为"政治从属于道德,从属于真正的道德——准确地说是因为它

---

① [希腊]亚里士多德:《政治学》第1卷,吴寿朋译,商务印书馆1965年版,第9页。
② [美]弗兰克纳:《伦理学》,关键译,生活·读书·新知三联书店1987年版,第239页。
③ 万俊人:《人为什么需要道德》(上),载《现代哲学》2003年第1期。
④ 《爱因斯坦论人生》,高志凯译,世界知识出版社1984年版,第61页。

是某种人类的实践的和可实践的道德"①。社会成员的道德风尚是社会全面与可持续发展的内在指标,社会的进步总是表现为善良力量对邪恶势力的克服。

(二)社会秩序和谐价值:人与自然、他人、社会的关系和谐

道德反映社会主体个人同他人、社会之间的利益关系,显示现实社会的生命力和历史发展趋势。道德总是把既有利于个人也有利于他人和社会作为衡量行为价值的尺度,在人们受本能的驱动而无休止地满足自我需要的过程中,提醒人们把自身利益与他人和社会利益联系起来,以"正确理解的利益"作为思想和行动的基础。从古至今,自然始终是人类得以生存的条件与发展的前提,"大自然对于人类的生存是独一无二的母体和基础。它不仅对维持母体是必要的,而且是人类的精神基础,也是繁荣文化、文明的源泉"②。人类与自然万物处于互利共生的关系中,必须尊重自然、善待自然,以崇高的道德视域和精神境界驾驭和控制工具理性和自然科学,个体需要树立生态型道德人格以道德世界协调和处理人与自然的关系。自我是在与他人构成的社会关系中形成或确立的,歌德在《塔索》中说,只有在人中间人才能认识自己,只有生活才能教会人去认识自己。和谐的人际关系有助于自我意识的健康发展与自我认同的形成,有助于缓解人的紧张感,增加安全感、归属感、温暖感,有助于生命的相互给予、相互支持与相互促进而共同成长与发展。20世纪,构成人生存的主要空间即人与人的关系笼罩着冲突和危机,人间的真情在枯萎,爱的能力在丧失,为了自身安全,人把自己内心封闭起来,表面上社会热闹喧嚣,实际上每个人都感到内心孤独无依,人"近在咫尺",而心"远隔天涯",我们应该认识到,"要想在这个家里和睦幸福地生活下去,只有每个人从根本上改变思考方式和生活态度。不应当互相争权夺利,而是每个人都提供自己的劳动,使这个家住起来更舒服、更安全;不是互相憎恨,而

---

① [美]马里坦:《真正的人道主义》,引自宋希仁主编:《西方伦理思想史》,湖南教育出版社2006年版,第607页。
② [日]池田大作:《人生箴言》,卞立强译,中国文联出版社1995年版,第198页。

是应当互相爱护、互相帮助"①。人是社会性的存在物,"社会不是由个人构成,而是表示这些个人彼此发生的那些联系的关系的总和"②。社会关系"包括经济关系、政治关系、思想关系、血缘关系、伦理关系,等等,这是一个有机联系的社会体系,其中各种思想是按照特定的方式组合起来的,彼此形成一种固定的关系,表现出一定的秩序,从而使社会成为一个具有内在统一性的整体"。社会是个体生存与发展的空间,"个体通过生产实践及其交往活动创造了社会,并使社会成为一种有机体;社会作为有机体又反过来制约和规定着个体的创造活动,或者说,社会又创造着个体"③。社会生活中伦理关系的协调有利于社会有机体的有序与稳定发展,作为社会调控手段的道德规范,靠个体的内心信念力量来维持,诉诸个人的认识和情感,通过行为主体的自觉、自省、自为而起作用和调节行为,较之于法律更易被人接纳,变为自觉需要。

(三)解决现代性道德困境和危机的价值本基

当代美国德性伦理学家麦金太尔认为,我们所处的是一个道德破碎的时代,是一个缺少对德性理解、处在德性之后的时代。"在我们居住的这个实际世界,道德语言处于和我所描述的想象中的自然科学语言同样严重的混乱状态。……我们已经极为严重地——如果不是完全的话,丧失了对道德的理解,包括理论和实践两个方面。"④现代社会存在的道德问题的症结在于启蒙运动对道德合理性论证的失败,导致这一失败的基本原因有两个方面:其一,现代伦理剥夺了人类道德生活不可剥离的社会文化背景和历史背景;其二,现代伦理剥夺了人类道德生活的内在目的意义和品格基础,把伦理学几乎变成了纯粹外在规范约束的设计。用万俊人先生的话语考量,"现代性道德的痼疾在于对同质化或齐一化理性法则过分迷恋。不幸的是,当这种规范伦理失却人类内在美德资源的支撑时,规范伦理的迷恋就会蜕变为一种纯规则主义的、甚至是律法主义的现

---

① 池田大作、路奈·尤一古:《黑夜寻求黎明》,卞立强译,中国国际广播出版社2003年版,序12页。
② 《马克思恩格斯全集》46卷(上),人民出版社1979年版,第220页。
③ 陈先达主编:《马克思主义哲学原理》,中国人民大学出版社2000年版,第170、171页。
④ Alasdair Macintyre: *After Virtue*, University of Notre Dame Press, 1981, p2.

代性偏执,成为缺乏内在价值动力和人格基础的纯'概念图式',而非真实有效的道德价值资源"。"现代人失落了美德却并不想失落自我,相反,现代人比任何时候都要凸显个人的自我。基于权利的道德实际上是自我中心论或个人目的论的道德。……'现代性'道德的普遍主义规范诉求被自我限定在某种基本的制度公正层面,他放弃了任何形式的道德理想主义。"①麦金太尔认为,只有规范或规则而无美德品格之内在基础的伦理学,是不可能实现其普遍规范的理论梦想的,"在美德与法则之间还有另一种关键性的联系,因为只有对于拥有正义美德的人来说,才可能了解如何去运用法则"②。我们必须返回到我们一直寄生其中的历史与传统中去寻找道德资源,必须求助于我们生活在其间的多层次的道德生活共同体(家庭、城市、群体、社团和联合体),去寻求完整的而非抽象的道德理解。德性伦理学为了解决西方自近代以来的道德现状难题,解决不断出现的背离与矛盾,试图找出重振道德的良方。德性伦理学专指德性或道德品性的探讨,区别于规范伦理学以及强调责任或规则、强调后果或行为的探讨;它要解决"道德之根",拥有德性是实现内在善的必要条件。自我的道德统一性只能在道德共同体中体现,实践总是有历史的,它经多代人的努力而延续传习下来,德性在维护对实践的关系的同时,也维护了对过去、对未来和对现在的关系。对善之追求,是通过几代或许多代人的努力才得以延伸扩展,每个人的追求都是在这一背景中进行的,道德对于维系传统有着不可或缺的重要性。一种恰当的传统感自身昭示了把握未来的可能性,它是过去馈赠给现在的遗产,使现今成为历史的延续,也使传统在现今和未来中得到永生,道德德性不仅保障了实践得以进行,维护了人类生活之善的追求,而且还维系了社会传统的延续。麦金太尔呼吁,重新解释亚里士多德的伦理学传统——立足于道德共同体生活与文化传统来理解德性生成和道德规则,是现代伦理走出迷雾的希望所在。"为了兴旺发达,我们既需要那些能使我们行使独立的和可计算的实践理性功能的德性,也需要那些使我们接受依赖他人的那些本性和范围内

---

① 万俊人:《现代性的伦理话语》,黑龙江人民出版社2002年版,第137页。
② Alasdair Macintyre: *After Virtue*, University of Notre Dame Press,1981,p152.

的德性。这两类德性的获得和实践,只有在我们参与到奉献和索取的社会关系中才有可能。这些社会关系是由自然法的规范所决定和部分地界定的。"① 美德伦理代表着传统道德文化的基本理论形态和道德思维方式,它注重的是人格理想基础上的道德目的的圆满实现,具有内在自律的自我约束性道德力量和自我完善型内在价值取向;德性传统的传承和扬弃,是我们消解现代社会人与自然对立、人际关系淡漠、人与社会疏离、关系异化等问题的价值本基。

三、公民道德建设与道德自我的价值

中华人民共和国成立和社会主义制度确立以来,以提倡和尊重全体人民的公民身份和地位,保障和尊重人民的权利为特征。改革开放以来的现代化建设,进一步催生和促进着中国公民社会的建设和发展。构造具有真实性、公正性、平等性、开放性精神的公民伦理和公民道德,也预示着对道德自我的迫切需要和价值追求。

(一) 当代中国的公民社会转向

中国长期自然农业经济形态中,家国同构的宗法制社会控制及其人伦价值体系是超越个体的"普遍物",要求个体的信仰、道德与价值追求同国家、民族、家族的整体价值保持高度的一致性;新中国成立后高度集中的政治体制及其对经济生活直接全面的干预形成的计划经济,使得经济主体的利益由社会行政权力决定并依附于政治组织之中,缺乏真正的主体性。费孝通曾以"差序格局"概括传统社会人际关系模式;梁启超曾也认为中国社会与国人偏重私德。社会主义制度的确立,在中国历史上是一个创举,它第一次承认了"公民"的独立存在,并赋予他们种种权利和义务,成为可以自主参政、议政的主体。改革开放以来的现代性不断涤荡着传统人伦观念和秩序,催生新的伦理精神与价值范式,推动着中国社会的伦理道德观念与人伦秩序变动,职业分层促使社会的契约化结构和

---

① Alasdair Macintyre: *Dependent Rational Animals: Why Human Being Need the Virtues*, Open Court, Illinois, 1999, p156.

特征日趋彰显。恩格斯在《家庭、私有制和国家的起源》一书中曾断定说:"英国的法学家亨·萨·梅恩说,同以前的各个时代相比,我们的全部进步在于从身分到契约,从过去留传下来的状态进到自由契约所规定的状态,他自以为他的这种说法是一个伟大的发现,其实,这一点,就其正确之处而言,在《共产党宣言》中早已说过了。"①身份,是指生而有之的可以成为获得财富和地位的依据;契约,是指依据利益关系和理性原则所订立的必须遵守的协议。用契约取代身份的实质是人的解放,是用法治取代人治,用自由流动取代身份约束,用后天的奋斗取代对先赋资格的崇拜,中国当前的社会阶层分层运动证实了这一判断的生命力,并正加快向契约社会以及以其为基础的公民社会过渡。公民社会缘起于西方市民社会范畴,指相对于国家政府、家庭结构的社会第三维组织力量和存在秩序,"公民社会是国家和家庭之间的一个中介性的社团领域,这一领域由同国家相分离的组织所占据,这些组织在同国家的关系上享有自主权并由社会成员自愿结合而成,以保护或增进他们的利益或价值"②。中国公民社会建设是从传统乡土社会、差序格局社会、身份社会转向公平、开放、契约、法治社会,呼唤着当代中国的公民意识。"'公民意识'指的是道德良知的影响与权威,它使每个人尊重契约上的和其他的义务,不需要以礼俗仪式所加强的社会关系的严密网络作为保障。具有公民意识的人遵守一切承诺,即使这些承诺不属于礼俗所规定的社会关系的整个网络,而且是对不知名的伙伴所作的承诺。"③中国公民社会任务在于擢升人们的社会认同感、政治参与感、伦理普遍感与道德自律感,构建社会公民伦理秩序,塑造具有公民精神和自主意识的道德自我。

(二)公民道德建设与道德自我价值

中国传统盛行的是纲常伦理、私家道德,具有等级性、依赖性、狭隘性,缺乏道德的公共性、普遍性和主动性,改造狭隘的纲常伦理为普遍性的公民道德成为近代仁人志士的热切呼喊与希望。五四新文化运动的先

---

① 《马克思恩格斯选集》第4卷,人民出版社1995年版,第78页。
② 何增科:《公民社会与第三部门研究引论》,载《马克思主义与现实》2001年第1期。
③ [捷克]厄恩斯特·盖尔纳:《公民社会的历史背景》,载《国际社会科学杂志》1992年第3期。

驱陈独秀曾深切指出,"自西洋文明输入吾国,最初促使吾人之觉悟者为学术,相形见绌举国所知矣;其次为政治,年来政象所证明,已有不克守缺抱残之势;继今以往,国人所怀疑莫决者,当为伦理问题。此而不能觉悟者,则前之所谓觉悟者,非彻底之觉悟,盖犹在惝恍迷离之境"①。近代思想家郑观应认为,中国伦理道德以人身依附、等级服从为特征,人与人交往华而不实,颇多虚伪。在中国,"卑幼之于长上,属僚之于上官,童仆之于主人,皆动辄跪拜,罕复答礼。夫不论其中藏诚敬之实意,而徒责其外貌卑抑之虚文,是相率以伪接也。故上以此求,即下以此应;或面呈巧令,转背即肆讪谤,或外作足恭腹诽,甚于轻侮,则亦何益之有哉?"②谭嗣同认为,中国社会的腐败黑暗,人民的痛苦愚昧,都是封建纲常名教和维护它的宋明理学造成的,因此对它们深恶痛绝。"数千年来,三纲五伦之惨祸烈毒,由是酷焉矣。君以名桎臣,官以名轭民,父以名压子,夫以名困妻,兄弟朋友各挟一名以相抗拒,而仁尚有少存焉者得乎?"(谭嗣同《仁学》)要改造封建家庭,就必须批判父为子纲、夫为妻纲,恢复人人"自主之权利"。严复在《原强》中提出"新民德"的主张:"曰要政,统于三端,一曰鼓民力,二曰开民智,三曰新民德。"新民德,主要是指培养人民的爱国心和社会公德。"以奴虏自持"的人民,自然不会有自觉的爱国心和对社会、国家自觉的义务观念。他把增进民德同批判封建专制、实现民主结合起来。严复同时认为,中国人德性败坏,最痛心者,无过于恤私、无耻两端。因此,"新民德"的主要任务就是去私心而增公德。梁启超认为,中国所以贫弱不振,是因为中国人民"愚陋、怯弱、涣散、混浊",素质太差,包括民力、民智、民德三方面,要使中国走向富强,中国人民就必须从这三方面来一番自新。新民为"今日中国策一急务",所谓新民,主要是新民德。他认为,民德之高下"乃国之存亡所由系也"(《新民说·论私德》),关系至为重大,而中国国民的品格,却存在着多方面的缺点,他发现中国国民缺乏同情心、理解心,缺乏对公共事务的兴趣与热情,太多地考虑私

---

① 陈独秀:《吾人最后之觉悟》,载《青年杂志》1916年2月卷,第1卷第6号。
② 郑观应:《盛世危言·典礼》,引自《郑观应集》上册,上海人民出版社1982年版,第375页。

人利益,诸如"爱国心薄弱"、"独立性柔脆"、"公共心缺乏"、"自治力欠缺","我国国民,习为奴隶于专制政体之下,视国家为帝王之私产,非吾侪所与有,故于国家之盛衰兴败,如秦人视越人之肥瘠,漠然不少动于心"(《论中国国民之品格》)。中国道德发达很早,所谓温良恭俭让、克己复礼、力行知耻、存心养性、反身强恕,凡此种种,都是私德。"吾中国数千年来,束身寡过主义,实为德育之中心点,范围既日缩日小,其间有言论行事出此范围外,欲为本群本国之公利公益有所尽力者,彼曲士贱儒,动辄援'不在其位不谋其政'等偏义,以非笑之,挤排之。谬种流传,习非胜是,而国民益不复知公德为何物。……今吾今回所以日即衰落者,岂有他哉,束身寡过之'善士'太多,享权利而不尽义务……"(《新民说·论公德》)中国要想奋发自强,"与列强相角逐",就必须人人"自克自修"、"翦劣下之根性",养成"完粹之品格"(《论中国国民之品格》)。他在《新民德·论公德》中说:"我国民所缺者,公德其一端也。"在他看来,公德比私德更加重要,因为公德是国家和社会的凝聚力,"道德之立,所以利群也",而"公德者,诸德之源也。有益于群者为善,无益于群者为恶。此理放诸四海而准,俟诸百世而不惑者也"。梁启超认为要实行"道德革命",也就是要用新道德代替旧道德,其要义在于由尚私德转变为重公德,首要任务是树立群体观念、国家观念,新道德要以巩固、完善群体和国家,使国家进步为目的,也就是以公德来改变私德一统天下的局面。梁启超说:"公德者何?人群所以为群,国家之所以为国,赖此德焉以成它者也。道德之本体一而已,但其发表于外则公私之名立焉。人人独善其身者谓之私德,人人相善其群者谓之公德。""利群"归根结底在于利国,强调"公德"最终目的在爱国。① 要培养公德,应首先从培养私德做起。他写道:"有私德淳美而公德尚多未完者,断无私德浊下而公德可以袭取者。……公德者,私德之推也。勿私德而不知公德,所缺者只在一推;蔑私德而谬托公德,则并所以推之具而不存也。故养成私德,而德育之事思过半焉矣。"(《新民说·论私德》)教育家蔡元培提出,"顾兵可强也,然或溢

---

① 王德峰编选:《国民与德性:梁启超文选》,上海远东版社1995年版,第47~52、87~91页。

而为私斗、为侵略,则奈何? 国可富也,然或不免知欺愚、强欺弱,而演贫富悬绝、资本家与劳动家血战之惨剧,则奈何? 曰:教之以公民道德。何谓公民道德? 曰法兰西之革命也,所标揭者曰自由、平等、亲爱。道德之要旨,尽于是矣。……三者诚一切道德之根源,而公民道德教育之所有事者也。教育而至于公民道德,宜若可为最终之鹄的矣"①。

  对于社会公德与公民道德,有两种不同的理解:一种是广义的理解,即把与个人私生活中处理爱情、婚姻家庭等问题的道德以及与个人品德、作风相对的反映阶级、民族或社会共同利益的道德,通称为公德;另一种是狭义的理解,即把人类在长期社会生活实践中逐渐积累起来的最简单、最起码的公共生活规则称为社会公德。它所反映的是人类社会生活最一般的关系,而不是某一特殊领域的关系,更不是某一特定阶级的关系。我国《公民道德建设实施纲要》指出,"在现代社会,公共生活领域不断扩大,人们相互交往日益频繁,社会公德在维护公众利益、公共秩序,保持社会稳定方面的作用更加突出,成为公民个人道德修养和社会文明程度的重要表现"。要大力倡导以"文明礼貌、助人为乐、爱护公物、保护环境、遵纪守法"为主要内容的社会公德,鼓励人们在社会上做一个好公民。无论广义和狭义,都对个体道德提出了更加完善、更高层次的道德要求。社会公德、公民道德最根本的作用是维护社会公共秩序,为国家整体的政治、经济、文化发展提供良好的发展环境,让人们的日常生活尽量达到安居乐业的效果。中国社会从差序格局、乡土社会向现代社会、公民社会转变,克服传统道德的狭隘性、私己性、等级性、依赖性,培养具有自主、进取、平等、开放、真实精神的现代性公民道德,构成现代社会对道德自我价值的真切呼求,也是道德自我的实践性社会价值依据。

---

① 引自高平权编:《蔡元培教育文选》,人民出版社1980年版,第2页。

第二章 道德自我的传统价值溯源

道德是人类社会的共同文化成就和文明结晶,在中国社会和西方社会,对道德的重视和道德自我价值的肯定,都有悠远的文明历史,体现了人类社会的文明共通精神。道德的标准和道德自我的价值形态随着社会的文明发展与科学进步,处于不断地变革、延展和调试之中;今天社会的快速发展和变革,已使传统道德自我价值实现受到一定遮蔽。审视传统道德自我的文化魅力和精神价值,对于今天社会道德文化建设以及个体道德自我建构与价值实现具有重要的启示意义。

第一节 中国道德理性主义文化传统中的道德自我

中国传统文化和伦理思想,肯定人的价值,"天地之性人为贵"(《孝经》引孔子言)。"人者,天地之心,五行之端也,食味别声被色而生者也。"(《礼记·礼运》)北宋邵雍认为,"唯人兼乎万物,而为万物之灵"(《皇极经世书·观物外篇》)。清初思想家戴震言,"人之才得天地之全能,通天地之全德"(《原善》)。由人的价值而提倡人的相互尊重,推崇人伦秩序和人道精神。黑格尔评价说:"当我们说中国哲学,说孔子的哲学,并加以夸美时,则我们必须了解所说的和所夸美的只是这种道德。这道德包含有臣对君的义务,子对父、父对子的义务,以及兄弟姐妹间的义务。这里面有很多优良的东西。"①基于对人性良善、向善的设准,充分肯定个体道德修养、实践的主体性,推崇道德自我的价值。

一、儒家内圣外王的德性自我

代表中国传统文化精髓的儒家思想将内心修养与国家、社会的平治有机结合,提倡内外贯通的"三纲八目",以道德自我为个体人生的价值起点和修养目标,追求内圣与外王的统一,梁启超认为,"'内圣外王之道'一语包举中国学术之全体,其旨归在于内足以资修养而外足以经世"②。牟宗三认为"内圣外王"一语虽出于《庄子·天下篇》,而以之表达儒家的心愿和理想最为恰当,"内圣外王原是儒家思想的全体大用和全幅规模,《大学》中的格致诚正修齐治平即同时包含了内圣外王"③。熊十力研习并认定《六经》为"内圣外王之学",并指出"内圣则以天地万物一体为宗,以成己成物为用;外王则以天下为公为宗,以人代天工之用"④。内圣外王是儒者借以安身立命和应付世事的根本法规和普遍模式,充分表达了道德自我建构的思想理路和社会价值。

(一) 反求诸己的内圣与德性价值

儒家传统思想重视德性价值,对于德性起源,最初曾从作为自然象征的"天命"寻求本体根据,最终依据还在于个体心性,扬善抑恶取决于自我选择。"内圣者,内而在于个人自己,则自觉地作圣贤工夫(作道德实践)以发展完成其德性人格之谓也。""此'内圣之学',亦曰'成德之教',成德之最高目标是圣、是仁者,是大人,而其真实意义则在于个人有限生命之中取得一无限而圆满之意义。"⑤内圣是通过自我修养达到人格至

---

① [德]黑格尔:《哲学史讲演录》第1卷,贺麟、王太庆译,商务印书馆1959年版,第125页。
② 梁启超:《饮冰室合集》卷一○三,中华书局1989年版。
③ 牟宗三:《从儒家的当前使命说中国文化的现代意义》,引自《道德理想主义的重建》,中国广播电视出版社1992年版,第9页。
④ 《熊十力集》,黄克剑等编,群言出版社1993年版,第365页。
⑤ 牟宗三:《宋明儒学之课题》,引自《道德理想主义的重建》,中国广播电视出版社1992年版,第212~213页。

善、圣贤境界,成为具有最高道德修养的人,"圣人,人伦之至也"(《孟子·离娄上》)。"圣人,道德之宗正。"(王廷相《慎言·作圣篇》)孔子创立并以"仁"为核心的道德思想体系,"有时候,孔子用'仁'字不光是指某一种特殊德性,而且是指一切德性的总和。所以仁人一词与全德之人同义"①。孔子把他所认为的重要人类美德和有价值的道德规范,都包括在"仁"之内,成了"全德之称",而对于"仁"的恪守和扬展,归根于自身的追求,"克己复礼为仁"(《论语·颜渊》)。在社会提倡"道之以德,齐之以礼,有耻且格"(《论语·为政》)的德治架构,对学生要求"见贤思齐焉,见不贤而内自省也"(《论语·里仁》),表达重视个体德性修养、建构道德自我的理想追求。孟子坚称人伦道德是人兽区分的根本标志,宣扬去利怀义的价值观,"人之有道也,饱食暖衣,逸居而无教,圣人有忧之,使契为司徒,教以人伦,父子有亲、君臣有义、夫妇有别、长幼有序"(《孟子·滕文公上》);"人之所异于禽兽者几希,庶民去之,君子存之。舜明于庶物,察于人伦,由仁义行,非行仁义也"(《孟子·离娄下》);肯定心性道德价值重于权位和财富,"仁义忠信,乐善不倦,此天爵也;公卿大夫,此人爵也。古之人修其天爵而人爵从之"(《孟子·告子上》)。在明确肯定德性社会价值和内在性善本性基础上,认为道德修养的重要任务在于存心养性、反躬自反求放心,"君子所以异于人者,以其存心也。君子以仁存心,以礼存心"(《孟子·离娄下》);"仁者如射,射者正己而后发……反求诸己而已矣"(《孟子·公孙丑上》);内在的德性(内圣)构成着理想人格(君子)的根本特征,"富贵不能淫,贫贱不能移,威武不能屈,此之谓大丈夫"(《孟子·滕文公下》)。相对于内在的精神境界而言,富贵、贫贱、威武等基本上表现为外在的力量,理想人格(大丈夫)的崇高性,在于具有坚定的操守,不为外在的力量所淫、所移、所屈,所体现的正是内圣的品格。荀子提出,"德操然后能定,能定然后能应,夫是之谓成人"(《荀子·劝学》),认为成德关乎成人之根本。程朱理学将仁义道德提升为天理以确证其社会价值,并且论证人性与天理道德的关联,肯定善性人心的天性根源,"仁者天下之正理,失正理则无序而不和"(《河南程

---

① 冯友兰:《中国哲学简史》,北京大学出版社1991年版,第38页。

氏经说》卷六),认为道德涵养主要是依靠主体自身努力的自治过程和形成自律,"人苟以善自治,则无不可移者,虽昏愚之至,皆可渐磨而进也。唯自暴者,拒之以不信;自弃者,绝之以不为,虽圣人与居,不能化而入也"(《伊川易传》卷四《革传》);"欲无外诱之患,惟内有主而后可"(《二程粹言二·论学篇》);"愿以愚言思之,绌去义利双行、王霸并用之说,而从事于惩忿窒欲、迁善改过之事,粹然以醇儒之道自律"(《朱文公文集》卷三十六《答陈同甫》)。惩忿窒欲、迁善改过、纯乎天理,意味着纯乎心性内圣。宋明儒者将自我心性的完善放在首要地位,要求将经天纬地的外在抱负,回归内在的心性涵养,"向内便是入圣贤之域,向外便是趋愚不肖之徒"(《朱子语类》卷一一九)。"人到纯乎天理方是圣,金到足色方是精……故虽凡人而肯为学,使此心纯乎天理,则亦可为圣人。"(《传习录》卷上《"一以贯之"的工夫》)"君子之事,进德修业而已……故德业之外无他事功矣。乃若不由天德而求骋于功名事业之场,则亦希高慕外。"(《王文成公全书》卷二十五《祭朱守中文》)陆九渊认为万物皆备于我,通过存心、养心、求放心以"保吾心之良",推崇"收拾精神,自作主宰","凡欲学者,当先识义利公私之辩。今所学果为何事? 人生天地间,为人自当尽人道。学者所以为学,学为人而已,非有为也"(《象山先生全集·年谱》)。道德修养在于主敬集义、克尽私欲,贯通心中"天理"、"道心",并以坚定的道德信念付诸实践行为。牟宗三对中国肯定先秦儒学"内圣"精神并对宋明儒学概括指出,"北宋的周廉溪、张横渠、二程的贡献就在这里,以内圣作主。……什么是'内圣'呢? 就是内而治己,作圣贤的工夫,以挺立我们自己的道德人品";"周廉溪、张横渠、程明道、陆象山、王阳明、刘蕺山这些思想家正是照内圣说"[①]。反求诸己、居敬穷理的道德修养表达了儒家伦理思想的"内圣"和自我主宰的德性追求。

(二) 推己及人的外王

以道德胸怀、道德人格力所能及、不遗余力地推己及人,主动地建功立业,是道德自我的现实衡量标准与价值实现途径。牟宗三说:"以往两千年来,从儒家的传统看外王,外王是内圣的直接延长……以前从修身齐

---

① 牟宗三:《中国哲学十九讲》,上海古籍出版社 2005 年版,第 309、312 页。

家一直可以推展到治国平天下。""讲内圣必通著外王。外王是内圣的通出去。"①外王是用"内圣"之学、自己的知识、才能、人格造福于民众,服务于安邦治国之道,使个体心性修养的人格境界化为治国平天下的实践事功,达到与社会的融洽和谐以及小康、大同的社会局面;自我德性修养、道德人格境界也在社会政治生活对人际关系和社会事务的处理中得以验准和不断提升。孔子将立"仁"的重要途径规定为"修己以敬、修己以安人、修己以安百姓"(《论语·宪问》);"博施于民而能济众……夫仁者,己欲立而立人,己欲达而达人"(《论语·雍也》);注重于践履仁爱精神以影响他人和造福民众,"仁者不仅要扩大自己所关心的范围,及其所在群体关心的一切事物,并为这种事物奉献自身,而且要确确实实地使自己和群体融成一体"②;作为统领者要正身明道、修身进德、率身以正,"君子之德风,小人之德草","政者,正也;子帅以正,孰敢不正?"(《论语·颜渊》)"上好礼则民莫敢不敬,上好义则民莫敢不服,上好信则民莫敢不用情。夫如是,则四方之民,襁负其子而至矣"(《论语·子路》);在端正个人品性修行的基础上,主张"道之以德,齐之以礼","为政以德,譬如北辰,居其所而众星拱之"(《论语·为政》);以德政范型表达修身立德与社会关怀的统一,"全部社会及政治生活,自孔子视之,实为表现仁行之场地。仁者先培养其主观之仁心,复按其能力所逮由近及远以推广其客观之仁行。始于在家之孝弟,终于博施济众,天下归仁"③。孟子以仁义之心崇尚兼善天下为己任,提倡"亲亲而仁民,仁民而爱物"(《孟子·尽心上》),"居天下之正位,行天下之大道。得志与民由之,不得志独行其道"(《孟子·滕文公下》),"达则兼善天下,穷则独善其身"(《孟子·尽心上》)表达"仁者爱人"的广泛伦理关怀和强烈的社会责任;把道德仁义作为政治的根本原则和重要途径,"王何必曰利,亦有仁义而已矣"(《孟子·梁惠王上》),"善政不如善教得民心。善政民畏之,善教民爱之。善政得民财,善教得民心"(《孟子·尽心上》),"得天下有道:得其民,斯得

---

① 黄克剑编:《牟宗三集》,群言出版社1993年版,第17~18、261页。
② [美]郝大维、安乐哲:《孔子哲学思微》,蒋弋为、李志林译,江苏人民出版社1996年版,第92页。
③ 萧公权:《中国政治思想史》(一),辽宁教育出版社1998年版,第57页。

天下矣;得其民有道,得其心斯得民矣"(《孟子·离娄上》),"为人臣者怀仁义以事君,为人子者怀仁义以事父,为人弟者怀仁义以事兄,是君臣父子兄弟去利怀仁义以相接也,然而有不王者,未之有也"(《孟子·告子下》),揭示道德的社会价值并确立了仁政德治的社会治理范型。荀子认为,完美的人格总自觉地承担并完成广义的社会历史使命,"君子务修其内而让之于外,务积德于身而处之以遵道";"要时立功之巧,若诏四时,平正和民之善,亿万之众而博若一人;如是,则可谓圣人"(《荀子·儒效》);"经纬天地而材官万物,制割大理而宇宙里(理)矣……夫是之谓大人"(《荀子·解蔽》)。韩愈认为,"自古圣人贤士皆有求于闻用也,悯其时之不平,人之不义,得其道不敢独善其身,而必以兼善天下也","君子居臣位,则思死其官;未得其位,则思修其辞以明其道"(《争臣论》);主张圣贤君子以天下兴盛为己任,笃行仁义和济世救民,"得天理之正,极人伦之至者,尧舜之道也;用其私心,依仁义之偏者,霸者之事也。……故诚心而王则王矣,假之而霸则霸矣。二者其道不同,在审其初而已"(《近思录》卷八)。仁心诚意对事业成就具有重要的方向意义。理学将仁道精神所统帅的内圣外王人格由社会层面进一步提升为天地境界,张载提出"为天地立心,为生民立命,为往圣继绝学,为万世开太平"的宏大抱负;王阳明认为,"明明德者,立其天地万物一体之体也;亲民者,达其天地万物一体之体之用也"(《大学问》),"夫圣人之心,以天地万物为一体,其视天下之人,无外内远近,凡有血气,皆其昆弟赤子之亲,莫不欲安全而教养之,以遂其万物一体之念"(《传习录》)。儒家以仁义博爱感通精神为基质,以身、家、国、天下一体为伦理世界,以刚健有为的实践精神,主动广泛地关怀、影响他人与社会,积极参与政治生活与建功立业活动,使道德自我价值得以延展并成为政治生活的内在要素;"天下兴亡,匹夫有责"成为人们的共识和政治化信念,表现出博大胸怀和价值承担意识,浸润着强烈的社会主体意识和入世情怀。

二、道家和佛教的德性自我

中国道家和佛教思想注重对世俗物欲的超越,追求心性自由,具有真切的关怀意识和道德境界,体现着道德自我价值建构的恢弘精神意旨。

(一)道家自然德性价值和自由精神追求:少私寡欲、见素抱朴

道家以道法自然的自然主义理论为基础,超越于财货功利、功名利禄和世俗功利主义,主张淡泊宁静、自然无为;主张绝仁弃义,超越世俗道德,消弭偏执于形式上的"下德"而进入因任自然、倚重内容上的"上德"境界,达到纯正、至高无上的与天地同化的自然道德,认为"世之明事者多离道德之本,曰礼义足以治天下,此未可与言术也"(《淮南子·齐俗训》),主张"仁义不能大于道德,仁义在道德之包"(《淮南子·说山训》),执著于净化和涵养灵魂,提升道德自我德性境界。

老子以"道"为世界本原,认为"道"贯穿于自然、社会各个领域,是一切事物的化生本源和运行规律;"德"是"道"在万物中的具体存在、表现以及万物的自然内在本性和功能,是因"道"而获得的存在原因和发展的根据。"道生之、德畜之,物行之,势成之。是以万物尊道而贵德。"(《老子》五十一章)以崇尚天道自然的道德观,主张无欲、无为、无争,"我无为而民自化,我好静而民自正,我无事而民自富,我无欲而民自朴"(《老子》五十七章)。"我有三宝,持而保之:一曰慈,二曰俭,三曰不敢为天下先。"(《老子》六十七章)"是以圣人去甚、去奢、去泰。"(《老子》二十九章)"是以圣人处上而民不重,处前而民不害,是以天下乐推而不厌。以其不争故天下莫能与之争。"(《老子》六十六章)尊道贵德的理想境界在于见素抱朴、少私寡欲的道德状态和复归于婴孩的自然心境。以博大的天地胸怀修道、积德,达到与民同举、万物同体,因循自然天道和客观德性,使自然、社会生生不息,"重积德,则无不克,则莫之其极,可以有国,有国之母,可以长久,视为深根固柢长生久视之道"(《老子》五十九章)。老子倡导人生在世应该尊道贵德,依循本性而自然生活,不失性命之情,顺乎自然之道,不爱慕虚荣,不崇尚奢华,淡泊和不过分追求名利,抛弃名利之争,主张无待于世俗之物,物物而不物于物,超脱世俗的束缚和桎梏;以"道冲而不盈"的道体理论,反对"自见"、"自是"、"自伐"、"自矜"(《老子》二十四章),提出"挫其锐,解其纷,和其光,同其尘"(《老子》四章)的立身见解,致求"居善地,心善渊,与善仁,言善信"(《老子》八章),主张厚德载物、宽人严己,消除人我的固蔽,化除一切封闭隔阂,超越亲疏、利害、贵贱局限,以豁达开阔的胸襟和无所偏执的心境对待一切人、物、事。曾任美国世界观察研究所所长的莱斯特·R.布朗称扬老子"提倡无私和博爱,并认为这是人类事业取得幸福和成功的关键"①。曾为《老子》注疏的唐玄宗、清世祖顺治,把道家思想概括为"治心治国之道"、"理身理国之道",理身则少私寡欲,以虚心实腹为务;理国则绝矜尚华薄,以无为不言为教,表达了道家清虚、持静、与自然同构的道德价值观及其在修身治国中的价值。"一方面他关注世乱,极欲提供解决人类安然相处之道(如'无为'、'不争'、'谦退'等观念的提出,乃在于呼吁人收敛一己的占有冲动,以消解社会争端的根源),另一方面,他要人凝练内在生命的深度(如'虚静'等观念的提出,乃在于期望人们发展主体的精神空间)。"②陈鼓应先生称老子"既以为人己愈有,既以与人己愈多"的观点,是中国伦理思想史上伟大崇高的道德学说之一,"这是一种最伟大的爱的表现。弗洛姆说:'爱是培养给予的能力。''为人'、'与人'便是给予能力的一种表现。圣人的伟大就在于他的不断帮助别人,而不私自占有。这也就是为而不争的意义。老子深深地感到世界的纷乱,起于人类的相争——争名、争利、争功……无一处不在伸展私己的意欲,无一处不在竞逐争夺,为了消除人类社会的纠结,乃提出'不争'的思想。老子的'不争',并不是一种自我放弃,并不是消沉颓唐,他却要人去'为','为'是顺着自然的情状去发挥人类的努力,人类努力所得来的成果,却不必擅居为己有。这种贡献他人(为人、与人、利万物)而不和人争夺功名的精神,亦是一种伟大的道德行为"③。英国哲学、伦理学家罗素认为老子"生而不有,为而不恃,长而不宰",提供了一种伟大的人生目的,并造就了中国人宽容、友好和以礼待人的民族性格,老子的哲学是最高尚且最有益的哲学。④

---

① [美]莱斯特 R.布朗(Lester R. Brown):《建设一个可持续发展的社会》,科技文献出版社1984年版,第281页。
② 陈鼓应:《老子注译及评价》,中华书局1984年版,第16页。
③ 陈鼓应:《老子注译及评价》,中华书局1984年版,第363~364页。
④ 参阅:《世界名人论中国文化》,何兆武、柳御林主编,湖北人民出版社1991年版,第451~452页。

庄子注重以自然主义之"德"对"道"的贯通,"德兼于道,道兼于天","通于天地者,德也;行于万物者,道也……物得以生,谓之德"(《庄子·天地》)。在循道崇德基础上,追求静虚自然,"夫虚静、恬淡、寂寞、无为者,天地之平而道德之至,故帝王、圣人休焉"(《庄子·天道》)。"吾子使天下无失其朴,吾子亦放风而动,总德而立矣!"(《庄子·天运》)肯定个体存在、人格独立以及精神解放和自由,主张"建德之国"以及君主自然无为,"君原于德而成于天,故曰去古之君天下,无为也,天德而已矣"(《庄子·天地》)。"道流而不明居,德行而不名处,纯纯常常,乃比于狂,削迹捐世,不为功名。是故无责于人,人亦无责焉。"(《庄子·山木》)只有独善其身,消除张扬形迹,不以炫耀自居,不自求声名的纯朴平常之人,才能免于祸患、成全自身。"夫道者,其为也善自修以成务;其居也善取人所不争;其治也,善绝祸于未起;其施也,善济物而不得;其动也,善观民以用心;其静也,善居慎而无闷。此所以为百家之举长,仁义之祖宗也。"(葛洪《抱朴子内篇·明本》)以道家思想自居的后世道教学者力倡先人后己、舍己为人、恕己及人,劝人慈心于物、扶危济困、积善立德,《静明宗教录》告说,"凡得静明法者,务在济物,见他人之父,见他人之母,如我父母。矜老恤孤,怜贫悯病,如病危急,若在己身"。教人博施普济,"或行一善事,以济人之困穷;或出一善言,以解人之冤结;或施一臂力,以扶人之阽危"①。在社会价值取向上,道家道德思想"在推进人类的进步,消弭人类的私心,自蝇营狗苟急功近利者观之,他们将不免被咒为消极厌世;但自人类进步的正当途径看来,他们却是人类的救星。无论这种思想,是否真能实现,或若干年后才能实现,其价值却是长存天地之间,不容磨灭。"②道家思想以自然大道、天性之德对世俗物欲、功名利禄的超脱以及对人性本真的驻守、留恋和回返,注重道德自我德性诉求,扩展了传统道德思维的界域和个体道德胸怀,提升了中国人境界追求的精神气质与人格自由含量。

---

① 《吕祖全书》卷二十八,引自王泽应:《自然与道德——道家伦理道德精粹》,湖南大学出版社1999年版,第306~307页。
② 胡哲敷:《老庄哲学》,参见王泽应:《自然与道德——道家伦理道德精粹》,湖南大学出版社1999年版,第183页。

(二) 佛教因果轮回与佛性修行的德性价值

佛性是中国伦理精神和道德人格的内在构因,以德性范畴为佛性价值,以善恶因果说表达对善性的信诚,注重于个体的顿悟觉解。"在个人与他人、整体的关系中,佛性强调的是克己自律、宽容宽厚,改变甚至克服自己的欲望而维护人伦秩序,这与儒家精神在本质上是一致的。"①佛教在德性修行和成就道德自我方面有丰富的体现。

1. 德性价值

佛性是人的本性、本分以及众生得道成佛的原因、根据和可能性,觉慈仁善为佛性四大要素。佛性即是善性、佛理,"善性者,理妙为善,返本为性也"。"得理为善,乖理为不善","从理故成佛果,理为佛因也","涅槃惑灭,得本称性"(《大般涅槃经解集》)。觉为智慧,慈是胸怀天下、悲悯众生的道德情怀;仁心要求超越小我,自度度人、普度众生;人心性本净,具有"真如"本心,信佛修道,就是通过宗教修行,逐渐去染成净,使众生具有的佛性与佛的真如本性结合,实现由凡入圣、得道成佛。"可以说,佛教的伦理思想和道德学说是佛教教义中最重要的组成部分。"②佛教核心是善恶观,"以顺益此世他世之有漏无漏行为为善,反之为恶"(《成唯识论》卷五);以"贪、嗔、痴"为三毒,"无贪、无嗔、无痴"为三善根,以"戒、定、慧"绝灭"贪、嗔、痴"三毒,达到抑恶扬善。"诸恶莫作,众善奉行。自净其意,是诸佛教"是佛陀释迦牟尼经常告诫并在临终之际对弟子所作的重要嘱咐,被称为"七佛通戒偈";"诸恶莫作,戒具之禁,清白之行;诸善奉行,心意清净;自净其意,除邪颠倒;是诸佛教,去愚惑想"(《增一阿含经》卷一"序品")是佛教徒应当遵守的基本道德准则,基本意义是劝人止恶行善,"律师度人为善,弟子禁人为恶,言虽有异,意则不殊"(《续高僧传》)。大乘佛教宣扬与人相处,共同生活中应当遵守的行为规范"四摄":布施摄——随众生所喜或施以财物,或传以佛法;爱语摄——随众生之根性,和言善语以待众生;利行摄——做利益众生之事,以有利于众生接受、信仰佛法;同事摄——与众生同处之时,应随机教化,

---

① 樊浩:《中国伦理精神的现代建构》,江苏人民出版社1997年版,第43页。
② 业露华:《中国佛教伦理思想》,上海社会科学院出版社2000年版,第4页。

使众生能够像自己一样接受佛法教化。佛教以善恶观为原则,实行严格的戒律,包括"五戒":戒杀生、戒偷盗、戒淫邪、戒妄语、戒饮酒(八关斋戒另有不著香花鬘,不香油涂身,不歌舞倡伎,不顾往观听,不坐卧高大床,不非时食(过午不食);以及沙弥十戒另有不保持生像金银宝物戒);倡行"十善业道":放生、布施、梵行、诚实语、和诤语、爱软语、质直语、不净观、慈悲观、因缘观。佛教善恶观和戒律内涵和融糅社会人伦道德,教人时时处处止恶修善。

2. 善恶因果和轮回报应

佛教将因果论与业报说相结合,宣扬善因乐果、恶因苦果的因果报应、业报轮回之说与弃恶修善之教,构成佛教世间伦理的思想基础。佛僧智顗宣扬"圆融三谛说",认为一切事物都是因缘和合而生,处于因果链接之中;一切众生生命运动有天、人、阿修罗、畜生、饿鬼、地狱"六道"流转。慧远强调人的行为、意识直接主宰他以后的命运,人生的一切祸福际遇、轮回趋向都是由个人在世的身、口、意"业力"的染净甚至前世的言行意识所决定,佛曾宣布,"一切众生,心想异故,造业亦异,由是固有诸趣轮转"(《佛说十善业道经》)。"三业殊体,自同有善恶定报","业有三报:一曰善报,二曰生报,三曰后报"(慧远《弘明集》卷五《三报论》)。芸芸众生,按照各自的业力在六道中不断流转,自业自报、自作自受,无可避免,主体自身的业力善恶行为对个体现世和来世负责,"不思议业力,虽远必迁,过曝成熟时,求避终难脱"(《有部毗奈耶》)。行善业,得善报,可获"人天富果"善报;否则来世堕入牲畜恶鬼道,下地狱煎熬。"自作自受"的业报轮回说重在行为的责任,强调个人将承受自己行为所带来的一切后果,人类自身将对自己行为负责;业报轮回的因果律被视作是自然之势、必然之数,成为人们必然的伦理律令和规则,延伸了儒家"积善余庆,积恶余殃"传统道德观念的精神视界,并逐渐成为佛门信众和广大社会公众的自觉德性信念,不断强化人们的善恶观念和迁善远恶的习行。

3. 佛性修行与成就人生

佛教主张"欲得净土当净其心"(《维摩诘经》卷一),布施、持戒、忍辱、精进、禅定、智慧等"六度"是以破除悭贪、邪恶、嗔恚、懈怠、散乱、愚痴"六弊",其中反观、直指"心源"的精进、禅定正是达到心净所必需的自我修养功夫。禅宗慧能破除对佛经和佛祖的迷信,认为智慧一般若先天具有,把修行归为修心,目的在于自观本心、回复本心、自悟修行、无念无著,以自性内见功德、见性成佛、顿悟成佛,认为"一切万法,尽在自身心中,何不从自心中,顿现真如本性?"(《坛经·般若品第二》)只要着力向内求法、净心、自悟即可顿悟成佛,"若识自性,一悟即至佛地"(《坛经·般若品第二》)。"自见本性清净,自修,自行,自成佛道。"(《坛经·妙行品第五》)反观寂照,洞见自心本具佛性,发现本性具足德佛智,扫除妄念迷障,"念念自净其心,自修其行,见自己法身,见自心佛,自度自戒"。"自心归依自性,是归依真佛。自归依者,除却自性中不善心、嫉妒心、谄曲心、吾我心、狂妄心、轻人心、慢他心、邪见心及一切时中不善之行,常自见己过,不说他人好恶,是自依归"(《坛经·忏悔品第六》)。人生诸苦最终根源在于个人"无明",对诸法实相、佛教真理的愚昧无知;如果明白诸法实相,抛弃我、法两执,就能脱离痛苦,进入常、乐、我、净的涅槃境界。运用宗教信念摒除来自内部情欲的干扰与外界物质世界的引诱,弃恶从善、由痴而智、转迷启悟,从"污染"到"清净",由世俗世界转向彼岸世界;只要主观上觉悟,就可以解除苦难,人类一切活动,世间一切事务都是成佛立业的"妙道"。佛教中国化进程中,融合儒道,关注社会伦理和当下人性、人心,教人持戒奉法、禅定自律、修身治心,做到自利利他、自觉觉人、自度度人相统一,以慈爱怜悯之心济助众生,与儒家仁义之道、仁爱之心共通相挈。明末憨山德清(1546~1623)认为"佛者觉也,即自己本有光明觉性,能见此性,立地便是圣人,到此则不见有生学困知之异,始是尽性工夫。此性已尽,则以之事君为真忠,以之事亲为真孝,以之交友为真信,以之为夫妇为真和,施之于天下国家,凡有所作,一事一法,皆为不朽之功业"(《憨山老人梦游集》卷三九)。提出通过尽心尽性、消磨习气,做到内心私欲净尽,圣贤不期而至,功名事业如影随形、如响应声的涵养真性情,治身兼为天下国家的成就人格途径和现世情怀。近代佛教太虚大师认为要振兴佛教,必须首先让佛教贴近人生,"现在讲佛法,应当观察民族心理特点在何处,世界人类的心理如何,把这两种看清,才能够把人心所流行的获得佛教显扬出来。现在世界人心注重人生问题……应当在这个基础上昌明佛学,建设佛学,引人到佛学光明之路,由人生发达到佛"(《佛陀学纲》)。提倡"自利圆满,心念有情,依大慈悲,施妙方便,普及法界,乐利众生"(太虚《佛乘宗要论》)。以发达人生为本旨,致力于佛学与人生、学佛与做人相统一,"仰止唯佛陀,完成在人格;人圆佛即圆,是名真实现"(《即人成佛的真实现论》)。成佛立足于做人基础上,学佛应该首先从做人开始,精致于高尚道德和完善人格,以此才可以增进和进化成佛。

三、当代新儒家道德理想主义的道德自我

当代新儒家梁漱溟等人肯定道德理性和人文理性"亦是中国文化特征之所寄"[①]。杜维明认为,传统人道主义最关心的基本问题就是如何通过自我努力而成为圣人,成圣理想的实现,依赖于对真实人性的本体论理解;在天道与人道关系上体现为"超越而内在"的道德形上学,区别于西方"超越而外在"的文化精神气质,圣贤人格是转化、升华了英雄豪杰的狂狷之气,又含蕴个体内在生命冲动而显示出来的纯净而又精深的人性光辉,充分肯定儒家思想对自我面临环境的揭示以及成就道德自我的内在性和必然性。从基本的倾向看,新儒家主张道德的理想主义,肯定和确立道德理性的主导和优先地位,强调和凸显人在实践活动中的道德主体性和道德价值。

(一)牟宗三:道德理性主义的自信

传统(儒家)伦理分为心性伦理、制度伦理与日用伦理三个层面,心性伦理以探讨"性与天道"问题为核心,面对的是精神生命的终极托付即"安身立命"问题,表现出强烈的道德理想主义价值取向;制度伦理即政治儒学,是以"三纲"为核心的、与政治意识形态相关联的制度化伦理形态和规范;日用伦理是作为某种习俗、心态和心理定势在发挥作用的行为规范,如勤劳、简约、忍耐、节制、诚信等。除制度伦理与封建专制主义有着不解之缘要革新外,代表中国文化的超越理念的心性伦理对于克服现代化进程中的诸种精神病症具有重要意义,需要继承和大力弘扬。牟宗

---

① 《梁漱溟全集》第3卷,山东人民出版社1990年版,第122页。

三高度概括和颂扬中国传统人文精神中的心性道德,"中国人'生命的学问'的中心就是心和性,因此可以称为心性之学。……人类还有其他方面的文化与学问,比科学民主对人类更为切身的,那就是正视生命的学问,即是上面说过的心性之学"①。儒学的核心是内圣或心性之学,一旦确认内圣的主导地位,则外在的活动皆有所本,追逐物欲的机械人生将转换为主体的自我实现,并由此泯灭内在邪恶,"内心之明是性海。在步步彰显中,即是'自觉地求实现'之过程,同时亦是'从根本上彻底消化罪恶'之过程。此之谓内圣之工夫,生命清澈之工夫"②。牟宗三提出要肯定儒家"内圣成德之教,接续民族文化生命之本源大流","若是真想要求事功,要求外王,唯有根据内圣之学往前进,才有可能"③。中国文化为从仁义内在心性的"综合的尽理精神"下的文化系统,尽心、尽性、尽伦、尽制,统之以尽理把握生命,区别于西方外向、以物为对象,使用概念抽象地思考对象的"分解的尽理之精神"文化系统,"概社会底层,在五伦的维系下,以综合的尽气精神来鼓荡,而文化生命,理性世界,则以道德价值观念所领导的'综合的尽理精神'为主脉"④。中国文化"综合的尽理精神"侧重于道德理性在德性人格中之神智妙用"理性之运用表现"并超越知性,西方文化"分解的尽理之精神"侧重于知识理性在主客对立关系中层层展开的"理性之架构表现";中国文化生命之上透,其境界虽高,而自人间之实现"道德理性"却不足,"中国不出现科学与民主,不能近代化,乃是超过的不能,不是不及的不能"⑤。缺少知性方面的逻辑、数学、科学与客观实践方面的国家政治法律制度的"中间架构性"层面成就,使道德理性不能够向外活动、向外表现、向外打通(或称之为向下落实、向下撑开),外王理想不能积极地客观地实现出来,只能够内缩于个人的道德理想领域而显"窒息之虞"。今天要弥补传统文化的缺陷和不足,把道德精神落

---

① 牟宗三:《中国哲学的特质》,上海古籍出版社1997年版,第82、84页。
② 牟宗三:《中国哲学的特质》,上海古籍出版社1997年版,第77页。
③ 牟宗三:《政道与治道》,台湾学生书局1985年版,新版序。
④ 牟宗三:《中国文化的特质》,引自《道德理想主义的重建》,中国广播电视出版社1992年版,第61页。
⑤ 牟宗三:《政道与治道》,台湾学生书局1983年版,第51~52页。

实到外王事业,以"道德理性(良知)的自我坎陷",自觉地从"无执"转为"有执",从德性主体转出指向对象的知性主体,从与物无对的"直觉状态"和"运用表现"转为主客对列的"知性形态"和"架构表现",使体现"分解的尽理之精神"和"理性之架构表现"的科学、民主有所依附,"由动态的成德之道德理性转为静态的成知识之观解理性,这一步转,我们可以说是道德理性之自我坎陷(自我否定):经此坎陷,从动态转为静态,从无对转为有对,从践履上的直贯转为理解上的横列"①。道德的理想主义即儒家式的人文主义,须由道德理性、良知、德性主体经过"坎陷"、"曲折",在道德理性之客观实践一面转出政治并肯定民主一面,由政统之继续而建立民主政体;由学统之开出,于精神主体性转出知性主体以肯定科学、发展科学技术,并为逻辑、数学、科学的发展提供内在根据,此即"儒家的当前使命——开新外王","我们说中国文化依其本身之要求,应当伸展出之文化理想,是要使中国人不仅由其心性之学,以自觉其自我之为一'道德实践的主体',同时当求政治上,能自觉为一'政治的主体',在自然界、知识界成为'认识的主体'及'实用技术的活动之主体'"②。"返本开新"或"开新外王"目的在于张扬道德理想基础上在实践层域发展民主政治和科学技术,"今天这个时代所要求的新外王,即是科学与民主政治"③。开新外王,政统开新民主,学统开新科学,根基在于固执和弘扬道德理性和道德自我。他认为,具体而真实的我,是通过实践以完成人格所显现之"道德的自我";此我是真正的我即我之真正的主体。

(二)唐君毅:道德自我与文化意识宇宙的张扬

当代新儒家唐君毅在《中西文化精神之比较》中总结和概括指出,"西洋文化中心在宗教与科学,而论其文化为科学宗教精神所贯注支配。中国文化之中心在道德与艺术,而论其文化为道德与精神所贯注支配"④。"中国文化本身之需要,只是要充量发展其仁教。因此一切科学

---

① 牟宗三:《政道与治道》,台湾学生书局1983年版,第58页。
② 牟宗三、徐复观、张君劢、唐君毅:《为中国文化敬告世界人士宣言》。
③ 牟宗三:《从儒家的当前使命说中国文化的现代意义》,引自《道德理想主义的重建》,中国广播电视出版社1992年版,第13页。
④ 唐君毅:《人文精神之重建》(一),广西师范大学出版社2005年版,第61页。

之价值都只是为了我们要发展此仁教。"①此观点也契合徐复观视点,"其所不同于西方者,将只是勉励大家以仁心来提撕科学,使无善无恶的科学,只在完成人的道德上发生作用"②。唐君毅把道德追求看作是人生的理想,把道德理性看成是文化意识的主宰,道德自我是其道德学说的中心观念。相对于现实自我,道德自我又叫超越自我、精神自我、道德理性或形上自我,是不为时空所限制的自我;道德自我的自性自体是道德理性,其超越于时空限制,比现实自我更为恒常和真实,"当下一念之自觉,涵摄一切道德价值之全体,涵摄无尽之道德意义,当下一念之自觉,涵摄一切道德之智慧"③。道德理性或道德自我是创造文化活动或文化意识的心灵精神和自我,"道德自我是一,是本,是涵摄一切文化理想的。文化活动是多、是末,是成就文明现实的。道德之实践,内在于个人人格。文化之表现,则在超越个人之客观社会"④。人类一切文化活动,都有道德理性或道德自我的支持,都统属于并是道德理性或道德自我的分殊表现;道德理性以它的超越性、主宰性以及由此引出的普遍性和必要性而具形上性,并因此被贞定为文化理想或文化活动的精神本原。一切文化活动皆由人之自我发出而又辐辏于人之自我之内,人之自我的最后是道德的或人格的肯定;道德自我属于心主体本身,是"本身为内在的,属于吾人之心之'能'的,而不属于吾人之心之'所'的,故非所为所与而呈现的,亦即非通常所谓现实的,而只是现实于吾人之心灵明之自身的"。先天纯善的人性或道德自我,在人类道德活动中表现为仁义礼智信诸德;现实中的不善或恶源自于陷溺、昏蔽于物欲,只要克服当下的不善之念,通过自反自觉,可以回归纯善的道德自我。"余以中国文化精神之神髓,唯在充量的依内在于人之仁心,以超越的涵盖自然与人生,并普遍化为此仁心,以视自然与人生,兼实现之于自然与人生而成人文。"⑤以道德理性为文化价值辐射中心,以道德自我之建立和价值展现,彰显文化意识宇宙道德

---

① 唐君毅:《中国人文精神之发展》,台湾学生书局1978年版,第156页。
② 徐复观:《儒家政治理想与自由民主人权》,台湾学生书局1988年版,第90页。
③ 唐君毅:《道德自我之建立》,广西师范大学出版社2005年版,第92页。
④ 唐君毅:《文化意识与道德理性》,中国社会科学出版社2006年版,第9,16页。
⑤ 唐君毅:《中国文化之精神价值》,台湾正中书局1979年修订版,第7页。

理性之光,深切表达道德理性、道德自我在人类特别是中国人文化宇宙中的核心地位和价值。

第二节　西方社会实践理性传统的道德自我

西方社会是一个重视理性,主张以理性克制情感的文化传统,道德被作为实践理性和意志自由的标志。古希腊城邦共同体的公民政治,中世纪基督教徒追慕最高信仰的宗教生活以及启蒙时代资产阶级市民社会和知识分子民族国家生活,都曾伴随着高昂的道德理想诉求,道德自我同样构成西方伦理传统中最具活力和持久的精神因素。

一、古希腊城邦共同体生活基础上的道德自我

希腊生活的显著特点是城邦生活的公开性、民主性(有公民大会和陪审法庭)、城邦之际联盟的平等性(提洛同盟)以及外在战争的威胁性(希伯战争、伯罗奔尼撒战争),铸就了希腊人的城邦公民的公正、责任、正义等美德,并希望通过竞争性、合作性美德成就好公民和优秀公民理想。

(一)城邦共同体生活与公民美德体系

从毕达哥拉斯开始,希腊哲学把目光转向人,苏格拉底推动这一转向的完成;对希腊人来说,认识你自己,核心问题在于认识人的本质是什么。受毕达哥拉斯、柏拉图、亚里士多德影响,在希腊人心目中,人的本质就是追求善的理念,其最根本的就是德行;知识的目的是培养正确的生活行为举止,并以灵魂至善为最高理想。苏格拉底认为:"善是我们一切行为的目的,而且我们的一切行为都应当为了善而完成,而非善为了它们而完

成";"善比科学和真理有一个更高尚更荣誉的地位"①。他提出"美德即知识"命题,强调理性、智慧对美德养成的作用,知识和德行、意志和行动的统一,使道德思考超越狭隘经验的理解,给美德提供具有普遍性的理性基础,并通过自知自己无知、认识你自己,诱导人们放弃经验性、感性认识,达到对事物的概念、真理性认识;人在控制自己的欲望方面,不是主人就是奴隶,因为"这些情欲冷酷地支配着每一个落入它们掌握之中的人",只有做自己的主人,才能摆脱情欲的控制,求得知识和智慧,使人有美德,获得幸福,苏格拉底以知识和自知理性提升了个体德性价值。德谟克里特在确认追求幸福的人生目的前提下,更重视精神上的愉快和宁静,认为精神的或灵魂的快乐,高于物质感官的快乐,作为生活目的的幸福,主要指灵魂的安宁,精神不为任何恐惧、迷信或其他情感所干扰,"幸福……它的居处是在我们的灵魂之中"②,为了灵魂的安宁,应尊重社会和他人的利益以及公共的善,遵照"应当"和"不应当"的道德要求即义务,必须有智慧和谨慎以及行为的节制、适度和知足,做到慎独,才能达到道德修养的最高境界和灵魂的完善,成就德性、道德自我。亚里士多德认为人应该为从事高尚的事业而生活,人生的目的就在所为之事业之中,幸福就在于善行与合理的行动;德性必须处理、调解情感和行为,快乐必须由理性加以控制和指导,德行和过恶都出于自愿,一个人应该为自己自愿的行为负责;一个人在道德上确定什么目的,选择什么手段,如何造就自己的性格和品德,都是由自己决定的,人的价值等级决定于个人德性的等级;理想的善人是恢弘大度、有着高度善良品质的人,个人的善德和理想人格,只能在城邦的幸福中实现,以城邦生活的正义提升道德自我的价值及其实现的方法。伊壁鸠鲁同样认为,人生所追求的快乐和幸福在于

---

① 周辅成主编:《西方伦理学名著选辑》上卷,商务印书馆1964年版,第207、171页;在《理想国》352D中,在讨论"正义者是否比不正义者生活得更快乐"问题时,苏格拉底向色拉叙马霍斯提问说:"你认为你说的是件小事吗? 它涉及每个人一生的道路问题——究竟要做哪种人最为有利?"他提醒说:"这个讨论涉及的决不是普通的小事,而是我们应当如何生活的大问题。"上述话语,是伦理史上著名的"苏格拉底问题"(Socrate' question)(Bernard Williama:*Ethica and the Limits of Philosophy*,Chapter 1,Harvard University Press,1985,p4)。"苏格拉底问题"是道德哲学最好的起点。

② 周辅成编:《西方伦理学名著选辑》上卷,商务印书馆1964年版,第79页。

"身体的无痛苦和灵魂的无纷扰",理性的审慎是人们认识万物的本性和人的能力并能指示人们达到幸福生活目的的美德,是一切善中最大的善,一切美德都由它产生;理性人格的最主要特点,就是具有明智、审慎的理性,他不依托机遇、运气和外物求得快乐,不受外界的支配和搅扰,而是求诸自身的宁静,保持个人的独立性,对外界纷扰不动心,不仅能正确地辨明善恶、选择行为、涵养美德和享受快乐,而且能够正确对待恐惧和死亡;人的行动是自由的、有主动性的,人应该对自己的行为负责任,应当积极地用理性权衡和选择道德行为,成为有道德的人。希腊城邦共同生活经历,使得思想家把美德和道德自我的建树作为人生的主要任务和标准,"一般雅典人认为,德性在城邦的社会背景中有其位置,每一个希腊人都认为,做一个好人至少是与做一个好公民紧密相联的";"德性不仅在个人生活中,而且在城邦生活中也有它的位置。个人只有作为政治动物才是真正可理解的"①。

(二)道德自我的宇宙普遍主义和至善追求

随着亚历山大帝国的征服和扩张以及希腊化进程,小国寡民的希腊自由城邦和公民生活结束,意识形态领域的世界主义和世界国家思潮由始萌发和扩展开来。受希腊时期形而上普遍理性化的逻各斯理念以及希腊化发展时期的世界主义观念影响,人们的道德价值被凝构为普遍主义乃至宇宙整体主义的至善伦理追求,宇宙秩序被看作善理念的具体化,从整个宇宙的本质、秩序论证人的道德活动,思考道德的本质,推演道德原则,把人的道德活动、道德目的的实现同整个宇宙的规律联系起来。赫拉克里特最早把道德活动看作必须从属于普遍的世界规律的逻各斯,道德活动的最高目的是与逻各斯不断接近。柏拉图认为整个宇宙是一个按等级秩序存在的理念世界及其摹本,善理念是宇宙最高目的与绝对本质,一切事物存在的合理性及其价值都依其在宇宙中所处的地位以及与善理念的关系而定,人生价值和目的在于解除"洞穴"影响,实现灵魂转向并追求善的理念,以普遍主义宇宙价值体系构造无限提升道德至善追求的希

---

① [美]麦金太尔:《德性之后》,龚群、戴扬毅译,中国社会科学出版社1995年版,第171、190页。

望。希腊晚期的斯多葛主义认为人是宇宙的一个组成部分，必须遵从自然的必然性，"一种正当行为的意志必须符合的标准就是体现在自然本身中的法则的标准，就是宇宙秩序的标准。……美好的生活就是不服务于个人的目的，而服务于宇宙的秩序"①。人应该克制一切情欲，为宇宙的目的竭尽义务，以求内心的自由和实现真正的自我；在他们看来，"一个人与全人类的联系，远比他与他的民族的联系重要得多"，"人凭借自己的理性认识到，自己是宇宙的一部分，因而决心为这一整体工作。他知道，事实上自己是与所有的理性生物相关；他明白他们同属一类，赋有平等的权利，他们和自己一样，处于同一自然规律和理性支配之下。他把彼此为对方而生活，看作他们自然注定的目的。因此和群和本能是人的天性所固有的，这种本能要求正义和对同类的爱，这些是一个社会的基本条件"②。在宇宙普遍主义世界观影响下，道德以及自我向善追求依然是晚期希腊哲学家们关注的中心问题，芝诺及其追随者把哲学定义为美德的实践，认为哲学的目的在于它对人的道德状况的影响，告诫人们"至善就是明显地依照自然而生活，也就是依照道德而生活，因为自然领导我们走向道德"；"我们个人的本性就是宇宙的、自然的一部分，合乎自然方式的生活就是至善，就是说至善是合乎个人的本性以及宇宙的自然，不应作任何为人类普遍法则习惯上所禁止的事。这种普遍法则相等于弥漫于一切事物中的正确的理性，这种普遍法则与主宰万物规定万物的神并无二致"③。泰勒对此道德理性予以洞晓并指出，"对那些伟大的道德家来说，关键的能力是看到宇宙中（对柏拉图来说）或至上的人类目标中（对斯多葛学派来说）的秩序的能力"④。人是自然、宇宙的一部分，具有平等的权利，每个人都有义务为他人而生活，人之间的友爱和正义是一个社会存在的基本条件，"这个人需要考虑自己的生活规则，还要考虑同他人的联

---

① ［美］麦金太尔：《德性之后》，龚群、戴扬毅译，中国社会科学出版社1995年版，第212～213页。
② ［德］策勒尔：《古希腊哲学史纲》，翁绍军译，上海人民出版社2007年版，第237、236页。
③ 周辅成编：《西方伦理学名著选辑》上卷，商务印书馆1964年版，第215～216页。
④ ［加］查尔斯·泰勒：《自我的根源：现代认同的形成》，韩震译，译林出版社2001年版，第262页。

系,他和他人共同组成'人居住的世界'。为了满足前一个需要,就出现了种种指导行为的科学;为了满足后一个需要,则出现了四海之内皆兄弟的新思想"。"类别上的相似,再加上'精神上的相似',也就是同心同德,使人类形成一种共同的家庭或兄弟关系。"① 希腊化时期普遍主义、宇宙主义的至善道德扩展和提升了道德自我价值诉求,并为两希文明的融涉中普世宗教道德价值的推衍奠定了基础。

二、基督教共同体生活基础上的信仰道德自我

基督教最初的组织是以公社形式出现的,基督徒把教会看作唯一的伦理现实,是超世俗的精神生活的象征;随着宗教的世俗化,教会开始参与国家政治管理和社会公共事务,成为中世纪精神文化运动的核心和文明的基础;在基督教影响和基督的观照下,人们精神生活注重时刻贴近德性诉求。

(一)基督教博爱伦理精神中的道德自我

建立在基督教世界观基础上的教会道德规范体系构成了基督教伦理思维的主题。基督教会是上帝爱人类的见证,教徒通过教会领受上帝至大无外的爱,上帝作为圣爱的化身,是公正、仁慈、宽恕、博爱的,是神恩的源泉。"惟有信仰所提供的知识、由希望所带来的那种期许,以及由仁爱产生的与他人、与上帝相与为友的能力,才能给我们展示出一条通往善和至善的生活道路。"② 爱是基督教最大的诫命,以圣爱为基础的博爱是自耶稣、保罗开始的基督教传统的最根本内容;奥古斯丁把"爱"看作铭刻在人心中的神律,是连接尘世和天国的纽带,是有理性的人正确使用他们的自然能力的道德原则;道德生活在于爱的秩序:全心全意地爱有精神价值的对象,并使用物质性的价值为此目的服务。"爱是善的生活和幸福生活的条件,上帝是爱的激发者。"(City of God)《新约》强调对上帝以及

---

① [美]赛班:《西方政治思想史》,李少军、尚新建译,台湾桂冠图书公司1992年版,第157、159页。
② [美]麦金太尔著,万俊人等译:《三种对立的道德探究观》,中国社会科学出版社1999年版,第141页。

人之间的爱,"要尽心、尽性、尽意,爱主你的神,这是诫命中第一,且是最大的。其次也相仿,就是要爱人如己。这两条诫命是律法和先知一切道理的总纲"(《马太福音》22:37~40)。"我赐给你们一条新命令,乃是叫你们彼此相爱;我怎样爱你们,你们也要怎样相爱。"(《约翰福音》13:34~35)爱人包括爱你的邻人,甚至包括爱你的敌人;爱上帝体现的是圣洁,爱邻人体现的是仁慈,而爱敌人体现的是宽容。基督律法的精神概括为"爱心",即谓"按上帝的诫命行事就是爱",强调"爱人就是完全了律法,十诫都包括在爱人如己这一句话里了"。"你们愿意人怎样待你们,你们也要怎样待人。"(《罗马人书》)这是西方伦理思想史上常说的"黄金定律"、"爱心完全律法",简约为"爱人如己"。耶稣倡导的基督徒的道德品行中,最突出的是强调仁爱、博爱,"不管上帝一词意指什么,它的本质只有一个,那就是爱。……他的爱具有一个特征,即他要求他的孩子们发展他所有的道德人格和精神本性"[①]。人的生存受两种力量的支配:一种力量是人与动物共有的肉体的力量,包括物质的力量和感觉、直觉等精神的力量,也叫做本性和生存本能;另一种是人所独有的就是爱,其不是指出自血缘的亲情,也不是指两性之间的情爱,而是圣爱和博爱。博爱是人的神性,是上帝赐予人战胜世界一切邪恶与不幸的武器,是用来感化人、拯救人的,上帝以无私的爱创世、救世,人应当效法上帝以无私的爱立世、救世,以善制恶、以爱报怨,用爱唤起人内心的良知,唤起人的神性。"在基督的心目中,爱意味着关心他人,意味着把他人当作人来尊重,而不是把他人当做物来看待,意味着尊重他人人格上的神性。"[②]基督教以信仰扩展和提升了道德自我"爱"的伦理视界。

(二)基督教信仰中的自我道德自律

基督教从诞生伊始奉行严格的道德观,基督徒自愿"为过去的罪恶忏悔",忏悔意味着人没有信仰的过去连罪孽一道死亡,接受上帝的约定,强调精神和灵魂的净化及其拯救,从内心根除和完全剔去违法的意

---

① [英]詹姆士·里德:《基督的人生观》,蒋庆译,生活·读书·新知三联书店1998年版,第21页。
② [英]詹姆士·里德:《基督的人生观》,蒋庆译,生活·读书·新知三联书店1998年版,第145页。

念,以发自内心的信仰造就人的善良与纯洁,企望道德从他律走向发自内心的自律;基督徒自觉维护内部的团结一致与严苛的纪律,自觉维护教会的声誉,远离世俗社会的纷争,过着宁静淡泊、与世无争、清静无为的生活,养成谦虚、温和和忍耐的习惯。福音之路就是强调宗教信仰的伦理道德之路,"提倡在世俗生活中敬奉上帝,并不取决于遵守多少上帝的戒律,而是取决于对他人的益处。使自己成为服务于他人的仆人,这就是福音之路。……起拯救作用的,并不是宗教本身,而是宗教信仰所提倡的仁爱与正义"①。欧洲文艺复兴和启蒙运动伊始,宗教由外在仪规向着注重于内在心性和德行转化,"宗教改革由于取消了忏悔、赎罪、僧侣和教士独身制,从而净化了道德,并且甚至减少了那些接受宗教改革的国家中的风尚的腐化程度。它使得他们免除了教会的赎罪制(它是对罪行的危险的鼓励)和宗教的独身制(它是一切德行的破坏者,因为它是家庭美德的敌人)"②。新教认为,人与上帝的交往不是仪式性质的交往,而是个人内心深处心灵性质的交往,个人是宗教体验的自主主体。"自路德和加尔文的宗教改革以来,就牢固地确立了一个原则,即一个人只有在他握有意志的完全自由去行动时,他才能对他的这些行为负完全的责任,而对于任何强迫人从事不道德行为的做法进行反抗,乃是道德上的义务。"③通过被造物与上帝交往是种间接的交往,人要想直接与上帝交往,必须与被造物发生"断裂"(克尔凯郭尔语),即不再痴迷于被上帝创造的东西,而是返回自身,进入自我活动的内在性,"实现真正地与上帝交往",任何时候都感受到上帝的存在,这种交往是纯精神性、内在的、纯道德的,目的是净化人的灵魂。对上帝的诫命不仅要尽心尽力而且要心悦诚服地去做,即谓"因信称义",道德的修为是律法最关注的,远远高于一切仪式和献祭;提倡遵守律法,是为了塑造人的心灵和内心世界,而不是恪守某种繁文缛节。伦理性和内在性充分印证着基督宗教塑造道德自我的内在价值和核

---

① [法]让·博泰罗等:《上帝是谁》,万祖秋译,中国文学出版社1999年版,第159、161页。
② [法]孔多塞:《人类精神进步史纲表》,何兆武、何冰译,生活·读书·新知三联书店1998年版,第116页。
③ 《马克思恩格斯选集》第4卷,人民出版社1995年版,第78页。

心理念。

现代社会与文化世俗化,使宗教超离政治的领域,并不再控制意识形态与文化领域,但并不妨碍宗教继续作为一种精神信仰为我们所接受,继续在精神领域产生影响,为人们提供精神方面的安身立命,包括启蒙的一些激进的宗教批评者也不否认宗教在精神方面的意义,如伏尔泰对腐败的教会和僧侣进行抨击,但宣称"即使上帝不存在,也要创造一个";康德赞同启蒙对宗教的批判,宗教方面的不成熟状态是最有害、可耻的一种,一方面批判关于上帝存在的证明,从哲学上否认了上帝的存在;另一方面提出"理性神学"思想,试图将其改造为道德的宗教;道德律需要以原始存在者上帝为前提,上帝作为一个伦理意义上的假定或公设,被推设为"某种道德目的王国中的立法首领"[①];宗教作为来自上帝命令的道德责任倾向,"将责任视为神的命令",宗教信仰由此成为道德上的信仰,使人们的一切努力集中到"信念的纯洁性以及对一种端正的生活方式的责任心之上"[②]。黑格尔希望实现人与神的"和解",使宗教与国家保持和谐相处的状态:宗教属于精神范畴、绝对理念,基督教和上帝是"精神的宗教"、"至高的思想"、普遍的精神;宗教的作用是服务于道德,借助于神的观念来加强人们的伦理动机,给道德提供新的崇高的动力。人生在世首要的问题是做人,一个真正有信仰的人是有爱的人,这样的人必定是有道德的人,只有解决了如何做人,即知道怎样摆脱自己的卑微,净化自己的道德,在此前提下求知,知识才有意义。现代宗教研究对象及内容发生明显变化,从注重对宗教教义的论证,变为重视现实社会生活中的道德问题,伦理学研究受到神职人员的重视,并利用现代科学技术成果、社会科学理论解释道德问题,使之适合于人们精神生活的需要,力图把宗教道德当作维护现存社会制度的精神支柱,主张"凭借那种公认为属于教会的道德权威,来帮助我们拯救受威胁的文明,来帮助我们对世界进行改造,来帮助新的秩序的降临"(约翰·保罗二世《人类的救世主》)。现代西方

---

① [德]尹曼努尔·康德:《判断力批判》,邓晓芒译,人民出版社2002年版,第303页。
② [德]尹曼努尔·康德:《康德论上帝与宗教》,李秋零编译,人民大学出版社2004年版,第505页。

有不少颇有成就的自然科学家也十分重视宗教在道德中的地位,诺贝尔物理学奖获得者海森堡认为,"宗教是伦理学的基础,而伦理学则是生活的先决条件"(《科学真理与宗教真理》)。相对论创始人爱因斯坦则提出,只要把宗教中的上帝和神灵去掉之后,宗教"所留下来的就是培养道德行为的最重要的源泉"①,他把"普遍的道德观念同宗教结合起来"看成是人类最初的精神力量的来源。"就西方近代文化从中世纪基督教中解放出来而言,民主和科学与之有对立的一面,不过,这种对立更多地表现为与制度化的教会权威之间的对立。在近代科学的冲击下,这种教会权威彻底崩溃了。但另一方面,作为价值之源的基督教精神并没有随着教会权威的丧失而泯灭,相反,它却在经过宗教改革的转化后,为西方的民主和法制政治、资本主义经济学以及科学文化的现代化发展,提供了一个重要的精神动力。"②近现代以来,宗教道德化倾向愈益显朗,宗教的基础与核心、研究对象及内容都普遍转向社会生活的伦理构建和解决现实道德问题,强调培植人们的道德信念,通过宗教的美德向人类灌输"爱的教育"、"真善美的教育"和理性的教育,提高人们的道德涵养,发挥宗教道德在现实社会中的作用。

三、启蒙和现代工业文明社会中理性主义道德自我

道德自我的设定和究诘是启蒙道德原则的逻辑起点,启蒙运动在很大程度上是要从文艺复兴和宗教改革运动中发现其隐藏更深的道德自我。"这一时期的讨论中伦理学原则获得了有价值的净化和澄清。"③道德自我的设定,以回复到人性的自然基础,批驳宗教蒙昧主义关于人的神学预定论诠释以及古希腊理念论、至善目的论模式下对人性的解释,彰显自然人性和理性主义光芒。

---

① 《爱因斯坦文集》第 3 卷,许良英等编译,商务印书馆 1979 年版,第 294、156 页。
② 李秋零、田薇:《神光沐浴下的文化再生:文明在中世纪的艰难脚步》,华夏出版社 2000 年版,第 416~417 页。
③ [德]文德尔班:《哲学史教程》下卷,罗达仁译,商务印书馆 1993 年版,第 689 页。

（一）市民社会－国家伦理意识结构

文艺复兴运动伴随着欧洲社会由中世纪教权－王权主宰模式向民族国家模式的社会结构性转换；资产阶级启蒙运动则伴随着欧洲社会由封建君主专制的国家形式进入资产阶级民族国家的社会制度，并伴随向资产阶级市民社会的转变。"16 世纪以来就做了准备，而在 18 世纪大踏步走向成熟的'市民社会'。"①资产阶级革命和政治运动使得"政治解放同时也是市民社会从政治中获得解放"，"一方面把人变成市民社会的成员，变成利己的、独立的个人；另一方面把人变成公民，变成法人"②。在近代民族主权国家模式下，伴随着社会结构向着资产阶级民族国家之转型出现的宗教改革运动，在将中世纪基督教模式下的市民塑造为现代性资产阶级市民，起了决定性作用，体现在：从外在层面将基督教伦理转变为一种适合民族资产阶级以赢利欲和工作欲为原点的"天职观"、"命定说"和理性主义的市民伦理意识；从内在层面将基督教伦理超自然主义美德转化为资产阶级市民的自然主义信任、勤俭和禁欲的入世美德；从精神本原的角度将以爱为原理的基督教伦理意识转变为以"怨恨"为原理的小市民道德，"现代市民伦理的核心植根于怨恨。从十三世纪起，市民伦理开始逐渐取代基督教伦理，终于在法国革命中发挥出最高功效"③。内在精神联系的共同体关系转为外在利益结合的契约关系，"市民社会，这是个各成员作为独立的单个人的联合，这种联合是通过成员的需要，通过保障人身和财产的法律制度，和通过维护他们特殊利益和公共利益的外部秩序而建立起来的"④。"人对人的根本不信任以纯然孤寂的灵魂及其与上帝之关系为口实，摧毁了一切团契共同体，最终把人的一切联结纽带引向外在的法律契约和利益结合。"⑤中世纪基督教共契式伦理向自愿承担责任和义务的现代市民伦理的转换，道德合理性在伦理形式上由传

---

① 《马克思恩格斯选集》第 2 卷，人民出版社 1995 年版，第 1 页。
② 《马克思恩格斯全集》第 1 卷，人民出版社 1956 年版，第 442、443 页。
③ ［德］马克斯·舍勒:《道德建构中的怨恨》,《舍勒选集》上卷，上海三联书店 1999 年版，第 440 页。
④ ［德］黑格尔:《法哲学原理》，范扬、张企泰译，商务印书馆 1961 年版，第 174 页。
⑤ ［德］马克斯·舍勒:《资本主义的未来》，罗悌伦等译，生活·读书·新知三联书店 1997 年版，导言第 13 页。

统道德自我之人性论基础扩展到论证平等和人权的自然法学说和契约论伦理学说,以社会正义、合理性建立体现普遍主义理性的现代国家,并以理性为原则构织社会结构与人际关系伦理。

(二)道德自我的理性主义确证

人类历史上曾相继建立自然道德、神学道德和理性道德三种依附性特征的道德框架。启蒙运动和资产阶级革命推垮了自然图腾、上帝神像以及连属的封建专制,理性主义精神的张扬是文艺复兴和启蒙以来西方文化世界的主旨:理性地看待世俗财富、欲望、感情、享乐、知识和人性的一切基本需要,为人的自然生命的合法性辩护,将人的本质从"神学幻影"中解救出来还给人自己,不是盲从、谦卑的基督教信徒,而是自由、理性的公民,才是新时代道德生活和理想的楷模。康德认为:"理性,乃是一种要把它的全部力量的使用规律和目标都远远突出到自然的本能之外的能力。"①黑格尔宣称:"理性是世界的灵魂,寓于世界之中,是世界的内在东西,是世界最固有、最深邃的本性,是世界的普遍的东西。"②试图通过理性的反思或辩证推导,以客观理念或辩证理性逻辑,寻求行为准则的内在观念普遍客观性或实践理性的客观合理性。"当18世纪(即启蒙时代)想用一个词来表述这种(共同)力量的特征时,就称之为'理性'。'理性'成了18世纪的汇聚点和中心,它表达了该世纪所追求并为之奋斗的一切,表达了该世纪所取得的一切成就。"③"(启蒙运动的核心观念)宣扬理性的自律和以观察为基础的自然科学方法是唯一可靠的求知方式,从而否定宗教启示的权威,否定神学经典及其公认的解释者,否定传统、各种清规戒律和一切来自非理性的、先验的知识形式的权威。"④启蒙思想家们高举理性的大旗对抗中世纪的宗教迷信,理性成为最显著的时代精神象征,诚如恩格斯所概括:"宗教、自然观、社会、国家制度,一切

---

① [德]伊曼努尔·康德:《历史理性批判文集》,何兆武译,商务印书馆1991年版,第4页。
② [德]黑格尔:《逻辑学》(哲学全书第一部分),梁志学译,人民出版社2002年版,第69页。
③ [德]E.卡西尔:《启蒙哲学》,顾伟铭等译,山东人民出版社2002年版,第3~4页。
④ [英]以赛亚·伯林:《反潮流:观念史论文集》,冯克利译,译林出版社2002年版,第1页。

都受到了最无情的批判;一切都必须在理性的法庭面前为自己的存在作辩护或者放弃存在的权利。思维着的知性成了衡量一切的唯一尺度。"① 马科斯·韦伯宣称:"我们的时代,是理性化,尤其是将世界之迷魅加以祛除的时代;我们这个时代的宿命,便是一切终极而崇高的价值,已自社会生活隐没,或者遁入神秘生活的一个超越世界,或者流如个人之见直接关系上的一种博爱。"②各种固有的社会原则、制度、规范都经由理性予以审视、汰洗和重新确认。启蒙精神下的伦理批判主义和理性主义无论是在瓦解宗教蒙昧主义或摧毁封建道德方面,还是在为市民道德的合法性、资产阶级民族国家道德合理性进行论证等方面,都表现出激进的理想主义特征,隐蔽着强烈的道德建构或道德理想精神。笛卡儿使意志力量成为核心的德性,遵循德性就是"有坚定不移的意志做我们判断为最好的事情";卢梭认为在精神价值的领域中,道德意志占绝对至上的位置,人类社会必须先建立一个牢靠明确的道德世界,然后才能发展科学,没有道德的自由,知识的自由就不会给人类带来任何好处;康德以人类理性作为保证所建构(通过契约方式)的道德伦理原则具有普遍价值意义和实践知识力量,试图通过普遍理性主义的意愿推论,对现代主体性的行为自律原理给予最富想象力的解释,立志于建立"一个纯粹的,完全清除了一切经验、一切属于人学的东西的道德哲学"③。黑格尔试图主张,通过理性的反思或辩证推导,以客观理念或辩证理性逻辑,寻求个体行为准则的内在普遍客观性或实践理性的客观合理性。启蒙思想家要求无情地铲除一切和永恒理性相矛盾的东西,求助于科学理性实现自由平等和人格独立,并由此"出现了善的新概念和道德根源的新区域:自我负责的理想,这是伴随着它的关于自由和理性的新定义,以及关于尊严的相关含义的表述"④。理性不再被实体性地按照存在的秩序来规定,而是程序性地按照

---

① 《马克思恩格斯选集》第3卷,人民出版社1995年版,第355页。
② [德]马克斯·韦伯:《学术与政治》,钱永祥等译,广西师范大学出版社2004年版,第190页。
③ [德]康德:《道德形而上学原理》,苗力田译,上海人民出版社2005年版,第3页。
④ [加]查尔斯·泰勒:《自我的根源:现代认同的形成》,韩震等译,译林出版社2001年版,第266页。

我们在科学和生活中赖以建构秩序的标准来规定,善良生活的优越感以及过这种生活的志向,来自主体自己作为理性存在的尊严感,理性控制造成了道德根源新的内在化根据。

(三)当代回归传统德性的呼声

古希腊和中世纪社会,围绕人类的善和美好生活,各种德性的探讨深化了人对自身的理解,激励着人们实现自己的潜在价值,趋向人类完满的未来和目的的设定,展现出丰富多样的德性世界。麦金太尔指出,18世纪以来,"启蒙运动"的道德谋划之所以"彻底失败"而且"还将失败",根本原因就是理性主义者们对理性规则的绝对张扬;而在过分倚重规范和理性的现代世界里,个体生活的整体性和统一性,遭遇了"社会障碍":现代性把每个人的生活分割成多种片段,每个片段都有它自己的准则和行为模式,而作为社会生活整体的德性已经没有容身之地;现代社会公众生活越来越依赖于一个特殊的德性概念的命运——公正的概念,而公正概念在当今也被争执不休,冲突和纷争无法消弭,使得我们的时代已经成为了德性以后的困境重重的时代。道德生活的本质在于它是人与社会融洽的方式,现代的相对主义几乎毁灭了道德,绝对主义则脱离了实际,古希腊传统中的人具有目的性和德性的内在要求,或许会给其走出当今困境提供某些启示,"每一存在物的本性的气质就是它的德性或完善,我们应当由于德性本身的缘故而寻求它,而不受对任何外部效果的畏惧或希望的影响。因为幸福正是存在于德性之中"①。道德危机源于从外在的规范去要求人的行为,而没有从德性与实践的内在善、德性与个人生活统一性、德性与社会传统生命力的内在品性、内在关系出发。"在现代西方哲学,抽象的理性规范渐渐变得苍白无力,分析哲学的元伦理日益走向末途,亚里士多德的德性伦理学开始得到了重新确认,麦金泰尔、威廉姆斯等一再提出回到德性伦理学的口号。"②麦金太尔极力反对以罗尔斯为代表的理性主义的规范伦理倾诉,主张回归亚里士多德的德性世界,以试图

---

① [德]弗里德里希·包尔生:《伦理学体系》,何怀宏、廖申白译,中国社会科学出版社1988年版,第51页。
② 杨国荣:《知识与智慧——纪念冯契先生》,学术批评网(http://www.acriticism.com)2002年10月16日。

改变启蒙运动"失败的"道德谋划。把德性带回人间,还诸实践,联结共享善的社群,向历史上证明最好的亚里士多德那种内在的德性吸取营养,以此重新赋予人类行为以统一性,用可以引人走向更大更好的善之实践所具有的目的性给人类生活以灵魂,使其存在有所根,行为有所本,促使人的不断提升和超越,是摆脱道德危机,走出伦理困境的方向。

第三节　道德自我的历史认同形态

"自我"作为对人的身体和心理状态的哲学认识或逻辑抽象,其所具有的特殊内容和现实表现,既是个体身心活动情状,更是一个社会和文化所赋予的,"个体自我意识的各个要素是历史地逐渐形成的"[①]。个人形成史和自我发展史,是"自然个体"和"社会个体"不断摆脱各种自然联系,从一定狭隘人群的附属物或专制政体附属物地位分化出来,逐渐趋于和上升为自主型"个人"的过程。人一开始是自然个体即"偶然个体",从属于血缘或地域的自然共同体,个体行为取决于自然素质与生命活动条件的偶然结合;然后是社会个体,亦即一定社会共同性、群体性(集团性)的人格化(阶层或阶级个体),个体的自然差异被社会分工和社会功能划分所决定的社会差异所补充;最后是个人、个体对社会角色和社会活动具有主观选择和个性表达。与个体发展的历史形态相适应,个体自我意识和道德自我呈现出不同和渐趋进步的特征,也是道德自我不断得到确认和价值扩展的过程。

一、古代早期文明社会"自然型个体"形态道德自我

远古时期原始人还没有把自己从周围自然界明确区分开来,区分不清主体与客体、物质与观念,个体不能把自己同各种社会角色区别开来,

---

① [苏]伊·谢·科恩:《自我论——个人与个人自我意识》,佟景韩等译,生活·读书·新知三联书店1986年版,第54页。

"在社会发展的一定阶段上,对自身个体特点的分析往往被群体行为的分析所取代,个人的'我'则往往被共同的'我们'所取代"①。意识和自我具有不集中性、流动性、多重性和缺乏整合性以及人格要素的杂多性,被作为"自我性"原型的"灵魂"总是寓有氏族或部落共同性或神赋予个体的外在因素。"现代的研究证明,自人类史前活动之初,他们就结合成支族、氏族或部落,借共同血统这一思想和对共同祖先的崇拜而得以维系。"②

(一) 氏族部落本位与"自我"的共时性存在

人类社会发展早期阶段,作为生产方式的农耕或渔猎活动与建立在血缘、地域纽带基础上的氏族公社和部落牢固、完整地结合在一起而形成强大的自然共同体,对个体具有强大的必然性支配力量,个体融结于氏族或部落生活和劳动中,没有独立自在和自为发展的愿望和可能性。"在文化初期,以独立资格互相接触的不是个人,而是家庭、氏族等等。"③自然的威力直接左右着"自然个体"赖以生存的基本手段与环境,甚至经常威胁着个体生存,对自然的畏惧以及部落之间为争夺生活资料进行的战争的威胁,使得人们之间必须结成稳固的群体关系,"自然个体"必须紧密地依附于氏族部落共同体才能有机会生存。个体与部落联盟或氏族公社结为一体,个人的命运与他的亲属、同部落成员的命运分不开,氏族成员形成生死相依、荣辱与共的血缘同一性意向和共时性的集体认同感、归属感,具有深重的氏族或部落本位主义的意识,"我们越往前追溯历史,个体,从而也是进行生产的个体,就越表现为不独立,从属于一个较大的整体;最初还是十分自然地在家庭和扩大成为氏族的家庭中;后来是在由氏族间的冲突和融合而产生的各种形式的公社中"④。"部落始终是人们的界限,无论对别一部落的人来说或者对他们自己来说都是如此:部落、氏族及其制度,都是神圣而不可侵犯的,都是自然所赋予的最高权力,个

---

① [苏]鲁利亚:《论认识过程的历史发展》,引自科恩:《自我论——个人与个人自我意识》,生活·读书·新知三联书店1980年版,第62页。
② [俄]克鲁泡特金:《互助论》,李平沤译,商务印书馆1963年版,第143页。
③ [德]卡尔·马克思:《资本论》第1卷,人民出版社1975年版,第390页。
④ 《马克思恩格斯全集》46卷(上),人民出版社1979年版,第21页。

人在感情、思想和行动上始终是无条件服从的。……他们彼此并没有差别,他们都仍依存于——用马克思的话说——自然形成的共同体的脐带。"①"通过传统和教育接受了这些情感和观点的个人,会以为这些情感和观点就是他的行为的真实动机和出发点。"②个体身心资质之"德"源于同姓氏族和宗族的血缘共同性和自然天性,"异性则异德,异德则异类。……同姓则同德,同德则同心,同心则同志"(《国语·晋语四》)。群体生活的属性构成凝聚化的氏族本位主义倾向、世代相传的排外和仇外心理,真正的人是具有同一血缘来源和共同生活经历的同氏族、部落或宗族人,本氏族部落或宗族社群之外、不同血缘的人被潜在地贱称或公然视其为"非人",如"戎、狄无亲而好得"(《国语·晋语七》),"戎,禽兽也"(《左传·襄公四年》),"狄,豺狼之德也"(《国语·周语中》),"夷者群居无礼仪"(《白虎通义·礼乐》)。由于艰苦的生存、竞争本身的需要,原始人培养和保持了一种品质:他把自己的生存和部落的生存看作一致的,把每个人的行为都看作部落的事务,"原始人是如此地把他的生活和部落的生活看作一致的,以致认为他们的每一点行为(无论是多么无意义的行为)都是整个部落的事务。他们的全部行为要受一系列数不清的不成文的规矩法则的约束,这些规矩法则是他们对善和恶——也就是对自己的部落有利或有害的共同经验的结果"③。共时性特征的氏族部落本位是自然界纯粹动物式关系在人类交往关系上的延伸。

(二)图腾崇拜和祖先崇拜与"自我"的历时性特征

远古时代个体注重于对祖先、英雄和诸神的崇拜、认同和模仿,通过图腾崇拜和祖先崇拜,使"自然个体"的"自我"导向于同氏族部落人和历代祖先直接同一化、一体化,生与死的关系被想象为有机、自然的相互轮回,个体同世世代代的谱系连续性不可分,不仅直接对自身负责,而且直接对同部落人和祖先负责,自我通过与图腾、祖先之间的历时性、共生性关系感受和拥有自己,以图腾和祖先追溯和印证个体的纵向归属。古代

---

① 《马克思恩格斯选集》第4卷,人民出版社1995年版,第96页。
② 《马克思恩格斯选集》第1卷,人民出版社1995年版,第611页。
③ [俄]克鲁泡特金:《互助论》,李平沤译,商务印书馆1963年版,第109页。

宗教中,氏族神的信仰和崇拜一直占有十分重要的位置,首先表现为图腾崇拜,"图腾崇拜的信念是原始文化最典型的特征。大多数部落……的全部宗教和社会生活,都是受图腾崇拜的观念支配的"[①]。几乎每个氏族都有自己的图腾,图腾是作为氏族本族名称或族徽的动物、植物或非生物物体,氏族相信祖先由图腾对象转变或庇佑而来,图腾化的动物、植物的自然法则占据着个体"自我"的世界,积极地参与氏族部落的各种生活与活动;"在自然和集体面前显得软弱无力的原始人,把自己跟他的动物祖先,跟自己的图腾等同起来,通过复杂的并经常是备受折磨的仪式,归根到底扩大着他对自然和社会环境的依赖"[②]。氏族成员往往以血缘关系看待图腾与氏族以及自身的关系,自然个体通过图腾动物、植物等实体获得"自我"本质力量,引发对"图腾"的崇拜;图腾的本质,在于氏族共同体的起源及其个体成员资格与图腾之间的神秘关系,"在图腾崇拜中人不只是把自己看做某种动物的后代;一条现存的、同时也是遗传学的纽带把他的全部物理和社会存在与他的图腾祖先联结起来。在很多情况下,这种联结被看成是一种同一性"[③]。早期氏族、部落另一重要的活动是祖先崇拜,氏族是依靠自然生育构成无穷延续的迭代序列和共同体,"在我们可以追溯到的、这种发展的最久远的阶段上,我们发现自我感与一定的神话－宗教群体感直接融为一体。只有当自我把自身认作为某群体的一员,懂得自己与他人组成家庭、部落、社会组织之统一体时,他才感受和认识到自身……才拥有自身……这种关联要凭借若干不可见的神秘纽带。……在任何发现清晰的灵魂概念的地方,发现有关灵魂之乡和灵魂起源的明确神话理论的地方,祖先崇拜都起着重要作用。在几大宗教中,以祖先崇拜为根源并似乎原封不动保持其原始特征的,首推中国的宗教。在祖先崇拜盛行之处,个体不仅感觉到自己通过连绵不断的生育过程与祖先紧密相连,而且认为自身与祖先融为一体"[④]。祭祀本部落始祖和血

[①] [德]恩斯特·卡西尔:《人论》,甘阳译,上海译文出版社2003年版,第129页。
[②] A. 泰纳谢:《文化与宗教》,中国社会科学出版社1984年版,第18页。
[③] [德]恩斯特·卡西尔:《人论》,甘阳译,上海译文出版社2003年版,第129~130页。
[④] [德]E. 卡西尔:《神话思维》,黄龙保译,中国社会科学出版社1992年版,第195~196页。

缘关系密切的近几代祖先,相信祖先对本族创始、发展和传承的意义以及对后世子孙的庇佑、保护和"共在",认为祖先的神圣世界与现世的世俗世界具有共同参与、互渗交往的共生特征。"我们不能不把对双亲和祖宗的崇拜看成是中国人宗教和社会生活的核心的核心。"①卡西尔以原始人通过祖先崇拜而表达对生命的坚定信念并论证说:"那产生祖先崇拜的普遍宗教动机并不依赖于特殊的文化或社会条件,在完全不同的文化环境中我们都可以发现它们。"②祖先崇拜具有至上天神地位,是对血缘同一性认同并最具实体性的内容,每一个体以祖先祭祀的方式和仪则与过去的祖先和未来的后嗣发生联系,个体身体不能严格地属于自己,只是血缘共同体(性、德)的载体,个体"自我"融合于祖先崇拜所表示的氏族集体生命的保持和延续之中,个人的生命活动以身体和心理将血缘共同体(族、祖)的认同对象结合起来并附着于血缘关系共同性。个体对历代祖先的血缘认同愈紧密,他愈从肉体和生命上直接感受到与历代祖先的同一性:个体不仅意味着历代祖先的延嗣和父母的造就,也意味着被赋予生活于同一氏族部落的资格,"自我"融合于血缘宗祧的无限延续和永恒脉络之中,感觉与同一血缘关系的历代祖先的历时性和互渗性,同时更加强了与同氏族部落的共时性、同体性体验。"把人与他们的神统一起来的那种不可分解的纽带也就是血缘关系的纽带,这种血缘关系在早期社会中是人与人之间的一种有约束力的联系纽带,也是一种神圣的道德原则。"③中国传统社会信守"慎终追远,民德归厚矣"(《论语·学而》)。"人道亲亲也,亲亲故尊祖,尊祖故敬宗,敬宗故收族。"(《礼记·大传》)尊"祖"这种认同对象决定了"孝"这种认同实践的核心,就是造就"身体-血缘"同一性的功能和目的,每一个体一切生命活动都是为了宗祧血缘的延续性。祖先崇拜对加强共同血缘观念,巩固以血缘、地域为基础的家庭稳定以及家族、宗族成员的团结,起着重要的维系作用。

---

① 转引自卡西尔:《人论》,上海译文出版社 2003 年版,第 133 页。
② [德] E. 卡西尔:《人论》,甘阳译,上海译文出版社 2003 年版,第 133~134 页。
③ 罗伯森-史密斯:《闪米特人宗教讲演集》,引自卡西尔:《人论》,上海译文出版社 2003 年版,第 136 页。

(三)恐惧感－保护感的道德自我心理机制①

原始社会和文明社会早期,生产力水平低下,靠狩猎、采集和简单农耕延续生活,"自然界起初是作为一种完全异己的、有无限威力的和不可制服的力量与人们对立的,人们同自然界的关系完全像动物同自然界的关系一样,人们就像牲畜一样慑服于自然界,因而,这是对自然界的一种纯粹动物式的意识(自然宗教)"②。恐惧感是具有生物本能基础,为一切动物所固有的对某种外部力量的态度,对应于信心感、安全感和保护感。人们在蒙昧阶段的图腾和祖先崇拜,对于天或"帝"怀有严重的恐惧感,进而以极为隆重的祭祀仪式,甚至采取"殉人"的活人祭祀仪式,求取自然的保护和福佑,祭祀和人祭起着保护共同群体、预防群族不幸的社会功能,而且也显示个体不安和罪责感;氏族内部具有严格的禁忌和粗蛮的"部落自然法",从外在强制性唤起个体被惩罚的恐惧和敬畏,个体行为方式必然遵从氏族共同体设定秩序,接受氏族传统习俗调节和部落自然法规的制约,求取氏族生活的资格和群体的保护。蒙昧人都遵从他们的不成文法的规定……他们之盲目遵从这些规定,甚至超过了文明人的盲目遵从成文法的规定,他们的不成文法就是他们的宗教,就是他们的生活习惯;氏族观念经常浮现在他们的脑海里,为了氏族的利益而自我约束和自我牺牲的事情每天都有。③ 部落的惩罚和恐怖直接导致文明社会伊始的奴隶制专制,"在东方只有主人与奴隶的关系,这是专制的阶段。在这阶段里,恐惧一般是主要的范畴。……人或是在恐惧中,或是用恐怖来统治人;二者是处在同一阶段"④。"这种奴隶的意识并不是在这一或那一瞬间害怕这个或那个灾难,而是对于他的整个存在怀着恐惧,因为他曾经感受过死的恐惧、对绝对主人的恐惧。……虽说对于主(或主人)的恐惧

---

① 罗伯森－史密斯、卡西尔等人认为在包含图腾、祖先崇拜的原始神话和宗教中,对生命的坚固性、不可征服、不可毁灭的统一性以及生命存在共同体的坚定信念,是抵制和破除对死亡畏惧的根深的信仰根源。参见卡西尔:《人论》,上海译文出版社2003年版,第134~137页。
② 《马克思恩格斯选集》第1卷,人民出版社1995年版,第81~82页。
③ [俄]克鲁泡特金:《互助论》,李平沤译,商务印书馆1963年版,第109页。
④ [德]黑格尔:《哲学史讲演录》第1卷,贺麟、王太庆译,商务印书馆1959年版,第95~96页。

是智慧的开始,但在这种恐惧中意识自身还没有意识到它的自为存在。"①自然个体的心理停留在自然状态的"欲望的自我意识"水平阶段,缺少和不敢衍生独立自为的"自我意识","在第一个家长制的世界中,这一精神乃是一种实体性的东西,个人仅仅作为偶然者而为其补充。……所有的个人(人民)还没有从自身中获得他们的主观自由,对于实体性来说,他们是带有偶然性的"②。偶然个体对于"实体性"的血缘氏族群体,有着强烈的外在被强制性和自然依附性,自然个体的自我意识反映表现为与动物界较为相近的"恐惧感-保护感"的道德自我调节机制,绝对地认同和遵从氏族部落的群体秩序,以之作为获取认同、保存生命和适应环境的有效方式。

二、传统社会文明中"社会型个体"形态道德自我

文明发展的封建社会时期,血缘家庭关系进一步得到论证和强化,凝固为系统的家族组织和严密的宗法制度,并且以宗族为实体和基础,建构和组织社会组织和国家体系,个体在宗族和国家中活动、获取等级地位以及相应的道德自我意识。

(一)宗族社会个体与道德自我观念

在中国,宗族是在父系氏族基础上转化、发展起来,以血缘关系为纽带、以家庭和家族为基本单位,以系谱确认身份和相互联结的血缘共同体组织,血缘宗法关系不断被强化并构成封建社会同质性的内在基础。"中国的社会组织是一个大家庭套着多层的无数的小家庭。可以说一个'家庭的层系'(A Hierarchical System of Families),所谓君就是一国之父,臣就是国君之子。在这样层系组织之社会中,没有'个人'观念。所有的人,不是父,即是子。不是君,就是臣。不是夫,就是妇。不是兄,就是弟。"③梁启超认同家庭家族在传统社会中的地位:"吾国社会之组织,以

---

① [德]黑格尔:《精神现象学》上卷,贺麟译,商务印书馆1979年版,第129~130页。
② 引自:《侯外庐史学论文选集》上册,人民出版社1987年版,第334~335页。
③ 张东荪:《理性与民主》,引自梁漱溟:《中国文化要义》,上海人民出版社2005年版,第90页。

家族为单位,不以个人为单位;所谓家齐而后国治也。"①冯友兰同样推论说:"在以家为本位底社会制度中,所有一切底社会组织均以家为中心。所有一切人与人的关系,都需套在家底关系中。在旧日所论五伦中,君臣、父子、夫妇、兄弟、朋友,关于家底伦已占其三。其余二伦,虽不是关于家者,而其内容亦可以关于家底伦类推之。如拟君于父,拟朋友于兄弟。"②家族和宗族具有共财、共居、共难、共丧、共祀、共征等组织活动以及精神联系特征,并且是具有垂直上下尊卑和横向等级结构的社会实体,以之构成社会的主体。每个个体被不可改变的自然血缘关系固着并附属于家庭和宗族的组织和关系中,凭借血缘关系取得自身在宗族社群中的身份和职能,血缘亲疏远近决定着个体的等级地位、权利和义务。"在(西周)宗法制度之下,社会阶级的贵贱以血族传统为标准,而不以智能为标准。"③具有等级或角色差别的宗族以"礼"确定个体的社会地位活动方式和相应的职责以及道德评价标准,"'礼'的起源很早,远在原始氏族公社中,人们已习惯于把重要的行动加上特殊的礼仪。……进入阶级社会后,许多礼仪还被大家沿用着,其中部分礼仪往往被统治阶级所利用和改变,作为巩固统治阶级内部组织和统治人民的一种手段"④。社会等级性具有严格规定和绝对活动界限,如"以九仪之命正邦国之位,壹命受职,再命受福,三命受位,四命受器,五命赐则,六命赐官,七命赐国,八命作牧,九命作伯"(《周礼·大宗伯》)。"(楚大夫宇尹无宇)人有十等……王臣公,公臣大夫,大夫臣士,士臣皂,皂臣舆,舆臣隶,隶臣僚,僚臣仆,仆臣台。"(《左传·昭公七年》)孔子终生主张克己复礼,对季氏僭越之举耿怀不满:"八佾舞于庭,是可忍孰不可忍?"(《论语·八佾》)注重对宗族以血缘宗法等级为基础礼制的信守。普遍礼治范围的宗族群体中,个体被赋予的等级身份和角色规定性,造就了个体强烈的人格依附性,把自己融入和固定在社会从属性之中,必须做到"非礼勿视,非礼勿

---

① 梁启超:《新大陆游记》,引自王齐彦:《儒家群己观研究》,中国社会科学出版社2006年版,第216页。
② 冯友兰:《新事论:中国到自由之路》,生活·读书·新知三联书店2007年版,第43页。
③ 侯外庐、赵纪彬、杜国庠:《中国思想通史》第1卷,人民出版社1957年版,第35页。
④ 杨宽:《古史新探》,中华书局1965年版,第234页。

听,非礼勿言,非礼勿动"。马克思对此种人的社会关系论解说:"虽然个人之间的关系表现为较明显的人的关系,但他们只是作为具有某种〔社会〕规定性的个人而互相交往,如封建主和臣仆、地主和农奴等等。"①"在这里,我们看到的,不再是一个独立的人了,人都是互相依赖的:农奴和领主,陪臣和诸侯,俗人和牧师。物质生产的社会关系以及建立在这种生产的基础上的生活领域,都是以人身为特征的。但是正因为人身依附关系构成该社会的基础。"②"君主政体的原则总的说来就是轻视人、蔑视人,使其不成为其人。"③等级阶层中个体的各种社群角色只是个体的不同位格,个体总是把在总体中的社群角色当作自己真实的"自我",自我表现为宗族等级身份和社群角色总和的社会规定性,"身非其私(私,独也)也,严亲之遗躬也"(《吕氏春秋·孝行》),"身体发肤,受之父母,不敢毁伤,孝之始也"(《孝经》)。宗族血缘关系使得个体以"孝"、"仁"作为重要的道德意识和准则,并按照"礼"的原则,不断造就人我之间的血缘情感资质和欲求能力,使宗族群体地位不断得以强化和提升;个体通过对宗族社群的从属意识而意识到"自我",以宗族社群的褒贬界定道德自我价值,缺乏真正的自为独立性。

(二)国家社会个体与道德自我观念

在中国古代社会,通过王权专制、编户齐民制度,建立起居于宗族之上的封建社会国家政权和制度。一方面汉代独尊的儒家论证家国一体,通过经学、名教传授强调"移孝作忠","于亲孝,故忠可移于君;事兄悌,故顺可移于长,便是本"(《朱子语类》卷二十),以孝悌扩充至国家社会;国家也推行"孝悌力田"、岁举孝廉的征辟察举制度,宗族身份与国家角色统一起来。另一方面,一定程度上强调国家整体利益至上,忠孝难全时强调首先忠于国家,在"亲亲互隐"与国家利益发生矛盾时强调"大义灭亲"。个体人格,以在国家中的等级地位以及社会贡献而确定,"汉代论贵贱是以身份资财为标准"④。个体具有并重视"国家社会个体"或社会

---

① 《马克思恩格斯全集》第46卷(上),人民出版社1979年版,第110页。
② 卡尔·马克思:《资本论》第1卷,人民出版社1975年版,第94页。
③ 《马克思恩格斯全集》第1卷,人民出版社1956年版,第411页。
④ 侯外庐:《中国封建社会史论》,人民出版社1979年版,第89页。

自我角色特征,注重于为国建功立业、创业垂名,以功名利禄确定个体价值,曾为"庸耕"的陈胜也以鸿鹄之志充胸并抒发豪言:"壮士不死而已,死则举大名耳,王侯将相宁有种乎?"(《史记·陈涉世家》)汉朝马援说:"丈夫为志,穷当益坚,老当益壮。……男儿要当死于边野,以马革裹尸还葬耳,何能卧床上在儿女子手中耶?"(《后汉书·马援列传》)班超尝辍业投笔叹曰:"大丈夫无他志略,犹当效傅介子、张骞立功异域,以取封侯,安能久事笔研间乎?"(《后汉书·班超列传》)注重对国家社会的贡献成为道德自我的主要标准,"后汉三国以来,社会风气注重人伦鉴识,士人少年即邀延名誉为仕进张本,而品评标准则以儒家道德伦理为主"①。国家社会个体自我特征是对社会强制性的自觉遵从、监督、追求和显现。"夫人臣之事君也,杀其身而苟利于国,灭其族而有裨于上,皆甘其心焉,岂以侥幸之私,毁誉之末而足以挠乱其志者。"(《王文成公全书》卷十四《奏报田州思恩平复疏》)"国"代表着以等级结构为核心的整体,君则是这种整体的象征,在个体与整体利益之间,完全表现为一种依附与从属的关系:为了虚幻的整体利益,个体应该无条件地牺牲自我,即使杀身灭族亦应毫无所憾。在西方社会,从古希腊城邦时代,人们看重自己同城邦的有机联系。柏拉图以人的构成质料、人的理智情感欲望结构,论证国家居民分为统治者、武士、手工业者和农民,并且提出和等级地位相应的智能和道德要求以及国家总体性"正义"道德标准,论证城邦生活结构的一体性,强调个体对城邦的绝对依附性。亚里士多德认为人们应该为从事高尚的事业而生活、努力,"真正高宏之人,必能造福于人类",个人的善德和理想人格,只能在城邦的幸福中实现,"以城邦的整个利益以及全体公民的共同善业为依据"②。"欧洲封建中世纪的一个典型特征就是个体与公社(村社)不可分割。……当时大部分人的生命世界(生活天地)被局限于公社和阶层身份的范围以内。……每一个阶层都有自己相应的美德

---

① 周一良:《魏晋南北朝词语小记》,见《魏晋南北朝史论集》,北京大学出版社1997年版,第463~464页。
② 亚里士多德:《政治学》,吴寿朋译,商务印书馆1965年版,第153页。

体系,每一个个体都必须知道自己的位置。"①"通常视国王的统治是理所当然并相信其统治是善良而公正的,作为人民统治的'民主'是从未梦想过的,没有政府里应有自己的代表并有权阐述他们被统治的念头,作为个体的人的生活,也往往缺乏那种与公民权身份相伴的积极的责任感。"②规定好的不仅是个体在社会中的地位,而且还有个体的行为细节,"每一个人都占据分给他的位置,他必须依次行事。他所扮演的社会角色预先规定了他的行为的整个'脚本',很少留有独出心裁和打破常规的余地……一举一动都被赋予象征意义,必须遵守公认的格式,按照既定的形式进行"③。封建社会中个体是通过他对一定社会群体,亦即对他所属的"我们"的从属性而意识到自己。

(三)羞耻感-荣誉感的道德自我监督机制

中世纪完全不讲个人权力或人格权利,不重视自己与别人的区别,一切游离于既定秩序之外的个人的东西都会引起怀疑和谴责。与宗族、城邦、国家地位以及评价制度相关,人的特征是按照预先提出的阶层范本和礼仪准则"构制"的,个体道德自我以宗族、城邦和国家的道德评价来界定"自我"人格和社会价值,表露出羞耻感-荣誉感的道德自我监督机制。个体是精神上的全体性(人都是上帝创造的,在上帝面前是平等的)与等级上的阶层团体性(个人都属于一定的阶层)的矛盾统一。羞耻和荣誉是群体成员共同性的心理机制,是较为复杂、具有文化特点的集体教养,以较高的群体自觉意识为前提。"古希腊文化,包括它的盛期在内,一直是典型的'羞耻文化'。"④羞耻感是个体违反群体道德受到舆论惩戒并使个体有自我意识的道德情感,它保证个体遵守群体的准则和履行对"所属群体"的职责和义务;羞耻对应于诚实、荣誉,群体和周围人的承认和赞同,接受群体、关系人对他的道德评价和道德赞许。"相鼠有皮,人

---

① [苏]伊·谢·科恩:《自我论——个人与个人自我意识》,佟景韩等译,生活·读书·新知三联书店1986年版,第127页。
② [美]詹姆斯·亨利·波利斯坦:《走出蒙昧》(上),周作宇等译,江苏人民出版社1998年版,第286页。
③ 转引自科恩:《自我论——个人与个人自我意识》,第129页。
④ [苏]伊·谢·科恩:《自我论——个人与个人自我意识》,佟景韩等译,生活·读书·新知三联书店1986年版,第107页。

而无仪。人而无仪,不死何为?相鼠有齿,人而无止。人而无止,不死何俟?相鼠有体,人而无礼。人而无礼,胡不遄死?"(《诗经·鄘风·相鼠》)"寡人闻古之贤君,不患其众之不足也,而患其志行之少耻也。……进不用命,退则无耻,如此则常有刑。"(《国语·越语上》)羞耻感-荣誉感调节机制适用范围广泛,包括辱没祖宗、父母的行为,有违等级身份和社群角色的行为,违背礼制准则的态度和行为,损害国家声誉和利益的行为和事件。羞耻感是国家政治和社会协和的重要机制,"圣人之制行也,不制以己,使民有所劝勉愧耻"(《礼记·表记》)。"道之以德齐之以礼,有耻且格。"(《论语·为政》)管子提出,"凡牧民者,欲民之有耻也"(《管子·权修》),"是故圣王之教民也,以仁错之,以耻使之,修其能致其所成而止"(《管子·法禁》)。个体追求在宗族、国家中以"立德、立功、立言"为自我价值实现基本途径。亚里士多德主张,"一个有德性的人,往往为他的朋友和国家的利益而采取行动,必要时乃至牺牲自己的生命。他宁愿捐弃世人所争夺的金钱、荣誉和一切财物,只求自己的高尚"①。荣誉在封建社会对个人生命价值举足轻重,"我的荣誉就是我的生命;二者相互结为一体;取走我的荣誉,我的生命就不再存在。……我借荣誉而生,也愿为荣誉而死"②。包尔生认为,"荣誉是道德的卫士:对荣誉的爱首先推动着意志去发现自重的德性,然后又推动它去获得社会的德性"③。但是羞耻感、同情心是本位主义的,它只在一定的人群内部发生作用,只能对"自己人"、本宗教、本阶层和所认同群体感到羞耻或荣誉。

三、现代文明社会中的"个人型个体"形态道德自我

资本主义生产和资本主义文明,推翻君主专制,破除传统的宗法联系,"资产阶级在它已经取得了统治的地方把一切封建的、宗法的和田园

---

① [希腊]亚里士多德:《政治学》,吴寿朋译,商务印书馆1965年版,第153页。
② [英]莎士比亚:《理查二世》,《莎士比亚全集》第4卷,人民文学出版社1978年版,第310页。
③ [德]弗里德里希·包尔生:《伦理学体系》,何怀宏、廖申白译,中国社会科学出版社1988年版,第492页。

诗般的关系都破坏了。……它使人和人之间除了赤裸裸的利害关系,除了冷酷无情的'现金交易',就再也没有任何别的联系了"①。资本主义社会破除了"人与人的依赖关系",无上地推崇个体独立,造就了"个人型个体"社会存在方式以及建立在个性思维和反思基础上的自我尊严感的道德自我心理机制。

(一)商品经济、市民社会发展中的"个体"利益追求与"自我"异化

资本主义私有制和商品化运动,使得人们的社会生活首先表现为经济人谋利的自我利益追求,"我们每天所需要的食料与饮料,不是出于屠户、酿酒家或烙面师的恩惠,而是出于他们自利的打算。我们不说唤起他们利他心的话,而说唤起他们利己心的话。我们不说自己有需要,而说对他们有利"②。利己主义伴随着资本的发展而发展,"每个人都不断地努力为他自己所能支配的资本找到最有利的用途。固然,他所考虑的不是社会的利益,而是他自身的利益"。虽然每个人都是出于利己的目的出发和行动,但社会却在一只看不见的手的调控下有效合理地运行,"他对自身利益的研究自然或者毋宁说必然会引导他选定最有利于社会的用途"。"每个人都有利己心支配,追求私利乃人的本性,它不是恶,而是善,至少也是次等的德性,因为他开辟了通往国家繁荣和社会幸福的道路。"③市场成了个人成功的尺度,甚至人把自己的自尊、价值都拱手交给市场去度量,"第一,将谋利思想视为一种道德上值得被赞赏的东西确是现代社会的特色。古代的价值体系中,无论是中外,都不会把谋利视为人生的最重要的目标。但这却是资本主义世界中的最中心的思想。其次,现代的市场这个机制,是将谋利思想制度化的一种设施"④。人与人之间的关系被异化为人与物之间的依赖和关系,使得财产及其空洞的抽象——金钱支配人的产品和活动,成了世界的统治者,"钱是从人异化出

---

① 《马克思恩格斯选集》第1卷,人民出版社1995年版,第274～275页。
② [英]亚当·斯密:《国民财富的性质及其原因研究》上卷,商务印书馆1972年版,第14页。
③ [英]亚当·斯密:《国民财富的性质及其原因研究》上卷,商务印书馆1972年版,第676、676、674页。
④ 石元康:《从中国文化到现代性:典范转移?》,生活·读书·新知三联书店2000年版,第173页。

来的人的劳动和存在的本质;这个外在本质却统治了人,人却向它膜拜"。金钱可能使一切成为商品,把一切民族的、自然的、道德的和理论的关系变成了人的一种外在的东西,把人的一切联系变为利己主义和自私的需要,"实际需要、利己主义就是市民社会的原则;只要政治国家从市民社会内部彻底产生出来,这个原则就赤裸裸地显现出来。实际需要和自私自利的神就是钱"①。"利益原则重要地位的凸显主要是中世纪以后的事。在此之前,它若隐若现,包括在血缘、氏族、地域、等级、特权、奴隶制与封建制的各种关系中,还有属灵的世界也时时试图同世俗世界分庭抗礼,甚至以天上之国统治地上之国。在此情况下,利益原则仍然存在,但受到诸多限制,不似近代市民社会以纯粹形式表现出来。市民社会是商业社会,而资本主义社会更是发达的市场经济,资本家以赚钱赢利为要务,利益原则表现为利润原则,资本家的所有冲动都是为了利润。"②利己和谋利追求也成为资本主义和现代市民社会的活动和交往基础,"市民社会是在现代世界中形成的……在市民社会中,每个人都以自身为目的,其他一切在他看来都是虚无。但是,如果不同别人发生关系,他就不能达到他的全部目的,因此,其他人便成为特殊的人达到目的的手段。但是特殊目的通过同他人的关系就取得了普遍性的形式,并且在满足他人福利的同时,满足自己"③。人与人之间关系、人的本质受到自己的创造物——金钱这一外在本质的支配而产生物化、异化,"市民社会中的生活,在这个社会中,人作为私人进行活动,把别人看作工具,把自己也降为工具,成为外力随意摆布的玩物"④。"金钱、声望和权力已经成了人的刺激剂和目的。人在他的行为有益于他自身利益的幻觉下行事,虽然他实际上服务于其他一些事情而非他真实自我的利益。对他来说,每一件事情都是重要的,就是他的生命和生活艺术不重要。它可以为一切,就是不

---

① 《马克思恩格斯全集》第1卷,人民出版社1956年版,第448页。
② 陈刚:《西方精神史》下卷,江苏人民出版社2000年版,第826页。
③ [德]黑格尔:《法哲学原理》,范扬、张企泰译,商务印书馆1961年版,第197页。
④ 《马克思恩格斯全集》第1卷,人民出版社1956年版,第428页。

为自己。"①现代人在物欲的刺激下失去了自己理性判断力和道德思考,迷失了本真、丰富的自我。

(二)文艺复兴和启蒙运动中的"个性化"运动

14世纪初从意大利开始然后逐渐传播到西欧各国的文艺复兴运动,是新兴资产阶级在意识形态领域向基督教神学体系和封建主义发动的人文主义文化思潮和革命运动。以人道反对神道,以人权反对神权,以人性反对神性,构成人文主义的核心内容。人文主义者主张"一切为了人","我是人,凡是人的一切特性,我无不具有",以各种方式赞扬人的伟大,歌颂人的价值和提倡人的尊严,提倡人的意志自由和个性的自由发展,主张恢复理性的尊严和思维的价值,大胆要求现实生活和尘世享乐。人文主义者认为"高尚"不是天生和世袭的素质,而是自己努力取得的品质。对中世纪的人来说,出身重于一切,"自知"首先是"知道自己的位置";文艺复兴和启蒙运动人类地位平等的假定,使得"认识你自己"首先就是认识自己内在的可能性,人们在自己本身寻找和肯定内在、自主的东西,人也由于自己本身的努力而成就为自身,绝望、忧郁、苦闷和寂寞等心理状态的发现和着重描述是个性和反思发展的重要标志。布克哈特描绘文艺复兴带来的个性化,"在中世纪,人类意识的两个方面——内心自省和外界观察都一样——一直是在一层共同的纱幕之下,处于睡眠或者半醒状态。这层纱幕是由信仰、幻想和幼稚的偏见织成的,透过它向外看,世界和历史都罩上了一层奇怪的色彩。人类只是作为一个种族、民族、党派、家族或社团的一员——只是通过某些一般的范畴,而意识到自己。在意大利,这层纱幕最先烟消云散;对于国家和这个世界上的一切事物作客观的处理和考虑成为可能的了。同时,主观方面也相应地强调了它自己;人成了精神的个体,并且也这样来认识自己。"②现代人认为个人与社会处于经常的、不可消除的、相互冲突的状态,社会压制个性,把个性纳入无个性的标准化角色和关系系统,个体只有在自己和世界之间保持距离,才能

---

① [美]弗洛姆:《为自己的人》,孙依依译,生活·读书·新知三联书店1988年版,第38页。
② [瑞士]雅各布·布克哈特:《意大利文艺复兴时期的文化》,何新译,商务印书馆1979年版,第125页。

够保存和挽救自己的"自我","我发现,在我的相识者中间,最有意思的人就是我自己"①。注重于内在分解和理性控制的主体已变成人们熟悉的现代形象,成为解释我们自己的一种方式,"对那些伟大的古代道德家来说,关键的能力是看到宇宙中(对柏拉图来说)或至上的人类目标中(对斯多葛派来说)的秩序的能力……他们并不要求我们检查我们自己。相比之下,现代的分解理想需要反省的态度。我们必须转向内部并意识到我们自己的活动和过程——它们构成着我们。我们必须负责构建我们自己的关于世界的再现……我们必须以形成和塑造着我们的品格和观点的联想来处理这个过程。……它号召我了解我的思维活动或我的习惯过程,以便把它们加以分解和客观化"②。个人对自我采取心理分解的态度,规定着关于人类主体性及其有特点的力量的内在深刻理解,促进了个性化自由发展,"文艺复兴的第一次和第二次浪潮的共同特点是对个人自由的热烈渴望:个人不再情愿受到既定的意志和制度束缚,而是欲望他的特殊个性的全面和自由的发展,欲望他所有的冲动和力量的全面和自由的训练,在争取自由的斗争中他以他的本性对抗传统习惯,而这也正是希腊人所致力的目标——个人的最自由发展"③。笛卡儿是现代个人主义的奠基者,因为其理论使个体思想者以第一人称的独特性确立他自己的责任,要求他为他本人建立思想秩序;蒙田是寻求每个人的独特性的创始人,要求对我们的特殊性以一种深刻的介入,"人们总是互相进行观察,可我却把视线转向自己内部,我使它深入其中,让它在那儿消磨时光。每个人都注视着自己前面的东西,可我却注视着自己的内部:我只同自己打交道,不断观察着自己,对自己进行检查和体验"④(《随笔》第 2 卷 17 篇)。个性化运动在新教改革中也获得确认和支持,新教教会清除了朝圣、圣物礼拜、参观圣地以及传统天主教繁文缛节和虔敬的宏大场景,教

---

① [丹麦]索伦·克尔凯郭尔:《非此即彼》第 1 卷,引自伊·谢·科恩:《自我论——个人与自我意识》,生活·读书·新知三联书店 1980 年版,第 189 页。
② [加]查尔斯·泰勒:《自我的根源:现代认同的形成》,韩震译,译林出版社 2001 年版,第 262~263 页。
③ [德]弗里德里希·包尔生:《伦理学体系》,何怀宏、廖申白译,中国社会科学出版社 1988 年版,第 113 页。
④ [法]蒙田:《蒙田随笔精选》,潘丽珍等译,译林出版社 2005 年版,第 198 页。

会的中介角色失去了任何意义,每个人独自与上帝联系:他或她的命运——得救或罚入地狱,是被分别决定的。人们不再通过自己与维系着圣事生活的更广泛的秩序的联系而属于被拯救者,而是通过人们全心全意的个人信奉而实现得救;以"因信得救"和"因信称义"主要教条的宗教改革基本精神,体现否认统一的罗马教会权威与教皇特权,消灭教士阶级、鼓吹个人主义和民族主义的实质。如果说文艺复兴运动的人文主义倡导的是以个人尘世生活的意义和意志自由为特征的个人主义的话,那么宗教改革运动的新教所倡导的是以个人信仰自由和民族国家为核心内容的个人(体)主义和民族主义。个性化运动基础上的社会性成果,是兴起于17世纪的新的政治原子论,最著名的有格劳秀斯、洛克等人的社会契约理论。

(三)过失感-尊严感的道德自我心理机制

建立在商品经济、市民社会以及个性化运动基础上的现代个体,推崇和追求个性价值的自我实现,"自我实现伦理学"立足于把自身的情感体验绝对化,没有确定的社会内容和道德绝对命令为依据,一方面,它似乎可以把个人从积累欲、名利追求以及其他外在价值追求的奴役中解放出来;另一方面,洁身自好作为一种宗教哲学追求,实际上正在变成极端自私的自我陶醉和社会责任的放弃,他们"最大的愿望是及时行乐,为自己生活,不为前人和后人生活"①。现代文化的一个主要特征是表达"内在本性",道德和社会生活形式是单向度的享乐主义和原子主义。近代人文主义和启蒙运动中,个体内在理性和良心在道德建构中获得世人特别关注,良心的出现意味着社会准则内向化的更高程度,使修持有了内在尺度。良心的负极是过失感或过失意识,表现为"做了一件可耻的事的人,应该首先对自己觉得惭愧"②,自觉"在你自己面前比在别人面前更知耻"。过失感是内在和主观的情感,意味着自我评判,这种情感不仅及于行动,而且还及于隐蔽的意图;再者道德责任的范围远远超过对自己共同

---

① C.H.拉希:《自恋文化:走下坡路的美国成年人生活》,引自伊·谢·科恩《自我论——个人与自我意识》,生活·读书·新知三联书店1986年版,第224页。
② 德谟克里特:《著作残篇:道德思想》,引自《西方伦理学名著选辑》上卷,商务印书馆1964年版,第76页。

体其他成员的直接义务。过失感正面相对的概念是自身尊严感,其不同于荣誉也在于个体性和内在性,尊严由人按照某种普遍和正义标准自己授予自己荣誉,不需完全的外部确认,使人感到自身存在的可靠和信心。如果说理性控制是心灵支配祛魅化的物质世界并使道德根源内在化,善良生活的优越感以及过这种生活的意向,必定来自主体自己的作为理性存在的尊严感;人格尊严的这个现代主题来自个体内在化,而这个主题在现代伦理和政治思想中具有相当的地位,它"剥去了社会强加的尺度和规范而永远与内在人性相联系"。在尊严和自尊感上发现其根源的近现代理性控制伦理,转向了某种内在的荣誉伦理精神,我们的行动是为了维持我们自己眼中的价值含义。在个性的最高级形式中,自尊变成了自我教育,自我尊重,是只对一个更高级或理想的自我的尊重。"自尊,自知,自制,这三者使人获得至高无上的权力。"(丁尼生《诗集》)歌德在《威廉·迈斯特的漫游时代》第 2 卷的第 1 章里,把自我尊重作为他理想的教育体系中要给青年的四种尊敬中最高级的一种;爱默生也说"相信你自己,每一颗心都振响那根铁弦"。一个人必须明白最后的仲裁者是他自己,主体性构成现代道德人格特征,"道德分化是现代伦理最重要的现象。在各种现代伦理中,最有影响力的是特洛尔奇界定的'自律的、内在地论证的信念道德'。它高张道德人格的个体主义,即通过自由行为达成自律的个体人格,其奠基原则内在于个体的理性化良知之中,换言之,道德律令的正当性和权威性内在于主体性之中"①。个体价值追求和判断愈益内倾化,显露出道德自我的主体性价值特征。

四、当代社会道德自我的认同危机

在资本主义工业化之初,往往有两股力量相互作用即韦伯所发现的宗教推动力与经济推动力,随着工业化的发展,经济冲动力逐渐成为唯一的动力,工业社会功利原则过分凸显,将人引向拜金主义或商品拜物教,

---

① 刘小枫:《现代性社会理论绪论——现代性与现代中国》,上海三联书店 1998 年版,第 166~167 页。

逻辑地导致以物化人格取代主体人格,个人主义与普遍的商品化交互作用,社会似乎被分裂为仅仅关心自身利益的不同商品原子,人与人之间缺乏超功利、情感的联系纽带,导致个体间关系疏离、淡漠乃至冲突、紧张;与利益关系上个体化趋向相反而相成的是社会对自我的控制和支配,现代文化越来越具有大众化的特点,大众文化反复强化,充塞于整个社会,在不知不觉中以潜移默化实现对人的观念与行为的操纵,使人变得越来越习惯于服从,过度沉沦于日常世界,习惯于接受大众标准,人们往往趋向于认同既成的社会秩序,弱化自主选择能力。

(一)现代性与道德自我的认同矛盾

欧洲启蒙运动催化和加速世界的理性化和世俗化过程,形成了以理性为奠基的近代科学、经济社会结构、政治国家建制、市民社会的开端。

1. 现代社会的科层制、官僚化特征与从众主义

现代国家基础及本质是公司制垄断资本主义,个人以及官员即使地位很高,也只不过是一部官僚机器中的一个"螺丝钉"。一方面,官僚机构夸大自己的现实可能性,"'权力'有一种本质会强化当权者骄傲自大、贪图名利的思想,使其堕落。而权力的行使又隐藏着侵犯人格,有时会危险到剥夺人的生存这种性质"[1]。垄断势力在社会各个领域的扩张使得占据管理阶层的官僚产生权力的异化与对生命的冷漠,"对官僚说来,世界不过是他活动的对象",另一方面,官僚机构维持功能的基本原则是"盲目服从的唯物主义,变成了对权威的信赖的唯物主义,变成了例行公事、成规、成见和传统的机械论的唯物主义"。盲目服从的原则破坏了社会结构各个环节之间的反向联系。"国家的任务成了例行公事,或者例行公事成了国家的任务……上层在各种细小问题的知识方面依靠下级,下层则在有关普遍物的理解方面信赖上层,结果彼此都使对方陷入迷途……就单个的官僚来说,国家的目的就变成了它的个人目的,变成了他升官发财、飞黄腾达的手段。"[2]由于这架机器实际上是在那里空转,从而

---

[1] A.J.汤因比、池田大作:《展望21世纪——汤因比与池田大作对话录》,荀春生译,国际文化出版公司1985年版,230~231页。
[2] 《马克思恩格斯全集》第1卷,人民出版社1956年版,第302页。

整个社会的忙忙碌碌以及个人的奔波周旋也都变成了愚蠢的、荒谬的;决定个人存在意义的那种实际自主性已经根本无从说起,个人"只顾谨小慎微地运用繁琐精细的规章,而顾不得考虑他们的行动目的本身了"①。"在服从于技术的合理化的官僚体制中,管理者完全从事着标准化的、重复的、没有创造性的工作。管理者不需要发挥自己的想象力和创造性,只是墨守成规的执行者。"②资产阶级社会的官僚化招致了从众主义和非个性化在社会生活一切层次上的增长。一度高涨的神圣、单一、独立的自我又趋于分化和消匿:一方面消失、融化于多极的反思之中,一方面消失、融化于无数的角色和面具之中;个体分裂为真实的自我与面具化自我,人格统一性受到破坏,"实际上任何'自我',即使是最幼稚的,都不是统一性,而是一个极多重的世界,一个小小的星空,一团混沌的形态、层次、状况、遗传性和可能性"③。怀特海、马尔库塞等人强调了个人自主性的丧失和从众主义、看重外在价值而忽视内在价值、依附于群体和地位稳定的社会结构等类现象的增长,曾经是主导的"内定型"社会性格类型在当代社会又愈益让位于"他定型"人格,"人丧失了运用自己全部能力的权力,这种能力使人成为真正的人。他的理性失去了作用……他接受的真理是那些高踞于他之上的人所称为的真理……他失去了道德感,因为他没有能力怀疑和批评那些使他对人和事的道德判断失效的权力。他是偏见和迷信的牺牲品,因为他没有能力探讨那些错误信念所依据之前提的正确性,他自己的心声不能召唤他返回自身,因为他听不见这些声音,却专心致志地倾听那些高踞于他之上的声音"④。由此,"变成了绵羊,丧失了批判思考的能力,觉得自己软弱无力,而且是消极被动"⑤。在理性化国家中,政府像只规整人们的技术化座驾,"社会(国家)权力通过技术规则的'软性专

---

① [美]P. M. 布劳:《现代社会的官僚制度》,引自伊·谢·科恩:《自我论——个人与自我意识》生活·读书·新知三联书店1986年版,第203页。
② 王晓东:《日常交往与非日常交往》,人民出版社2005年版,第186页。
③ [德]赫尔曼·赫塞:《赫塞选集》,引自《自我论——个人与自我意识》第213页。
④ [美]弗洛姆:《自为的人》,孙依依译,生活·读书·新知三联书店1988年版,第222~223页。
⑤ [美]弗洛姆:《占有还是生存》,关山译,生活·读书·新知三联书店1988年版,第193页。

政'形式像一张无形而又无边的巨网撒罩在每个个人的头上,让处于这种网罩下的每个人都感到自己在管理的官僚形式化及其衍生的意识形态控制和社会公共领域的异化面前的孤独和无力。这种控制是非暴力性的、民主自由式的甚至是温情脉脉的,因而让人找不到被控制的力量原体和反抗的定在"①。工具理性、技术社会的张扬弱化价值引导而导致精神萎缩,这种现代理性意识通过对外在世界进行例行、技术的组合和控制,使社会生活逐渐规范化、制度化和法制化,进而形成庞大的官僚机构,雅斯贝尔斯将该社会称为大众秩序社会,并分析其中两种类型的人:一方面是那些被迫从事无意义的、单调重复工作的无辜的工人,他们无法建立其对生产的热情和兴趣,更不能使自身的人格得到健全发展,在庞大的社会系统里,每个人都像一粒沙子一样显得无足轻重、可有可无;个人对自身的愿望和信念早已难以保持,任何一个具有青春热力活力,具有远大理想和抱负的人,都可能最终由于社会机构对人的磨炼而变得失去全部的锐气,变得世故、顺从、没有激情或者玩世不恭;另一方面,一批失去人格的人在大众秩序里"脱颖而出",他们特别懂得如何压制自己的个性,懂得迎合那些头头们的心理,在内心深处他们深知满腔的献身激情和社会正义感在这个社会中不可能得到采纳,唯一能激起他的欲望的东西就是在社会机构中获得一个显著的位置,而一旦目的得以实现,又会变本加厉地去压制其他的人,他们的人生哲学使他们认识到只有消灭自己的个性,做一个圆滑世故、唯利是图的人才是赢得他的"自我"的唯一途径。以上哪种人的出现都体现了大众社会秩序里大众的软弱无能,"他们不知道自己作为一个普通公民所应承担的责任,不知道如何利用手中现有的权利来为正义辩护;相反他们宁愿或由于一时的冲动或由于满足眼前的个人利益而把自己手中的权利拱手让给某些野心勃勃的政客们。大众正处于这样一种高度不自觉状态:一方面,他们对于自己生活中所遇到的烦恼而牢骚满腹、怨声载道;另一方面,他们不但不积极地为改变这些普遍的现实而斗争,相反,一旦由于某种偶然的原因使得他们早就向往的某种个人

---

① 钟明华、李萍等:《马克思主义人学视阈中的现代人生问题》,人民出版社2006年版,第172页。

利益得到了满足,他们就会变得那么沾沾自喜、忘乎所以,仿佛这个世界上的丑恶和黑暗已经变得和他们毫无关系似的"①。

2. 劳动异化对个体人性的压抑

马克思主义认为,劳动活动是个人发展的最主要领域,然而在资本主义社会,作为创造财富主体的劳动工人却被异化。自由活动和物质生产之间"互相分离竟达到这般地步,以致物质生活一般都表现为目的,而这种物质生活的生产即劳动则表现为手段"。"这种物质财富的发展是与个人相对立的,是以牺牲个人为代价的。"②"物的世界的增值同人的世界的贬值成正比。"③劳动者同劳动产品相异化,劳动对工人只是生存的手段,劳动活动的动机与劳动活动的内容毫无共同之处,劳动者同生产活动本身相异化,"生产不仅把人当作商品、当作商品人、当作具有商品规定的人生产出来;它依照这个规定把人当作精神上和肉体上非人化的存在物生产出来。——工人和资本家的不道德化、退化、愚钝"④。劳动手段和劳动产品不属于工人,从而工人自己在劳动过程中也不属于自己而属于他人,导致人的贫困和空虚;人同自己的劳动产品、生命活动、类本质异化,直接后果是人同类以及与人关系的异化,人类丧失了主体的品格而降低到物的地位。"人自己的活动,人自己的劳动,作为某种客观的东西,某种不依赖于人的东西,某种通过异于人的自律性来控制人的东西,同人相对立";"人无论在客观上还是在他对劳动过程的态度上都不表现为是这个过程的真正的主人。相反,而是作为机械化的一部分被结合到某一机械系统里去。他发现这一机械系统是现成的、完全不依赖于他而运作的,他不管愿意与否必须服从它的规律"⑤。"我们在现代社会中看到的异化,几乎是无孔不入,异化渗透到了人与自己的劳动、消费品、国家、同胞以及自身的关系之中";"异化的个人同自身相脱离,就像他与其他人

---

① 方朝晖:《重建价值主体:卡尔·雅斯贝尔斯对近现代西方自由观的扬弃》,中央广播电视大学出版社1993年版,第42页。
② 《马克思恩格斯全集》第49卷,人民出版社1982年版,第98页。
③ 《马克思恩格斯全集》第42卷,人民出版社1979年版,第90页。
④ 《马克思恩格斯全集》第42卷,人民出版社1979年版,第105页。
⑤ [意]卢卡奇:《历史与阶级意识——关于马克思主义辩证法的研究》,杜章智等译,商务印书馆1999年版,第150、153~154页。

相脱离一样"①。马克思揭露:"工人在他的对象中的异化表现在:工人生产的越多,他能够消费的越少;他创造价值越多,他自己越没有价值、越低贱;工人的产品越完美,工人自己越畸形;工人创造的对象越文明,工人自己越野蛮;劳动越有力量,工人越无力;劳动越机巧,工人越愚钝,越成为自然界的奴隶。"②资本主义私有制和异化劳动造成工人的非人化和品质方面的堕落,"资本主义生产——实质上就是剩余价值的生产,就是剩余劳动的吸取——通过延长工作日,不仅使人的劳动力由于被夺去了道德上和身体上的正常发展和活动条件而处于萎缩状态,而且使劳动力本身未老先衰和死亡"。"道德和自然、年龄和性别、昼和夜的界限,统统被摧毁了。"③工人被贬为机器的附属品,不过是机器这一死劳动的一个有意识的器官,而肉体、精神和人的本性受到摧残。人虽然依靠理性、凭借技术,致力于规模化的物质生产,以便创造更多的物质财富,满足日益增长的物质需要,然而,流水般的作业,机械化的生产,准确的分秒计算,人在劳动中丧失了主动性,变成了一种单调的机械反应,人异化为生产大机器上的一个或大或小的零件、齿轮,蜕变成与生命本质不相干的物。"他的任何一种感觉不仅不再以人的方式存在,而且不再以非人的方式因而甚至不再以动物的方式存在。"④劳动创造了社会的文明进步,却使工人社会地位低落以及社会道德退步,"技术的胜利,似乎是以道德的败坏为代价换来的。随着人类愈益控制自然,个人却似乎愈益成为别人的奴隶或自身卑劣行为的奴隶。我们的一切发现和进步,似乎结果是使物质力量成为有智慧的生命,而人的生命则化为愚钝的物质力量。"⑤

3. 消费主义与生活碎片化

在金钱和商业利润刺激下,资本主义世界消费主义文化极度张扬。消费主义生活方式表现为:消费的目的不是为了实际需要的满足,而是在不断追求被制造出来、被刺激起来的欲望的满足;消费主义文化意识形态

---

① [美]弗洛姆:《健全的社会》,欧阳谦译,中国文联出版公司1988年版,第124、120页。
② 《马克思恩格斯全集》第42卷,人民出版社1979年版,第92~93页。
③ 《马克思恩格斯全集》第23卷,人民出版社1972年版,第295、308页。
④ 《马克思恩格斯全集》第42卷,人民出版社1979年版,第134页。
⑤ 《马克思恩格斯选集》第1卷,人民出版社1995年版,第775页。

在不必增加用于购买的薪俸的情况下提高人们的消费期望和欲念,把资本主义世界的消费和消费主义置于非同一般的优先地位。社会上大量的消费需求是被消费主义创造出来的,或者说,消费主义生活方式是无形中把越来越多的人都卷入其中的生活方式,它使人们总是处在一种"欲购情结"(buying mood)之中,无止境地追求高档和名牌。作为一种新的文化——意识形态话语,消费主义具有欺骗性,在消费社会中"欲望"的消费往往取代了"需求"的消费,人们往往不是为生活而消费,而是为消费而生活;商品及其形象成为一个巨大的"符号载体",不断地刺激人的欲望并驱动人的行为选择;商品符号在某种程度上象征着人们的身份或社会经济地位,"在消费中起作用的不再是欲望,甚至也不是'品味'或特殊爱好,而是一种扩散了的牵挂挑动起来的普遍好奇——这便是'娱乐道德',其中充满了自娱的绝对命令,即深入开发能使自我兴奋、享受、满意的一切可能性。"[①]消费的"个性化"使人患上了消费"强迫症",只有将自己的一切都置于消费之中,人们才能获得安宁感和实在感。消费者不仅由生产商、营销商所控制,还被自己的消费所支配,消费者不再是消费的主体,而成为消费的"奴仆"。商品和消费成为一种异化的力量和马科斯·韦伯所形容的新的"铁的牢笼","巴斯特认为,对圣徒来说,身外之物只应是'披在他们肩上的一件随时可甩掉的轻飘飘的斗篷'。然而命运却注定这斗篷将变成一只铁的牢笼。……完全可以,而且是不无道德地,这样来评说这个文化的发展的最后阶段:'专家没有灵魂,纵欲者没有心肝;这个废物幻想着它自己已达到了前所未有的文明程度'"[②]。虚幻成为"真实",痛苦变为"幸福",受制变成了"自由",正如弗洛姆所说:"在工业化的国家里,人本身越来越成为贪婪的被动的消费者,物品不是用来为人服务,相反,人却成了物品的奴仆。"[③]消费主义文化反映着人的自主性、独立性,自由渐渐地消失,人的幸福、价值、生活意义等也随之全

---

① [法]让·鲍德里亚:《消费社会》,刘成富、全志钢译,南京大学出版社2000年版,第73页。
② [德]马克斯·韦伯:《新教伦理与资本主义精神》,于晓、陈维纲等译,陕西师范大学出版社2006年,第105、106页。
③ [美]弗洛姆:《在幻想锁链的彼岸》,张燕译,湖南人民出版社1986年版,第174页。

面异化。

（二）后现代思潮对传统道德自我的解构以及道德困境的"自我"性根源

20世纪60年代，西方社会一股强大的后现代主义思潮发展起来，概指"19世纪末以来在科学、文学、艺术诸多领域发生游戏规则变更的巨大转变以后我们的文化状况"。它放弃了对生命的审美合理化，完全代之以本能、冲动和感受，后现代主义的基本精神特征表现为：反基础主义、反本质主义、反中心主义、反理性主义，消除所有的"中心"、秩序性和连续性，表现出"对残缺和断裂的沉迷"，破坏既有的各种规则，主张消解所有制度的合法性，成为无中心、无主旨、无意义、边缘性、无序性的多元极向，这是一种断裂的、碎片的世界观，醉心于语言操作，无视意旨、解释和形式。福柯认为现代性最重要的特点莫过于个人化、制度化、规范化和清晰性的话语对整个社会和它的文化生产行使着一种完全称得上是成功和有效的控制，并由此揭示"社会和历史中实现主导控制的意愿是如何发现通过纪律、真理、合理性、功利价值和知识等语言来系统地自我掩盖、欺骗、解释和伪装的"①。后现代主义伦理价值取向在于：道德相对主义、强调非理性与道德良知，"后现代的同一性是与他人的深切同一感以及与自然的深切同一感组合而成的，他拒绝无条件地接受任何外在的权威作为真理之源泉"②。后现代主义的精神实质在于认识论上的怀疑主义、价值观的多元主义和相对主义，道德上的虚无主义，"后现代主义否定一切基础，这种激进立场必将导致对知识的客观性、道德基础以及哲学学科本身的怀疑，从而使人们重新陷入'笛卡儿式的焦虑'"③（波恩斯坦将寻找基础及确定无疑的事物的冲动称为"笛卡儿式的焦虑"）。社会实践总是有历史的，经过多代人的努力而延续传习下来，德性不仅维持了实践之进行，维持了人类生活之善的追求，而且还维系了社会传统之延续；德性不仅体现在实现各种内在于实践的善所必需的人类合作关系上，不仅体现

---

① 汪民安等：《后现代性的哲学话语》，浙江人民出版社2000年版，第251、447页。
② [美]大卫·格里芬：《后现代精神》，王成兵译，中央编译出版社1998年版，第151页。
③ 杜以芬：《后现代主义的批判及其反思》，载《聊城大学学报（社科版）》2005年第4期。

于一个人寻求作为他整个生活之善的生活形式上,而且还体现到给实践生活和个人生活提供它们必须的历史背景的那些社会传统上,"一个自我概念的统一性就在于叙述的统一性"。我们在生活中经历着叙述,用叙述理解我们的生活和别人的行动;理解任何社会,包括我们自己的社会,只有通过最初的作为戏剧源泉的故事系列才能达到。一个个人生活的统一性体现为一个同一生活的叙述之统一性,人类生活的统一性就是叙述的探索之统一性。一个行为只有融于它所发生的特定环境、特定时代对美好生活的概念和德性概念的认识之中才能被准确地把握和理解,他所处的社会关系决定了他的取向,自我只能在共同体中通过成员的身份来发现他的道德统一性。后现代主义反对本质主义的多元化导致"自我"的破碎和道德自我价值认同的迷乱,英国社会学家齐格蒙特·鲍曼认为,当代社会,技术意味着将生活打碎成一系列问题,将自我打碎成一个产生问题的多面体,每一个问题都要求单独的技术和大量专门知识……道德自我是在技术牺牲品当中最明显、最突出的一个,道德自我在碎片中不能并且没有生存下来。技术世界是一个由需求所绘制的世界,对快速满足的阻碍所玷污的世界,为赌徒、企业家和享乐主义者留下了空间——但是没有为道德主体留下空间。在技术的世界中,道德自我引起对理性计算的忽略,对实际应用的鄙视和对快乐感觉的冷漠,因而是一个不受欢迎的异类……技术导致的碎片,在一极导致了对人类栖息地系统特性的隐匿,在另一极导致了对道德自我的隐匿。通过计算和理性立法的努力,人类的道德生活也不能得到保证。……在理性征途的长远尽头,等待着的是道德虚无主义,道德虚无主义在其本质上并不是意味着对束缚人的伦理法典的否定,也不是意味着相对论的过错——而是真正丧失了成为道德的能力。① 现代自由个人主义与传统和叙事德性格格不入,在个人主义看来,我只是我自己选择要成为的样子,我的存在只是具有偶然的社会特征;我当然可以在生物学意义上是我父亲的儿子,但我并不为他所做的事承担责任,除非我选择了给自己设定了这一责任;我在法律上

---

① [英]齐格蒙·鲍曼:《后现代伦理学》,张成岗译,江苏人民出版社2003年版,第232~233、234、292页。

是某个国家的公民,但我并不具有对这个国家的职责,除非我自己选择了"国家兴亡、匹夫有责"的信念。自我的这种分离在萨特和戈夫曼的观点中得到了淋漓尽致的表述:自我没有任何历史,因而也就没有任何责任,失去同一性、碎片的自我导致了碎片的德性。后现代个体更加放纵生命,向往随心所欲的生活,寻求转瞬即逝的经验、体验和感动,婚姻、家庭和宗教观念更加淡薄,人们被投入孤独的荒凉之中。没有任何社会规定性、不具有任何社会内容和社会身份的"自我"以及没有本质、连续性、因果性和目的性的"自我"是当代道德问题的深刻根源所在。

第三章 当代中国道德自我的社会价值基准

当代中国社会,个体道德自我价值形态和思想内涵确认,在于汲取道德自我的优厚传统文化资源,梳理道德自我价值发展的基本规律,在马克思主义价值理论指导下,构建科学的道德自我社会价值基准,以之作为正确处理个体与自我、与他人、与群体关系的价值基础。

第一节 道德自我价值的马克思主义理论主导

马克思主义理论考察和分析了建立在社会存在基础上的道德的本质和发展规律,对历史上的封建道德、宗教道德以及现实中的资产阶级道德进行深刻的总结和批判,提出建立在个性全面、自由发展基础上的共产主义道德价值观,是个体道德自我价值建构和实践的根本指导原则。

一、道德自我价值观的历史和现实审视

马克思以唯物主义史观批判地总结道德历史价值形态,继承道德自我传统的合理因素,对无产阶级先进道德、未来社会理想道德提出科学的价值预断和构想。

(一)对宗教虚幻性道德自我的批判:软弱的虚幻性、禁欲主义

人类社会原始蒙昧和早期文明生产力水平低下以及科学文化知识贫乏状态的一项重要的精神产物,是宗教的形成、发展及其对精神世界的控

制。宗教产生和存在的原因,是由于人们无力抵抗外在自然力量的变换以及社会力量的压迫,企图以幻想求取对现实困境的解脱,"劳动生产力处于低级发展阶段,与此相应,人们在物质生产过程内部的关系,即他们彼此之间以及他们同自然之间的关系是很狭隘的。这种实际的狭隘性,观念地反映在古代的自然宗教和民间宗教中"①。宗教以超自然、超人间的虚幻形式映现支配人间、自然的外部力量,"一切宗教都不过是支配着人们日常生活的外部力量在人们头脑中的幻想的反映,在这种反映中,人间的力量采取了超人间的力量的形式。在历史的初期,首先是自然力量获得了这样的反映,而在进一步的发展中,在不同的民族那里又经历了极为不同和极为复杂的人格化。……不久社会力量和自然力量本身一样,对人来说是异己的,最初也是不能解释的,它以同样的表面上的自然必然性支配着人"②。从根本上讲,"宗教把人的本质变成了幻想的现实性"③。英国思想家罗素也指出,"人的想象力通过虚构的神话建立起了一个与我们的设想相吻合的宇宙,在这个宇宙中,因果关系是受情欲支配的,是爱或者恨的一种表达。……在这个宇宙中,人类情感的方方面面映射在处于斑驳陆离的混乱状态的外部世界上"④。宗教道德是建立在人类软弱无力的观念基础上的,是使人日趋愚昧的一种精神工具,引诱人们日益脱离现实,引导人们企图到彼岸世界寻找所谓"极乐",厌恶"尘世",而渴望"天国",靠幻想中的恩典维持精神的生活,"基督教把生活分成尘世的和彼岸的,贬低尘世生活的价值,抬高'彼岸世界'。未来以歪曲的形式呈现出来"⑤。马克思以阶级性观点批判指出,宗教职业家们竭力鼓吹禁欲主义,引导人们以忏悔和自我折磨为美德,完全是为了愚弄人民,实质上是牺牲弱者以为统治阶级效劳,粉饰和继续保持剥削阶级独享尘世幸福生活的特权。"在19世纪英国贵族说:信奉上帝的话,由我们来

---

① 《马克思恩格斯全集》第23卷,人民出版社1972年版,第96页。
② 《马克思恩格斯选集》第3卷,人民出版社1995年版,第666~667页。
③ 《马克思恩格斯全集》第1卷,人民出版社1956年版,第452~453页。
④ [英]伯特兰·罗素:《伦理学和政治学中的人类社会》,肖巍译,中国社会科学出版社1992年版,第194页。
⑤ [苏]阿尔汉格尔斯基:《马克思主义伦理学的对象、结构、基本方面》,杨远、石毓彬译,中国社会科学出版社1990年版,第22页。

说;执行上帝旨意的事,让人民去做。"①中世纪基督教所宣扬的逆来顺受、对神的"意旨"的无条件服从、以自卑和驯服作为最高的美德,正好成了封建等级特权和统治的宗教上的论证;教会和教士获取货币和特权,甚至不惜亵渎圣物,出售赎罪券、圣徒的遗物和遗骨以敛取钱财,充分暴露了宗教道德的虚伪性和欺骗性本质。马克思主义以唯物史观的无神论引导人们从历史和现实社会实践中寻找道德根源、道德发展规律以及建构与社会实践相适应的道德价值。

(二)对奴隶制、封建社会道德观的批判:神话的等级特权、人身依附与宗法专制

在古代奴隶制社会和中世纪的封建社会,生产力水平比较低下,个人作为隶属于某种共同体、具有一定社会身份的个人而彼此发生关系,形成个人对个人的直接依赖与人身依附关系,"物质生产的社会关系以及建立在这种生产基础上的生活领域,都是以人身依附为特征的"②。人身依附关系构成着奴隶制、封建社会的基础,使劳动成为强制下的苦役,劳动者处于劳动工具或奴隶主附属品地位。"在奴隶制关系下,劳动者属于个别的特殊的所有者,是这种所有者的工作机。劳动者作为力的表现的总体,作为劳动能力,是属于他人的物,因而劳动者不是作为主体同自己的力的特殊表现即自己活的劳动活动发生关系,在农奴依附关系下,劳动者表现为土地财产本身的要素,完全和役畜一样是土地的附属品。""社会的一部分被社会的另一部分简单地当作再生产的无机自然条件来对待。奴隶同自身劳动的客观条件没有任何关系;而劳动本身,无论采取的是奴隶的形态,还是农奴的形态,都是作为生产的无机条件与其他自然物同属一类的,是与牲畜并列的,或者是土地的附属物。"③封建领主、地主阶级或者仰靠暴力,或者借助于上帝的圣光,神化自己的统治地位合理性,美化统治阶级道德,以维护封建等级秩序,由此形成神化了的等级特权观念,对广大农民实行残酷的超经济剥削和专制主义的政治压迫。以

---

① 《马克思恩格斯全集》第 11 卷,人民出版社 1972 年版,第 364 页。
② 《马克思恩格斯全集》第 23 卷,人民出版社 1972 年版,第 94 页。
③ 《马克思恩格斯全集》第 46 卷(上),人民出版社 1979 年版,第 462~463、488 页。

人身依附为主要内容的封建宗法关系,造成了"把人们束缚于天然尊长的形形色色的封建羁绊"①。整个封建社会就是宗法统治阶级的人身依附关系网,而"压在农民头上的是整个社会阶层:诸侯,官吏,贵族,僧侣,城市贵族和市民。无论农民是属于一个诸侯,或是属于一个帝国直属贵族,或是属于一个主教,或是属于一个寺院,或是属于一个城市,总之到处他都被当作一件东西看待,被当作牛马,甚至比牛马还不如"。主人对奴隶或农民拥有生杀予夺大权,"如果他是一个农奴,那么他就完全听从主人支配。如果他是一个依附农,那么契约规定的法定负担已经压得他透不过气了,可是这些负担还一天天加重。……主人像处理财产一样任意处理农民的人身,任意处理农民的妻女。……主人可任意把农民打死,或者把农民斩首"②。在封建社会下层群众中,往往有行会、帮会等组织,也是由宗法等级观念维系着。封建等级特权和宗法人身依附,造就了封建官僚主义,其显著特点是崇拜权威和盲目服从,"权威是它的知识原则,而崇拜权威则是它的思想方式"。对于封建官僚来说,"国家的目的变成了他的个人目的,变成了他升官发财、飞黄腾达的手段";"等级制是知识的等级制。上层在各种细小问题的知识方面依靠下层,下层则在有关普遍物的理解方面信赖上层,结果彼此都使对方陷入迷途"③。封建官僚和其作风,所造成的社会恶果便是封建政治生活的神秘化,给自己的特权和统治蒙上神秘的外衣。神化了的等级特权观念,成为封建剥削、压迫的合法理论,把愚民变为任其宰割的顺民,封建统治者蔑视一般人的价值,其原则是把所有的卑贱者都变成自己驯服的工具;封建制度下,人与人之间的不平等关系、人身依附关系,以及特权、等级、阶级等,由于封建宗法观念、关系使其盖上了温情脉脉的面纱;封建时代的上层社会,婚姻的基础不是爱情,而是"家世的利益",联姻的目的,就是为了巩固和加强各自在宗法关系中的特权地位。

---

① 《马克思恩格斯选集》第1卷,人民出版社1995年版,第274~275页。
② 《马克思恩格斯全集》第7卷,人民出版社1959年版,第397、397页。
③ 《马克思恩格斯全集》第1卷,人民出版社1956年版,第302页。

(三) 对建立在赢利基础上的资产阶级道德观评价：反社会性、虚伪性和腐朽性

资产阶级建立的资本主义生产关系，摧毁封建宗法关系，打破僵化的封建伦理关系，强调个体的自由、法律面前的平等以及个性尊严，对消除中世纪愚昧状态，提高文明程度，具有重要意义。然而在资本主义社会，资本的增值、膨胀和功利追求是资本家们至高无上的利益，"一切激情和一切活动都必然埋没在发财欲之中"①。"资本害怕没有利润或利润太少，就象自然界害怕真空一样。一旦有适当的利润，资本就胆大起来。"② 生产关系的物化使人们产生了商品和货币拜物教，资产阶级把金钱作为自己最高价值，以利润作为自己人格，"在资产阶级看来，世界上没有一件东西不是为了金钱而存在的，连他们本身也不例外，因为他们活着就是为了赚钱，除了快快发财，他们不知道还有别的幸福，除了金钱的损失，也不知道还有别的痛苦"。"一切生活关系都以能否赚钱来衡量"，"谁有钱，谁就'值得尊敬'，就属于'上等人'，就'有势力'，而且在他那个圈子里在各个方面都是领头的"③。正像莎士比亚在《雅典的泰门》中所描绘，尽管投机者资本家"是一个邪恶的、不诚实的、没有良心的、没有头脑的人，可是货币是受尊敬的，所以，它的持有者也受尊敬。货币是最高的善，所以，它的持有者也是善的"④。资产阶级追求金钱的目的，是为了无止境的物欲享乐，其特点是放肆无度地追逐物质消费和贪得无厌的占有心理，把对物和金钱占有的满足当作幸福；资产阶级所崇奉的个性和自由，在拜物教和现金交易的强大势力之下逐渐泯灭，实际上"最彻底地取消任何个人自由，而使个性完全屈从于这样的社会条件，这些社会条件采取物的权力的形式，而且是极其强大的物，离开彼此发生关系的个人本身而独立的物"⑤。无法控制的贪财心和不可遏制的消费欲望，使人成为物和金钱的奴隶，失去、偏离了人所追求的个性和自由。"马克思反对资本主

---

① 《马克思恩格斯全集》第 42 卷，人民出版社 1979 年版，第 135 页。
② 《马克思恩格斯全集》第 23 卷，人民出版社 1972 年版，第 829 页注 250。
③ 《马克思恩格斯全集》第 2 卷，人民出版社 1957 年版，第 564、565、566 页。
④ 《马克思恩格斯全集》第 42 卷，人民出版社 1979 年版，第 153 页。
⑤ 《马克思恩格斯全集》第 46 卷下，人民出版社 1980 年版，第 161 页。

义的原因主要在于它不能让人的创造才能得到充分发展,反而要使一切人(工人和资本家一样)都成为一种以对财物的崇拜为动力的制度的奴隶。资本主义制度评价一个人的价值是看他有什么而不是看他是什么样的人。结果金钱变成资本主义的伟大上帝,而其他一切价值,不论是道德的还是精神的,都沦为替它服务的东西。"①资产阶级用金钱、商品和机器,造成了人对于物的新的依赖和被奴役,相应地造成新的道德堕落和关系紧张,"资产阶级在它已经取得了统治的地方把一切封建的、宗法的和田园诗般的关系都破坏了。它无情地斩断了把人们束缚于天然尊长的形形色色的封建羁绊,它使人和人之间除了赤裸裸的利害关系,除了冷酷无情的'现金交易',就再也没有任何别的联系了。它把宗教虔诚、骑士热忱、小市民伤感这些情感的神圣发作,淹没在利己主义打算的冰水之中。它把人的尊严变成了交换价值,用一种没有良心的贸易自由代替了无数特许的和自力挣得的自由。总而言之,它用公开的、无耻的、直接的、露骨的剥削代替了由宗教幻想和政治幻想掩盖着的剥削"②。"封建奴隶制的消灭使'现金交易成为人们之间唯一的纽带'。因此,财产——这是天然的、冷酷无情的准则,和人类应有的合乎人性的准则正相对立……人已经不再是人的奴隶,而变成了物的奴隶;人们的关系被彻底扭曲;现代生意经世界的奴隶制(这是一种最完善、最发达而普遍的买卖制度)比封建时代的农奴制更加违反人性和无所不包。"③金钱关系充斥于社会关系的各个角落,"资产阶级撕下了罩在家庭关系上的温情脉脉的面纱,把这种关系变成了纯粹的金钱关系"④,甚或"结婚便更加依经济上的考虑为转移了"⑤。剥削阶级利益与广大劳动人民的利益处于尖锐的对立之中,个人利益与社会利益、人与人之间关系处于普遍对立和利害冲突之中,个人主义、功利主义、利己主义成为资产阶级道德的基本原则。资产阶级功利主

---

① [美]L.J.宾克来:《理想的冲突——西方变化着的价值观念》,马元德等译,商务印书馆1986年,第101~102页。
② 《马克思恩格斯选集》第1卷,人民出版社1995年版,第274~275页。
③ 《马克思恩格斯全集》第1卷,人民出版社1956年版,第663~664页。
④ 《马克思恩格斯选集》第1卷,人民出版社1995年版,第275页。
⑤ 《马克思恩格斯选集》第4卷,人民出版社1995年版,第77页。

义思想代表边沁宣称,所谓"社会利益只是一种抽象:它不过是个人利益的总和",只有个人利益才是"唯一现实的利益",以资本主义经济竞争和兼并规律作为调节人与人之间的关系的道德准则,赤裸裸地宣扬个人私利。资本主义社会"把所有各式各样的人类的相互关系都归结为唯一的功利关系……在现代资产阶级社会中,一切关系实际上仅仅服从于一种抽象的金钱盘剥关系",而"功利关系具有十分明确的意义,即我是通过我使别人受到损失的办法来为我自己取得利益(exploitation de I' homme par I' homme[人剥削人])"①。私有制"把每一个人孤立在他自己的粗鄙的独特状态中……在这种共同的利害关系的敌对状态中,人类目前状况的不道德达到了登峰造极的地步,而竞争就是顶点"②。资本主义社会基本的道德信条是:人人为自己,上帝为大家;个人主义、利己主义造成了人类社会孤立状态,"在利益仍然保持着彻头彻尾的主观性和纯粹的利己性的时候,把利益提升为人类的纽带,就必然会造成普遍的分散状态,必然会使人们只管自己,彼此隔绝,使人类变成一堆互相排斥的原子"③。利己主义和单纯功利追求逐斥了道德的神圣,破除了千百年来人们之间的美好道德愿景。

资产阶级对劳动者的剥削是在所谓"公平交易"、"等价交换"形式下进行的,道德具有虚伪性;剩余价值学说揭示了"现代资本家,也象奴隶主或剥削农奴劳动的封建主一样,是靠占有他人无偿劳动发财致富的,而所有这些剥削形式彼此不同的地方只在于占有这种无偿劳动的方式有所不同罢了。这样一来,有产阶级的所谓现代制度中占支配地位的是公道、正义、权利平等、义务平等和利益普遍协调这一类虚伪的空话,就失去了最后的根据"④。资产阶级颠倒社会中人与人之间的真实关系,把剥削阶级道德说成超阶级东西,"统治阶级为了反对被压迫阶级的个人,把它们提出来作为生活准则,一则是作为对自己统治的粉饰或意识,一则是作为

---

① 《马克思恩格斯全集》第3卷,人民出版社1960年版,第479页。
② 《马克思恩格斯全集》第1卷,人民出版社1956年版,第612页。
③ 《马克思恩格斯全集》第1卷,人民出版社1956年版,第663页。
④ 《马克思恩格斯选集》第3卷,人民出版社1995年版,第338页。

这种统治的道德手段"①。资产阶级在文明的外表之下,把事非、善恶倒置起来,"所以文明时代愈是向前发展,它就愈是不得不给它所必然产生的坏事披上爱的外衣,不得不粉饰它们,或者否认它们,——一句话,是实行习惯性的伪善。这种伪善,无论在较早的那些社会形式下还是在文明时代的第一阶段都是没有的,并且最后在下述说法中达到了极点:剥削阶级对被压迫阶级进行剥削,完全是为了被剥削阶级本身的利益;如果被剥削阶级不懂得这一点,甚至举行叛乱,那就是对行善的人即对剥削者的一种最卑劣的忘恩负义行为"②。资产阶级惯于用虚伪的道德说教,从精神上麻痹、欺骗被剥削阶级。资产阶级所谓的"慈善事业",是把施舍看作买卖,而且是为了获得更大利益,恩格斯曾痛斥:"呵,不错,慈善机关!你们吸干了无产者最后一滴血,然后再对他们施以小恩小惠,使自己自满的伪善的心灵感到快慰,并在世人面前摆出一副人类恩人的姿态(其实你们还给被剥削者的只是他们应得的百分之一),好像这就对无产者有了什么好处似的!"③伪善充斥在整个资产阶级的生活之中,资产阶级的文明和道德也深深打上了伪善的烙印,如法国空想社会主义者傅立叶所揭露,"这个文明制度使野蛮时期任何一种以简单的方式干出来的罪恶,都采取了复杂的、暧昧的、两面的、虚伪的存在形式"④。

二、社会主义社会个性全面自由发展的道德自我观

马克思恩格斯基于历史唯物主义,从社会生产和再生产、社会发展的经济基础、社会发展的客观规律,科学揭示了道德的本质和特征,提出"建立在个人全面发展和他们共同的社会生产能力成为他们的社会财富这一基础上的自由个性"以及"以各个人自由发展为一切人自由发展的条件的联合体"基础上的无产阶级和共产主义道德,表现了对道德自我价值进步的确信和展望。

---

① 《马克思恩格斯全集》第 3 卷,人民出版社 1960 年版,第 492 页。
② 《马克思恩格斯选集》第 4 卷,人民出版社 1995 年版,第 178 页。
③ 《马克思恩格斯全集》第 2 卷,人民出版社 1957 年版,第 566 页。
④ 《马克思恩格斯选集》第 3 卷,人民出版社 1995 年版,第 727 页。

(一) 道德的社会历史本质和道德自我的自由和自律特征

马克思指出,道德和政治、宗教等一样,都是由社会经济关系即经济基础所制约的上层建筑中的社会意识,"历史过程中的决定性因素归根到底是现实生活的生产和再生产","政治、法、宗教、文学、艺术等等的发展是以经济发展为动力的"①。任何时代或社会道德都以一定的阶级、阶层或集团的实际利益为基础,是当时人们生存的物质条件和相适应的社会关系的产物以及社会利益的反映,"人们自觉或不自觉地,归根到底总是从他们阶级地位所依据的实际关系中——从他们进行生产和交换的经济关系中吸取自己的道德观念"②。在阶级社会道德被赋予阶级性,每一个阶级都有自己的特殊道德,其中统治阶级的道德往往占据支配地位,"一切以往的道德归根到底都是当时的社会经济状况的产物。而社会直到现在还是在阶级对立中运动的,所以道德始终是阶级的道德;它或者为统治阶级的统治和利益辩护,或者当被压迫阶级变得足够强大时,代表被压迫者对这个统治的反抗和他们的未来利益"③。道德经历了漫长的历史发展,由于社会意识发展中的历史继承性,使道德本身显示出不同层次之间的共同属性,除了阶级性外,表现有某些共同的社会历史因素;随着人类生产关系的更替并沿着进步和上升的方向的发展,道德发展也呈现不断进步的总趋势,"在道德方面也和人类知识的所有其他部门一样,总的说是有过进步的"④。道德发展和进步归根到底是由社会的经济发展规律决定的,是在矛盾斗争中向前发展的,先进的道德是在批判和清除腐朽的道德及其影响过程中,不断得到发展的。在揭示道德社会本质和客观规律基础上,马克思认同启蒙思想家关于道德原则是"普遍理性"的体现和自律本质的观点,相较于宗教而言,"道德的基础是人类精神的自律,而宗教的基础则是人类精神的他律"⑤。道德的自律源自于人类意志自由能力,"如果不谈谈所谓自由意志、人的责任、必然和自由的关系问

---

① 《马克思恩格斯选集》第 4 卷,人民出版社 1995 年版,第 695、732 页。
② 《马克思恩格斯选集》第 3 卷,人民出版社 1995 年版,第 434 页。
③ 《马克思恩格斯选集》第 3 卷,人民出版社 1995 年版,第 435 页。
④ 《马克思恩格斯全集》第 3 卷,人民出版社 1960 年版,第 134 页。
⑤ 《马克思恩格斯全集》第 1 卷,人民出版社 1956 年版,第 15 页。

题,就不能很好地讨论道德和法的问题。……意志自由只是借助于对事物的认识来作出决定的那种能力。因此,人对一定问题的判断愈是自由,这个判断的内容所具有的必然性就愈大;而犹豫不决是以不知为基础的,它看来好像是在许多不同的和相互矛盾的可能决定中任意进行选择,但恰好由此证明它的不自由,证明它被正好应该由它支配的对象所支配。……文化上的每一进步,都是迈向自由的一步"①。随着社会生产力的发展,人类文明程度的提高,人们在道德选择上有愈来愈大的自由,意味着道德水平的提高和道德自我认同价值的提升。

(二)无产阶级的觉悟和道德自我价值追求

资本主义生产关系之下,狭隘的社会分工和阶级剥削,造成工人劳动异化;在阶级剥削、倾轧和道德风气的影响下,劳动者和无产阶级道德曾经遭受了排斥和消解。资本主义生产"在一极是财富的积累,同时在另一极,即在把自己的产品作为资本来生产的阶级方面,是贫穷、劳动折磨、受奴役、无知、粗野和道德堕落的积累"②。无产阶级由于生活条件的恶劣,"当无产者穷到完全不能满足最迫切的生活需要,穷到要饭和饿肚子的时候,蔑视一切社会秩序的倾向也就愈来愈增长了"③。无产阶级的道德意识、道德品质,归根到底是其阶级地位、生活条件的产物;工人们必须不断地提高自己的阶级觉悟,在反抗资本压迫的斗争实践中,从资产阶级道德束缚下解放出来,逐步形成自觉的阶级和道德意识。当无产阶级真正意识到自己的阶级利益、阶级地位和历史使命的时候,无产阶级自觉的道德意识才可能真正形成和发展起来。"在伪善地掩饰着工人的奴隶地位的宗法关系下,工人不能不仍然是一个精神上已经死亡的、完全不了解自己的利益的十足的庸人。只有当他和自己的雇主疏远了的时候,当他明显地看出了雇主仅仅是由于私人利益、仅仅由于追求利润才和他发生联系的时候,当那种连最小的考验也经不起的虚伪的善意完全消失了的时候,也只是在这个时候,工人才开始认清自己的地位和利益,开始独立

---

① 《马克思恩格斯选集》第3卷,人民出版社1995年版,第454~456页。
② 《马克思恩格斯全集》第23卷,人民出版社1972年版,第708页。
③ 《马克思恩格斯全集》第2卷,人民出版社1957年版,第400页。

地发展起来,只是在这个时候,他才不在思想上、感情上和要求上像奴隶一样跟着资产阶级走。"①列宁鼓励人民斗争,"在共产主义者看来,全部道德就在于这种团结一致的纪律和反对剥削者的自觉的群众斗争"②。无产阶级阶级觉悟提高的过程,是在总结反对资产阶级的斗争经验,掌握应用马克思主义科学理论,由朴素的阶级意识提高到自觉的阶级意识,"无产阶级对于资本主义社会的认识,在其实践的初期——破坏机器和自发斗争时期,他们还只在感性认识的阶段,只认识资本主义各个现象的片面及其外部的联系。这时,他们还是一个所谓'自在的阶级'。但是到了他们实践的第二个时期——有意识有组织的经济斗争和政治斗争的时期,由于实践,由于长期斗争的经验,经过马克思、恩格斯用科学的方法把种种经验总结起来,产生了马克思主义理论,用以教育无产阶级,这样就使无产阶级理解了资本主义社会的本质,理解了社会阶级的剥削关系,理解了无产阶级的历史任务,这时他们就变成了一个'自为的阶级'"③。无产阶级在工人政党的领导下,在政治觉醒和斗争中,革命性、团结性、组织性、纪律性最强,具有大公无私的品德,逐渐克服由于资产阶级剥削和排挤造成的消极道德影响,即使在欧洲资本主义社会日益腐朽的情况下,却能够坚持立场,"它在欧洲市侩习气最浓、为胜利而陶醉得最厉害的国家中,却没有沾染任何的市侩习气和沙文主义"④。由于无产阶级的阶级地位、特点和历史使命,代表着新的生产方式,承担着消灭包括自己在内一切阶级的历史使命,代表了人类历史发展的方向,包含了最多的全人类道德因素,"人与人之间的兄弟情谊在他们那里不是空话,而是真情,并且他们那由于劳动而变得结实的形象向我们放射出人类崇高精神之光"⑤。"人类应有的意识和感情"在科学社会主义思想指导下和工人阶级联合行动中充分表现出来;无产阶级道德能够最大限度地继承人类优秀道德传统,在更高的阶段上吸取过去伦理思想中的进步成果,因此,"现在代

---

① 《马克思恩格斯全集》第2卷,人民出版社1957年版,第408~409页。
② 《列宁选集》第四卷,人民出版社1995年版,第292页。
③ 毛泽东:《实践论》,《毛泽东选集》第1卷,人民出版社1991年版,第288~289页。
④ 《马克思恩格斯全集》第36卷,人民出版社1974年版,第230页。
⑤ 《马克思恩格斯全集》第42卷,人民出版社1979年版,第140页。

表着现状的变革、代表着未来的那种道德,即无产阶级道德,肯定拥有最多的、能够长久保持的因素"①。马克思主义以唯物主义历史发展观表达了对无产阶级道德的历史超越价值的信心和构想。

(三)建立在自由人联合体基础上的人的个性全面、自由发展

道德的价值和发展建立在社会成员的认同和个性健全发展基础上,正如苏联学者所确认,"一个社会作为一个发展着的系统,不可能仅仅通过总体的、超个体的、群体的东西存在……既定观念的动摇,新思想的形成,各种发展,标新立异的思想、观念和行动方式,都必然是与人的个体性相联系的"②。"确认人的个性的自在价值是社会主义人道主义作为道德原则的基础。"③未来的共产主义社会,以个人的全面而自由发展为目标,也是社会发展的最高阶段,"建立在个人全面发展和他们的共同的生产能力成为他们的社会财富这一基础上的自由个性,是第三阶段。"④摆脱了人对人的依赖、人对物的依赖的未来理想社会,个性自由、全面发展成为普遍追求,"代替那存在着各种阶级以及阶级对立的资产阶级旧社会的,将是一个以各个人自由发展为一切人自由发展的条件的联合体"⑤。个性全面、自由发展表现了人们对社会文明财富成果的享有和个性本质的占有,"共产主义是私有财产即人的自我异化的积极扬弃,因而是通过人并且为了人而对人的本质的真正占有;因此,它是人向自身、向社会的(即人的)复归,这种复归是完全的、自觉的而且保存了以往发展的全部财富的"。"人以一种全面的方式,也就是说,作为一个完整的人,占有自己的全面本质。"⑥阶级剥削和差别已经消失,全部生产已经集中到联合起来的个人手里。无产阶级要获得个人的全面和真正自由,必须克服人类自身认识和私有制的有限性造成的自己生存条件的偶然性奴役,驾驭

---

① 《马克思恩格斯选集》第3卷,人民出版社1995年版,第434页。
② [苏]科兹洛娃:《认识的辩证法,成分,侧面,层次》,引自伊·谢·科恩:《自我论——个人与自我意识》,生活·读书·新知三联书店1986年版,第226页。
③ [苏]阿尔汉格尔斯基:《马克思主义伦理学的对象、结构、基本方面》,杨远、石毓彬译,中国社会科学出版社1990年版,第163页。
④ 《马克思恩格斯全集》第46卷上,人民出版社1979年版,第104页。
⑤ 《马克思恩格斯选集》第1卷,人民出版社1995年版,第294页。
⑥ 《马克思恩格斯全集》第42卷,人民出版社1979年版,第120,123页。

自然和社会发展的客观规律,这必须通过联合以及社会的发展才能得到保证和实现,"个人的全面发展,只有到了外部世界对个人才能的实际发展所起的推动作用为个人本身所驾驭的时候,才不再是理想、职责等等,这也正是共产主义者所向往的"。"在共产主义社会中,即在个人的独创的和自由的发展不再是一句空话的唯一的社会中,这种发展正是取决于个人间的联系,而这种个人间的联系则表现在下列三个方面,即经济前提,一切人的自由发展的必要的团结一致以及在现有生产力基础上的个人的共同活动方式。"①人的全面自由发展体现在从必然王国进入自由王国,成为自然以及社会关系的主人,实现人的真正的解放。人的全面发展包括:类特性的发展,即自由自觉的创造性活动特征的充分发展;社会特性的发展,即全面而丰富的社会关系的创立并合理的建构;自由个性的实现,个体的独立自主性、自由自觉性和积极能动性得到充分发展,达到丰富性、同一性和完整性;建立在自由人联合体基础上的人的个性全面、自由发展正是道德自我价值实现的基础和目标。未来人类社会将是"建立在纯人类道德生活关系基础上的新世界"②。政治的、法律的等关系将融合在道德关系之中,维系社会生活的基础,将是由人类文明总结以及习惯所固定下来的道德秩序和道德自我相与关系。

第二节 中国当代社会的伦理转型和道德自我现状审视

新中国成立和社会主义制度的确立,推翻了剥削阶级统治;建国初期在马克思主义理论指导下,在单一的公有制和计划经济基础上确立了新型、比较纯粹的社会主义伦理秩序和道德规范,人们之间伦理关系比较稳定、和睦,道德观念比较凝练和纯粹,集体主义、大公无私、全心全意为人民服务等社会主义信念深入人心。改革开放以来,随着经济组织形式的多样化、市场经济体制的完善、对外开放和电子网络化,人们之间原有的

---

① 《马克思恩格斯全集》第3卷,人民出版社1960年版,第330、516页。
② 《马克思恩格斯全集》第1卷,人民出版社1956年版,第650页。

静态伦理关系和秩序被溶解,利益多元化、个人利益和物质欲望凸显,中国由此经历着深刻的社会伦理转型以及道德自我价值观的嬗变。

一、当代中国社会的变革及伦理转型

改革开放以来,中国经历着深刻的现代性社会变革,由此带来伦理关系的转型与变化。"'现代性'具有其极强的扩张力量,其基本元素,诸如,市场经济、政治民主、科学理性和无限目的论的现代进步主义文明(化)价值观念等等,都具有开放、普遍化和无限扩展的特征。但'现代性'与其说是一种现代化的社会模式概念,毋宁说是一种社会发展和文化知识进步的定性概念,通过摆脱传统和古典,它力图展示并标举一种具有全新性质的人类文明和文化。"①现代化所蕴含的现代性价值,"不仅仅是一场社会文化的转变,环境、制度、艺术的基本概念及形式的转变,不仅是所有知识事务的转变,是人的身体、欲动、心灵和精神的内在构造本身的转变;不仅是人的实际生存的转变,更是人的生存标尺的转变。"②现代化不断涤荡着传统人伦观念和秩序,催生新的伦理精神与价值范式,推动着中国社会的伦理道德观念与人伦秩序变动。"人们的观念、观点和概念,一句话,人们的意识,随着人们的生活条件、人们的社会关系、人们的社会存在的改变而改变。"③改革开放以来的中国社会生活从传统宗法家庭向陌生社会转变,从层级和命令式向民主平等关系转向,从对国家绝对服从向国家角色淡化演变;伦理转型是社会伦理关系、伦理秩序、伦理文化和精神的变迁,呈现为私人生活与公共生活的疏离,改变差序社会格局和身份社会道德认同,社会道德减少对社会成员私人生活世界的制约,个人的独立人格与主体性得到进一步的确立和发展,契约精神彰显。

(一)社会主义市场经济体制对社会伦理关系的影响

中国长期自然农业经济形态中,家国同构的宗法制社会控制及其人

---

① 万俊人:《现代性的伦理话语》,内蒙古人民出版社2002年版,第170~171页。
② 刘小枫:《现代社会理论绪论》,上海三联书店1998年版,第19页。
③ 《马克思恩格斯选集》第1卷,人民出版社1995年版,第291页。

伦价值体系是超越个体的"普遍物",要求个体的信仰、道德与价值追求同国家、民族、家族的整体价值保持高度的一致性;费孝通曾以"差序格局"概括传统社会人际关系模式,"在差序格局中,社会关系是逐渐从一个一个人推出去的,是私人联系的增加,社会范围是一根根私人联系构成的网路,因之,我们传统社会里所有的社会道德也只有在私人联系中发生意义"①。梁启超曾认为中国社会与国人偏重私德,"吾中国道德之发达,不可谓不早,然偏于私德,而公德殆阙如"②。新中国成立后高度集中的政治体制及其对经济生活直接全面的干预形成的计划经济,使得经济主体的利益由社会行政权力决定并依附于政治组织之中,缺乏真正的主体性。社会主义的本质是解放和发展生产力,党的十一届三中全会以来,在"实践是检验真理的唯一标准"以及"解放思想,实事求是"的思想路线指引下,以变革生产关系中不适应社会主义初级阶段生产力现状的经济体制为突破口,中国确立了发展商品经济乃至建立社会主义市场经济体制的改革战略以及全方位的社会、政治体制改革,社会结构发生重大转变。农业手工劳动方式被现代化机器耕作替代,大批富余劳动力到乡镇企业或城市务工就业,农村封闭、稳态的自然经济和传统宗法社会在曾经经历新中国成立后"破四旧"、"文化大革命"的改造后,再次被市场所瓦解并解体;城市中国有和集体经济一统天下的局面被打破,国有企业的重组、改制使大批工人分流、下岗,非公有制经济成分迅猛发展和壮大,传统计划经济时代的集体价值观被个体自主、功利主义价值观逐渐消解和取代。如学者们所观察和指出,"自然经济社会向市场经济社会的过渡,无论是经济结构的变迁,还是政治结构的变迁,都必然在社会的深层结构、在社会主体的心理结构上经历文化更新的过程";"当市场经济从根本上改变了人们的生产方式、生活方式,或者说,改变了人的生存方式的时候,社会文化精神中最核心的部分,即对人及人与周围世界的关系问题的理想就必然要相应地得到彻底的改造"③。市场经济打破了命令型、封闭型经济

---

① 费孝通:《乡土中国 生育制度》,北京大学出版社1998年版,第30页。
② 梁启超:《新民说》,《梁启超选集》,李华兴、吴嘉勋编,上海人民出版社1984年版,第213页。
③ 陈晏清:《当代中国社会转型论》,陕西人民出版社1998年版,第59、60页。

模式,传统宗法社会结构与权力制约以及高度集中的行政体制制约在现代化、市场化演进中被不断消解,社会成员作为经营者、资源支配者、劳动生产者、消费需求者等市场主体,独立、自由、平等、开放地从事利益相关活动,追求自身正当现实利益成为多数人从事活动和职业的首要原则,并在市场化的生存方式中获得了价值合理性基础;依托血缘情感与内在信仰所维系的内部信任关系为现时依托外在契约合同与强制约束所取代,熟人、人情、面子社会转向陌生、功利、法制世界;宗法血缘关系基础上的同质、安逸、沉寂的经济运作样式被打破,社会经济处于竞争激烈、复杂多样、变动不居的环境中,创新变革的伦理精神内在地包含竞争精神、效率精神、创新精神等精神价值形态,是现代发展中"理性精神"的具体展示。作为社会改造最后觉悟的伦理关系和伦理观念在改革进程中发生着深重的转型,人伦身份情网、人情至上的秩序向法制理性、契约精神位移,推动着社会走向理性、民主和公正,催生着公民意识。"'公民意识'指的是道德良知的影响与权威,它使每个人尊重契约上的和其他的义务,不需要以礼俗仪式所加强的社会关系的严密网络作为保障。具有公民意识的人遵守一切承诺,即使这些承诺不属于礼俗所规定的社会关系的整个网络,而且是对不知名的伙伴所作的承诺。"①社会主体从相对稳定的日常生活空间逐步进入公共生活空间。"'日常生活的世界'指的是这样一个主体间的世界,它在我们出生以前就存在,被其他他人、被我们的前辈当作一个有组织的世界来经验和解释。现在,它对于我们的经验和解释来说是给定的。"②公共生活主要指居于业缘关系和一定程度地缘关系基础上的职业生活和其他社会生活,包括社会的经济生活、政治生活、法律生活和文化生活等领域,其伦理关系表现的是个体与一般"复数他者"之间伦理,处理这类关系时,所依据的是以规则、承诺、契约等方式表现出来的正义准则。然而另一方面,市场化带来新的伦理精神与传统伦理精神的矛盾,体现为功利型伦理精神与道义型伦理精神,契约型伦理精神与人情型、身

---

① [捷克]厄恩斯特·盖尔纳:《公民社会的历史背景》,载《国际社会科学杂志》1992年第3期。
② [德]许茨:《社会实在问题》,霍桂恒等译,华夏出版社2001年版,第284页。

份型伦理精神,私人生活空间伦理精神与公共生活空间伦理精神,创新变革的伦理精神与复旧守规的伦理精神的对峙与矛盾。基于个人利益之上的个体生活世界日益摆脱传统伦理精神与规范的制约,日益彰显的个体利益结构不断消解社会的整体价值导向,私人生活与公共生活日益分离,传统伦理范式已越来越难以约束个体私人的生活世界。

(二) 基于现代性的经济全球化对当代中国社会伦理影响

20世纪70年代以来,在新的科技革命特别是信息技术革命的推动下,世界范围出现了科技创新、制度创新以及资本经营、企业生产的国际化浪潮;在和平与发展成为世界主题的背景下,由自由和垄断资本主义时期的侵略、掠夺的主题转为全球化竞争、合作的主题。"全球化"特指20世纪70年代以来愈演愈烈的经济全球一体化浪潮,"全球化的释义中最普遍的是这样一些观念:通过一种技术的、商业的和文化的趋向,世界正在变得更加一致和更加标准化,而这种趋同倾向发源于西方;而且全球化与现代化联系在一起。"①经济全球化是随着经济领域国际分工不断深化、现代科技与传媒的飞速发展而形成的宏大时代潮流与趋势,是当今时代世界秩序的本质揭示,"经济全球化是真实的,这与过去存在的类似进程不同,不管它的一些批评者如何评价,它都越来越难以抗拒"②。"全球化既是一种事实,也是一种发展趋势。无论承认与否,它都无情地影响着世界的历史进程。"③全球化对整个社会生活产生极为重要的影响,人们的生产方式、生活和思维方式,整个人类社会和民族国家的政治、经济、文化无不受其影响。从某种意义上说,"论述全球化,就是回顾资本主义这种经济制度对世界空间的主宰"④。"全球化常常被视为一种冷酷无情的力量,它极大地破坏了普通百姓和无力自卫的社群的生活。"⑤马克思早

---

① [荷兰]让·内德文·皮斯特:《作为杂合的全球化》,引自梁展编选:《全球化话语》,上海三联书店2002年版,103页。
② [英]吉登斯:《第三条道路及其批评》,孙相东译,中共中央党校出版社2002年版,第67页。
③ 曹天予主编:《现代化、全球化与中国》,社会科学文献出版社2003年版,第1页。
④ [法]雅克·阿达:《经济全球化》,何竟、周晓幸译,中央译出版社2000年,第3页。
⑤ [美]莱斯利·辛克莱:《相互竞争之中的多种全球化概念》,引自梁展编:《全球化话语》,上海三联书店2002年版,第46~47页。

年曾揭示,"资产阶级,由于开拓了世界市场,使一切国家的生产和消费都成为世界性的了。……过去那种地方的和民族的自给自足和闭关自守状态,被各民族的各方面的互相往来和各方面的互相依赖所代替了。物质的生产如此,精神的生产也是如此。各民族的精神产品成了公共财产"①。现代意义的全球化借助现代发达的科技,进一步形成了文化全球化趋势,"20世纪晚期文化互动和文化交流在地理规模、直接性和速度等方面已经经历了一系列决定性的转变——不仅出现了具有历史独特性的技术,而且形成了不同形式的文化生产和互动的制度化(其中的许多形式逐渐跨越了民族文化和民族国家的界限和社会空间)"②。经济全球化推动的文化一体与冲撞,必然伴随着更加显著的民族主义或文化认同的民族情结,吉登斯指出,"现代性的根本后果之一是全球化。它不仅仅只是西方制度向全世界的蔓延,在这种蔓延过程中其他的文化遭到了毁灭性的破坏;全球化是一个发展不平衡的过程,它既在碎化也在整合,它引入了世界相互依赖的新形式,在这些新形式中,'他人'又一次不存在了"③。美国学者勒纳用"痛苦门槛"理论形容全球化与民族主义之间的乖离:每个民族在进入现代的"门槛"时,原先的支撑物和社会结构突然崩溃,这使人们充满了压力和痛苦,但又不可避免,于是转向民族主义。④中国的现代化进程寓于全球化浪潮中,生产和消费的经济活动纳入世界范围,人们的生活和交往范围不仅突破血缘、族源、亲缘和地缘的局限,而且随着现代科技与传媒的发达,已经跨越地域和疆界的阻隔,日益显现世界性的视野,"不管我们是否知道和愿意,我们都早已是世界社会关联中的行动者和反应者。或许不是经济,而是人生变得全球化了"⑤。全球化

---

① 《马克思恩格斯选集》第1卷,人民出版社1995年版,第276页。
② [英]戴维·赫尔得等著:《全球大变革:全球化时代的政治、经济与文化》,杨雪冬等译,社会科学文献出版社2001年版,第507页。
③ [德]乌·贝克、哈贝马斯等著:《全球化与政治》,王学东等译,中央编译出版社2000年版,第152页。
④ 参见:田丰:《文化进步论——对全球化进程中的文化的哲学思考》,广东高等教育出版社2002年版,第49页。
⑤ [德]乌·贝克、哈贝马斯等著:《全球化与政治》,王学东等译,中央编译出版社2000年版,第51页。

浪潮夹杂着西方文化价值理念,迅速深入到社会生活的各个方面,对中国传统伦理精神与规范造成全面的冲击与震撼,从器物层面到制度以及精神层面,深刻改变着传统社会长期处于禁闭中的国人的生存方式、社会秩序结构与人的精神气质;直面中西文化的冲撞与交融,推动着中国伦理生存境遇的巨大变迁,传统以家庭、宗族为轴心的交往方式让位于以业缘和活动的公共关系为轴心的交往方式,传统植根于血缘、地缘关系网络的封闭的社会结构与人伦秩序获得了一定程度且在加强的全球范围的开放性与流变性。中国伦理文化"处于一种长期孤立封闭性自生自长的文化空间结构之中,缺少在多种文化差异中进行比照、交汇、冲撞,从而进行自我反省和调整更新的外围环境与激励机制"①。全球化精神所蕴含的开放、变革、自由、个性、开拓、创新的精神气质,直接冲击了传统伦理精神中的封闭、守旧、孝忠等精神观念,为传统伦理价值体系嵌入了全新的、具有现代性价值的精神气质与要素,从民族心理与民族性格上塑造开放、交流、革新、创造的精神气质,逐渐剥离中国传统伦理自生自长、自足闭锁的所谓"光荣的独立"感,同时把传统伦理推向交流、互通与自我变革、创新的前沿。西方伦理文化价值中的个人主体、独立人格、民主法制、功利主义、技术理性、创新精神,越发掺和到了天人合一、整体和谐、族群之上、重义轻利、伦理为先的传统价值理念中,构成着前者对后者的消弭以及后者内在结构上的悄然嬗变,呈现着代表工业文明的西方强势伦理价值对代表农业文明的中国弱势伦理价值的渗透和挤压。面对突如其来、强烈的外来价值观念的冲撞,价值的矛盾性、无序性、困顿性彰显,呈现伦理秩序、社会生活失序与道德沦落的困局。

(三)高科技、网络化际遇与传统伦理的矛盾

不论是经济领域抑或文化精神领域的现代化、全球化活动,都是以现代发达的科学技术做支撑和后盾的。现代科学技术的发展改变了人与自然、社会之间的传统和谐。在科学技术的武装下人类摆脱了对自然的敬畏,而科学主义的蔓延又助长了人类对自然的骄横,出现了科技进步与道德进步二律背反的历史表现,"(科学与哲学的疏离)也许是人类历史上

---

① 万俊人:《伦理学新论——走向现代伦理》,中国青年出版社 1994 年版,第 29~30 页。

后果最为严重的一次道德没落,同时也是地球上全体造物的不幸"①。"人类道德行为的平均水平,至今仍没有提高。所以,在道德上说文明社会比原始社会高出一头,是完全没有根据的……我们通常称之为文明的'进步',始终不过是技术和科学的提高。这跟道德上的提高,不能相提并论。"②法兰克福派学者马尔库塞认为,在发达工业社会,技术理性正替代政治理性而成为社会新的控制形式,表现为新型的极权主义的单向度社会,它压制了人们内心中的否定性、批判性和超越性的向度,单面性深入到人的精神层次甚至本能中,从而使生活于其中的人成为片面发展的"单向度"的人,其在技术规制的统治下,丧失了追求精神自由和批判的思维能力,"有关生与死、个人安全和国家安全的决定,都是在个人不能控制的地方作出的。发达工业文明的奴隶,是地位提高了的奴隶,但仍然是奴隶,因为决定奴役的'既不是顺从,也不是艰苦劳动,而是处于纯粹工具的地位,人退化到物的境地'"③。深刻揭示科技进步中劳动异化带给工人的窘境和社会道德价值陷落。科学家爱因斯坦对科技带给人类的苦难深表忧虑,警告世人关注科技的人文价值。当今社会计算机网络信息技术迅猛发展,成为现代科技中最有生机、最有活力的领域和最强烈地改变人的生存方式、最具现代性意义的科技力量。网络使人们超越时间空间局限,构建了虚拟的日常生活世界和"实在的"精神生活空间,成为现代人重要的社会生活与活动场域;网络化为现代人提供了人我互动的空间,提供了精神扩展与伦理关系延伸的平台,直接交往发展为超越时空的"点-面"交往,"一个瞬时电子通讯的世界——即使是那些生活在最贫困地区的人们也能参与到这个世界之中——正在瓦解各地的地方习惯和日常生活模式"④。网络化不断冲击传统伦理文化中保守性、封闭性的

---

① [巴西]何塞·卢岑贝格:《自然不可改良》,黄风祝译,生活·读书·新知三联书店1999年版,第65页。
② [英]A.J.汤因比、[日]池田大作:《展望21世纪——汤因比与池田大作对话录》,荀春生等译,国际文化出版公司1985年版,第388页。
③ [德]赫伯特·马尔库塞:《单向度的人》,张峰、吕世平译,重庆出版社1988年版,第29~30页。
④ [美]安东尼·吉登斯:《第三条道路——社会民主主义的复兴》,郑戈译,北京大学出版社2000年版,第34页。

精神理念,"随着大众传媒尤其是电子传媒的发展,自我发展和社会体系之间的相互渗透,正朝向全球体系迈进,这种渗透被愈益显著地表达出来。在某种深远的意义上,我们今天所生活的'世界'与以前历史上的人类所聚居的世界显然不同"①。不同文化背景的人在虚拟时空中深入到异质文化价值环境中,开放精神彰显;网络世界中的开放性、自由性,导致网络生存中的文化模式、价值观念呈现多样化和复杂化,"新的传播系统日益使用全球的数码语言,既将我们文化的言词、声音和意象之生产与分配在全球整合,又按个人的心情与身份、品味量身订制"②。随着权威与神圣性价值观统摄力弱化,多元价值范式成为个体私人生活价值资源储备库,促进多元精神生成;网络社会中的人际关系,大大突破了现实社会中人的社会阶层、地位、职业、性别等差异,随着传统社会等级差序结构和封闭组织形式以及与之相应的"家长、族长权威"、"门第观念"的打破,与现代网络信息技术相适应的,渗透着民主、平等、公正、竞争、高效的社会生活观念与组织形式快速兴起,现代性思维视野与价值理念形成,并推动全球化与价值观念的交融与冲撞。网络交往具有极大的虚拟性、自由性、随意性、不确定性和不可控性,沉迷于网络的青少年"热衷于在闪烁的屏幕前进行着假想的毁灭,让自己的闲暇充满好战尚武之类的电子游戏,早已将正义感和道德感置之度外;在当今的社会里,大规模的杀戮被视为一种威慑,尸体只不过是一串统计数字,四千万人的死亡,被当作一次胜利,战争的连续升级被看成是和平,它们的正义感和道德规范更是无从谈起"③。在带给人们交往便利与丰富信息的同时,网络也带来人情隔膜、情感危机、道德权威堕落与道德人格异化以及网络犯罪等各种负面价值问题,存在诸多价值隐患和道德认同危机。

---

① [美]安东尼·吉登斯:《现代性与自我认同》,赵旭东等译,生活·读书·新知三联书店1998年版,第5页。
② [美]曼纽卡·卡斯特:《网络社会的兴起》,夏铸久等译,社会科学文献出版社2001年版,第1页。
③ [美]西奥多·罗斯扎克:《信息崇拜》,苗华健、陈体仁译,中国对外翻译出版公司1994年版,第108页。

二、社会转型中道德自我的价值嬗变和矛盾

改革开放以来的经济体制转型、社会生活变革与社会伦理迁变,给社会伦理与个体道德造成了多重影响,关于道德现状的道德滑坡论、道德进步论的论争在社会大众以及理论界广泛存在;全面认识和客观评价改革开放以来的道德状况,对于个体和社会整体道德建设具有重要的现实意义。

(一) 道德自我的历史进步

1. 道德主体意识彰显

社会主义制度和民主法制建设,确立了人们平等的社会地位,使个人获得摆脱人身依附、自主追求并实现个人利益的保证;市场经济体制和竞争机制激发了个人的独立自主、自尊自强、自觉自律意识以及开拓创新精神,个体地位和道德自我价值日趋受到自身乃至社会的肯定和重视,促进独立道德人格的普遍生成和主体意识不断提升,个体道德选择、自我评价的行为能力得以增强。道德主体意识,是对自身权利和义务的自觉认知和认同,来自于个人自我价值和个人利益的实现,主体意识和精神符合时代精神和法制建设的需要,把他律和自律相结合、集体利益与个人利益相结合,保证社会主义市场经济健康有序,成为社会发展的深厚精神力量源泉。

2. 道德自我趋向真实

中国传统社会是乡土社会、熟人社会,道德建立在稳定的共同体生活圈之中,人们讲道德大多是为了迎合别人,是为了众人面前的脸面,道德是在习惯的生活圈之中发生作用,在陌生人之间失去约束;传统社会优秀道德是社会精英和知识分子的道德觉悟,而统治者的道德呈现虚伪性和欺骗性,广大的社会底层人们是出于对社会伦理风俗的盲目被动遵循,甚至是出于私有观念的自私自利,形成"人不为己,天诛地灭"、"各人自扫门前雪,莫管他人瓦上霜"的道德虚无主义信条。当代社会个体对道德价值的认同,不是对空洞的伦理教条的盲目恪守,而是建立在自我理解、认同和反思基础上,道德实践是个体道德愿望或需要的真实流露和表达。

3. 道德自我显示普遍性

现代社会人们的职业活动、社会生活、家庭活动突破了固有的地域、家族范围,随着人们交往范围的不断扩展,人们自觉主动地将道德施展于公众社会和陌生人之间,普通公众人性中的品德结构和伦理气质得到拓展、延伸、强化和完善,注重道德修养和操行已经成为广大社会成员的普遍信条。

4. 公平意识激扬

市场经济的基本价值规律要求商品等价交换,民主政治的发展也以社会成员的独立、自由、平等为前提,社会越来越重视并以人与人之间的平等关系为发展目标。新中国成立以来,特别是改革开放以来,人们自觉接受现代民主法制观念,在正确理解的利益基础上追求社会整体和长远的利益,奉行将权利与义务相结合的契约伦理,主动承担社会责任和道德义务。

(二)道德自我的矛盾和问题

改革开放以来的社会转型和变化,呈现出与传统义利、理欲价值观念的悖谬,引发了社会成员之间的道德矛盾以及对道德自我价值的怀疑与疏离。

1. 道德理想的祛魅

市场经济充分调动了人们开拓创造、发财致富的积极性,培养了人们讲求效率、注重实效的思维习惯。在功利原则驱使下,一些人对道德原则进行人为的曲解和误导,对有利于获取实利的道德原则大加渲染,而将不利于获得实利的道德原则肆意歪曲、人为新解以混淆视听或为己所用,呈现出放纵自我的道德实用主义倾向。"在现代社会,人们的功利外求压倒了德性内修;社会的多元化导致了道德的多元化;温情脉脉的道德情感受到了理性的无情挑战,个人主义的利己欲求吞没了超功利的利他道德;频繁的社会流动导致了传统'熟人社会'的解体,这把人们抛入了一个'陌生人的社会'。在'陌生人的社会',其效力诉诸舆论压力与良知自律的道德约束顿显乏力,骤然失灵。在文化多元的现代社会,试图重建道德的一统天下,虽然情怀高尚,精神可贵,但往往曲高和寡、收效甚微;国家试图继续扮演民众家长式道德监护人的角色,可能会引起所隐伏的专制危险而受到质疑。"①经济大潮冲击使得拜金主义、物质主义和消费主义欲望在许多人心底涌动，理想道德失落，"追逐金钱的活动，在中国从未形成这样一种全民、铺天盖地、来势汹汹的金钱潮；对金钱意义的张扬，也从来没有达到这样一种蔑视任何道德法则的地步。在这十多年商品大潮的强力冲击下，商品拜物教观念已渗透中国社会各阶层的意识深处，以致教养、文化水准很不相同的社会各阶层，在追求金钱的过程中，其行为方式之不道德在本质上竟没有多大的差别"②。功利化导致信仰危机、人文精神的缺失、生命意义的流失，道德自我的崇高价值遭遇失落。

2. 道德价值标准模糊、非道德主义泛滥

在道德转型的过渡时期，人们受到双重标准或多元标准的影响，似乎无论哪一种标准都有一定的"合法性"，而任何一种标准的背后，又都可找到反向标准，它同样具有存在的合理性，使得当今道德评价变得模棱两可，常常陷入自相矛盾的窘境。由此价值标准由多元化走向相对主义、怀疑主义、虚无主义，道德评价失范必然导致道德选择迷惘和价值取向紊乱。非道德主义是指一种反对任何道德约束，主张放任自流，用虚无主义来对待社会提倡的道德理想和行为规范的价值取向，其实质是极端个人主义和颓废主义的结合体，诸如社会政治生活中的腐败蔓延、经济领域中见利忘义、文化领域中低俗媚俗受捧现象。

3. 道德义务感弱化、逃避道德责任

社会一些成员将行为准则从社会本位转向个体本位，注重于自我利益或小团体、小家庭利益而漠视社会利益、他者利益，甚至在家庭生活中也推脱、逃避自我应有责任，在公众场合对于他人的困苦或社会的危机也漠然视之、置之度外，缺乏应有的道德良心和同情心，表现出让人心寒的道德冷漠，如 2011 年 10 月发生在佛山的小悦悦被碾而路人视而不见最终导致小悦悦被碾死的事件。

---

① 高鸿钧：《现代法治的出路》，清华大学出版社 2003 年版，第 248 页。
② 何清涟：《中国当代经济伦理的剧变》，载《开放时代》1998 年第 1 期。

4. 缺乏正义感和规则意识

一些社会成员抱有实用主义社会生活态度,缺乏对社会正义价值、公平规则积极维护、自觉践行以及弘扬正气的决心;有些人对社会上的道德榜样和道德模范缺乏认同感和敬仰心,而对一些行业或一些人的违法、"失德"现象表现出纵容、宽容,听之任之;一些人对社会规则持有双重标准,对他人苛求责备,而自己和家人在规则面前试图绕圈子、钻空子,想方设法搞特权和破例,缺乏自觉的规则意识和行动勇气。

5. 个体道德人格分裂和知行分离

许多恪守道德、富有教养的好人往往仅能做到修身养性、独善其身、明哲自保,人们只讲小圈子——家庭、亲人、熟人、同事、朋友之间遵守道德,一旦脱离血缘、地缘、业缘环境,置身于陌生公共环境之中,会对那些应该共同遵守的文明公约、守则熟视无睹,每每遇到不道德的人或事却绕道走开,看到践踏道德的事也置若罔闻:列车、游船上乱扔垃圾、踩踏座位,大声吆喝者有之;公园广场践踏草坪、采摘花木,小区生活中乱堆乱放杂物,从窗户、阳台向外随意抛扔杂物而污染环境、伤及路人现象也常见到;见到事故和危难时,或冷漠观望或扬长而去现象也屡有显现。面对市场经济条件下出现的道德欺诈行为和权力腐败现象,许多人惊呼道德沦丧、人心不古,痛心疾首于社会现实的污浊与堕落,又不愿放弃传统道德描绘的理想境界,于是选择逃避现实的唯美生活方式,完全将自我封闭起来,沉浸于自得其乐的浪漫幻想之中,追求所谓的精神高标独立和人格的卓尔不群;社会成员也承认道德的积极作用,呼吁社会道德风气的改良,愿意遵守道德准则,但在现实生活中,由于外力的干扰,或者内心私欲的诱惑,或者缺乏行动的决心和勇气,常常不自觉地超越道德的界线:在众目睽睽之下谨言慎行、循规蹈矩,无人约束时则放纵自我、率性而为,表现出道德修养与实践时而统一、时而乖离的游移特征。

6. 社会生活领域中的道德失范

首先是家庭道德堪忧。改革开放以来,中国社会家庭道德伦理关系发生了明显变化:伦理重心从以长者为中心下移到以儿童为中心,伦理轴心从纵向亲子关系转为横向的夫妻关系。① 伦理重心的变化,导致了以孝道为核心的中国传统家庭道德伦理的严重失衡,由此而引发老年人的权益受到侵害,家庭道德伦理轴心的转换,增加了夫妻之间的矛盾与冲突,引了婚姻危机、家庭失睦与家庭暴力。其次是职业道德感和行业风气的败坏。职业道德失去了精神支柱,爱岗敬业精神受到怀疑,以权谋私等行业不正之风蔓延,诸如医生收取病人红包、商人为了利润不择手段坑蒙拐骗,等等;官员的公仆意识、为人民服务的宗旨淡漠,权力的约束和制约机制薄弱,自我主人意识、权力意识、等级意识和社会优越感膨胀,而对于人民的权利意识、法律意识、平等意识、责任意识漠然不顾。以权谋私、权力寻租、设租、抽租以及贪污腐败之风泛滥;为政清廉、正直坦白、深得民心者往往被排挤冷落而得不到重视和提拔,而精于为官之道、老于人情世故、擅长曲意逢迎、不受百姓欢迎者却往往官运亨通,呈现出权力领域中"劣币驱逐良币"的反常现象。一些人获取财富不是依靠履行其职业责任,而是倚仗职权、破坏其职业基本道德准则得以实现的;少数人从事所谓第二职业往往是以损害第一职业的责任和道德为前提。经济领域主体既缺乏传统道德范畴的"信用",又缺乏现代法律意义上的契约意识,企业之间互相拖欠货款、服务费,经济合同失效现象严重,导致经济信用严重梗阻,社会经济无法正常运行;假冒伪劣商品充斥市场,不少人把坑蒙拐骗看作市场经济的交易谋略,人们惊呼经济领域中个别人良心尽丧。再次表现为社会公德严重失衡。违反公德的行为司空见惯,许多人缺乏起码的文明礼貌;一些人对于破坏社会公德的行为熟视无睹、听之任之,充当漠视淡然的"看客";许多人抱守"事不关己,高高挂起"的信条,助人为乐、见义勇为的自觉性和责任心减弱。

(三)道德自我价值失范的原因论析

道德失范和价值危机是当下社会转型的突出矛盾和问题,这种矛盾和问题曾经在历史上社会转折时期屡有映现,明清社会动荡之际曾得以窥见,"旧者已死矣,新者尚未生。吾人往日所奉为权威之宗教、道德、学

---

① 金一虹:《转型期家庭伦理道德的矛盾冲突与新的整合》,载《江海学刊》1997年第6期。

术、文艺,即已不堪新时代激烈之风潮,犹之晦匿,而尚无同等之权威之宗教、道德、学术、文艺超而代兴。吾人以一身立于过去与将来胚胎中间,赤手空拳无一物可把持,徒彷徨于过渡之时期中而已"①。人们心中缺失道德履行的根据,道德废、功业簿、气节衰,礼义廉耻不知何物,是社会转折时期社会道德状况、道德真空、无所傍依的状况。这种情况和人们的困惑同样呈现于改革开放后剧变的当下社会,"由于转型期社会是社会的过渡期,任何事物都呈现出变化性和瞬息性的特征,这种不定型性、不成熟性和多变性,反映到社会心理领域极易造成人们心态的浮躁性,诱发社会公众的心理失调。……这种价值困窘与情感上的冲突,造成了'过渡人'内心的沮丧、抑郁和无所适从;这种内心的极度躁动和心理期望值超前,导致社会各阶层群体性动机亢奋和价值实践过程中大量特异行为的出现"②。社会道德风尚颓变和道德自我价值失落的原因在于以下几方面。

1. 经济利益的驱动

经济的初步发展和初始现代化引发了民众对发财致富和政治参与的强烈欲望;而财富资源和政治空间的相对有限却形成了发展的瓶颈。市场经济求利欲望有两个特点:一是它的无穷扩大难以满足的性质;一是它的互相冲突而难以兼顾的性质,竞争容易诱发人们以不正当手段去争取竞争的胜利。民众不择手段的趋利,势必导致社会风气恶化,道德价值隐逸。

2. 制度建设的滞后

新旧制度的转换,价值体系的转换,使得国家的控制力被削弱,政府往往面对危局束手无策,或者官员为了攫取利益和维护既得利益有意纵容乱局,社会管制的松懈使得作恶和违规风险成本很低,已被广泛动员起来的民众趋利能量不能以正当的渠道宣泄,必然造成吏治腐败、分配不公、巧取豪夺盛行,贫富悬殊加大,社会动荡不宁,伦理道德沦丧;法制不健全、法律建设成本太高,使得违法的人和事得不到应有的制裁和追究,社会公正难以体现。

---

① 黄远生:《想影录》,引自《远生遗书》,商务印书馆1984年版。
② 张军:《"价值观念失范"辨析》,载《南京社会科学》2002年第8期。

3. 传统道德观的瓦解和社会调控的失效

经过五四运动和"文化大革命",传统知识分子的道德体系和信念被当作统治阶级、封建社会道德加以批判和解构;民间自发性的各种宗教或准宗教为基础的道德信条,如德福一致、善恶因果报应,以及建立在血缘、邻里关系之上的贫富相助、患难提携等朴素的道德风俗,被看作封建迷信而被清扫。"文化大革命"结束后尚来不及道德重建,整个社会又卷入商品经济的漩涡,十分薄弱的道德体系面临强劲冲击。一直承继着传统"伦理至上"的社会,在新中国成立后被改换为以政代德,形成政治高压的持续和信仰忠诚的坚守,改革开放后政治偶像动摇、信仰危机一旦发生,道德堤坝的崩溃则势不可挡。

4. 道德重建的误区

饱有忧患意识的知识分子竭力为道德重建寻找理论资源。一派是致力于张扬传统文化的保守主义、当代新儒学。儒教资本主义曾随着亚洲"四小龙"神话而盛极,但在20世纪末的金融风暴打击下遭至声名跌落、退却失守;另一派是激进的西化派,大批思想较为激进的知识分子在改革、交流中对西方现代文化和哲学思潮的大量译介和引进,从黑格尔"恶是历史前进的动力说"、弗洛伊德的"本能说",到萨特的"选择说"、尼采的"权力意志说",以及解构主义、后现代主义,西方思潮中所隐含的相对主义道德观或非道德主义被一些人片面放大或有意歪曲,用以消解主流意识形态的伦理道德基础,竭力鼓吹非价值、非伦理的"科学的"经济学,相对主义和虚无主义道德理论以刺激私欲为主,迎合了许多人发财致富的欲望,也为道德违规行为提供了借口。

市场经济、现代化、全球化、网络化进程带来当代中国社会利益的调整、社会阶层和结构的变动、人际交往关系和社会秩序的变更,引发价值体系的交错、道德观念的流变,引致我们审时度势,科学确定符合时代特征的道德价值,重现道德形而上学和道德自我的精神与人格魅力。

第三节　公民伦理视域中道德自我的
##　　　　社会价值构建与效准

一、道德自我价值构建的基本路径

港台、海外新儒家学者杜维明、刘述先等人近来提出,中国未来的希望,乃在于马列、西化和传统儒家人文思想三者健康的互动,三项资源形成良性循环。如杜维明认为,"儒学在二十世纪是否有生命力,主要取决于它是否能够经过纽约、巴黎、东京,最后回到中国。……儒学是否能和马克思主义进行深入的对话,并在其中找到结合点,这也是一个很重要的问题。……同国际学坛第一流的思想家进行彼此有益的对话,确是我们这一代人义不容辞的责任。……如果我们有志拓展儒家'超越而内在'的道德形上学,我们应该吸取基督教神学中的智慧结晶,从当代基督教神学中得到启示"①。传统道德的弘扬、西方道德传统的借鉴以及马克思主义道德价值的继承和创新,是当代中国社会伦理道德和道德自我价值建构的基本途径。

当下中国社会转型和伦理秩序变动之际,应以马克思主义理论和世界观为指导,综合汲取传统道德资源以及国外道德建设经验,做到与时俱进,弘扬集体主义价值观和为人民服务精神;在以德治国和社会主义核心价值体系指导下,以公民伦理发展为向度背景,重塑和实践道德自我。

(一)传统道德价值的涵摄与当代转换

任何一种文化都扎根于本民族土壤,在民族生存的特有的地理与人文氛围中,特有的社会存在与社会意识的构架中,特定的生长与发展的历史过程中,通过不断地继承、发展、传递与扬弃,逐渐形成本土文化所特有

---

① 杜维明:《儒学第三期发展的前景问题》,台北联经出版公司1989年版,第24,28,139,210~211页。

的内涵、质的规定性和精神气质,形成与其他国家或地区相区别的文化特点与发展脉络,"每一种文化都以原始的力量从它的土生土壤中勃兴起来,都在它的整个生活期中坚实地和那土生土壤联系着;每一种文化都把自己的影像印在它的材料即它的人类身上,每一种文化各有自己的观念、自己的情欲、自己的身份、愿望和感情,自己的死亡"①。文化的传承性铸就了民族传统和个体的生命本质,"每种文化都有自己的优良传统,而人之所以成为人,区别于其他动物,就是因为人能够吸取前辈的文明,通过语言文字或者其他形式传递下去并且加以发展"②。文化传统不仅是联结过去与未来的精神保障,更是民族文化身份赖以保存的文化符号,"使代与代之间、一个历史阶段与另一个历史阶段之间保持了某种连续性和同一性,构成了一个社会创造与再创造自己的文化密码,并给人类生存带来了秩序与意义"③。中华民族传统美德是中华民族千百年来伦理道德精髓的精华体现,是以伦理为本位的文化特质,一方面是抑恶扬善、注重人格和道德修养的伦理精神和人生价值观念,包括以德性修养为安身立命之本,"己所不欲勿施于人"的"仁爱"精神,"勿以恶小而为之,勿以善小而不为"的律己观念,"三军可夺帅也匹夫不可夺志"的人格正气,"杀身成仁"、"舍生取义"的气节观,"己欲立而立人,己欲达而达人"的处世原则和中庸处世之道,以义利合一为基本的实践价值指向;另一方面体现为社会责任和民族精神,包括"天下兴亡、匹夫有责"、"以天下为己任"的忧患意识与大公无私的爱国主义精神,"兴利除弊"的改革精神,注重和谐的"和合"精神,自强不息、吃苦耐劳的创业精神,"厚德载物"的宽容精神,重视言行一致与身体力行等,是我们传统文化中的优秀遗产,"儒学伦理学的最大贡献,在于向人们提出了关于行为守则的两大学说,这就是:对人,应持同情的宽厚态度的仁爱之学;对己,应持严格的自律态度的

---

① [德]奥斯瓦尔德·斯宾格勒:《西方的没落》上册,齐世荣等译,商务印书馆1963年版,第39页。
② 赵启光:《全球化时代的先进文化》,载《光明日报》2001年8月21日。
③ 樊浩:《中国伦理精神的现代建构》,江苏人民出版社1997年版,第199页。

修身之学"①。传统美德具有积极意义和恒久价值,是我们今天建设社会主义和发展市场经济仍然需要倡扬的价值精粹,当代伦理精神建构"不仅要真正直面现代性所带来的问题,而且要回到先秦的原始儒家中去领受其伦理精神,以此作为主要的精神资源来重新找到安身立命之基"②。中国传统文化贯穿以人为本的人文精神,推崇天人和谐的思想,有着非凡的包容会通精神和无与伦比的生命延续力;海外新儒家杜维明先生认为,儒学的人文精神有丰富的资源,能够对西方所代表的强势话语做深刻的反思,能够对西方启蒙心态所暴露出来的困境,做出创建性的回应。余英时先生指出:"基于我们今天对文化的认识,中国文化重建的问题事实上可归结为中国传统的基本价值与中心观念在现代化的要求之下如何调整与转化的问题。……思想自觉依然是具有关键性的作用。"③中国传统文化具有世界意义和广泛影响,莱布尼茨在著作中曾经写道:"从前,我们谁也不会相信在这个世界上还有比我们的伦理更完善,立身处世之道更先进的民族存在;现在,因为东方中国的发现,使我们觉醒了。"④英国历史学家汤因比认为中国传统文化遗产中蕴含着一种无与伦比的生命延续力与伟大力量,主要体现在儒学世界观的人道主义思想、崇尚道德化、德性立世,以及世界大同精神,甚至断言在精神文化上"将来统一世界的绝不是西欧国家,也不是西欧化的国家,而是中国。"⑤1982 年美国总统里根致信旧金山祭孔大典筹备委员会主任朱正介:"孔子崇高的行为与伟大的伦理道德思想不仅影响他的国人,也影响了全人类,孔子的学说世代相传,揭示全人类丰富的做人处世原则。"⑥儒家的伦理道德观念在西方愈来愈具影响。然而,继承不是全盘接受,李大钊曾评价:"孔门的伦理,是

---

① 丁伟志:《活着的传统》,引自武经伟:《经济人道德人全面发展的社会人》,人民出版社 2002 年版,第 147 页。
② 唐文明:《与命与人——原始儒家伦理精神与现代性问题》,河北大学出版社 2002 年版,第 8 页。
③ 余英时:《文化传统与文化重建》,生活·读书·新知三联书店 2004 年版,第 430 页。
④ 转引自马云华、李先海、徐炎章主编:《传统的辩证法》,哈尔滨出版社 1998 年版,第 1 页。
⑤ 转引自马云华、李先海、徐炎章主编:《传统的辩证法》,哈尔滨出版社 1998 年版,第 1~2 页。
⑥ 引自张应杭、黄寅:《企业伦理:理论与实践》,上海人民出版社 2001 年版,第 329 页。

使子弟完全牺牲他自己以奉其尊上的伦理;孔门的道德,是予统治者以绝对的权力,责被统治者以片面的义务的道德。"①儒学在近现代以来遭到梁启超、陈独秀、鲁迅等人的批评。毋庸讳言,中国传统思想中反映封建制度的思想糟粕和文化残余如专制制度和忠君观念、宗法思想和等级观念、人治传统、狭隘的民族主义,不敢为天下先的保守原则;与农业文明密切联系的重农轻商、耻于言利的观念,因循守旧、抱残守缺的思想,听天由命的迷信,需要认真地审视、鉴别,予以扬弃、革除或者转换提升。

(二)西方道德传统的借鉴与整合

中国当代社会道德进步和个体道德自我价值的建构,离不开全人类文明精神的相互汲取和对西方德性思维方式的借鉴。美国著名人类学家弗朗兹·博厄斯在《种族的纯洁》中指出文明采借与社会进步之间的关系:"人类的历史证明,一个社会集团,其文化的进步往往取决于它是否有机会吸取临近社会集团的社会经验。……只有那些最易接近、最有机会与其他民族相互影响的民族,才有可能得到突飞猛进的发展;而那些与世隔绝、缺乏外界刺激的民族,多半停滞不前。"②费孝通先生关注文化交融的意义并预言:"未来的 21 世纪将是一个个分裂的文化集团联合起来,形成一个文化共同体,形成一个多元一体的国际社会。而我们现在的文化就处在这种形成的过程中。"③西方社会伦理和个体道德中的优良的传统,是人类社会共同的文明成就,对于当代中国道德自我精神的培育和成长,具有重要的借鉴价值和启迪;其合理性因素体现在:注重个人主体道德,近现代商品经济的发展和人文主义启蒙运动,推进了个性解放和发展,有利于个人创造性精神的发挥;公正原则,希腊道德把"公正"作为四主德之一,经过长期的历史发展,内容日趋丰富、成熟,成为现代社会主流的道德价值准则;人道主义合理因素,古希腊伯利克里提出"人是第一重要的"思想,智者普罗泰戈拉提出"人是万物的尺度"命题,文艺复兴以

---

① 李大钊:《守常文集》,上海北新书局 1950 年版,第 50 页。
② 引自俞新天:《机会与限制——发展中国家现代化的条件比较》,上海社会科学出版社 1998 年版,第 19 页。
③ 费孝通:《从反思到文化自觉和交流》,载《读书》1998 年 11 期,生活·读书·新知三联书店,第 8 页。

来,人道主义得到蓬勃的发展,成为西方社会的普遍价值观念,关于尊重人的价值与尊严、关心人、爱护人,以人为目的,以及自由、平等、博爱等思想是一份丰厚的精神遗产;科学和理性精神,古希腊时代勇于探索和追求真理、不屈不挠的科学精神就已显现,亚里士多德"吾爱吾师,吾更爱真理",不迷信和盲从,现身真理追求的精神在黑暗的中世纪也有表现,涌现了一批为科学和真理献身的思想家,文艺复兴之后,科学理性精神有力推动了西方工业、信息社会的迅速发展;民主主义精神,文艺复兴以来,成为推进西方社会革命的巨大精神力量,正如新文化运动著名人物胡适所说,它打倒了君王、帝国、贵族,实现了人们在法律上的平等、思想言论出版信仰的自由,并且解放了妇女,普及了教育;开拓创新精神,其在西方民族以海洋为主导的生存发展方式以及近代以来商品经济中的竞争机制得以培植,这种精神突出表现在科学技术发展上,敢于怀疑、敢于冒险、敢于探索、敢于创造,使科学技术突飞猛进、日新月异,把整个人类社会带入到科技、社会、经济发展一体化时代。以上精神都是当代中国社会个体道德自我价值转型和建构值得学习借鉴的合理因素。"中国应该大量吸收外国的进步文化,作为自己文化食粮的原料,这种工作过去还做得很不够。这不但是当前社会主义文化和新民主主义文化,还有外国的古代文化,例如各资本主义国家启蒙时代的文化,凡属我们今天用得着的东西,都应该吸收。但是一切外国的东西,如同我们对于食物一样,必须经过自己的口腔咀嚼和胃肠运动,送进唾液胃液肠液,把它分解为精华和糟粕两部分,然后排泄其糟粕,吸收其精华,才会对我们的身体有益。"[①]在借鉴的过程中采取扬弃的态度,是促进和提升中国社会道德价值的重要途径。

(三)马克思主义道德价值的继承和创新

马克思主义理论是关于人的历史发展和解放的科学理论,对于个体道德价值建构和价值实现具有恒久的指导意义。在深刻把握马克思主义理论精髓并予以毫不动摇地坚持和继承的基础上,要做到不断地挖掘其理论新意并在社会变动发展中勇于创新,使道德自我的价值实现获得时

---

① 毛泽东:《新民主主义论》,引自《毛泽东选集》第2卷,人民出版社1991年版,第706~707页。

代价值意蕴和指导。创新本是马克思主义的应有之义,恩格斯指出:"马克思的整个世界观不是教义,而是方法。它提供的不是现成的教条,而是进一步研究的出发点和供这种研究使用的方法。"①列宁指出:"我们决不把马克思的理论看做某种一成不变的和神圣不可侵犯的东西;恰恰相反,我们深信:它只是给一种科学奠定了基础,社会党人如果不愿落后于实际生活,就应当在各方面把这门科学推向前进。"②毛泽东以马克思主义与中国实践相结合的眼光告诉人们:"马克思主义一定要向前发展,要随着实践的发展而发展,不能停滞不前。停止了,老是那么一套,它就没有生命了。"③邓小平基于当代中国特色社会主义实践指出:"马克思主义理论从来不是教条,而是行动的指南。它要求人们根据它的基本原则和基本方法,不断结合变化着的实际,探索解决新问题的答案,从而也发展马克思主义理论本身。""马克思去世以后一百多年,究竟发生了什么变化,在变化的条件下,如何认识和发展马克思主义,没有搞清楚。绝不能要求马克思为解决他去世之后上百年、几百年所产生的问题提供现成答案。列宁同样也不能承担为他去世以后五十年、一百年所产生的问题提供现成答案的任务。真正的马克思列宁主义者必须根据现在的情况,认识、继承和发展马克思列宁主义。"④经济全球化、高科技发展和知识型经济是当代全球的新特征,社会主义初级阶段与市场经济、小康社会与和谐社会是我国社会主义现代化建设的新形势,要在马克思主义基本原理基础上,根据新的时代特征、社会发展形势以及中国特色社会主义的发展,做到解放思想、与时俱进,进行理论创新和发展,为道德自我价值建构提供更加深刻的世界观理论内涵和富有成效的实践理性指导。

二、公民伦理视域中道德自我的社会价值基准

当前社会成员道德自我的矛盾和失落根本原因在于社会转型带来的

---

① 《马克思恩格斯全集》第39卷,人民出版社1974年版,第406页。
② 《列宁选集》第1卷,人民出版社1995年版,第274页。
③ 《毛泽东选集》第5卷,人民出版社1977年版,第417页。
④ 《邓小平文选》第3卷,人民出版社1994年版,第146、291页。

价值困惑,"由于转型期社会是社会的过渡期,任何事物都呈现出变化性和瞬息性的特征,这种不定型性、不成熟性和多变性,反映到社会心理领域极易造成人们心态的浮躁性,诱发社会公众的心理失调。……这种价值困窘与情感上的冲突,造成了'过渡人'内心的沮丧、抑郁和无所适从;这种内心的极度躁动和心理期望值超前,导致社会各阶层群体性动机亢奋和价值实践过程中大量特异行为的出现"[1]。基于社会转型、伦理生活变革对社会道德、道德自我的影响,当前道德自我的基本效准在于以德治国与公民伦理为背景,以社会主义核心价值体系、核心价值理念为指导,弘扬集体主义原则和为人民服务宗旨。

(一) 以德治国、公民伦理中的道德自我价值

人类社会的发展是从暴力强制走向理性自为的过程;法治文明是我们从近代社会启蒙理性继承而来的健全社会的积极成就。中共十五大提出,依法治国,是党领导人民治理国家的基本方略,是广大人民群众在党的领导下,依照宪法和法律规定,通过各种途径和形式管理国家事务,是在国家的政治、经济、文化和社会生活的各个方面,以及民主和专政的各个环节,都应做到有法可依、有法必依、执法必严、违法必究四个方面完整和有机统一;逐步实现社会主义民主制度化、法律化,使这种制度和法律不因领导人的变动而改变,不因领导人的看法与注意力的改变而改变。法律制度的强制只不过是人类更为文明的强制而已,只是强制力行使方式的改变,依然具有历史性,不是人类的终极文明形态;法制不是一个健全社会的充分和唯一条件:法律不能预先设计,只有在社会生活中出现了规范某种行为的客观要求之后,立法机关才有可能制定出与之相适应的法律或规范,立法工作往往是滞后而不是超前的,其中难免会出现若干法律暂时"缺位"的空白;法律只追究既成事实,不能把违法的动机消灭在萌芽状态,其约束力具有很大局限性。"法能杀不孝者,而不能使人为孔、曾之行;法能刑盗窃者,而不能使人为伯夷之廉。"(《淮南子·泰族训》)"法能刑人而不能使人廉,能杀人而不能使人仁。"(桓宽《盐铁论》)"道之以政,齐之以刑,民免而无耻;道之以德,齐之以礼,有耻且格。"

---

[1] 张军:《"价值观念失范"辨析》,载《南京社会科学》2002年第8期。

(《论语·为政》)2001年江泽民在全国宣传部长会议上提出:我们要把法制建设与道德建设、依法治国与以德治国紧密结合起来;中共十六大明确提出以德治国方略。法治以其权威性和强制手段规范社会成员的行为,德治以其说服力和劝导力提高社会成员的思想认识和道德觉悟,"徒善不足以为政,徒法不能以自行"(《孟子·离娄上》),社会以伦理为法制提供社会治理的秩序论证和精神保证,以德治国是在法制条件下自觉弥补法制之缺陷的积极措施,也是对人类自律精神的价值肯定和自觉提升,是中华民族的优秀文化传统和社会主义国家中社会治理的主要特征。社会主义解放和发展生产力的目的是实现人民群众的利益,目标是实现共同富裕,促进社会公平正义,实现和谐发展。以德治国有助于社会秩序、人际关系根本和谐,"我们要考察法律、风俗和制度,注意其功能不仅在于维持某种社会生活,而且要维护或提升一种和谐的生活"[①]。构建和谐社会,是一个全体人民共同建设、共同享有的过程,既需要有雄厚的物质基础,坚强的政治保障,又需要良好的思想文化条件。在2005年5月19日胡锦涛在省部级主要领导干部提高构建社会主义和谐能力专题研讨班讲话说,一个社会是否和谐,一个国家能否实现长治久安,很大程度上取决于全体社会成员的思想道德素质。加强社会主义和谐社会建设条件下的思想道德建设,目的是要在全社会形成思想共识,凝聚和激励全体社会成员为和谐社会建设贡献力量。以德治国、和谐社会建设是中国特色社会主义建设的重要实践,是个体道德自我建构的现实社会基础和价值实践诉求。

在中国公民社会发展和建设中,伦理关系和伦理观念在改革进程中发生着深重的转型,人伦身份、人情至上的秩序向法制理性、契约精神位移,推动着社会走向理性、民主和公正。公民伦理是作为社会共同体成员的公民在与其他公民进行交往中必须遵循的行为准则,涉及的是个人道德到社会道德的延展;公民伦理以对实质性公民身份的道德确认和自我与社会交往中平等性的社会契约来体现以公共理性为基础的现代性道

---

① [英]伦纳德·霍布豪斯:《社会正义要素》,孔兆政译,吉林人民出版社2006年版,第10页。

德。"公民伦理则起于公民社会,起于一人际性的互动轴所成的契约构造社会,这样的伦理强调的是由每一限定性的人与其他之为限定性的人构成一新的总体。"①公民伦理是通过公民的品性与态度来付诸实现的,其意义就在于它提供了公民间彼此平等、互相尊重、和谐共处、共享价值的本质内涵,同时强调公民的身份感和认同感,以此来塑造公民健全的品质。公民伦理凸显如下价值特征:①公共性。公共性体现在公民社会发挥作用的场所、影响范围、针对对象、手段、利益及方式的公共性,平等的社会生活是公共性在社会领域中的要求,"我们如果尽力依据经验和理性来考察人类历史和人性,就会发现,一切人都有许多共同的需要、愿望、目标和目的。例如,一般地说,人们在自己的生活中似乎都需要友谊、爱情、幸福、自由、和平、创造性和安定,这不仅是为了自己,而且也是为了别人"②。公共理性有助于形成平等的交往关系,促使我们认识到以合作和理性的方式共同生活的重要性,显示着个人生活被凝聚起来的整体化,以良善原则、公正原则、不伤害原则加强相互合作的融合与友爱,阻止引起怀疑、猜忌和误解的行为。在和谐互动的相互交往中,在公民日常生活的行为规范中体现维持社会稳定团结道德机制。②交互性。交互性在行动的意义上体现为交往,交往是一个持续进行的互动过程,是两个以上的人共同参与的活动,它必须在共同体的生活世界中与他人发生彼此的交往,并在交往中具有主动参与的意愿与交往的理性,其实质是自我与他者的行为互动,公民与他人发生交往的过程。"在一个自由的国度里,每个人都认为他和一切公共事务有着利害关系;有权形成并表达自己的意见。对于公共事务,他们反复探究,认真讨论。他们充满好奇、渴望、专注和猜忌;通过使这些事务成为他们的思想和发现的日常话题,大量的成员获得了一种相当不错的知识,有些还获得了相当重要的知识。"③基于交互性的公民伦理,是公民作为角色主体的行为者与社会世界中广泛的他者的相互确认、主动交往以及建立普遍性联系时所呈现的一种规范性互动。

---

① 林安梧:《儒家与中国传统社会之哲学省察》,上海学林出版社1998年版,第76页。
② [美]J.P.蒂洛:《伦理学理论与实践》,孟庆时等译,北京大学出版社1985年版,第30页。
③ Burke: *Burke's Politics*, Hoffmann and Levack, 1949, p119.

③合理性。公民伦理以人性为本,以普遍性人权为基础,以维护自我的道德尊严为前提,注重于对责任和义务的认同、对理性和人文价值的弘扬以及对社会成员的尊重;是寻求内在的道德心性与外在的社会规范加以整合的产物,是在公共理性之共识的前提下形成的,强调个体对欲望的克制与利益的合理调节,有效地调节自利、自爱与利他、仁爱两种不同的情感,把个人的幸福与社会的幸福均衡地统一在一起,达成公共生活的合理性,"正像一个有机体的健康和完善在于它所有的器官和谐地合作一样,灵魂的健康和完善在于自私和社会这两种情感的和谐合作。一个个体在他所有倾向和感情都有利他的族类或他所在的集体的幸福时,他是善的或有德性的。德性是两种冲动之间的恰当的平衡或和谐"①。④契约性。公民伦理的价值追求在于公共善的优先性,展现为"个人善"与"公共善"相结合。公民伦理在不拒绝自身正当利益行为考量下,"但又强调人的行为的社会性,即行为主体不允许我行我素、为所欲为,而必须考虑到我想有什么样的行为,而别人也同样想有这样的行为;自己有怎样的期待,别人也有同样的期待。……我把对他人的考量纳入自己的决策之中并以这种考量作为自己的约束。那么,我们的行为自然便会呈现出适度、内敛、期待对等合作等特点"②。公民伦理强调通过公正和契约所能达到自私与利他结合的对等,不仅增强了社会信任与合作,而且能够有效增进对社会秩序与公民利益的维护。公民伦理的普遍性、公共性、契约性,设定了社会成员道德自我的现代性价值属性。

(二)社会主义核心价值与道德自我的价值向度

价值观念是人们对物质世界和精神世界的判断、评价、取向和选择,以之指导人们思想行为的根本的价值意识,深层上表现为人生处世哲学,包括理想信念和人生目的、意义、使命、态度;表层上表现为对利弊、得失、真假、善恶、美丑、义利、利欲等的权衡和取舍。

---

① [美]弗兰克·梯利:《伦理学导论》,何意译,广西师范大学出版社2002年版,第128页。
② 甘绍平:《伦理智慧》,中国发展出版社2000年版,第56页。

1. 社会主义核心价值体系的指导

20、21世纪之交和21世纪伊始,中国共产党在继承和提炼中华民族传统美德以及人类优秀精神文化的基础上,在总结社会主义治国经验、精神文明建设任务基础上,提出具有鲜明时代特征和精神内涵的社会主义核心价值体系。核心价值体系是一个国家或地区占主导地位的社会价值体系,它涵盖社会发展的指导思想和价值取向,决定着社会意识的性质和方向,具有导向功能、凝聚功能、激励功能、规范功能,影响着人们的世界观、人生观、价值观以及思想观念、思维方式、行为规范,引领着社会思潮,是推动社会前进的精神旗帜。马克思主义理论是实践和发展着的理论,包含着崇高的价值追求,它把崇高的道德和价值追求隐含在理论思考,对社会历史发展客观、冷静的剖析以及对社会未来发展目标的热烈追求之中,马克思主义指导思想是社会主义核心价值体系的灵魂,决定着核心价值体系的性质。中国特色社会主义坚持以解放和发展生产力为根本任务,以实现社会公平正义和人的全面发展为根本目标,深刻体现了以人为本的价值关怀,是凝聚全国各族人民共同奋斗的共同理想,是实现中华民族伟大复兴、实现民族独立、国家富强和人民幸福的根本利益。以爱国主义为核心的团结统一、爱好和平、勤劳勇敢、自强不息的中华民族精神和以改革为核心的解放思想、求真务实、锐意改革、开拓创新的时代精神,是民族生命力、创造力和凝聚力的集中体现。以"八荣八耻"为主要内容的社会主义荣辱观体现了中华民族传统美德、优秀革命道德与时代精神的完美结合,可以促进人们在主观世界自我教育、自我修养、自我塑造、自尊自爱、自省自励,能够扶正祛邪、扬善惩恶,促进良好社会风气的形成和发展。社会主义核心价值体系集中体现了社会主义国家的理想信念、价值标准和道德规范,是立足于社会主义经济基础之上的价值认同系统,集中体现了社会主义意识形态的本质属性,是激励全民族奋发向上的精神力量和维系全民族团结和睦的精神纽带,是社会主义制度的精神内核以及思想道德建设的指导方针。社会主义核心价值体系构成道德自我价值实现的基本指导思想。

2. 公民伦理视域中的核心价值范畴

社会主义制度的完善,公民伦理和公民道德建设也需要巩固基本的核心价值范畴和理念。①公平和正义。公平和正义,是一个社会中人们均衡、合理地处理人与人、人与社会以及人与自然之间关系的一种态度和模式。英国近代激进民主思想家葛德文曾经说过:"有一种东西,对于人类的福利要比任何其他东西都要重,那就是正义。……在一切正义的原则当中,对于人类道德上的正义是最带实质性的。"①美国当代思想家罗尔斯论述:"正义是社会制度的首要价值,正像真理是思想体系的首要价值一样。"②公正的直接目的是以人们之间的关系的某种程度的均衡合理来维持社会的稳定与秩序。经济层面的公正主要指现有社会成员在参与经济竞争时有着同等的机会,在竞争过程中遵循同等的原则,在分配方面获得与个人所付出的劳动相当的收入;作为一项政治原则,公正主要指同一社会中的个人之间和社会阶层之间在政治权利上的平等以及该社会中所有人在遵守法律和各项政治规则的义务方面的平等;作为伦理上的基本原则,指所有人在人格上平等,每个人在生存和发展权上平等,无论自己的经济状况、社会地位和才能如何,都以平等之心对待所有人,尊重和维护每个人的个人尊严和生命价值。②民主和法制。民主是中国五四新文化运动的一面旗帜;社会主义以建立和发展最广泛、最真实的民主为本质特征。民主本质上是一种政治形式,是建立在一定经济基础之上的,为维护特定利益关系,保障公民权利平等实现而建立的政治形式。马克思的民主包含三层意义:民主就是"人民主权",是一种阶级统治;民主是一种国家形式或国家形态;民主意味着公民的平等和参政的权利。列宁指出:"民主意味着在形式上承认公民一律平等,承认大家都有决定国家制度和管理国家的平等权利。"③民主之所以成为人们普遍和重要的价值追求,在于政治民主对人们的社会生活存在着独特的功能:它是维护和实现人民根本利益的最佳途径,是维护社会公正、公平的有效机制,是调动人民积极性和创造性、增强人民团结凝聚的重要手段,是防止和纠正决策失

---

① [英]威廉·葛德文:《社会正义论》,引自《西方伦理学原著选辑》下卷,商务印书馆1987年版,第534页。
② [美]约翰·罗尔斯:《正义论》,何怀宏、何包钢、廖申白译,中国社会科学出版社1988年版,第1页。
③ 《列宁选集》第3卷,人民出版社1995年版,第201页。

误的重要机制,是防止公共权力滥用的有效方式,是维护社会政治稳定最积极的一种形式。③自由。自由是人生思考和追求的重要价值,匈牙利诗人发出"若为自由故,二者皆可抛"的激情自由追求。谢林曾认为:自由概念与整个世界观(a total world view)相联系,如果二者的关系未能解决,则哲学将变得没有价值。① 有学者指出,"自由对于马克思来说,已经不是解释世界的抽象概念,它实际上就是人的生命、生活的目的与实现,就是人本身"②。自由是因强制或障碍的不存在而能够按照自己的意志进行的行为。自由在性质上可分为:消极自由是一种被容许的、被动的、别人做主而给予我的自由,是我得到社会或别人的容许而被动地得到的自由,是别人不干涉我从而赋予我的自由,是"免于……的自由(free from)";积极自由是主动的、自己做主的自由,是自己赋予自己、自己使自己自由的那种自由,是"做……的自由(free to)"。④人道和仁爱。人道主义是以人类利益和价值为中心的一种学说。它反对超自然主义,把人看作自然对象,肯定人的基本尊严和价值,以及人运用理性和科学方法获得自我完善的能力。萨特说:"人道主义一词,有两种大不相同的意义。一是用以指一种把人视为目的或高级价值的学说……人道主义还有另一种意义。它的基本意思是如此,人经常超越自己。"③就此看,人道主义有两方面意义:一是视人本身为最高价值从而主张把任何人首先当作人来爱、来善待的博爱人道主义;一是视人本身的自我实现为最高价值的自我实现人道主义。孙中山等人曾高度肯定和赞扬作为中国传统伦理思想精粹和支柱的仁爱精神:"仁爱也是中国的好道德。……把仁爱恢复起来,再去发扬光大,便是中国固有的精神。"(《孙中山选集·三民主义·民族主义》)社会主义人道主义以人为本,提倡人与人之间的理解、尊重、关心和帮助;提倡人们超越公正的规则和现实缺陷,胸怀仁爱、博爱之心,见义勇为、乐善好施。核心价值构成道德自我社会生活与理想追求的基本价

---

① F. W. J. Schelling : *Philosophical Inquiries into the Nature of Human Freedom*, Open Count, 1989, p9.
② 高清海、胡海波、贺来:《人的类生命与类哲学》,吉林人民出版社1998年版,第443页。
③ 沈恒炎、燕宏远:《国外学者论人和人道主义》第一辑,社会科学文献出版社1991年版,第405页。

值理念。

(三)集体主义价值原则和为人民服务宗旨的弘扬

1. 集体主义基本原则

集体主义产生于无产阶级革命斗争的实践中,奠基于无产阶级的根本与整体利益之上。资本主义社会中的大工业生产,锻铸了现代无产阶级,造就了无产阶级的革命集体,培养了无产阶级的集体主义精神,"资产阶级无意中造成而又无力抵抗的工业进步,使工人通过结社而达到的革命联合代替了他们由于竞争而造成的分散状态"①。无产阶级认识到,眼前的利益、暂时的利益、局部的利益要服从民族、长远的利益,服从无产阶级的最后解放的利益和全局的利益,共产党人作为无产阶级先进分子,他们没有与这个阶级不同的特殊个人利益,个人利益与整个阶级的利益是一致的,即消灭私有制,在革命运动中代表着运动的未来,"一方面,在无产者不同民族的斗争中,共产党人强调和坚持整个无产阶级共同的不分民族的利益;另一方面,在无产阶级和资产阶级的斗争所经历的各个发展阶段上,共产党人始终代表着整个运动的利益"②。集体利益代表着无产阶级争取政治解放和未来生产生活中的根本保障和利益基础,社会集体的利益高于个人的利益,个人利益服从社会集体的利益;在保证集体利益的前提下,使个人利益得到切实、正确的保证,"它既不会是'爱的原则'或 devouement[自我牺牲精神],也不会是利己主义"③。集体主义社会主义公有制的确立,为集体主义奠定了坚实的经济基础,集体主义充分反映了社会主义公有制经济基础的本质要求,并在社会主义建设的历史进程中不断发展。真正的集体主义道德原则应该达到:其一,以利益为基础,在集体中兼顾和统一个人与集体利益。在以往人类优秀伦理文化基石和社会主义运动中发展起来的社会主义集体主义精神,第一次正确地解决了道德的根本问题——个人利益与集体利益的关系问题,它抛弃了东方社会家族主义抹杀个人利益的糟粕,否定了西方传统个人主义推崇

---

① 《马克思恩格斯选集》第 1 卷,人民出版社 1995 年版,第 284 页。
② 《马克思恩格斯选集》第 1 卷,人民出版社 1995 年版,第 285 页。
③ 《马克思恩格斯全集》第 3 卷,人民出版社 1960 年版,第 516 页。

个人利益至上的偏失,在社会整体利益高于个人利益的前提下,坚持个人、集体和国家三者利益相结合、相兼顾;在个人利益服从集体利益的前提下实现个人利益与集体利益的有机统一和结合的集体主义原则,是无产阶级革命斗争中道德的基本原则和核心内容,也是当代中国社会主义伦理文化、道德建设的指导思想和个体道德自我价值建构与实践的基本指导原则,集体主义最能反映社会主义经济关系内在本质及其广大群众的根本利益需求,必然贯穿于婚姻家庭道德、职业道德以及社会公德的具体实践中。马克思指出:"每个人追求自己的私人利益,而且仅仅是自己的私人利益;这样,也就不知不觉地为一切人的私人利益服务,为普遍利益服务。关键并不在于,当每个人追求自己私人利益的时候,也就达到私人利益的总体即普遍利益。……关键倒是在于:私人利益本身已经是社会所决定的利益,而且只有在社会所创造的条件下并使用社会所提供的手段,才能达到;也就是说,私人利益是与这些条件和手段的再生产相联系的。"①个体利益被社会利益所决定,个体利益的获得受社会历史条件、手段所制约,市场主体和社会个体成员在追求个人利益的同时,一定要兼顾他人、社会利益,遵循互利原则。"个人和集体之间、个人利益和集体利益之间没有而且也不应当有不可调和的对立。不应当有这种对立,是因为集体主义、社会主义并不否认个人利益,而是把个人利益和集体利益结合起来。"②其二,集体主义道德原则的出发点和归宿是人的全面而自由的发展。苏联伦理学家季塔连柯在对道德评价标准论证方面提出:"社会利益、社会福利是个人在道德上最高的东西;个人发展的福利和利益是社会的最高自在目的。"③人们认识到,"生产劳动给每一个人提供全面发展和表现自己全部的即体力和脑力的能力的机会,这样,生产劳动就不再是奴役人的手段,而成了解放人的手段,因此,生产劳动就从一种负

---

① 《马克思恩格斯全集》第 46 卷(上),人民出版社 1979 年版,第 102~103 页。
② 《斯大林选集》下卷,人民出版社 1979 年版,第 354~355 页。
③ [苏]А. И. 季塔连柯:《道德意识的结构》(伦理学—哲学研究的经验),引自[苏]Л. M. 阿尔汉格尔斯基:《马克思主义伦理学的对象、结构、基本方面》,中国社会科学出版社 1990 年版,第 151 页。

担变成一种快乐"①。由于个体只有在社会集体中才能全面发展自己的个性,意味着真正的集体主义道德原则包含着个体对集体的道德要求,要求通过集体领导的改善、集体本身制度的改善、集体物质基础和集体文化的改善,克服集体的虚妄性,逼近和趋近于真实集体;社会主义条件下,集体主义道德原则从不抹杀或压抑个人利益的获得,个人利益的牺牲都是实现人的全面自由发展的手段,集体必须关心、保障和满足个人的正当利益,为个人的发展、个体主动性和创造性发挥创造积极条件,使个体对集体产生感情上的共鸣,激发个体的责任意识和道德主动性,在内心深处接受和自觉践行集体主义。其三,集体主义原则坚持集体利益与个人利益的结合,坚持社会整体利益高于个人利益,要求个人为增进社会集体利益贡献自己的力量,在个人利益与集体利益发生矛盾又不能兼顾的时候,个人利益应当自觉服从整体利益。

2. 为人民服务精神宗旨

马克思和恩格斯在《共产党宣言》中宣称:"过去的一切运动都是少数的或者为少数人谋利益的运动。无产阶级的运动是绝大多数人的、为绝大多数人谋利益的运动。"②历史唯物主义认为,人类社会的发展过程就是人民创造历史的过程,人民群众是历史的创造者,是推动历史前进的决定力量,个人的利益存在于人民的利益中。因此,作为先进生产力代表的无产阶级必须把为人民服务作为人生目的,并献身于全心全意为人民服务的革命事业,自觉服从整体利益高于个人利益的原则。毛泽东曾指出:"为什么人的问题,是一个根本的问题,原则的问题。"③"共产党人的一切言论行动,必须以合乎最广大人民群众的最大利益,为最广大人民群众所拥护为最高标准。"中国共产党人把"为绝大多数人谋利益"概括为"为人民服务",并把"坚持全心全意为人民服务"作为自己的根本宗旨郑重地写进《中国共产党章程》;《公民道德建设实施纲要》强调:"为人民服务作为公民道德建设的核心,是社会主义道德区别和优越于其他社会形

---

① 《马克思恩格斯选集》第 3 卷,人民出版社 1995 年版,第 644 页。
② 《马克思恩格斯选集》第 3 卷,人民出版社 1995 年版,第 283 页。
③ 《毛泽东选集》第 3 卷,人民出版社 1991 年版,第 857 页。

态道德的显著标志。它不仅是共产党员和领导干部的要求,也是对广大群众的要求。"为人民服务思想作为社会主义道德建设的核心决定于社会主义社会的性质:以生产资料公有制为经济主体,决定了我国的生产关系乃至一切社会关系中,人民的利益和人民群众的主人翁地位成为主导方面,在政治上是工人阶级和劳动人民当家做主,从根本上保障人民的利益;公有制经济主体地位所决定的社会主义性质,从根本上决定了个人利益与人民利益的一致性,决定了人民根本利益的至上性,必然是为人民服务精神;为人民服务精神的道德价值核心地位决定于社会主义的本质:"社会主义的本质是解放和发展生产力,消灭剥削,消除两极分化,最终实现共同富裕。"①社会主义本质是社会主义社会的根本性和内在规定性,是社会主义制度的集中反映,是社会主义与人类社会历史上其他一切社会相区别的根本依据;人民是生产力的主体和社会发展的主人,解放和发展生产力,必须从根本上通过不断满足人民群众日益增长的物质和文化生活需要,充分调动广大人民群众生产劳动的积极性、主动性和创造性;社会主义建设和发展的根本目的是为了全体人民群众的根本利益和共同利益,必须坚持一切为了人民,一切服务于人民,使人民走上共同富裕之路。牢固地树立全心全意为人民服务的思想,必须站在无产阶级和人民大众的立场上,培养起热爱人民的思想和感情;关心人民群众疾苦,想人民之所想,急人民之所急,时刻想着人民的利益、人民的权利和人民的幸福;通过实践活动自觉贯彻到日常工作和日常生活中,贯穿于社会公德、职业道德和家庭美德实践中,推动在全社会形成良好的社会风尚,建立团结互助、平等友爱、共同前进的新型人际关系,以此作为道德自我人生与道德确定不移的价值宗旨。

当代中国社会,以德治国方略、公民伦理建设构成了道德自我价值的动因和客观基础;社会主义核心价值体系、核心价值观念分别构成了道德自我价值构基的指导思想和具体原则;集体主义、为人民服务思想分别构成道德自我价值的基本原则和精神宗旨。

---

① 《邓小平文选》第 3 卷,人民出版社 1993 年版,第 373 页。

第四章 道德自我的内在价值基源与精神追求

道德自我价值的设立、提升,既被认定具有个体自然善性基础而予以善存回返,做到尽心、知性、乐命、事天,也在于个体依据社会价值观念和规范克制感情欲望,合理调节自在需要和个体利益,实现自然与必然的统一,个体与社会的协调,达到理想的道德人格和自由境界,并为外在的道德行为实践奠定坚实的德性基础和价值本源。如戴震所解:"性之欲,其自然之符也;性之德,其归于必然也;归于必然适全其自然,此之谓自然之极论。"(《原善上》)"善,其必然也;性,其自然也;归于必然,适完其自然,此之谓自然之极致,天地人物之道于是乎尽。"(《孟子字义疏证下》)或者说"道德孕育于本能,滋长于习俗,繁荣于反省"[①]。道德自我的价值建构和实现,以内在善性良知为逻辑起点,以理性对感性物质欲望调节,道德修养与超越的精神境界为价值保证。

第一节 道德自我的伦理自然主义基础与内倾修养

伦理自然主义在中西方伦理思想中占有重要理论地位,古希腊晚期斯多亚学派强调合乎道德的生活即是"顺应自然而生活",芝诺在《论人性》中谈道:"至善就是明显地依照自然而生活,也就是依照道德而生活,

---

① 黄建中:《比较伦理学》,山东人民出版社1998年版,第80页。

因为自然引导我们走向道德。"①意在告诫人们依照人自己的和普遍的本性而生活,最高的本性在于内心的宁静淡泊和灵魂的完善;德国近代哲学家费尔巴哈认为,道德是一种依循自然的倾向而行为,"道德不是别的,而只是人的真实的完全健康的本性……真正有道德的人,不是根据义务,根据意志而有道德,而是根据本性就是有道德的"②。伦理自然主义以自然主义人性作为道德哲学基本前提,从所谓一切人都具有的、永恒的、不变的生物本性、心理本能产生的需要中推论出人的道德,把德性奠定在经验性东西之上,坚信人普遍具有内在的自然善性基础,"在人的本性中的确包含天生的道德能力,这构成了自然主义伦理学的初步基础"③。以伦理自然主义为基础,道德修养的重要途径和任务在于持守和回返个体内在的善性良心,这在中国传统哲学中得到特别鲜明的论证和表述,具有普遍的社会心理支持和强力的儒家理论认同。

一、性善的自然主义本性基础

人性和人心所内在具有的自然和潜隐特质,是人们追索人类区别于其他物种的特有价值、本质的由来已久的根本问题。以"生动活泼怵惕恻隐之仁心"的善性良知和人性本心为内在价值基源,道德自我既是天命本性使然,也是人类共同文化生活的薪传涵养所致。

(一)性善论的自然主义本性

尽管中国历史上和思想界有众说纷纭的"性无善无恶论"、"性恶论"、"性三品论"等论点,然而以孟子为端启和代表,后经宋明时期程朱、陆王等人进一步光扬的"性善论"、"良知良能说"是中国传统伦理思想中广为人们接受和占主导性的关于道德本性和价值起源的理论。孟子认为:"君子所性,仁义礼智根于心。"(《孟子·尽心上》)"人之不学而能者,其良能也;所不虑而知者,其良知也。"(《孟子·尽心上》)"仁、义、

---

① 周辅成编:《西方伦理学名著选辑》上卷,商务印书馆1964年版,第215页。
② [德]费尔巴哈:《幸福论》,引自《西方思想宝库》,吉林人民出版社1988年版,第592页。
③ 倪梁康:《道德本能与道德判断》,载《哲学研究》2007年第12期,第72~78页。

礼、智,非由外铄我也,我固有之也。"(《孟子·告子上》)仁、义、礼、智之善性是"人之所异于禽兽者几希"、"犹其有四体"而存的人之生命本质、本然属性以及不学而能、所不虑而知的良知良能;以性善和良知为价值基础,体察人间"五伦实体"及其内隐德质,坚信"人人可以为尧舜"的乐观、普适性道德理想,对孔子"仁爱"思想予以承继和阐扬。宋明时期理学思想家以天理、良知宣扬性善,程颐认为"在天为命,在义为理,在人为性,主于身为心,其实一也"。"性无不善,而有不善者,才也。性即是理,理则自尧舜至于涂人,一也。才禀于气,气有清浊。"(《二程遗书》卷十八)朱熹指出:"心之本体,未尝不善。"(《朱子语类》卷五)"仁者,天之所以与我而不可不为之理也;孝弟(悌)也者,天之所以命我而不能不然之事也。"(《论语或问》卷一)"自天之生此民,而莫不赋之以仁义礼智之性,叙之以君臣父子兄弟夫妇朋友之伦,则天下之理,固已无不居于一人之身矣……然君之所以仁,臣之所以敬,子之所以孝,父之所以慈,朋友之所以信,皆人心天命之所以然,非人为之所能为业。"(《朱文公文集》卷十五《经筵讲义》)表达仁义礼智、恭敬孝慈之心的天然本源意义,并且以天理、天命的形上维度认定善性在人心中的普遍性、至上性,"理在天地间时,只是善,无有不善者。……只是这理,在天则曰'命',在人则曰'性'";"仁义礼智是性之体,性之中只有仁义理智"(《朱子语类》卷五)。"性即天理也,未有不善者也","仁义根于人心之固有,天理之公也"(《孟子集注》)。人性是所谓"天命之性"或曰"天地之性",根本属性在于"仁而已矣",其是人间百行万善的根源。心学思想家陆九渊认为:"人皆有是心,心皆有是理,心即理也。"(《陆九渊集·与李宰书》)"仁义者,人之本心也。"(《与赵太监书》)"仁即此心也,此理也……此吾之本心也。"(《与曾宅之》)仁心良善是"我固有之"、人皆有之、"本无少欠"、普遍和永恒的"本心";王阳明认为:"性无不善,故知无不良。"(《答陆静原书》)认为善性"良知"与天理照应,"吾心之良知,即所谓天理也。致吾心、良知之天理于事事物物处,则事事物物皆得其理也矣"(《答顾东桥书》)。"良知是天理之昭明灵觉处。故良知即是天理,思是良知之发用。"(《传习录中》)"人心本是天然之理,精精明明,无纤介染著,只是一无我而已。"(《传习录下》)人心是先验的纯粹道德主体,道德行为出乎主体内在潜势,"凡意念之发,吾心之良知自知之。其善欤,惟吾心之良知自知之,其不善欤,亦惟吾心之良知自知之,是皆无所与于他人者"(《王文成公全书》卷二十六《大学问》)。"若良知之发,更无私意障碍,即所谓充其恻隐之心,而仁不可胜用矣。"(《传习录上》)以心外无理、"心理合一"的本然良知说,充分肯定人心天然良善,揭示人性和道德自我潜在的内在价值基源。继善成性是人生要务和根本,北宋道学家张载曾称述:"进德修业,欲成性也,成性则从心皆天也,所以成性则为之圣者。"(《横渠易说·上经》)当代新儒家熊十力对儒学人性本善思想有深刻洞悟并予以光扬,认为人"本心即是性",性无漏纯善,"人生自有照明、纯粹之本性在。痴惑毕竟不能障性也。孔子敦仁之学,直以本性为依据,从人生真善美的方面发展"①。他指出清澈纯一、本心始源的"人性本善乃《周易》、《论语》、《大学》、《中庸》、《孟子》所共同倡导和儒学人性论的本质所在"②。英国思想家斯密以人天然具有的同情等情感而坚信,"对美德的爱好,是人类天性中最高尚和最美好的激情"③。本能良知说在西方思想界得到广泛认同和关注,德性的起点和最终栖息地是人的自然纯朴内心和未受污染的灵魂。

(二)同情、互助的先天自然性与社会本能倾向

人类学家通过观察,发现性善不但是人类社会现实生活中自然倾向性本性,还是从动物界到人类社会进化进程中普遍存在的客观自然和社会事实。达尔文进化理论认为,"无论什么动物,只要它具有明显的社会本能(social instinct)(包括亲子和孝顺的本能),当它的智力发展到人的水平或接近人的水平时,它就一定能获得道德感或良心……(同情心)是社会本能的本质部分,也是社会本能的基础"④。著名动物学家凯士勒在《论互助的法则》中认为,在大自然中,除了互争的法则以外,还有互助的

---

① 《现代新儒学的根基——熊十力论著辑要》,中国广播电视出版社 1996 年版,第 180 页。
② 参看柴文华:《中国人伦学说研究》,上海古籍出版社 2004 年版,第 34 页。
③ [英]亚当·斯密:《道德情操论》,蒋自强等译,商务印书馆 1997 年版,第 407 页。
④ [英]达尔文:《人类的由来》,引自《西方伦理学名著选辑》下,商务印书馆 1987 年版,第 272~273 页。

法则,而这个法则,对生存竞争的胜利,特别是对物种的进化来说,比互争的法则更为重要得多。俄国理论家克鲁泡特金通过长期的考察、认真的观察得到的详尽的资料揭示,"互助"和"互助法则"是一切生物包括人类在内进化的本能因素和真正法则,人类的天性中,生来就有合群以及互相帮助和支援的需要,互助倾向起源遥远,而且是和人类过去的一切进化极为密切地交织在一起的,"互助-正义-道德实为我们由于研究动物界和人类之结果才知道的精神状态之一个递升的系列之连续的步骤。它们构成了一个有机的必然,后者自有其正当的依据,而且又为那最初的阶段(在最原生的有机体的聚合体之形态下)开始,渐次升到现代文明的人类社会之动物界的进化全体所证实,换句话说,这便是有机的进化之普遍的法则:互助、正义及道德之所以得以一个先天的本能之全力量来深植于人心中,就是这个缘故"①。互助和良知是我们的道德观念的真实基础,在个体德性成长和人类道德的进步中,起主导作用的是良知互助而不是互争,"社会在人类中的基础,不是爱,甚至也不是同情,它的基础是人类休戚与共的良知——即使只是处于本能阶段的良知。它是无意识地承认一个人从互助的实践中获得了力量,承认每一个人的幸福都紧密依赖一切人的幸福,承认使个人把别人的权利看成等于自己的权利的正义感或公正感。更高的道德感就是在这个广泛而必要的基础上发展起来的"②。人本主义者马斯洛提示我们:通过细致入微地研究动物中与人类关系最接近的类人猿,人们发现这些动物在幼小的时候是如此的可爱、富于合作精神和友好,以至于在某些群体中我们几乎看不到任何形式的、不管是为什么原因而采取的残暴的进攻性行为,有关原发性的恶意进攻的证据几乎完全找不到或很少,更多的则是派生性、反应性和功能性的,相反,我们却能找到大量有关友爱、合作精神甚至利他主义的证据;对人类观察也表明,我们在自我实现者身上看到的每一种人格特征,所有可爱的、令人钦佩和羡慕的品质都可以在婴儿身上见到,人们之所以如此喜爱婴儿、需要

---

① [俄]克鲁泡特金:《伦理学的起源和发展》,引自《西方伦理学名著选辑》下卷,商务印书馆1987年版,第575页。
② [俄]克鲁泡特金:《互助论》,李平沤译,商务印书馆1984年版,第12页。

儿童,一个原因就是,儿童在他们生活的头一两年完全没有明显的邪恶、仇恨或恶意。① 启蒙思想家卢梭坚信作为纯朴灵魂的崇高科学的德行铭刻在每个人的心里,"怜悯心是一种自然的情感,它能缓和每一个人只知道顾自己的自爱心,从而有助于整个人类的互相保存。……它能使每一个身强力壮的野蛮人宁可到别处去寻找到食物,也不去抢夺身体柔弱的孩子或老人费了许多辛苦才获得的东西。在训导人方面,它摒弃了'你们愿意人怎样待你们,你们也要怎样待人'这样一句富于理性和符合公正原则的精辟格言,而采用'在谋求你自己的利益时,要尽可能不损害他人'这样一句出自善良天性的格言。尽管这句格言没有前一句格言完善,但也许更有用处。总而言之一句话,我们不应该在高深的理论中而应当在这种自然的情感中去寻找人即使没有受过教育的熏陶也不愿意做恶事的原因"②。他告诫人们,只要返求自我,在感情宁静的时候谛听自己良知的声音就足够立身行善,并称这是真正的哲学。③

二、性善的社会文化和现实生活基础

善性、互助倾向既是人类特有并且深植于个体心性之中,也有着一定的社会文化传承以及现实生活经验基础;德性的养成既以个体的潜能为内在根据,又展开为一个包含多重内容的历史过程。与个体的社会化相适应,德性的培养既以已有潜能为出发点,又展开为一个化天性为德性的过程;主体的潜能在后天作用过程中化为现实德性之后,本身又成为德性进一步提升的新的根据,为德性的培养提供了更高层面的出发点,而新的实践又赋予内在根据以新的内涵。

(一)性善的文化基因基础

传统思想以及现代心理学家认为人先天地存在着善或恶的本能,而善的本能可能成为道德价值来源的潜在因素;文化人类学则揭示了"文

---

① [美]马斯洛:《动机与人格》,魏金声等译,华夏出版社1987年版,第140~141页。
② [法]卢梭:《论人类之间不平等的起源》,李平沤译,商务印书馆2007年版,第75页。
③ [法]卢梭:《论科学与艺术》,何兆武译,商务印书馆1963年版,第37页。

化遗传"这一现象,人类文化可以通过一代又一代的教育获得遗传:一方面,某种观念、思维方式可能在人类的延续过程中形成集体无意识,成为一群人的文化基因并遗传下去;另一方面,人出生后即在某种特定的文化背景中生活、成长,接受这种文化的熏陶和教育,最后在他身上形成与这种文化相适应的人格和文化特征。以天性、潜能为形式的内在德性往往蕴含和刻铸着历史文化的影响,"现今文化上的进化过程,比生物学上的进化更为迅速和有效。……获得和传递文化特征的能力,就成为在人种内选择上最为重要的了"①。美国社会生物学家威尔逊试图通过社会科学和自然科学结合的方法,对一些动物的类社会性行为的生物学基础进行系统研究,起初他的研究结论是,"有机体只是 DNA 制造更多 DNA 的工具",人类社会中的复杂的社会行为只不过是复制、增加自身的一种基因技巧;又经过数年的努力研究,威尔逊修改了自己的理论,提出了人从进化枝上诞生以后受生物基因和"文化基因"双重影响的新论点:人不仅受生物基因规律的支配,还能选择、控制、改变生物基因为人服务,在某种程度上,文化直接决定着人类的命运,人在进化的基础上,有着独特的通过文化来"优化"自身的规律;文化进步的力量不断把原本是外在于人的生物属性的东西,经过长期的传递、惯性、积淀后变成人自身精神或思维的一部分,"每种动物所意欲的目标,都是那构成它本性的各种生命功能的正常运行。每种动物都希望过符合自己性质的生活,这种天赋性质在冲动中显示自己,支配着动物的行动。这个公式同样适合于人,他希望过一种人的生活,在这种生活里包含着人的一切,也就是说,过一种精神的、历史的生活,在这种生活里为所有属于人的精神力量和性格都留有活动的空间"②。如果说人类最初的道德是来自共同体或社会共同生活的需要,人类在追求自身的不断发展与完善的过程中,则不断将原本是社会对其成员所提出的外在规范变成人自身的德性,诉诸内心的要求,也不断将原本是对社会要求的道德规范的遵守转化为对道德的信仰,使道德的至

---

① [美]杜步斯赞:《遗传学与物种起源》,谈家桢译,科学出版社1964年版,第289页。
② [美]弗兰克·梯利:《伦理学导论》,何意译,广西师范大学出版社2002年版,第166页。

善成为人类社会的特征以及所追求的终极价值目标之一,在人的发展过程中逐渐内化为人生命的一部分特性,"刚从自然中脱胎而出的人,既是一个理智存在物,又是一个社会的存在物,他的社交性是在一个小规模的共同体中找到一席位置的,而他的理智则是专为进一步过个人和团体生活而设计的"①。人们天然的善性和同情有着一定的局限和不稳定性,后天社会生活中的理性和实践将这种因素发掘、提炼和升华。达尔文通过观察论证后说:"我们的道德感或良心,始于一些社会性的本能,中途在很大程度上受到别人秽语的指引,又受到了理性、个人利害的考虑以及在更后来的一些时代里、一些深刻的宗教情绪的制裁约束,而终于通过教诲与习惯,取得了稳定与巩固。"②道德不仅是源于人的生命存在与发展的需要而产生,而且在人类的发展过程中,道德受文化的遗传和教育的影响逐渐由外在的道德规范而变成人的内在规定性,"该义务愈加倾向于成为必然性,在其绝对方面愈加接近本能"③。

(二) 合作的现实生活价值

人们的善性和具有道德内倾价值的良心,一定程度来自于生物和文化遗传,更主要受助于现实生活中对共同生活和合作经验的真实体验与总结。历史上思想家告诫人们,以义制利能使个体通过自我约束而适当协调彼此间的利益关系,"苟公其心,不失其正理,则与众同利,无侵于人,人亦欲与之。若切于好利,蔽于自私,求自益以损人,则人亦与之争,故莫肯益之,而有击夺之者矣"(《周易程氏传》卷第三《周易下经上》)。明儒王艮以现实生活经验和心理佐证,"爱人者人恒爱之,信人者,人恒信之,此感应之道也"(《明儒王心斋先生遗集·勉仁方示诸生》)。"明哲,良知也。明哲保身者,良知良能也。知保身者,则必能爱身,则不敢不爱人。能爱人,则人必爱我,人爱我则吾身保矣。"(《明儒学案·心斋先生遗集·明哲保身论》)在良好的社会中,健康社会状况下的个人利益与

---

① [法]柏格森:《道德与宗教的两个根源》,引自卡西尔:《人论》,上海译文出版社2003年版,第139页。
② [英]达尔文:《人类的由来》,潘光旦、胡寿文译,商务印书馆1983年版,第204页。
③ [法]亨利·柏格森:《道德与宗教的两个来源》,王作虹、成穷译,贵州人民出版社2000年版,第24页。

社会利益是合作而不是对抗的。斯宾诺莎认为:"经验告诉我们,通过人与人的相互扶助,他们更易于各获所需,而且唯有通过人群联合的力量才可易于避免随时随地威胁着人类生存的危难。"①霍尔巴赫力图向人们证明,"人为了自身的利益必须要爱别人,因为别人是他自身幸福所必需的……道德向他证明,在一切存在物中,人最需要的是人";"真正的道德也像真正的政治一样,其目的是力求使人们能够为相互之间的幸福而共同努力工作。凡是把我们的利益同我们同伴的利益分开的道德都是虚伪的、无意义的、反常的道德";"爱别人……就是把自己的利益同我们同伴的利益融合在一起,以便为共同的利益而工作……美德不外就是组成社会的人们的利益"②。克鲁泡特金以事实观察论证,人的天性合作除了本能因素外,在现实生活中更得到经验的支持,"合群的习性在大自然中以及在动物和人类逐步进化中所具有的巨大重要性:证明它能使动物更好地防御敌人,时常使它们更易于获得食物(冬粮、移居等)和长寿,因而也更易于发展智力;证明它使人类除了获得上述的利益以外,还能使他们虽然在历史上历经沧桑,但仍能建立种种组织,使他们在对大自然的艰苦斗争中能够生存下去和取得进步"。在今天的人类生活中,互助和互援的原则愈发起着巨大的作用,"随着进化阶段的越来越高,我们便发现联合越来越成为有意识的了。它失去了纯粹的生理性,它已经成为理智的联合而不再只是本能的联合了"。"在工业发展方面,也和其他征服自然的行动一样,互助和紧密的联系肯定是,也一向是比竞争更有利得多。"由此而呼吁人们对团结互助的认同,"'所以,团结起来——实行互助吧!这是给个体和全体以最大安全,给他们以生存、体力、智力、道德和进步的最有保证的最可靠办法。'这就是自然对我们的教导"③。心理和社会学家马斯洛以观察和心理分析认为,达到人生最高成就感的自我实现者比其他成年人,具有更深刻和深厚的人际关系,他们比一般人具有更多的融合力、更崇高的爱、更完美的认同以及更多的摆脱自我限制的能力;自我

---

① [荷兰]斯宾诺莎:《伦理学》,贺麟译,商务印书馆1999年版,第19页。
② 《马克思恩格斯全集》第2卷,人民出版社1957年版,第169~170页。
③ [俄]克鲁泡特金:《互助论》,李平沤译,商务印书馆1984年版,第14、59、264、77页。

实现者在一切人中既是最有个性的,又是最富有利他主义精神的、最喜欢交际和最富有爱人之心的。① 通过社会交往对普遍价值的认同以及道德责任和义务的自觉内化,是个体自我实现的必然与根本途径。

三、伦理自然主义基础的道德修养论

自在的良善和良知本性决定了个体道德修养基本途径及其意义在于通过后天反求诸己、反身而诚和自我慎独的道德修养,超越于内在自然欲望和外在世俗功利的诱惑而回复良善本心,表达传统文化对伦理自然主义的自信,并且是道德自我价值实现的重要精神保证和不断磨砺、提升的力量。

(一)反求诸己、慎独致良知

反躬自问、反求诸己的传统德性修养应针对内在善性良知的坚守、自我发掘和自觉提升。古希腊哲人苏格拉底告诫人们:"没有反思的人生是不值得过的。"孔子持守"吾日三省吾身"(《论语·学而》),提示人们,"为仁由己,而由人乎哉?"(《论语·颜渊》)"我欲仁,斯仁至矣。"(《论语·述而》)要求学生经常反躬自省:"见贤思齐焉,见不贤而内自省也。"(《论语·里仁》)"君子有九思,视思明,听思聪,色思温,貌思恭,言思忠,事思敬,疑思问,忿思难,见得思义。"(《论语·季氏》)表达"君子求诸己"修养特征,"孔子的教训总是指点人回头看自己,在自家本身上用力,唤起人的自省(理性)与自求(意志)"②。孟子认为由于环境的侵染和主观不努力,造成丧失本善良心,"富岁子弟多赖,凶岁子弟多暴。非天降才尔殊也,其所以陷溺其心者然也"(《孟子·告子上》)。为保持善端良心而强调存心养性求放心,通过寡欲、诚意、自反、养浩然之气以回返仁心,是内在德性或道德意识涵养的根本途径。"学问之道无他,求其放心而已矣。"(《孟子·告子上》)"求则得之,舍则失之,是求有益于得也,求在我

---

① [美]马斯洛:《动机与人格》,魏金声等译,华夏出版社1987年版,第234~235页。
② 梁漱溟:《中国民族自救运动之最后觉悟》,引自《梁漱溟集》,群言出版社1993年版,第218页。

而已矣。"(《孟子·尽心上》)"仁,人之安宅也;义,人之正路也。旷安宅而弗居,舍正路而弗由,哀哉!"(《孟子·离娄上》)"仁,人心也;义,人路也。舍其路而弗由,放其心而不知求,哀哉!"(《孟子·告子上》)严格的自律和道德自觉充分表达自我在道德修养和实践中的主体性、主观能动性。"爱人不亲,反其仁;治人不治,反其智;礼人不敬,反其敬。行有不得皆反求诸己。"(《孟子·离娄上》)"尽其心者,知其性也;知其性,则知天矣。存其心,养其性,所以事天也。"(《孟子·尽心上》)自我反省和求责能实现同诸尧舜、通其大体的"大人"或君子道德理想。宋明理学家承认人有精浊斑驳的自然欲求之性,更主张通过存养穷理、变化气质而回返本善的天地之性,"形而后有气质之性,善反之则天地之性存焉"(张载《正蒙·诚明》)。朱熹认为:"此理初无内外本末之间,凡日用间涵泳本源,酬酢事变,以至讲说论变,考究寻绎,一动一静,无非存心养性,变化气质之实事。"(《朱文公文集》卷四十三《答李伯谏》)"明德者,人之所得乎天,而虚灵不昧,以具众理而应万事者也。但为气禀所拘,人欲所蔽,则有时而昏。然其本体之明,则有未尝息者,故学者当因其所发而遂明之,以复其初也。"(《大学章句集注》)以对天命之性同于天理的体认,认为德性修养的根本途径和任务在于回复天命之善性。南宋时期陆九渊认为万物皆备于我,在自立而已,强调和主张:"收拾精神,自作主宰,万物皆备于我,有何欠阙?当恻隐时自然恻隐,当羞恶时自然羞恶,当宽裕温柔时自然宽裕温柔,当发强刚毅时自然发强刚毅。"(《陆九渊集》卷三五《语录》)提出自存、回复"本心"以"保吾心之良","古人教人,不过存心养心,求放心。此心之良,人所固有,人惟有不知保养而反戕贼放失之尔。……保养灌溉,此乃为学之门,近德之地"(《陆九渊集》卷五《与舒西美》)。"心之体甚大,若能尽我之心,便与天同。"(《陆九渊集·语录》)王阳明认为真正的学问功夫只是克己内求,"求理于吾心","是非之心,不虑而知,不虑而能,良知之在人心,无间于圣愚,天下古今之所同也。世之君子惟务致其良知,则自能公是非,同好恶"(《传习录中》)。"若良知之发,更无私意障碍,即所谓充其恻隐之心,而仁不可胜用矣。"(《传习录上》)"只致良知,虽千经万典,异端曲学,如执权衡,天下轻重莫逃焉。"(《王文成公全书》卷二十六《五经臆说十三条》)"心,一而已。以其全体恻怛而言谓之仁,以其得宜而言为之义,以其条理而言谓之理。不可外心以求仁,不可外心以求义,独可外心以求理乎?"(《传习录》中)"心得其宜之为义,能致良知则心得其宜矣。故集义只是致良知,君子之酬酢万变,当行则行,当止则止,当生则生,当死则死,酬酢调停,无非是致其良知以求自慊而已。"(《传习录》中)通过对自身行为动机的自省和求责,克除私欲障蔽达到复明天理良知。当代新儒家梁漱溟对儒家自反求仁的信念予以充分肯定,"儒家没有什么教条给人;有之,便是教人反省自求一条而已。除了信赖人自己的理性,不再信赖其他。这是何等精神! 人类便再进步一万年,怕亦不得超过罢";"中国古人之迥出寻常者,即在其有见于人心之清明正直,而信赖人自己。所谓一贯精神非他,即是倚乎自力,而非如西洋之必倚乎他力"①。反求诸己体现为慎独功夫,"道也者,不可须臾离也,可离非道也。是故君子戒慎乎其所不睹,恐惧乎其所不闻。莫见乎隐,莫显乎微,故君子慎其独也"(《中庸》)。荀子力倡"慎独"修养论以鼓励人们努力达到"至德"的理想人格。他说:"君子至德,嘿然至喻,未施而亲,不怒而威;夫此顺命,以慎其独也。"(《荀子·不苟》)在个人独处而无人觉察时仍需谨慎地遵行道德标准、严格自律的修养要求,开启了儒家"慎独"修养说的先河。刘昼形容慎独说:"不以视之不见而移其心,听之不闻而变其情"(《刘子·慎独》),"大学之道,诚意而已矣。诚意之功,慎独而已矣。意也者,至善归宿之地,其为物不二,故曰慎独"(《读大学》,《刘子全书》卷二十五)。朱熹强调:"是从见闻处至不闻不睹处皆戒慎了,又就其中与独处更加慎了。"(《朱子语类》卷六十三)梁漱溟将慎独视作孔门儒学修己之学的精髓,"修齐治平都在诚意上用功,都在慎独;慎独是贯内外的活动,亦即修身为本之实行(合内外之道,即知即行)"②。

(二)反身而诚固善本

传统伦理思想中,善性良知往往以天性之"诚"来表征。"诚"映现着天人交接、命性同构中人的天理本性,体现为人们在交往中忠于事实本

---

① 《梁漱溟全集》第3卷,山东人民出版社2005年版,第108、290~291页。
② 《梁漱溟全集》第7卷,山东人民出版社1990年版,第210页。

原、事物原貌,具有道德意义的固守善良本性的自觉性、澄明性以及诚实无欺的纯真态度。朱熹、戴震注曰:"诚者,真实无妄之谓,天理之本然也。"(《中庸章句》)"诚以心言,本也;道以理言,用也。"(朱熹《中庸章句集注》)"诚,实也;据《中庸》言之,所实者,智人士勇也;实之者,仁也,义礼也。"(戴震《孟子字义疏证下》)"诚"的价值意义源自与天命、道体的致一,是符合道体与真诚于心的统一,如孟子、子思等人所言,"诚者,天之道也,思诚者,人之道也。"(《孟子·离娄上》)"诚者,天之道也;诚之者,人之道也。诚者,不勉而中,不思而得,从容中道,圣人也。诚之者,择善而固执之者也。"(《中庸》)致诚在于通达和运施本真天性,"唯天下至诚,为能尽其性。能尽其性,则能尽人之性。能尽人之性,则能尽物之性。能尽物之性,则可以赞天地之化育,则可以与天地参矣","唯天下至诚,为能经纶天下之大经,立天下之大本,知天地之化育"(《中庸》),"人能至诚,则性尽而神可穷也"(张载《正蒙·乾称下》)。至诚达到天、地、人三才的贯通,实现人我、天人一体,揭示并赋予"诚"以天道意义,以之肯定仁爱、恻隐善心的真实性、可贵性。宋明理学家以"道统"精神和本体论高度界说本然天性之"诚",以之印证天理良知的一体,张载提出,"至诚,天性也","天所以长久不已之道,乃所谓诚","故君子诚之为贵"(《正蒙·诚明》);朱熹解释"诚"的本源说,"诚者,至实而无妄之谓,天所赋、物所受之正理也。人皆有之,而圣人之所以圣者无他焉,以其独能全此而已"(朱熹《通书解·诚上章》)。王阳明认定"诚是心之本体"(《传习录上》),肯定"诚"的道德价值,"诚是实理,只是一个良知"(《传习录中》)。传统思想和现实交往中认定"诚"德具有至上性,"诚者物之始终,不诚无物。是故君子诚之为贵,诚者非成己而已矣,所以成物也"(《中庸》)。"天地为大矣,不诚则不能化万物;圣人为知矣,不诚则不能化万民。……夫诚者,君子之所守也,而政事之本也。"(《荀子·不苟》)"诚者,圣人之大本。'大哉乾元,万物资始',诚之源也。'乾道变化,各正性命',诚斯立焉,纯粹至善者也。"(周敦颐《通书·诚上》)"诚,五常之本,百行之源也。……故诚则无事也。"(《通书·诚下》)"诚"被作为各种具体德性以及一切道德行为的心性根基和成就事业人生价值的动力。"反身而诚"是重要的本己修养方法,"万物皆备于我,反身而诚,乐莫大焉"(《孟子·尽心上》)。"诚身有道,不明乎善,不诚其身矣。"(《孟子·离娄上》)"诚之者,择善而固执之者也。"(《中庸》)"君子养心莫善于诚,致诚则无它事矣。唯仁为之守,唯义为之行。"(《荀子·不苟》)反身而诚是对主体自身善性、仁义之德的印证和自觉施行。传统思想中"诚"还往往被人们以"朴"、"婴孩"状态表示,印证天性本善,老子等人提倡对状如婴孩纯朴天真自然状态的持守,"常德乃足,复归于朴"(《老子》二十八章),"含德之厚,比于赤子"(《老子》)。"大人者,不失其赤子之心也。"(《孟子·离娄下》)"诚"体现着人们对自身善性、仁爱之心的信守。

(三)化德性为自然的精神境界

传统伦理思想重视道德教化的自然化,在实现自然的人化同时,德性培养还指向人的自然化,使德性自然化为人的第二天性,与人的存在融合为一,成为自身存在的内在规定;通过环境的影响、教育的引导以及理性的体认、情感的认同和自愿接受,外在的规范逐渐融合于自我的内在道德意识,并在实践中凝结为稳定的向善精神定势和德性,"完善的道德行为不仅具有自觉(合乎理性规范)和自愿(出于内在意愿)的品格,而且表现出自然的向度"[①]。以德性为其本体论前提的道德自我,是一种自觉、自愿与自然的统一的行为模式;崇高的道德修养表现为"从心所欲而不逾矩","诚者不勉而中,不思而得,从容中道,圣人也"(《中庸》)。通过德性修养,普遍的规范进入深层自觉意识,使道德行为相应地具有近乎自然的性质和内在崇高意义。魏晋时期玄学家王弼、嵇康等人主张名教、德行因循自然,"圣人达自然之性,畅万物之情,故因而不为,顺而不施"(《王弼集校释》《老子》第二十九章注)。嵇康认为,"推类辨物,当先求自然之理"(《声无哀乐论》),"矜尚不存乎心,故能越名教而任自然"(嵇康《释私论》)。宋明理学家注重于天理当然之则的自然内化,以之作为德性修养的理想目标,"仁人则须索做,始则须勉强,终则复自然"(《张载集·经学理窟》),"天者,理而已矣。大之字小,小之事大,皆理之当然也。自然合理,故曰乐天"(朱熹《孟子集注·梁惠王下》)。"圣只是做到极致处,

---

[①] 杨国荣:《伦理与存在——道德哲学引论》,上海人民出版社2002年版,第161页。

不待勉强,故谓之圣。"(《朱子语类》卷五十八)德性修养目的在于超越于外在强制和内心悖谬,"惟自然故久而不变;惟勉强,故有时而放矢"(《朱子语类》卷二十一),"一切事皆所当为,不必待著意做,才著意做,便是有个私心"(《二程遗书》卷十七),"内无所累,外无所累,自然自在。才有一些子意,便沉重了"(《陆九渊集》卷三五《语录下》)。明末思想家戴震对德性修养的目标表述为:"善,其必然也;性,其自然也;归于必然,适完其自然,此之谓自然之极致,天地人物之道于是乎尽。"(《孟子字义疏证》下)德性修养既是发挥自然潜能,又是将必然之善则通达于内心,达到安然无憾,实现内心与行动、自我与社会的有机统一,"就其自然,明之尽而无几微之失焉,是其必然也。如是而后无憾,如是而后安,是乃自然之极则"(《孟子字义疏证》上)。以自然为德性修养的目标和标志,体现为对个体自然德性价值的重视和弘扬,这是人们良心的真正形成,"人们在社会生活中,对他人和社会总要履行一定的道德义务,负有一定的道德责任。同样,人们在履行道德义务的过程中,也要这样或那样地把应负的道德责任变为内心的道德感和行为准则,形成自己的良心,从而自觉地调整自己的行为。良心是隐藏在人们内心深处的一种意识活动。如果说义务是自觉意识到的道德责任,那么,良心就是对道德责任的道德自觉意识"[1]。黑格尔对此也告诫人们说:"一个人做了这样或那样一件合乎伦理的事,还不能说他是有德的;只有当这种行为方式成为他性格中的固定要素时,他才可以说是有德。"[2]通过自反、自诚、慎独的修养,道德自我表现为对本真自然的自觉性契合、善性良知的自律性固守。

第二节 道德自我的内在自然和谐与理性主义修养

德国当代著名学者西美尔分析指出,"在每一个重要的文化时代,人们都可以发现一种精神并由之发生与之相适应的核心概念。每一种核心

---

[1] 罗国杰:《马克思主义伦理学原理》,人民出版社1982年版,第320~321页。
[2] [德]黑格尔:《法哲学原理》,范扬、张企泰译,商务印书馆1961年版,第170页。

概念都会无休止地被修改、被搅乱和受到反对。然而它却代表着这个时代的'神秘的存在'"。他依此回溯了西方社会历史的发展,指出在古希腊时代的核心观念是"存在",在中世纪其核心观念是"上帝",在近代,核心观念则是自然;而到当代,核心观念是生命,他指出,"只有到了这个世纪的末叶,一个新的观念才出现:生命的概念被提高到了中心地位","生命,由于它的本性,总是向着完美和权利,向着从它自身涌现出来的力量和美而不断增长、丰富与发展。他获得更大的价值,不是通过达到事先计划好了的目标,而是通过它自身的发展,通过它越来越大的活力,通过它无限增长的价值"①。对生命的诠释和领会曾作为会通古今许多思想家思考的根本课题,牟宗三先生指出,(中国哲学)"从它那个洞孔所发展出来的主要课题是生命……主要的用心在于如何来调节我们的生命,来运转我们的生命,安顿我们的生命"②。现实中个体生命是内在精神与物质欲望的矛盾统一体,黑格尔认识到,"这种自然,这在意识看来是属于意识的自然,乃是以意愿的形态,作为冲动和情欲而出现的感性。……它是与纯粹意志和它的纯粹目的相对立的东西";而"道德与感性意志的和谐,这是自我意识的终极目的"③。如何实现理性精神与感性欲望的统一,是道德哲学和个性修养的主题,中国传统思想中的为己、克己、成己之学以及无我之说,都是在表达如何以德理性克制内在自然情欲,"须有为己之心,方能克己,能克己,方能成己"(《传习录上》)。"从内在德性出发,行为本质上具有'为己'的性质。"④以道德理性主义修养调节处理好自然感性欲望,实现与内在自然的和谐,是成就道德自我的重要条件。

一、个体内在自然形态及其价值

具有一定的感性欲望冲动和感情,是人的存在方式和生命特征。中

---

① [德]西美尔:《现代人与宗教》,曹卫东译,中国人民大学出版社2003年版,第26、27、28页。
② 牟宗三:《中国哲学十九讲》,上海古籍出版社1997年版,第14页。
③ [德]黑格尔:《精神现象学》下卷,贺麟、王玖兴译,商务印书馆1979年版,第128、130页。
④ 杨国荣:《伦理与存在——道德哲学引论》,上海人民出版社2002年版,第144页。

国思想家戴震认为:"人生而有欲、有情、有知,三者,血气心知之自然也。给于欲者,声色臭味也,因而有爱畏;发乎情者,喜怒哀乐也,因而有惨舒。辨于知者,美丑是非也,因而有好恶。"(《孟子字义疏证卷下·才》)"生养之道,存乎欲者也;感通之道,存乎情者也;二者自然之符,天下之事举矣。"(《原善》上)康德认为心灵除认识机能外,另有愉快及不愉快的情感以及欲求的机能。"人类,就其属于感性世界而言,乃是一个有所需求的存在者,并且在这个范围内,他的理性对于感性就总有一种不能推卸的使命,那就是要顾虑感性方面的利益,并且为谋求今生的幸福和来生的幸福(如果可能的话)而为自己立下一些实践的准则。"[1]自然感性欲望表现为人的现实需要和利益。人的生命是一个不断展开丰富与追求完美的过程,它的起点和发展动力仍然是个体真实的欲望、情感以及现实的需要和利益。

(一)欲望、情感与个体生存本能

1. 欲望的普遍性与似本能性

欲望是指人对曾经留在人脑中形成印象的事物的一种渴求心理状态,如本能的冲动、权力欲、贪欲等。"每个欲望,无论是吃或睡的欲望,还是创作艺术作品的欲望,都表明人的整个实在(réalité)。"[2]人是一个不断欲求的动物,在日常生活中,我们时刻感受着各种生理不适和匮缺,体验着对物质、声誉的欲望和冲动,除短暂的时间外,极少达到完全满足的状态。人的欲望或基本需要至少在某种可以察觉的程度上是先天涌动的,是生命的自然现象,"欲不待可得,所受乎天也"(《荀子·正名》),"虽尧舜不能去民之欲利"(《荀子·大略》)。利欲需求是个体生命的确证,构成主体自我发展及实践活动的内在动力,"人非利不生","欲者人之情"(《李觏集》卷二十九《原文》),"得乎生生者谓之人"(戴震《原善中》),"惟有欲有情而有知,然后欲得遂也,情之得达,斯已矣。天下之事,使欲之得遂,情之得达,斯已矣"(《孟子字义疏证下·才》)。感性欲望和血气心知是人所具有的自然属性及能力,被视为个体的普遍要求,并

---

[1] [德]康德:《实践理性批判》,关文运译,广西师范大学出版社2002年版,第51页。
[2] Lean-Paul Sartre: *L'être et le néant*, Gallimand, 1943, p610.

非天生的恶。"饮食男女,人之大欲存焉,众人如是也,贤哲亦未尝不如是也。"(费密:《弘道书》卷上《通典论》)"欲生于情,在性之内,不能言性内无欲。欲不是善恶之恶。天既生人以血气心知,则不能无欲。"(阮元:《性命古训》;《研经室一集》卷一〇)正常情欲应该被给予肯定和重视,在此基础上构建道德准则和进行道德评价,"古圣贤所谓仁、义、礼、智,不求于所欲之外,不离乎血气心知"(《孟子字义疏证中·性》)。"道德之盛,使人之欲无不遂,人之情无不达,斯已矣。"(戴震《孟子字义疏证下·才》)"天下必无舍生养之道而得存者,凡事为皆有于欲,无欲则无为矣;有欲而后有为,有为而归于至当不可易之谓理无欲无为又焉有理!"(《孟子字义疏证下》)从现实生活出发,近代启蒙思想家反对传统理学轻视或过于抑制欲望的空洞说教,"世俗小儒,以天理为善,以人欲为恶,不知无人欲,尚安得有天理?吾故悲夫世之妄生分别也。天理,善也;人欲,亦善也"①。西方社会学、心理学家马斯洛等人通过现实观察证据表明,人存在生物或遗传方面的决定因素,虽然不是在低等动物身上可以看到的那种完整的本能,在多数人身上尽管十分微弱,但却有着本能的残余、"似本能的需要、内在的能力和潜力"。我们的本能冲动与其说是掠夺性的不如说是友爱性的,与其说是使人憎恶的不如说是令人赞美的,我们应给它们以自由,让它们充分表现自己。② 人性的改进可以通过对类似本能的倾向的培养,也通过促进社会改革来实现,文化的意义就在于给予人们内在的生物性倾向一个更好的实现自身的机会。

2. 情绪和情感与个体生命体验

人们常感"月有阴晴圆缺,人有喜怒哀乐",情绪和情感是生命自然的重要表征和存在方式。探讨情和性之间关系的性情说是中国伦理思想的重要方面,"何谓人情?喜、怒、哀、惧、爱、恶、欲,七者弗学而能"(《礼记·礼运》)。孔子讲"仁者爱人",孟子讲"仁义礼智根于心",心、性与情常常在同一层次,"根于心"就是根于情,"四端之心"就是四端之情;荀子讲"性者,天之就也;情者,性之质也;欲者,情之应也"。"性之好、恶、

---

① 谭嗣同:《仁学》,引自《谭嗣同全集》,中华书局1981年版,第301页。
② 马斯洛:引自《动机与人格》,魏金声等译,华夏出版社1987年版,第150、120页。

喜、怒、哀、乐之为情。"(《荀子·正名》)南北朝时期刘昼言:"人之禀气,必有性情。性之所以感者,情也;情之所以安者,欲也。"(《刘子·防欲篇》)感情和人性攸关相连,是其最直接性呈现,"孩提之童,无不知爱其亲者,及其长也,无不知敬其兄也"(《孟子·尽心上》)。人的感情是个体心理感受的本能流露和自然发展,"凡人情为可乐也。苟以其情,虽过不恶;不以其情,虽难不贵;苟有其情,虽未之为,斯人信之矣。未言而信,有美情者也"(《郭店楚简·性自命出》)。"乐"、"贵"、"信"、"美"都是对人情感的赞美和评价。李翱认为,"性与情不相无也。……是情由性而生,情不自情,因性而情;性不自性,由情以明"(《李文公文集》卷二《复性书》)。朱熹以心统性情而认为性与情是体与用、静与动的关系,"性是体,情是用","心统性情。心兼体用而言。性是心之理,情是心之用"(《朱子语类》卷五)。学者由此认为,"情是性从本体境界走向存在表象的实际过程和外化经历。情在中国哲学里是实质、内容、成分,是本体之性流入现象世界后所发生发出的具体实相。……一方面,性本情末或性体情用,情由性所发生,只有性才是情的根据和源泉;另一方面,性情都不可能离开对方而独自存在,既没有自本自根的情,也没有自展自现的性。情因为性而得以发生,性因为情才趋于彰显"①。王阳明将情感活动称为"人情事变","除了人情事变,则无事矣。喜怒哀乐,非人情乎?自视、听、言、动以至富贵、贫贱、患难、死生,皆事变也。事变亦只在人情里"(《传习录上》)。深刻体验到人的"真情实感"存在表征。"讲人的存在问题,就不能没有情感。因为情感,且只有情感,才是人的最首要最基本的存在方式。"②梁漱溟先生以伦理本位说释情,"吾人亲切相关之情,发乎天伦骨肉,以至于一切相与之人,随其相与之人深浅久暂,而莫不自然有其情分。因情而有义。……伦理关系,即是情义关系,亦即是其相互间的一种义务关系。伦理之'理',盖即于此情与义上见"③。肯定人情源乎人的自然本真性并以之作为伦理关系主题。在原始意识发生中也存在认

---

① 余治平:《性情形而上学——儒学哲学的特有门径》,载《哲学研究》2003年第3期。
② 蒙培元:《情感与理性》,中国社会科学出版社2002年版,第4页。
③ 梁漱溟:《中国伦理文化要义》,上海人民出版社2003年版,第95页。

识和情感彼此相互交融,"人在意识中拥有客体的形象,同时又体验着必然与客体形象一同产生的恐惧感、希望感、逃跑的愿望、感谢、请求等感情和愿望"①。理性造就了人,而情感则能指引人,卢梭说:"我只有一个详尽的道路,是我所能依靠的,这就是感情的系链,借着它,表明我连续的存在。……我的气质是极其热情的,我的情欲是生动而猛烈的,可是我的观念的产生却是缓慢的。"②黑格尔也深情地说:"假如没有热情,世界上一切伟大的事业都不会成功。"③他表达了对人间感情的信赖。马克思在赞扬启蒙理性的同时,更关注人的情感:"人作为对象性的、感性的存在物,是一个受动的存在物,而由于这个存在物感受到自己的苦恼,所以是一个有激情的存在物。激情和热情是人强烈地追求自己对象的本质力量。"④列宁认为:"没有'人的情感',就从来没有也不可能有人对真理的追求。"⑤对情感的肯定表达着自我主体性结构表征的体认,也构成自我价值实现的基础。

(二) 需要、利益与自我发展和自我实现

1. 需要与自我实现

需要是维持个体生存与发展的必要事物在头脑中的反映,是人的被意识到的欲求的不满状态,这种状态引起的感觉、思想、动机、意志成为追求理想的意图,并通过人们的现实活动消除缺欠状态和实现理想;需要蕴含着人与外部物质世界的某种差异或矛盾关系,差异的克服、矛盾的解决,就表现为人的实践活动,使外部物质对象发生某种改变,从而达到满足自己需要的目的。需要和动机不同,总是有目的的并与满足需要的活动相联系,需要产生实践活动的动机,由动机进而形成实践目的,因此是一切活动的出发点和落脚点以及人类活动的内部动力;从群体、历史与现实等多种视角分,需要分为物质需要、交往需要以及精神需要。生理、物

---

① [法]列维-布留尔:《原始思维》附录,商务印书馆1981年版,第456页。
② [美]李维(Albert William Levi):《哲学与现代世界》,谭振球译,台北志文,1979年版,第66页。
③ [德]黑格尔:《历史哲学》,王造时译,世纪出版集团上海书店出版社2006年版,第21页。
④ 《马克思恩格斯全集》第42卷,人民出版社1979年版,第169页。
⑤ 《列宁教育文集》下卷,人民教育出版社1986年版,第357页。

质需要的满足,是人类生存和延续的首要条件以及行为的基础动力,马克思揭示说:"任何人如果不同时为了自己的某种需要和为了这种需要的器官做事,他就什么也不能做。""人们为了'创造历史',必须能够生活,但是为了生活,首先就需要衣、食、住以及其他东西,因此,第一个历史活动就是生产满足这些需要的资料,即生产物质生活本身。"并且"已经得到满足的第一个需要本身、满足需要的活动和已经获得的满足需要用的工具又引起新的需要"。需要在劳动实践的基础上推动了人们之间复杂的社会关系,"这种联系是由需要和生产方式决定的"。"由于他们的本性即他们的需要,以及他们求得满足的方式,把他们联系起来(两性关系,交换、分工),所以他们必须要发生相互关系。"①"把人和社会连接起来的唯一纽带是天然必然性,是需要和私人利益。"②人的精神需要和追求是人性尊严的体现;实践活动只有按照、根据主体自身的需要进行,不仅仅是物质需要,更重要的是精神需要(人格的爱、尊重、信任、关心及自主自觉的创造活动等)得到充分的满足,才会具有不竭的内在动力。马斯洛等人本主义者对个体发展和自我实现的途径进行探索,将人的需要分为生理需要、安全需要、情感需要、尊重需要以及自我实现的需要;真正需要的满足产生有益的、良好的、健康的效应,特定需要的满足有助于个人的改进,是向自我实现的前进。

2. 利益与自我价值实现

利益是人们一切社会现实活动的基本动因,北宋程颐肯定说:"天下只是一个利,孟子与《周易》所言一般。只为后人趋著利便有弊,故孟子拔本塞源,不肯言利。……人无利,直是生不得,安得无利?"(《河南程氏遗书》卷十八)利益的心理基础是人们的需要,是需要和实现需要的手段的统一,需要反映出人对客观需求对象的直接欲求,利益则体现了人对客观需求对象的更高层次的理性上的意向、追求和认识;需要只反映了人对客观需求对象的直接依赖关系,而利益则反映出人与人之间的因对需求对象的依赖而产生的相互关系。利益本质是一个社会关系范畴,是一定

---

① 《马克思恩格斯全集》第3卷,人民出版社1960年版,第286、31、32、34、514页。
② 《马克思恩格斯全集》第1卷,人民出版社1956年版,第439页。

的客观需要对象在满足主体需要时,在主体之间进行分配时所形成的一定性质的社会关系的形式,是需要的社会形态;利益是各种社会关系形成的基础并反映着特定历史阶段人与人之间的社会关系,因此恩格斯指出:"每一既定社会的经济关系首先表现为利益。"①法国唯物派思想家从人的利益分析人的存在,爱尔维修提出:"利益支配着我们对于各种行为所下的判断,使我们根据这些行为对于公众有利、有害或无所谓,把它们看成是道德的、罪恶的或可以容许的;这个利益也同样支配我们对于各种观念所下的判断;因此,无论在道德问题或认识问题上,都只是利益宰制着我们的一切判断";"如果说自然界是服从运动的规律的,那么精神界就是不折不扣地服从利益的规律的","利益是我们的唯一推动力"②。霍尔巴赫也认为:"人们所谓的利益,就是每个人按照他的气质和特有观念把自己的安乐寄托在那个上面的那个对象;由此可见,利益就只是我们每个人对自己的幸福所不可缺少的东西。""利益或对于幸福的欲求就是人的一切行动的唯一动力。"③理性主义思想家斯宾诺莎认为:"一个人愈努力并且能够寻求他自己的利益或保全他自己的存在,则他愈有德性。反之,只要一个人忽略他自己的利益或忽略他自己的存在的保持,则他便算是软弱无能。"④马克思主义承接法国唯物主义的合理因素,认为利益决定思想,肯定人们利益的现实性和合理性,"'思想'一旦离开'利益',就一定会使自己出丑"⑤。"人们奋斗所争取的一切,都同他们的利益有关"⑥,利益是社会的基础,是人类文明进步和发展的内驱力,毛泽东总结说:"马克思列宁主义的基本原则,就是要使群众认识自己的利益,并且团结起来,为自己的利益而奋斗。"⑦邓小平承认:"如果只讲牺牲精神,不讲物质利益,那就是唯心论。"⑧利益分析方法是历史唯物主义的基本方

---

① 《马克思恩格斯选集》第3卷,人民出版社1995年版,第209页。
② [法]爱尔维修:《论精神》,引自《十八世纪法国哲学》,第456~457、460、537页。
③ [法]霍尔巴赫:《论自然的体系》,引自《西方伦理学名著选辑》下卷,第73、75页。
④ [荷兰]斯宾诺莎:《伦理学》,贺麟译,商务印书馆1983年版,第185页。
⑤ 《马克思恩格斯全集》第2卷,人民出版社1957年版,第103页。
⑥ 《马克思恩格斯全集》第1卷,人民出版社1956年版,第82页。
⑦ 《毛泽东著作选读》下册,人民出版社1986年版,第644页。
⑧ 《邓小平文选》第2卷,人民出版社1994年版,第146页。

法论,整个历史唯物主义就是在利益分析中发现社会矛盾运动从而弄清社会发展规律的科学理论;中国共产党始终坚持人民的利益高于一切,以最广大人民的根本利益为最高标准。

二、欲望和需要的历史价值偏失

在历史上和近代以来资本主义社会,由于剥削阶级立场或宗教的影响和欺骗,对于欲望、情感和需要,往往采取了偏激的看法和观点,或者宣扬禁欲主义甚至绝欲主义,或者宣扬纵欲主义或功利主义,使人的内在自然无法得到协调。

(一)理性压制欲望的禁欲主义或绝欲主义

中国先秦时期的老庄道家、宋明时期的程朱理学,西方古希腊晚期犬儒学派和斯多葛派、中世纪欧洲的基督教、近代以加尔文为代表的清教以及印度的佛教,否定现实、尘世的生活,把物欲视为私欲、罪孽和反道德的东西,主张禁抑人们的物质欲望,宣扬禁欲主义甚至绝欲主义道德观。中国天理人欲之分,首见于《礼记·乐记》:"物之感人无穷,而人之好恶无节,则是物至而人化物也。人化物也者,灭天理而穷人欲者也。"人受到大千世界的影响,容易流于物欲以至于好恶无节而灭失天理,为此应裁制物欲。宋代二程、朱熹进一步强调人欲与天理的对立,把人性分为体现"天理"而至善的"天命之性"(或曰"义理之性")与由气禀、情欲形成而有清有浊的"气质之性","仁义根于人心之固有,天理之公也,利心生于物我之相形,人欲之私也"(朱熹《孟子集注·梁惠王上》)。"人欲"指人的物质欲望,是所谓的"饮食男女,人之大欲存焉"(《礼记·礼运》),或如告子所谓的"食色,性也"(《孟子·告子上》);人之所以产生恶念,其根源在于被物欲所引诱,"人之为不善,欲诱之也。诱之而弗知,则至于天理灭而不知反。故目则欲色,耳则欲声,以致鼻则欲香,口则欲味,体则欲安,此皆有以使之也"(《河南程氏遗书》卷二十五)。理学推崇天理之性以改造气质之性,压制自然欲望,"人之所以为人,以有天理也。天理之不存,则与禽兽何异矣"(《河南程氏粹言》卷二《心性篇》)。"人心私欲,故危殆。道心天理,故精微。灭私欲则天理明矣。"(《河南程氏遗书》

卷二十四)"人欲者,此心之疾疢,循之则其心私而且邪。"(朱熹《朱文公文集》卷十三《辛丑延和奏札二》)"天理人欲相为消长,克得人欲,乃能复礼。"(《朱子语类》卷三十)"天理存则人欲亡,人欲胜则天理灭",主张"革尽人欲,复尽天理"(《朱子语类》卷十三),"圣贤千言万语,只教人明天理、灭人欲"(《朱子语类》卷十二)。"至若论其本然之妙,则惟有天理而无人欲。是以圣人之教,必欲其尽去人欲而复全天理"(《朱文公文集》卷三六《答陈同甫》),"必欲此心纯乎天理而无一毫人欲之私,此作圣之功也"(《王文成公全书》卷二)。鼓吹"存天理,灭人欲"的禁欲主义是中国传统盛行的理欲观并得到统治阶级的垂青,以之作为压抑普通百姓欲望的思想武器。佛教认为色、声、香、味、触五欲都只带给人烦恼和苦痛,"五欲无乐,如狗啮枯骨;五欲增诤,如鸟竞肉;五欲烧人,如逆风执炬,五欲害人,如践毒蛇,五欲无实,如梦所得,五欲不久,假借须臾,如击石火"(智顗《童蒙止观·诃欲》)。要由迷而悟便必须断灭情欲,以自苦为训,正像马克思所评价的那样成为"自我折磨的禁欲主义的宗教"[1]。西方古希腊柏拉图把人的灵魂分为情欲、意志、理性三部分,人生在于灵魂以理性力量支配意志和控制情欲,特别是从肉体情欲束缚中解脱出来;晚期斯多葛学派爱比克泰德和西塞罗均把肉体视为灵魂的牢狱,身体、财产是累赘的东西,灵魂只有摆脱肉体的桎梏才有智慧,主张以禁绝生命来使灵魂得救。欧洲中世纪时期基督教道德视人生为罪恶,视欲望为万恶之源:为了赎罪和得到上帝的解救,人们应该鄙视现实的生活,消除一切物欲和杂念而逆来顺受,只有这样灵魂才能获得拯救;人生就是赎罪,摆脱现世、舍弃躯体、净化灵魂以获得永生的过程,"在基督教世界和印度人那里,禁欲主义一直是圣人的标志,而且至圣一直也只配冠以独身者。……在人们对神放弃最宝贵的占有物的过程中,他们也给神以自身虔诚的最终证明"[2]。中世纪受安东尼(Anthony)、帕克米乌(Pachomius)、本尼狄克特(Benedict)等主教影响和推进,基督教盛行修道院制度,"修道士应对他

---

[1] 《马克思恩格斯选集》第1卷,人民出版社1995年版,第761页。
[2] [英]伯特兰·罗素:《政治学和伦理学中的人类社会》,肖巍译,中国社会科学出版社1992年版,第192页。

所处的低下的艰苦条件感到满足,应时常把自己看作无价值的人,不适合做那些委他去做的事。……他不仅应当说,而且应当从他心里就相信,他是一切人中最低下和最无价值的人"①。修士没有私人财产,过集体生活,从事集体劳动,以艰苦劳动和严格的隐修抵御物质、肉体及感情的诱惑。

(二)张扬功利的享乐主义、纵欲主义

古希腊希勒尼学派代表人物亚里斯提卜宣扬人生的唯一目的是追求肉体的快乐,认为快乐既不在于过去,也不在于将来,而只在于现在,只有现实的眼前的感性肉体的快乐才是真实的快乐。意大利人文主义者科西莫·拉伊蒙迪宣称,"人们指责伊壁鸠鲁用过于放荡的概念解释崇高的美德,他把崇高的美德寓于享乐之中,并断言人的一切行为都应当以此为准绳。而我每天愈是认真思考这种见解,便愈是同意他的看法。我认为这种主张几乎超越人的思想,而成为至高无上的神的旨意。它把崇高的美德寓于享乐之中的依据是他更深刻地看到了大自然的力量。他认为我们既然是大自然的产儿,就应当竭尽全力保持我们的肢体的健美和完好,使我们的心灵和身体免遭来自任何方面的伤害"。针对宗教禁欲主义道德观,马内蒂主张说:"道德就是歌颂人性,歌颂整个人性。……禁欲主义者把人变成了石头,他们不是歌颂人性,而是消灭人性。"②人文主义者提出"我是人,凡是人的一切特性,我无不具有","我自己是凡人,我只要求凡人的幸福"的口号,认定人的情欲即是人的自然本性,任何人为的力量都无法约束和取消它,主张人的欲望必须满足,人应该尽可能享受物质生活。近代唯意志主义者尼采声言,"我完完全全是肉体,此外无有,灵魂不过是肉体上的某物的称呼"③,以非理性主义表达对情欲的热度肯定。杜尔凯姆形容现代社会人们对待情欲的放逐态度和情状:"社会生活的剧烈变化也自然而然地使欲望迅速增长。繁荣越盛,欲望越强烈。就在传统约束失去权威的同时,可望得到的报酬越厚,刺激就越大……脱

---

① 《六世纪圣者贝奈敌为修道院制定的管理规章》。
② [意]加林:《意大利人文主义》,李玉成译,北京三联书店1998年版,第47、55页。
③ [德]尼采:《苏鲁支语录》,徐梵澄译,商务印书馆1992年版,第27页。

缰野马般的激情就更加剧了这种无规则的混乱状态。"①功利主义和享乐主义在当代西方社会具有广泛表现。文化学家丹尼尔·贝尔认为,"资产阶级社会与众不同的特征是,它所要满足的不是需要,而是欲求,欲求超过了生理本能,进入心理层次,它因而是无限的要求。社会也不再被看作是人的自然结合——如城邦和家庭——有着共同的目标,而成了单独的个人各自追寻自我满足的混杂场所"②。学者汤因比、池田大作等人慨叹,"现代文明似乎把各种欲望,尤其是本能的欲望、权力欲和所有欲,从人的生命中无限制地引诱出来,似乎还要增大。欲望的放纵会产生人们之间的对立抗争,导致生命和自然的破坏。这似乎是现代的一个横断面"③。功利主义享乐价值观把人类追求幸福的手段错当成为幸福本身和目的,降低了生命的价值,"现在很多人却把欲望与理性所追求的本来是争取幸福的条件和手段看作目的。其结果……一方面倒退到动物性的感觉的生命,另一方面变成了干瘪的主知主义的俘虏"④。马克思评价纵欲和享乐主义的阶级实质指出,"享乐哲学一直只是享有特权的社会知名人士的巧妙说法。至于他们的享乐方式和内容始终是由社会的整个制度决定的,而且要受社会的一切矛盾的影响,则已经不用说了;一旦享乐哲学开始试图具有普遍意义并且宣布自己是整个社会的人生观,它就变成了空话"⑤。

三、自我内在自然的道德和谐与理性主义修养

马克思认为:"人不仅是自然存在物,而且是人的自然存在物。也就是说,是为自身而存在着的存在物,因而是类存在物。他必须既在自己的

---

① [法]杜尔凯姆:《自杀论》,浙江人民出版社1988年版,第12页。
② [美]丹尼尔·贝尔:《资本主义文化矛盾》,赵一凡、蒲隆、任晓晋译,生活·读书·新知三联书店1989年版,第68页。
③ A.J.汤因比、池田大作:《展望21世纪——汤因比与池田大作对话录》,苟春生译,国际文化出版公司1985年,第390页。
④ A.J.汤因比、路奈·尤一古:《黑夜寻求黎明》,中国国际广播出版社2003年版,第220页。
⑤ 《马克思恩格斯全集》第3卷,人民出版社1960年版,第489页。

存在中也在自己的知识中确证并表现自身。"①人不仅生而意义上为人，更在于社会化意义以及理性主义发展而真正成为人。"生命不仅意味着饮食男女，或者生命的某一方面，例如思想、感情、意志等，而且意味着与自然、社会的要求相一致的所有属于人的能力的展开。也就是说，人生的目的是肉体和精神都和谐地发展，所有适合生理和心理条件的体力和精神能力都充分发展。"②情感、欲望、意志，某种意义上具有价值中性特点，但其表现和反映却有正当和合理与否的区分，"欲者，有生则愿遂其生而备其体嘉者也；情者，有亲疏长幼尊卑感而发于自然者也；理者，尽夫性欲之微而区以别焉，使顺而近，各如其分寸毫厘之谓也"（戴震《答彭进士允初书》）。追求欲望的合理性、情感的正当性、意志的健全性及其融合统一，是生命价值实现的基本方式，也是道德自我理性主义德性修养的重要任务和体现，如作家王英琦所言，"人，只有在本性的完善及充分的理性化、道德化后，才能有真正的自控力和内在的激情，才会有身心的和谐及与外界的协调，才能谈到创造性与个性化"③。

（一）欲望和冲动的道德合理体系

生命本体的价值与尊严在于物质和精神需要的平衡发展，为欲望和动机以及物质需要建立合理的道德规范。人们深深体会到"饮食，人之所欲，而不可无也，非理求之，则为饕为馋；男女，人之所欲而不可无也，非理狎之，则为奸为淫；财物，人之所欲而不可无也，非理得之，则为盗为贼。人惟纵欲，则争端起而狱讼兴"（袁采云：《袁氏世范·礼义治欲之大闲》）。中国传统文化"既反对否定感情和欲望的禁欲主义，又反对无理性、无节制的纵欲主义。中国重视的是情理结合，以理节情的平衡，是社会性、伦理性的心理感受和满足，而不是禁欲性的官能压抑，也不是理智性的认识愉快，更不是神秘性的情感迷狂或心灵净化"④。人欲本身并不

---

① 《马克思恩格斯全集》第42卷，人民出版社1979年版，第169页。
② [美]弗兰克·梯利：《伦理学导论》，何意译，广西师范大学出版社2002年版，第168页。
③ 王英琦：《人死了吗？》，载《读者》2001年第11期；参见中国教师阅读网 http://reading.cersp.com 2007-03-03。
④ 李泽厚：《美的历程》，文物出版社1981年版，第51页。

是恶的禀赋,不应人为地加以压抑、禁绝,合理的方式是通过适当地满足人的感性需要,疏解欲望,"养人之欲,给人以求"(《荀子·礼论》)。对欲的节制,体现了义和理的功能,"心平愉,则色不及佣而可以养目,声不及佣而可以养耳,蔬食菜羹而可以养口,粗布之衣、粗紃之履而可以养体"(《荀子·正名》)。肯定物质欲望但有一定限度,以不对义或理构成妨碍为前提,"不义而富且贵,于我如浮云尔。"(《论语》)"非其义也,非其道也,禄之以天下,弗顾也;系马千驷,弗视也。"(《孟子·万章上》)"凡顺理无害处便是利,君子未尝不欲利。"(《河南程氏遗书》卷十一)"圣人于利,不能全不较论,但不至于妨义耳。乃若惟理是辨,则忘义耳。"(《河南程氏遗书》卷七)"利为不善,不可一概而论……夫利和义者,善也;其害义者,不善也。"(《河南程氏遗书》卷十九)唯有以义制利,才能使个体通过自我约束而协调彼此间的利益关系,缓冲社会的对立,"苟公其心,不失其正理,则与众同利,无侵于人,人亦欲与之。若切于好利,蔽于自私,求自益以损人,则人亦与之力争,故莫肯益之,而有击夺之者矣"(《近思录卷十二》)。道德的功能在于对个体自然欲望给予恰当节制,协调社会利益关系,颜元认为"制欲为吾儒第一功夫"(《言行录上》)。戴震以为,"天理者,节其欲而不穷人欲也"。"'天理'之者,言乎自然之分理也;自然之分理,以我之情,絜人之情,而无不得其平是也。"(《孟子字义疏证上》)"古圣贤之为道,人伦日用而已矣。于是而求其无失,则仁义礼之名因之而生。非仁、义、礼有加于道也,于人伦日用行之无失,如是之为仁,如是之为义,如是之为礼而已矣。"(《孟子字义疏证下》)"学者只是从人欲中体验天理,则人欲即天理矣,不必将天理人欲判然分作两件也。"(陈确《瞽言一·近言集》)"人心本无天理,盖天理皆从人欲中见,人欲正当处,即天理也。向无人欲,则亦并无天理之可言矣。"(陈确《瞽言四·无欲作圣辩》)"故终不离人而别有天,终不离欲而别有理也。"(王夫之《读四书大全说》卷八)遂己之欲,当思遂人之欲;达己之情,当思达人之情;一人遂其生,推之而与天下共遂其生,推己及人、不偏不私才是"仁"、"义"的本质。亚里士多德认为"人是理性动物","操修理性而运用思想正是人生至高的目的"①。卢梭力推人类的理性和正义,"由自然状态进入社会状态,人类便产生了一场最堪注目的变化,在他们的行为中正义就代替了本能,而他们的行动也就被赋予了前所未有的道德性。唯有义务的呼声代替了生理的冲动,权利代替了嗜欲的时候,此前只知道关怀一己的人类才发现不得不按另外的原则行事,并且在听从自己的欲望之前,先要请教自己的理性"②。欲望和冲动通过道德的反思与义务的限制实现合理化,"一方面他既摆脱了对赤裸裸的自然冲动的依附状态,在关于应做什么、可做什么这种道德反思中,又摆脱了他作为主观特殊性所陷入的困境;另一方面,他摆脱了没有规定性的主观性,这种主观性没有达到规定性,也没有达到行为的客观规定性,而仍停留在自己内部,并缺乏现实性"③。道德自我使主观性的自然冲动得到调节,使之在社会认同的界域得到满足和提升。"冲动构成德性的自然基础……冲动本身并不是德性:作为冲动出现的这些素质没有道德性质……冲动构成了德性的恒久基础……冲动被理性塑造成德性或美德。……德性是正常的意志力量,它有助于保护和发展人的精神生活。""节制或中道,这种抵制感官享乐的诱惑的能力是人性化的前提。无节制、放荡、对享乐的过度沉溺首先会摧垮对于更高的事物的感受能力;意志和理智会被过度行为弄得疲惫不堪;然后感觉也会变得迟钝,最后甚至享受的功能也会丧失。"④伦理学家谆谆告诫人们以理性对欲望冲动的调节和克制,以求其内在道德合理体系。

(二)情感的道德调控和道德情操培养

道德促使人调整情绪和情感使之符合当然之则形成高尚的道德情操。情绪和情感同欲望一样本身并没有善恶之别,关键在于求取适中和适度,"喜怒哀乐之未发,谓之中,发而皆中节,谓之和。中也者,天下之大本也,和也者,天下之达道也。致中和,天地位焉,万物育焉"(《礼记·

---

① [古希腊]亚里士多德:《政治学》,吴寿朋译,商务印书馆1965年版,第395页。
② [法]卢梭:《社会契约论》,何兆武译,商务印书馆1980年版,第29页。
③ [德]黑格尔:《法哲学原理》,范扬、张企泰译,商务印书馆,1961年版,第167~168页。
④ [德]弗里德里希·包尔生:《伦理学体系》,何怀宏、廖申白译,中国社会科学出版社1988年版,第405~406、408、414页。

中庸》)。二程主张正心养性,"性其情"以存己,"情既炽而益荡,其性凿矣。是故觉者约其情使合于中,正其心,养其性,故曰'性其情'。愚者则不知制之,纵其情而至于邪僻,梏其性而亡之,故曰'情其性'。凡学之道,正其心,养其情而已。中正而诚,则圣矣。君子之学,必先明诸心,知所养,然后力行以求至,所谓'自明而诚'也"(程颐《颜子所好何学论》,《二程文集》卷八)。宋朝理学家陈淳也主张以当然之则调节私情,"情者心之用,人之所不能无,不是个不好底物。但其所以为情者,各有个当然之则。如当喜而喜,当怒而怒,当哀而哀,当乐而乐,当恻隐而恻隐,当羞恶而羞恶,当辞逊而辞逊,当是非而是非,便合个当然之则,便是发皆中节,便是其中性体流行,著见于此,即此谓之达道。若不当然而然,则违其则,失其节,只是个私意人欲之行,是乃流于不善,遂成不好底物"(《北溪字义·情》)。传统道德强调以性化情、以理主情的"情理"说,如蒙培元先生所言:"一般而言,性是普遍的、理性的、绝对的、客观的,情是个人的、感性的、相对的、主观的,'以情顺理'、'性其情'等说法正指明理性对情感的指导和调节作用;但在另一种意义上,性和情又是不分的,理性和情感是不分的。要之,情可以上下其说的;往下说,是感性的情绪情感,往上说,是理性的德性情感或'情理'、'情性'。"[①]亚里士多德认为德性的目的在于恰当地处理感情和行为,志求适中和中道,"德性必须处理情感和行为,而情感和行为有过度与不及的可能,过度与不及皆不对,只有在恰当的时间和机会,对于恰当的人和对象,持恰当的态度去处理,才是中道,亦即最好的中道。这是德性的特点"[②]。卢梭认为对儿童、青年的教育在于"促使他的心中产生善良、博爱、怜悯、仁慈以及所有一切自然而然使人感到喜悦的温柔动人的情感,并防止他产生嫉妒、贪婪、仇恨以及所有一切有毒害的欲念"[③]。康德提醒人们,"德性的首要条件是控制自己。……就德性是基于人的内在自由这一点而言,它含有积极地对自己加以控制的意思,即:人应该把自己的全部力量和偏好都置于自己(理性

[①] 蒙培元:《心灵超越与境界》,人民出版社1998年版,第437页。
[②] 周辅成编:《西方伦理学名著选辑》上卷,商务印书馆1964年版,第297页。
[③] 周辅成编:《西方伦理学名著选辑》下卷,商务印书馆1987年版,第125页。

的)支配之下;而且,这种支配不仅应该是消极的只知做某事,而且是积极地督促做某事,他不应该听任自己臣服于情感和偏好(即他有'无情'的义务),因为理性若不把驾驭的缰绳操纵在自己的手中,情感和偏好这群烈马就会反过来成为人的主宰"[1]。不能调节和处理情感会使哲学思想误入歧途,"在18世纪的法国,出于对理性主义思想家的有点冷酷无情和遗世独立的客观运动的反动,它发展成为一种对情绪的狂热崇拜"。也可能过于张扬理性而使理论枯燥,如"黑格尔主义是一种多少枯燥无味而富于理论性的东西,没有给灵魂的激情留有什么余地"[2]。道德情感是以理性认识为基础的对情绪的升华和控制,可以强化、纯洁认识的动机,以羞耻、自尊等情感净化善恶观念和动机;激发人们追求道德真理的热情,并且是道德认识到道德行动发展的契机。道德情感的观念系统包括:同情感,是对不幸者、受难者、弱者的怜悯,对他们的关心、爱护和帮助,对造成他们不幸的原因的强烈义愤;义务和责任感,是个体对自身角色以及所负社会道义责任的内心自觉意识和情感体验,是自觉履行道德义务的强烈情感,自觉把自己活动的目标、目的、愿望、意图与社会的要求、人类的完善相联系;羞耻感和荣誉感,其中羞耻表示个人依据一定道德准则标准对自己行为、动机和道德品质评价时的内心体验,荣誉是对一定行为的警觉、控制以及不道德行为的内疚、惭愧、知耻的情绪体验;尊重和自尊,尊重是对他人、客观的道德要求、行为规律的重视,对至高无上价值的纯粹的、无私的甚至神圣对象的崇敬之情,以之规定自己的行为,形成自身责任感,"尊重的感情乃是一切宗教和道德的根源"[3]。自尊需要的满足导致一种自信的情感,使人觉得自己在这个世界上有价值、有力量、有能力、有位置、有用处和必不可少,不仅要满足自己的物质需要,而且要满足自己的精神、道德需要;不仅要尊重自己的个性、习惯,而且要尊

---

[1] [德]康德:《〈伦理学的形而上学要素〉序言》,引自《康德文集》,改革出版社1997年版,第375页。
[2] [英]伯特兰·罗素:《西方的智慧》,马家驹、贺霖译,世界知识出版社1992年版,第307、338页。
[3] [瑞士]让·皮亚杰:《儿童的道德判断》,傅统先、陆有铨译,山东教育出版社1984年版,第114页。

重自己内在的道德要求、良心和责任感。

（三）自我需要和利益的合理调节

需要的合理确认与满足,离不开道德系统的调节,包含对人的感性生命与理性本质的双重确认,关联着对人的需要及相关对象的把握的合理价值的认定。高级需要的追求与满足导致更伟大、更坚强以及更真实的个性,能引起更合意的主观效果,即更深刻的幸福感以及内心生活的丰富感;在一定程度上,需要越高级,人就越少自私,已得到足够的基本满足继而寻求友爱和尊重(而不是仅仅寻找失物和安全)的人们,倾向于发展诸如忠诚、友爱以及公民意识等品质,高级需要的追求与满足具有有益于公众和社会的效果。高级需要中自我实现的发生不仅依靠思想的活动,而且取决于人的完整人格的实现,不仅包括该人的智慧能力的积极表现,而且包括他的情感和类本能的能力的积极表现。人本主义心理学认为,机体的基本倾向在于尽量实现自身能力、自身人格,即自我实现的倾向;自我实现的人是在他们的基本需要已得到适当满足以后,又受到更高层级的动机——超越性动机——的驱动;自我实现者具有归属感和充实感、理性的价值感和自尊感:每一个自我实现的人都奋不顾身地献身于某一事业、号召、使命和他们所热爱的工作,事业似乎可以解释为内在价值的体现,是某种最高价值的载体、工具和化身,事业包含着内在价值,内在价值与存在价值交织在一起、合而为一,自我与非自我(外部世界、他人)之间的分离被超越。道德作为调整人们日常生活的伦理观念,从人们生产和交换的经济关系中获得支持,与利益密不可分,对利益的态度、处理原则构成道德的基础,"道德始终是阶级的道德:它或者为统治阶级的统治和利益辩护,或者当被压迫阶级变得足够强大时,代表被压迫阶级对这个统治的反抗和他们的未来利益"①。马克思、恩格斯批评单纯的物质和私人利益观,"在利益仍然保持着彻头彻尾的主观性和纯粹的利己性的时候,把利益提升为人类的纽带,就必然造成普遍的分散状态,必然会使人们只顾自己,彼此隔离,使人类变成一堆互相排斥的原子"②。"把所有各式各

---

① 《马克思恩格斯选集》第3卷,人民出版社1995年版,第435页。
② 《马克思恩格斯全集》第3卷,人民出版社1956年版,第663页。

样的人类的相互关系都归结为唯一的功利关系,看起来是很愚蠢的。这种看起来是形而上学的抽象之所以产生,是因为在现在资产阶级社会中,一切关系实际上仅仅服从于一种抽象的金钱盘剥关系。"①强调物质利益的法国唯物主义思想家还特别承认并强调公共利益是人类一切美德的原则和一切法律的基础,爱尔维修认为,"在整个世界上,道德的人乃是使这种或那种行为合乎人道、符合公共利益的人"②。马克思赞扬爱尔维修,"他的唯物主义具有真正法国的性质",是"法国有教养的分子,它直接导向社会主义",以之为基础主张"既然正确理解的利益是整个道德的基础,那就必须使个别人的私人利益符合于全人类的利益"③。社会主义社会不否认功利和物质利益,关键在于使利益的得失符合国家、集体、社会的需要,强调个人利益需要与集体利益的结合,"绝对不允许有不肯把自己一些人的利益同全体工农利益结合起来的利己主义者"④。"归根结底,个人利益和集体利益是统一的,局部利益和整体利益是统一的,暂时利益和长远利益是统一的。我们必须按照统筹兼顾的原则来调节各种利益的相互关系。"⑤对需要层次的自觉提升以及利益的合理价值取向构成道德自我的价值实现的基本方式。

(四)道德自我的理性主义修养

对欲望冲动和情感以及需要和利益的调控以理性主义德性修养为必然途径。道德修养在于通过博学穷理以明辨是非,使行履有据。孔子自言,"朝闻道,夕死可也",告诫人们:"学而不厌,诲人不倦","不知命,无以为君子;不知礼,无以立也;不知言,无以知人";"弟子,入则孝,出则悌,谨而信,汎爱众而亲仁,行有余力,则以学文"(《论语·学而》)。"子曰:'由也,汝闻六言六蔽矣乎?'对曰:'未也。''居!吾语汝。好仁不好学,其蔽也愚;好知不好学,其蔽也荡;好信不好学,其蔽也贼;好直不好

---

① 《马克思恩格斯全集》第3卷,人民出版社1960年版,第479页。
② [法]爱尔维修:《论精神》,引自《十八世纪法国哲学》,商务印书馆1963年版,第526页。
③ 《马克思恩格斯全集》第2卷,人民出版社1957年版,第167页。
④ 《列宁全集》第30卷,人民出版社1958年版,第458页。
⑤ 《邓小平文选》第2卷,人民出版社1994年版,第175页。

学,其蔽也绞;好勇不好学,其蔽也乱;好刚不好学,其蔽也狂。'"(《论语·阳货》)确认德性之知和学习在德性修养中的意义。传统社会把教学化民作为社会协调的根本,"君子如欲化民成俗,其必由学乎！玉不琢,不成器,人不学,不知道。是故古之王者建国军民,教学为先"(《礼记·学记》)。荀子认为"彼学者:行之,曰士也;敦慕焉,君子也;知之,圣人也"(《荀子·儒效》),提诫人们"吾尝终日而思矣,不如须臾之学也","君子博学而日参乎己,则知明而无过矣"(《荀子·劝学》)。宋明理学肯定"格物致知"以穷理,"为学之道,莫先于穷理,穷理之要,必在于读书"。"为学之实,固在践履。苟徒知而不行,诚与不学无异。然欲行而未明于理,则其践履者又未知其果为何事也"(《朱文公文集》卷五十九)。"博学,谓天地万物之理,修己治人之方,皆所当学。"(《朱子语类》卷八)"学者工夫,唯在居敬穷理二事。"(《朱子语类》卷九)穷理即知其所当然,表现为道德认识和理性化过程,"惟积学明理,既久而气质变焉"(《二程粹言·论学》),"今日为学用力之初,正当学问思辨而力行之,乃可以变化气质而入于道"(《朱文公文集》卷三十《答汪尚书》)。"此理初无内外本末之间,凡日用涵泳本源,酬酢事变,以至讲说论变,考究寻绎,一动一静,无非存心养性,变化气质之实事。"(《朱文公文集》卷四十三《答李伯谏》)人与动物的区别在于人有道德理性,人的道德理性必须通过学习来实现,明儒方孝孺说:"不学而生,则入于禽兽而不知也。"(《明儒学案》卷四十三)徐幹认为:"君子成德立身,身没而名不朽,其何故哉？学也。"(《中论·治学》)德性修养在于善养至大至刚的"吾浩然之气",变化气质之性,提升精神境界。中国传统伦理思想将德性修养的基本路径概括为道问学、穷理功夫的自明诚与尊德性、居敬功夫的自诚明,张载等人主张穷理尽性与尽性穷理的统一,"'自明诚',由穷理而尽性也;'自诚明',由尽性而穷理也"(《正蒙·诚明》)。"儒者则因明致诚。因诚致明,故天人合一,致学而可以成圣,得天而未始遗人。"(《正蒙·乾称下》)明代戴震论证诚明和明诚修养统一,"诚,至矣;思诚,则立乎其大者矣。……人皆有天德之和,根于心,'自诚明'也;思中正而达天德,则不蔽,不蔽,则莫能引之以入于邪,'自明诚'也。"(戴震《原善中》)"全乎智仁勇者,其于人伦日用,行之而天下睹其仁,睹其礼义,善无以加焉,'自诚明'者也;学以讲明人伦日用,务求尽夫仁,尽夫礼义,则其智仁勇所至,将日增益以至于圣人之德之盛,'自明诚'者也。"(《孟子字义疏证下》)德性与问学、诚明与明诚、尽性与穷理是相互依存并相互促进,在修养方法上也殊途同归,两者的根本目的都是在后天社会生活中以理性主义修养、磨砺、提升善性良德。

第三节 内在修养中道德自我的超越与境界追求

人的存在是追求生命价值和生活意义的存在,人的发展总是永恒地贯注着人自身的目的和对设定的理想目标的追求,"人类的活动必将彻底消除宿命论和被动成分,用地球上生命有机体绝无仅有的主动行动和高度负责的精神勾画自己的前程和不断创造出美好的未来"[①]。自我以德性修养的"成己"、"为己"为要旨,积极于心灵的自我超越,以内心陶冶塑造合乎崇高伦理要求的理想道德人格,提高精神境界;修身和超越不在于实现一己之自我目的,而在于为自身外在社会价值实现和创造奠立坚实价值本基和恒久动力,修养、超越和人格境界体现了道德自我的崇高精神和理想追求。

一、道德自我的修养特质与追求

道德自我的精神设定和价值提升与内在持续的德性修养密不可分。德性修养表现为已有潜能的展开过程,既是自我内在价值和人格的提升,也是行为实践和社会价值实现的精神保证。

(一)道德自我的修养特质与基本路径

1. 道德自我的修养特质

德性修养是道德领域主体的重要活动,是道德自我的根本任务和主体性表现;坚持不懈的德性修养,既是自我内在价值和人格的提升,也是

---

① 张诗忠:《生物进化与人类进化比较》,上海社会科学院出版社1997年版,第203页。

行为实践和社会价值实现的保证。儒家经典《大学》提出"自天子以至庶人,壹是皆以修身为本",强调道德涵养在社会生活中的意义,亦相应确认自我在涵养过程中的本位性。《中庸》提出:"故君子不可以不修身……知所以修身,则知所以治人,则知所以治天下国家。""凡为天下国家九经,曰修身也,尊贤也,亲亲也,敬大臣也,体群臣也,子庶民也,来百工也,柔远人也,怀诸侯也。"二程解释说:"九经之用,皆本于德怀,无一物不在所抚,而刑有不遇焉。修身,九经之本。"(《二程集·经说八》)孔孟儒学把为己、修己视作为仁行义的出发点,孔子主张"克己复礼","毋意,毋必,毋固,毋我"(《论语·子罕》),意在通过自我欲望、利益的克制,通达普遍的礼义道德;主体自身从自在走向自为的人化表现为一个德性完善的过程,主要取决于自我的努力,对主体自我实现道德潜能的能力充满了确信,所谓"为仁由己"(《论语·颜渊》)、"我欲仁,斯仁至矣"(《论语·述而》)等体现了追求主体自由的价值取向,奠定注重德性修养的思维趋向和传统。宋明理学开山者周敦颐认为,"治天下有本,身之谓也"(《通书·家人睽复无妄》)。治国平天下以修身为本,个体修身不仅具有培养自我高尚品德、熔铸自我人格的价值,也是家齐国治天下平的根基所在;张载确认道德修养主体性,"富贵之得不得,天也,至于道德,则在己求之而无不得者也"(《张载集·经学理窟》)。以自我为修身之本,意味着道德涵养主要是一个依靠主体自身努力的过程,二程将这一过程称为自治,"人苟以善自治,则无不可移者,虽昏愚之至,皆可渐磨而进也。唯自暴者,拒之以不信;自弃者,绝之以不为,虽圣人与居,不能化而入也"(《近思录》卷一)。自治包括两个方面,一是自信,"学者须要自信。既自信,怎生夺亦不得"(《河南程氏遗书》卷十八),确信自我可以在道德上达到完善的境界,它构成了道德涵养的前提。二是自为,即按普遍的准则自我塑造的具体过程。不仅是对自我的本质与能力的一般肯定,而且意味着将道德涵养的基础由外在的影响转向自我的作用,内在地蕴含着对主体性的某种自觉。朱熹同样将自我完善提到首要地位,"有善于己,然后可以责人之善,无恶于己,然后可以正人之恶"(《大学章句》)。个体存在于世,难免要受到各种消极影响,要能对此作出抵御,便必须内有主,"欲无外诱之患,惟内有主而后可"(《二程粹言二·论学篇》),"天地之大患者,在失我也"(郭象:《庄子·胠箧注》)。人之可贵,在于它是一种"内有主"的主体性存在,体现着对自我的确认;内有主是以道心为主,"必使道心常为一身之主"(《朱子语类》卷六十二)。道心也就是天理的内化,具有普遍性的品格,"道心者,兼得理在里面,惟精无杂"(《朱子语类》卷七十八)。自我本位性体现于道德涵养,具体化为"为己"的要求,"今之学者须先有笃实为己之心,然后可以论学,不然则纷纭口耳讲说,徒足以为人之资而已"(《王文成公全书》卷二十七《与汪节夫》)。"为人"是迎合外在的赞誉,"为己"是立足于主体自身,追求自我完善,并以成己为具体目标,"须有为己之心,方能克己,能克己,方能成己"(《传习录上》),"人心莫不有理道,用乎己者,为之务本,用乎人者,为之近末。君子之理也,先务其本,故德建而怨寡;小人之理也,先近其末,故功废而仇多"(徐干《申论·修本》)。德性涵养的目标是主体性道德自我,把自我认同的外在责任和义务变成理智上的自我确认、情感上的自我满足、意志上的自我坚持。

2. 尽性、穷理与践行的统一

传统儒家以人的天理良知的善性道德心为精神本基,肯定和弘扬个体推己及人的善性推展能力和愿望;自在的良善和良知性体决定了个体道德修养的基本途径及其意义在于通过后天反求诸己、反身而诚和自我慎独的道德修养,超越于内在自然欲望和外在世俗功利的诱惑而回复良善本心。孔子坚持:"为仁由己,而由人乎哉?""我欲仁,斯仁至矣。"孟子主张存心养性、反躬求放心,"学问之道无他,求其放心而已矣"(《孟子·告子上》),"行有不得皆反求诸己",以求继善成性;南宋时期陆九渊、王阳明认为通过存心、养心、求放心以"保吾心之良",真正的学问功夫只是克己内求,通过克除私欲障蔽达到复明天理良知,"若良知之发,更无私意障碍,即所谓充其恻隐之心,而仁不可胜用矣"(《传习录上》)。对自身行为动机的自我反省和求责,目的在于存心、复性致天理良知。由于个体感性欲望、情感以及需要和利益的杂多性和无序性,实践理性需要和源于后天坚持不懈的学习、实践经验总结和克服情欲冲动的主观意志努力,强调以理制欲、以义制利的理性修养。孔子曾主张"克己复礼","毋意,毋必,毋固,毋我"(《论语·子罕》),意在通过自我欲望、利益的克制,通达普遍的礼义道德;荀子强调"君子博学而日参省乎己,则知明而行无过矣"(《荀子·劝学》),"今人之性固无礼义,故疆学而求有之也。性不知礼义,故思虑而求知之也"(《荀子·性恶》)。具有"是非之心"的知识、理智和明智,对人伦关系、道德准则的理性把握和恰当运用通过格物穷理,"所谓致知在格物者,言欲致吾之知,在即物而穷其理也"(《大学章句·补格物传》)。以格物穷理的修养过程提升道德认知水平、实践能力以及个体人格,体现了重视道德自觉的理性主义特征。道德理性主义与伦理自然主义的修养路径分别体现为道问学、穷理功夫的"自明诚"与尊德性、居敬功夫的"自诚明","'自明诚',由穷理而尽性也;'自诚明',由尽性而穷理也"(《正蒙·诚明》),主张穷理尽性与尽性穷理、格物穷理与反求诸己功夫的统一。道德修养关注个体道德意志力和道德行为实践能力的培养和提高,知、行相互促进,"知与行工夫须着并列,知之愈明,则行之愈笃;行之愈笃,则知之益明。二者皆不可偏废"(《朱子语类》卷十四)。"夫学问岂以他求,不过欲明此理而力行之耳……故圣贤教人必以穷理为先,而力行以终之"(《朱子文集》卷五四《答郭希吕》),要求做到知行合一。明代颜元认为"习行"是明道、"性与习成"的根本途径,"吾辈只向习行上做工夫,不可向语言文字上着力"(《颜习斋先生言行录》)。王夫之在"习成而性与成"基础上,强调"行而后知有道"(《思问录内篇》),"力行而后知之真也"(《四书训义》卷十三),"知之尽,实践之而已矣"(《张子正蒙注》卷四)。尽性、穷理与践行构成道德自我修养的基本路径,由此把自我认同的外在责任和义务变成理智上的自我确认、情感上的自我调节、意志上的自我坚持。

(二)自我修养中良心与人格的统一

道德自我修养的直接目的是在个体内心形成稳定持久、真实可靠的良心实体,另一方面形成心智健全、高尚挺拔的理想人格,由此为价值实践提供可靠的品质和心理保证。

1. 修养中的良心实体

中国古代有天理良心说,认为良心是"天之所予我者",在孟子看来,"人所不学而能者,其良能也;所不虑而知者,良知也"(《孟子·尽心上》)。王阳明也承接其说,"见父自然知孝,见兄自然知悌,见孺子落井自然知恻隐,此便是良知,不假外求"(《传习录中·答顾东桥书》)。良心本质上是人对自我道德义务的自觉意识,是人在履行对他人和社会的义务中在内心形成的道德责任感和自我评价形式。"良心是人们一种内在的有关正邪、善恶的理性判断和评价能力,是正当与善的直觉、义务与好恶的情感、控制与抉择的意志、持久的习惯和信念在个人意识中的综合统一。"[1]一方面,良心的表现形式是主观的、直觉的形式,以一种无形的力量,构成着主体行为选择、调控和评价的内在依据,是道德上对自身存在价值的自我确信;良心是良知、良情、良意的有机统一,既有认知成分,是体现社会要求的是非、善恶的理性道德认知,也是对应尽道德义务的情感认同,表现为一种道德情感,还是实行道德原则时坚持到底的精神和克服障碍的决心;道德主体的情感、意志、直觉等品性都作为"人类心灵的触须"(罗曼·罗兰语),而对良心的形成和实现其职能发生着重要的影响,直觉、顿悟等道德认知的特殊方式更是以感性或非理性的因素渗透于良心之中;良心是人在道德选择时发自内心深处的认知和理性的隐约声音,带着理智的命令性和权威性的特征,卢梭曾深情地说:"良心!良心!你是神圣的本能,不朽的天堂的呼声;你是一个无知且狭隘的可靠导师,你是理智而且自由的;你是善与恶万无一失的评判者……"[2]另一方面,道德良心是现实社会要求的反映,是对道德责任的自觉意识,"良心是由人的知识和全部生活方式来决定的"[3]。良心受道德主体所处的阶级关系、社会地位以及其性格、气质和教育的程度等社会因素的制约,"良心从根源上说是风俗或客观道德在个人意识中的表现,它本质上是作为一种偏离常规的特殊意志冲动的阻止物而活动的"[4]。良心的理性机制源于主体在认知上对道德规范必然性的理解、把握和接受,并通过这种认识内化为主体的心灵世界之中。长期的社会实践和道德经验的积淀,在个体内

---

[1] 何怀宏:《良心论》,上海三联书店,1994年版,第39页。
[2] 北京大学哲学系外国哲学史教研室:《十八世纪法国哲学》,商务印书馆1979年版,第184页。
[3] 《马克思恩格斯全集》第6卷,人民出版社1972年版,第152页。
[4] [德]弗里德里希·包尔生:《伦理学体系》,何怀宏、廖申白译,中国社会科学出版社1988年版,第315页。

心形成一种稳固的知识经验和知觉定势。由于这一认知和体认的基础，良心必然要化为道德行为主体在内心世界中竭力克服异己的力量，而维护那些在社会关系中积淀并巩固下来的道德原则和道德理想。良心是社会道德心理积淀、个体道德直觉以及实践道德修养的有机统一，在自我行为动机的纯化、行为方式的选择、行为过程的监督、行为后果的评价和反思中都发挥着慎独、内有主和自治的作用，构成道德自我的内在实体。

2. 修养中的品德与人格

道德修养表现为确定内在道德品质和完善道德人格的过程。道德品质是社会或阶级集团的道德原则规范在个体身上的体现，是个体在道德实践中所不断追求并逐渐形成的，通过自身的思想意识和行为方式所表现出来的稳定的道德倾向和特征。古希腊时代，智慧、勇敢、节制、公正被视为公民四主德；中世纪托马斯·阿奎那将人的道德品质分为尘世的德性（智慧、勇敢、节制、公正）和神学的德性（即博爱、信仰、希望）。我国传统社会里，孔子提倡"仁、智、勇"三达德；孟子提出"仁、义、礼、智、信"五常之德，管子提出"礼义廉耻"四维之德。社会主义社会，公正、仁爱、诚信、节制应内化为个体基本的道德品质。道德品质的不断修养和提高又表现为道德人格的确立，"道德教育和道德修养的目的，在于在整个社会范围内形成普遍、完美的道德人格"[①]。罗尔斯认为："道德人格能力是获得平等正义权利的一个充分条件。……道德人格是使一个人成为权利主体的充足条件，是一个带根本性的问题。"[②]人格是个体尊严、社会价值和内在品质的综合规定，是个人价值与品质的总和；道德人格是现实生活中个人人格的道德规定性，表现为个人在道德上的社会规定性或人格规定性的社会特质。道德品质和人格的内在结构在心理过程方面表现为个体道德认识、道德情感、道德意志、道德信念和道德习惯的有机结合，在内容方面包括道德准则意识、道德责任意识以及道德目标意识。道德品质和人格的形成，一方面受到社会环境和物质生活条件的制约，如马克思所说："个人怎样表现自己的生活，他们自己也就怎样……因而，个人是什

---

① 罗国杰：《伦理学》，人民出版社1999年版，第437页。
② 约翰·罗尔斯：《正义论》，何怀宏译，中国社会科学出版社1988年版，第492、493页。

么样的,这取决于他们进行生活的物质条件。"① 道德品质和人格的形成也是主体自身努力的结果,表现为主体不断提高自身道德认识能力,增强自身道德意志,并不断外化为社会实践中的道德行为,经过不断积累,把正确的道德原则规范和道德观念,内化为个体的内心道德信念,沉积为个体的道德习惯。道德品质既包括人们主观上对一定的道德原则规范的认识,也包括人们基于这种认识所产生的具有稳定性特征的行为习惯。"一个人做了这样或那样一件合乎伦理的事,还不能说他是有德的,只有当这种行为方式成为他性格中的固定要素时,他才可以说是有德的。"② 道德人格具有动机整合功能、行为动力功能、价值定向功能以及自我调控功能,构成道德自我的稳定心理结构和品质特征。

二、道德自我修养中的精神超越

德性修养表现为已有潜能的展开过程,展现为一种理想的精神和超越性追求,超越表象化的自我,给现实自我贯注面向未来的力量,不停地向新的目标前进,向更高的境界攀登。哲学心理学认为,超越性动机是超文化、人人共有、遍及全人种的,"人具有可能性和超越性,它是能够超越被给定者,无限地超越被给定者的那种存在物"③。舍勒在《人在宇宙中的地位》中指出,只有人能够超越此在,因为人能够对现在的一切提问,并且有向前推进的自由;人无限地进入已经发现的领域,不停留在任何一件事中,这种无限开放性,促使人把自己的中心固定在世界之外和世界彼岸。"人不是被束缚在周围的世界上的,而是对世界开放的。这就是说,人总能够不断地获得新颖和新型的经验,他对感知到的现实做出回答的可能性,几乎是无限变化的。"④ 人是追求生命价值和生活意义的超越性存在,是超越有限自我而实现"大我"或"真我"。"心灵不仅能够下通人

---

① 《马克思恩格斯选集》第1卷,人民出版社1995年版,第67~68页。
② [德]黑格尔:《法哲学原理》,范扬、张企泰译,商务印书馆,1961年版,第170页。
③ [美]保罗·蒂利希:《政治的期望》,徐钧尧译,四川人民出版社1989年版,第164页。
④ 潘能伯格:《人是什么》,李秋零、田薇译,香港道风山基督教丛林1994年版,第21~22页。

事,而且能够'上达天德'。这是一种纵向的自我超越。"①万俊人先生指出,人类的基本道德生活是一个具有不同层次结构的综合性系统,其大致分为终极信仰的超越层次、社会实践的交往层次和个人心性的内在人格层次三个层次。其中终极信仰的超越层次与个人心性的内在人格层次常常相互交叠、渗透。对于许多非宗教信徒来说,终极信仰往往只具有一种内精神理想的意味,虽然其中不乏超越性目的意义,但这种目的意义更多地表现为对某种道德理想或人生境界的世俗追求,是对自我圆满人生和伦理美德的期待。②

(一) 道德自我对感性欲望和个体利益的精神超越

感性需要固然与人的存在相联系,但人之为人的本质特征,更多地在于人的精神理性具有更为重要的意义,在理性对感性的超越中,人作为道德主体的内在价值得到了展示。"人之存在的本质特征是:他已经越出动物王国与本能相适应的樊篱,超越了自然(尽管他绝不可能最终完全摆脱它,且将终将是它的一部分)。而一旦人脱离了自然,他便丧失了返还它的任何可能性……人别无选择,他必须舍弃那已经无可挽回地丧失了的前人类和谐,不得不发展其理性,追寻新的人性的和谐,不断朝前走下去。"③孔子主张"君子谋道不谋食"(《论语·卫灵公》),"道"所体现的即是理性的追求,超越感性的欲望和个体的特殊利益;"不能自解者,物有结之"(《庄子·养生主》);"饭疏食,饮水,曲肱而枕之,乐亦在其中矣"(《论语·述而》)。人之可贵、有价值并不在于其为感性的存在,唯有超越感性的我和单纯个体之利而肯定他人利益,才能真正凸显出人的价值。毛泽东站在无产阶级立场上指出:"西人物质文明极盛,遂为衣食住三者所拘。徒供肉欲之发达已耳。若人生仅以衣食住三者而已足,是人生太无价值。"④康德强调道德之于人类自身的目的意义,德性作为内在品格和精神境界较多地体现了人的理性本质,理性使人选择了道德的行为方式;道德使人类的生存和生活获得高贵的价值,道德的目的王国正是

---

① 蒙培元:《心灵超越与境界》,人民出版社1998年版,第81页。
② 万俊人:《现代性的伦理话语》,黑龙江人民出版社2002年版,第79~80页。
③ [美]E.弗洛姆:《爱的艺术》,陈维钢等译,四川人民出版社1986年版,第8页。
④ 《毛泽东早期文稿》,湖南出版社1990年版,第638页。

人类孜孜以求的理想生活。道德要求人超越物质利害或功利财货的计较,因为有比物质计较更为高远的社会目标和价值追求,爱因斯坦认为,"要追求一个人自己或一切生物生存的意义或目的,从客观的观点看来,我总觉得是愚蠢可笑的。可是每个人都有一定的理想,这种理想决定着他的努力和判断的方向。就是在这个意义上,我从来不把安逸和享乐看作是生活的目的本身——这种伦理基础,我叫它猪栏的理想。照亮我的道路,并且不断地给我新的勇气去愉快地正视生活的理想,是善、美和真……人们所努力追求的庸俗的目标——财产、虚荣、奢侈的生活——我总觉得都是可鄙的。"[1]

道德自我通过身心修养扩充精神性自我,不断地实现心灵的超越,消除一己之私和执著,广泛地包容他人、万物与世界。中国传统思想儒、道、佛在德性修养中推崇针对个体对外在物质利益的过分追求,主张超越个体利益、物质利益的无我论;个体在实现自我的同时,尊重他人实现自我的意愿,正是在成就他人过程中,自我的德性得到了进一步的完善。儒家将"义"视为无条件的绝对命令,把行义(履行当义之则)本身当作行为的目的,行为的价值主要取决于是否合乎义,"义以为上、以义为止(孔子)"、"行不必果,惟义所在"(孟子),主张见利思义、以义制利;立己与立人,己达与达人,修己与安人、安百姓联系,意味着使个体的自我实现超越一己之域而指向群体认同,道德关系上的自我完善(为己)最终是为了实现广义的社会价值(群体的安定与进步)。宋明儒学在强调"有我"(道德主体性的自觉)的同时,提出"无我"、"忘我"之说,目的在教导人们克服感性物欲和私利。理学家看来,感性具有私的品格,"大凡人有己则有私"(《朱子语类》卷二十九),"己者,人欲之私也"(朱熹《论语或问》卷十二)。主张将私己从自我之中排除出去;张载明确说"无我而后大"(《正蒙·神化》),"圣人同乎人而无我"(《正蒙·至当》),即把"无我"提到了圣人的境界,不断去除私我达到自我与宇宙天地、社会他人融合于一体的大我,应超越于自私功利。程颢提出:"人之情各有所蔽,故不能适道,大率患在于自私而用智。自私则不能以有为为应迹,用智则不能以明觉为

---

[1] 《爱因斯坦文集》第3卷,许良英、赵中立、张宣三译,商务印书馆,1979年版,第43页。

自然"(《明道文集》卷二《答张横渠子厚先生书》),主张"不获其身,不见其身也,谓忘我也。无我则止矣"(《近思录》卷四)。内有主与忘我,我的自觉与无我为大,其内心对峙的涵义是以伦理的自我消融感性私己的自我,通过修行和变化气质之性以保存与宇宙天道合一的天地之性。"恰似无了那人心相似,只是要得道心纯一。"(《朱子语类》卷七十八)陆九渊将之表述为:"心之体甚大,若能尽我之心,便与天同。为学只是理会此。""宇宙之间,如此广阔,吾身立于其中,须大做一个人。"(《陆九渊集》卷三十五《语录》)集心学之大成的王阳明更为关注灭却人我、物我之分,"天下之人心,其始亦非有异于圣人也,特其间于有我之私,隔于物欲之蔽,大者以小,通者以塞"(《王文成公全书·答顾东桥书》),主张超拔于一己欲望的小体之我,在内心深处体验和辐射人我、物我一体之大我之心。唐纳德·蒙罗(Donald J. Munro,又译孟旦)认为儒家所推崇的价值是"无我",是克己的"自我"或无我人格,"无我的人格则是心甘情愿地把他自己的,或他所属的某个小集体(如一个村庄)的利益服从于一个更大的社会群体的利益"①。道德以道义性使个体"超越自我、自私、自我中心。这是当我们对外部任务、事业、责任和对他人以及现实世界等等作出反应时对自我的超越"(图尔干)。道德的应当虽然并不一般地否定人的权利,但它更强调人的义务和责任,强调履行对他人和社会的义务和责任必须以必要的或多或少的自我牺牲为前提,具有超越个人功利性和无偿性特点,专注人的精神价值,不以获得某种相应的权利或报偿为前提、动机和目的,对可能或实际上得到的报酬或奖赏,道德自我能表现出不以为然、淡然处之的心态。

(二)道德自我对世俗见解和制度规范的精神超越

道德自我能明辨是非,不拘泥于伦理教条随波逐流,超越于常识性、普通世俗评价原则以及现实生活中陈腐的伦理风俗习惯。"道德之所以为道德,根本上乃指人的行为发自内心,而非溺于物欲、屈从于环境。"②孔子反对在是非、善恶面前不置可否、同流合污的"乡愿","乡愿,德之贼

---

① [美]赫大维、安乐哲:《汉哲学思维的文化探源》,江苏人民出版社1999年版,第27页。
② 陈根法:《论德性的价值和意义》,载《复旦学报》2002年第3期。

也"(《论语·阳货》)。孟子认为,"非之无举也,刺之无刺也;同乎流俗,合乎污世;居之似忠信,行之似廉洁;众皆悦之,自以为是,而不可与入尧舜之道,故曰德之贼也"(《孟子·尽心下》)。孟子赞扬威武不屈的大丈夫之志,"古之贤王好善而忘势;古之贤士何独不然!乐其道而忘人之势"(《孟子·尽心上》);"以位,则子,君也;我,臣也,何敢与君为友?以德,则子事我者也,奚可以与我友?"(《孟子·万章下》)孟子区分天爵、人爵,荀子区分势荣、势辱与义荣、义辱,主张独立于外在势位的主体人格,"虽王公士大夫之子孙也,不能属于礼义,则归之庶人;虽庶人之子孙,积文学,能属于礼义,则归之卿相士大夫"(《荀子·王制》)。王符和王充分别提出,"富贵未必可重,贫贱未必可轻"(《潜夫论·交际》),"外隶圉不足以为耻,抚四海不足以为荣","宠位不足以尊我,而卑贱不足以卑己"(《潜夫论·论荣》),"不好徼名于世,不为利害见将。……见污伤不肯自明,位不进亦不怀恨。贫无一亩庇身,志佚于王公;贱无斗石之秩,意若食万锺。得官不欣,失位不恨。处逸乐而欲不放,居贫苦而志不倦"(《论衡·自纪篇》)。在位与德、势与道的区分背后,蕴含着对特立精神人格的推崇,不为外在的流俗与权势地位所屈,"仁者先难后获。夫道岂难知哉?所谓难者,乃己私难克,习俗难越耳。吾所谓深思痛省者,正欲思其渐以图其易耳"(《陆九渊集》卷十四《与侄孙濬三》)。"狂者志存古人,一切纷嚣俗染,举不足以累其心。真有凤凰翔于千仞之意,一克念即圣人矣。"(《王文成公全书》卷三十四《年谱》)黄宗羲推崇思想上的独立和狂狷精神,"不以庸妄者之事非为是非"(《南雷文案·恽仲升文集序》),"狂狷是不安于流俗者,免为乡人,方有作圣之路"(《孟子师说·孔子在陈》)。任何事情都"深求其故,求证于心"而不盲从,旨在强调精神主宰对世俗偏见的超越挺拔。明初思想家王夫之认为,"流俗者,德之贼也"(《俟解》),主张"勿以箪豆竿牍为恩怨,勿以夫人稚子之啼笑,田夫市贩之毁誉为得失……当世之是非、毁誉、去就、恩怨,漠然于己无与,而后俯临乎流俗污世而物莫能撄"(《俟解》),"君子贞其常以听变,非望之福不以宠,非望之祸不以惊,优游于变化之至"(《周易外传》卷五)。梁启超曾区分自由为自由之俗和自由之德,"自由之俗是自由之权操诸官吏,予夺在他人,其实是奴隶的自由,不是真自由。而自由之德者非他人所能予夺,乃我自得之而享之者也"(《十种德性相反相成义》)。儒家"为己"、"由己"和"自由之德"说旨在强调个人应在纷嚣习染的社会环境中卓然不移,着意反对在无谓的人情世故中随波逐流、沉沦于世俗而泯灭自我的行为方式,蕴含着对道德自我主体人格的确信和推重。在西方,奥古斯丁指出,对荣誉的欲望使人既用正确的方法,也可能用欺骗和诡计获得它,他告诫"对于有德性的人来说,鄙视荣誉是一个伟大的美德"[1]。阿奎那认为,荣誉不是德性的报酬,高尚的工作不是为了荣誉,如果人们为荣誉而工作,它便不是德性,而是野心;莎士比亚借剧中人物之口说出,"名誉是一件无聊的骗人的东西,得到它的人未必有什么功德,失去它的人也未必有什么过失"[2]。帕斯卡尔辛辣地嘲讽有些人在世俗生活和盲目追求舆论褒贬中的迷失,认为从人的幼年起荣誉就在腐蚀一切人,"我们不肯使自己满足于我们自身之中和我们自己的生存之中所具有的那个生命:我们愿望能有一种想象的生命活在别人的观念里,并且我们为了它而力图表现自己。我们不断地努力在装扮并保持我们这种想象之中的生存,而忽略了真正的生存";"我们是如此之狂妄,以致我们想要为全世界所知,甚至于为我们不复存在以后的来者所知;我们又是如此之虚荣,以致我们周围的五六个人的尊敬就会使得我们欢喜和满意了"[3]。马克思赞扬18世纪法国启蒙思想家,强调他们的主张,"一切都必须在理性的法庭面前为自己的存在作辩护或者放弃存在的权利"[4]。刚健自强的道德自我表现为卓然不为世俗所移,在各种逆境中保持高尚的节操,超越世俗功利之情与社会伦理风俗,以道德理性坚守内心道德原则。

社会制度、法律等外在规范的制定、实施总是立足于社会伦理理念以及个体道德认同,是以国家所达到的伦理目标或社会正义的道德标准为根据来建构或变革自己的体系。康德认为,与道德相比,政治是次生的,"真正的政治不先向道德宣誓效忠,就会寸步难行。尽管政治本身是一种艰难的艺术,然而它与道德的结合却根本不是什么艺术,只要双方发生

---

[1] 《西方思想文库》,莫蒂默·艾德勒等编,吉林人民出版社1988年版,第126页。
[2] 《西方思想文库》,莫蒂默·艾德勒等编,吉林人民出版社1988年版,第129页。
[3] 帕斯卡尔:《思想录》,何兆武译,商务印书馆1986年版,第74~75页。
[4] 《马克思恩格斯选集》第3卷,人民出版社1995年版,第355页。

冲突的时候,道德就会剪开政治所解不开的死结"①。既有的法律仰赖于个体品性的认同和内化,"好的德性没有法律是脆弱的,但单是正义也不能指导人间,好的法律必须要有好的品性来鼎力支撑"②。"由于现代社会的生活是如此复杂和动态的,哪怕是一个很谨慎地被建立的法律制度,它也总是在某一程度上不能完全符合社会的需要。这个事实要求公共权威对关于法规的真正意义有清楚的了解并能灵活地贯彻执行。"③亚里士多德把正当的行为与合理的动机分别称为外在的运行与内在的状态,一种行为可以没有德性而成为正当的,但一种行为要能够有德,则必定是由心灵的正当状态实行而来。"只有那些具有正义德性的人才可能知道怎样运用法律。……但是,部分由于法律具有普遍性,而特殊案件却总是在发生,而在特殊案件的情形中,并不清楚法律应该怎样运用以及正义的要求是什么。因此,就一定会出现没有现成的公式可套的情况;在这种情况下,我们就不得不'依据正确的理性'(《尼克马克伦理学》1138b25)来行事,这个短语被 W. D. 罗斯错误地译为'依据正确的规则'。"④道德不仅为社会制度和法律规范提供深层的价值观念标准,造就服从法律的品质,更体现为道德自我能动品质能够超越既有规范和制度的局限或暂缺的场域而发挥独特的作用,麦金太尔确证说,"在这些情形下,现存的法律不能提供任何清楚的答案,或者,也许根本就没有任何答案。在这些境况中,法官也缺少规则,也必须运用理智,如同立法者当初一样。法官这种行动所涉入的领域,就是亚里士多德称之为'公平合理'的领域,即合乎理性的——尽管不是由规则支配的——判断领域";"法官在他根本无法遵循和应用立法者提供的规则之情况下,就只能以某种方式超出已有的规则,这就是任何一位明智者在更普遍的意义上必须随时依据实际情况

---

① [德]康德:《历史理性批判文集》,何兆武译,商务印书馆 1990 年版,第 146~147 页。
② Onora O'Neill: *Towards Justice and Virtue: Alonstructive Account of Practical Reasoning*, Combridge University Press, 1996, p9.
③ [德]卡尔·白舍客:《基督宗教伦理学》第二卷,静也、常宏等译,上海三联书店 2002 年版,第 627 页。
④ [美]麦金太尔:《德性之后》,龚群、戴扬毅译,中国社会科学出版社 1995 年版,第 192 页。

而具体实例化"①。密尔由此认为,"如果没有道德情操优于现行法律的一些人,法律将永远得不到改进"②。人的超越性突出道德自觉性和对道德自由的追求,如果没有超越原则和规则的各种感情和真心感受,道德就会是冷血和不能激发人的。"社会总是为道德家留出了一定的位置,这些道德家的特点在于对现有的道德、体制提出批评,并推动实践向理想趋近。"③道德自我以理想和完善的追求,积极推动社会制度和法律规范的进步与变革。

三、道德自我的精神境界追求

道德修养和自我超越不是从现象界超越到本体界,而是在现实中实现的道德、精神人格境界。完美的人格集中体现为一种崇高的精神境界,"主观上的心境修养,到什么程度,所看到的东西,都往上升,就达到了什么程度,这就是境界"④。"境界乃是个人在一定的历史时代条件下、一定的文化背景下、一定的社会体制下,以致在某些个人的具体遭遇下所长期沉积、铸造起来的一种生活心态和生活方式,也可以说,境界是无穷的客观关联的内在化。这种内在化的东西又指引着一个人的各种社会行为的选择,包括其爱好的风格。一个人的行为选择是自由的——自我决定的,但又是受他的生活心态和生活模式即境界所指引的。可以说,现实的人都是一个具有由客观的社会历史性和主观的创造性两者相交织而成的境界的人。人就是在这样的境界中生活着、实践着,人的生活姿态和行动风格都是他的境界的表现。"⑤

(一)中国传统伦理思想中的精神境界追求

境界是人们在道德修养过程中形成的觉悟水平、自觉培养所形成的

---

① [美]麦金太尔:《谁之正义? 何种合理性?》,万俊人等译,当代中国出版社1996年版,第170、171页。
② [英]约翰·穆勒:《妇女的屈从地位》,汪溪译,商务印书馆1995年版,第52页。
③ S. E. Tulmin:*An Examination of the Place of Reason in Ethics*, Cambridge University Press, 1950, p223.
④ 牟宗三:《中国哲学十九讲》,上海古籍出版社2005年版,第103页。
⑤ 张世英:《哲学导论》,北京大学出版社2002年版,第84页。

思想道德和情操,是自我修养、自我反观、自我体验所达到的心灵境地。冯友兰先生描述,激励人在现实生活中趋向崇高的道德境界,是中国传统主流道德最富理论色彩、感召魅力的部分;中国哲学是主张自我超越的人学形上学,中国哲学的永久性价值、根本任务就在于找到"安身立命之地",提高人的精神境界,是追求心灵和精神"境界"的形上学。

1. 儒家的成人成圣境界

孔子曾体会人生的历程和人格境界,"吾十五而有志于学,三十而立,四十不惑,五十而知天命,六十而耳顺,七十而从心所欲,不逾矩。"(《论语·为政》)孟子将人格提升过程和理想人格境界的要素描述为:"可欲之为善,有诸己之为信,充实之为美,充实而有光辉之为大,大而化之之为圣,圣而不可知之之为神。"(《孟子·尽心下》)在此人格进程和构成要素中,"'善'表现了理想人格所具有的德性,它总是为人们所向往并合乎人们的意愿;'信'与诚相通,它意味着这种德性主体真正具有而不是外在的矫饰,从而体现了一种真的品格;'美'在此展现为一种内在充实;'大'表明了内在的美同时又总是形于外(充实而有光辉);'圣'突出了人格的感染力与教化作用(大而化之);'神'则表明人格的如上作用是以潜移默化的形式展开的。总起来,理想的人格表现为善、真(信)、美的统一,而这种人格又蕴含着无形的道德力量"①。荀子将人格境界区分为:"人有五仪:有庸人,有士,有君子,有贤人,有大圣。"(《荀子·哀公》)儒家以理想人格作为道德完善的境界追求,主要表现在君子、豪杰以及圣人的人格理想与境界追求。君子是道德修养比较高尚和境界比较完满的人,克己复礼以追求仁德,"君子去仁,恶乎成名?君子无终食之间违仁,造次必于是,颠沛必于是"(《论语·里仁》)。君子谨慎勤敏、恭敬谦让,"子谓子产,有君子之道四焉:其行己也恭,其事上也敬,其养民也惠,其使民也义"(《论语·公冶长》)。君子光明磊落,"君子矜而不争,群而不党"(《论语·卫灵公》)。儒家关于广泛的君子、小人之分,提示了君子人格的高尚性与人们成就道德人格的普遍可能性。传统思想推崇豪杰之气与狂狷特立精神,不为外在的权势地位所屈,"待文王而兴

---

① 杨国荣:《理性与价值——智慧的历程》,上海三联书店1998年版,第230页。

者,凡民也。若夫豪杰之士,虽无文王犹兴"(《孟子·尽心上》)。"非豪杰特立,虽其质之仅美者,盖往往波荡于流俗,而不知其所归,斯可哀也。"(《陆九渊集》卷二十《序赠·送毛元善序》)豪杰具有超越世俗之见、无所倚待的狂者气象,"非豪杰之士,无所待而兴起者,吾谁与望乎?"(《传习录中》)"故居今之世,非有豪杰独立之士的见性分之不容已、毅然以圣贤之道自任者,莫知从而求师也。"(《王文成公全书》卷二十一《答柴墟二》)豪杰人格以天下治平为己任,摆脱对外在世俗和条件的过分依赖,表现为对社会群体的崇高使命、责任感以及淑世的社会理想。圣人是古代儒家推崇的最高道德典范,通晓天下万物道理,能"博施于民而能济众","圣人心同天地,视天下犹一家,中国犹一人,不能一日忘也"(《论语集注》)。圣人能够赞天地化育,与天地同功,"大哉,圣人之道! 洋洋乎发育万物,峻极于天"。"诚者不勉而中,不思而得,从容中道,圣人也"(《中庸》)。"好法而行,士也;笃志而体,君子也;齐明而竭,圣人也。"(《荀子·修身》)荀子描述为:"圣也者,尽伦者也;王也者,尽制者也。两者尽,足以为天下极矣,故学者以圣王为师。"(《荀子·解蔽》)圣人在道德修养的过程中,逐渐摒弃了个我的物欲、世俗的好恶、名利的获取,使自我的人格逐渐广大化、上扬化,感通天下万物为一体,"夫圣人之心,其视天下之人,无外内远近,凡有血气,皆其昆弟赤子之情,莫不欲安全而教养之,以遂其万物一体之念"(《王文成公全书·答顾东桥书》)。

2. 道家的人格与精神逍遥境界

道家老子从"德性"出发,提倡自然本真的道德境界,主张去除人我、物我之间差异,泯灭彼此分别和隔阂,消除一己欲望的无为、无我和玄同,"挫其锐,解其分,和其光,同其尘,是为玄同。故不可得而亲,不可得而疏,不可得而利,不可得而害,不可得而贵,不可得而贱,故为天下贵"(《老子》五十六章)。老子常以婴儿、赤子比拟心中自然率真、朴实无华的本真状态和理想境界,"常德不离,复归于婴儿","常德乃足,复归于朴"(《老子》二十八章),"含德之厚,比于赤子"(《老子》五十五章),意味着消除和超越异化,达到人的真正的自我实现。庄子以真人、至人、神人、圣人等为理想的人格,其中对真人的表述最为完整和代表。在《大宗师》中庄子将真人描述为:"古之真人,不逆寡,不雄成,不谟事。……登高不栗,入水不濡,入火不热。……古之真人,其寝不梦,其觉无忧,其食不甘,其息深深。……古之真人,不知说生,不知恶死。其出不䜣(欣),其入不距。翛然而往,翛然而来而已矣。不忘其所始,不求其所终。受而喜之,忘而复之。是之谓不以心捐道,不以人助天,是之谓真人"(《庄子·大宗师》)。真人是不为外在财富和权势所动的安宁、恬静的自由心境,"'真人'精神境界的最主要内容是对构成人生困境界限的超越。'不知说生,不知恶死'是超越了常人'生欢悲死'的表现;'不逆寡,不雄成,不谟事'是有顺应人生时命的态度;'其寝不梦,其觉无忧,其食不甘,其息深深'是要做到无情无欲的心境。所以,在庄子那里,真人是对摆脱自然、社会以及精神三重压迫的'真正自由的人'的向往和期盼"①。至人的特点即在于无己,"至人无己"(《庄子·逍遥游》),无己意味着摆脱和超越社会的束缚,回到自然本然状态,达到个性的无待和逍遥,"出入六合,游乎九州,独来独往,是谓独有,独有之人,是谓至贵"(《庄子·在宥》)。"至人之用心若镜,不将不迎,应而不藏,故能胜物而不伤。"(《大宗师》)"唯至人乃能游于世而不僻,顺人而不失己。"(《庄子·外物》)其境界就是要做到能游于世而不为仁义财物所动,"无誉无訾,一龙一蛇,与时俱化,而无肯专为;一上一下,以和为量,浮游乎万物之祖,物物而不物于物,则胡可得而累耶?"(《庄子·山木》)嵇康将至人描述为可以"顺天和以自然,以道德为师友,玩阴阳之变化,得长生之永久,任自然以托身,并天地而不朽"(《答"难养生论"》)。庄子追求祛除认知、嗜欲、世俗喜怒哀乐之情对心灵的桎梏,通过心斋、坐忘、悬解,超越外在物欲、名利的束缚,向往"游乎四海之外"、"游无何有之乡,以处圹埌之野"(《庄子·应帝王》),"乘天地之正,而御六气之辩,以游无穷者","抟扶摇而上者九万里","背负青天而莫之夭阏者"(《庄子·逍遥游》),希望达到"独与天地精神往来,而不敖倪于万物","上与造物者游,而下与外死生、无始终者为友"(《庄子·天下》)。"以虚静推于天地,通于万物,此之谓天乐。"(《庄子·天道》)实现与大道合一的天乐、至乐、逍遥的精神解脱与自由

---

① 王国胜:《道家视野中的理想人格及其践行之道》,载《长白学刊》2006年第3期,第68~70页。

心境,是由精神的超脱得到的真正的"无待乎外"、超越有限自我、自同于大全的境界。

3. 新儒学的人生境界说

在当代新儒家冯友兰看来,由于人对于宇宙人生觉解程度的不同,便有了人生境界和精神风范的不同。冯友兰将人生分为自然境界、功利境界、道德境界和天地境界。自然境界是最低的境界,在此种境界中的人,顺才(性)顺习,不著不察,"行之而不著焉,习之而不察焉,终身由之,而不知其道由众也"。"行乎其不得不行,止乎其不得不止","莫知其然而然",纯依本能而行为,混沌度日;"功利境界的特征是:在此种境界中底人,其行为是'为利'底,所谓'为利'是为他自己的利"①,这种人争名于朝、争利于市,以满足自己的需要,求得人生的快乐为目的,奉行功利主义或快乐主义人生哲学;道德境界是"行义"的贤人境界,一个人了解到"这个社会是一个整体,他是这个整体的一部分。有这种觉解,他就为社会的利益做各种事,或如儒家所说,他做事是为了'正其谊不谋其利',他真正是有道德的人,他所做的都是符合严格的道德意义的道德行为。他所做的各种事都有道德的意义。所以他的人生境界,是我所说的道德境界"②。他们都以贡献为目的,一心一意为他人、为社会谋利益,工作上尽伦尽职;天地境界是就人和宇宙的关系说的,它具有超功利、超道德的意义,是从一个比社会更高的观点看人生,这个更高的观点就是宇宙大全,也就是无限和永恒,"在此中境界中底人,了解于社会的全之外,还有宇宙的全,人必于知宇宙的全时,始能使其所得于之为人者尽量发展,始能尽性。在此中境界中底人,有完全更高一层底觉解,此即是说,他已完全知性,因其已知天。他已知天,所以他知人不但是社会的全的一部分,而并且是宇宙的全的一部分。不但对于社会,人有贡献,即对于宇宙,人亦应有贡献"③。追求并实现无限和永恒,这就是人生的最高目的。"天地境界是人的最高的'安身立命之地'。"④唐君毅把境区分为客观境、主观

---

① 冯友兰:《新原人》,生活·读书·新知三联书店2007年版,第47页。
② 冯友兰:《中国哲学简史》,北京大学出版社1996年版,第291~292页。
③ 冯友兰:《新原人》,生活·读书·新知三联书店2007年版,第64页。
④ 冯友兰:《中国哲学简史》,北京大学出版社1996年版,第264页。

境和超主客观境三类,每类有体(事体或自体)、相(相状)、用(功用)的区分,在心静俱现俱灭、俱进俱退、俱开俱合的相感通中,以生命心灵的三观(横观、顺观和纵观)对应于三境的不同的体、相、用,发展出心灵九境,根据心与境的感通关系而将人生境界分为三类九种:一是客观境界,是人类心灵由观照客观事物所形成的境界,内分万物散殊境、依类成化境和功能序运境;二是主观境界,是心灵对其自身活动进行反观所形成的境界,包括感觉互摄境、观照凌虚境和道德实践境;三是超主客观境界,是心灵由追求无限永恒的超越而产生的境界,内含归向一神境、我法二空境和天德流行境。此九种境界构成人之生命的整体,展现了人类心灵的全部内涵与层级结构。九种境界的次第上升过程,即是生命心灵不断实现和自我超越的过程,也即是人类心灵由自然状态到理知状态,再到道德自觉状态而予最终得到完满实现的过程;认为除"道德之我"外,生命存在实具有更为广泛的内涵,也即除道德活动外,人类心灵还包括认知、审美以及追求超越等更为丰富的内容。方东美把他的人生境界依次分为物质境界、生命境界、心灵境界、艺术境界、道德境界和宗教境界。人们对物质境界、生命境界、心灵境界的追求是一种自然世界的追求,因而人的这种境界是一种形而下境界。在形而下境界中生活的人有健康的身体,有伟大的生命活动力,有开明的知识,这种人也仅仅是"自然人",他可以开辟出一个自然世界,创造丰富的物质文化,但也只是自然世界,不能构成有意义、有价值的世界,这个世界也就因此是价值贫乏、失落了意义的世界。方东美认为,人的生命精神还要向上提升,超越自然世界而进入形而上的境界。形而上境界有艺术境界、道德境界和宗教境界。在艺术境界里可表现美也可表现丑,因而还不是完美的生命领域,要成就高尚的精神人格,还必须进入道德境界,由道德境界再进入宗教境界被方东美视为情理之中的事。在宗教境界中,"有最高的智慧、有最高的精神发而为生命,而这一个生命以旁通一切人类、一切物类的生命,一体俱化,成就最高的精神价值。一个从物质世界、生命境界、心灵境界、艺术境界、道德境界层层提升,到最后他就成为真正的大人"[①]。这种人格经层层提升而达至善

---

① 转引自:罗卫平:《论方东美的生存哲学》,载《湘潭工学院学报》2002年第1期。

至美,但这并不是人生境界提升的终点,其人生哲学的目标是生命精神回到现实生活中,使人的意义和价值追求不外在于现实生活而与现实生活融为一体。

(二) 西方历史传统思想中的精神境界追求

1. 理性主义绝对理念和绝对精神境界

古希腊时期苏格拉底把善当作人生的最高目的,"善是我们一切行为的目的,其他一切事情都是为了善而进行的,并不是为了其他目的而行善"。柏拉图把"理性知识"抽象上升为一种能离开物质而独立存在的绝对"理念(idea)",认为世界是由"现象世界"与"理念世界"两个部分构成的,因而人也是由肉体和灵魂组成,灵魂是人的一种精神性存在;人的精神存在又分为"理性、激情、欲望"三个层次:理性最高,激情次之,欲望最低,主张做自己的主人,用理性节制和控制激情、情欲,理想的人生境界就是"一种把冲动和动物性的欲望这些较低的灵魂成分都提交给理智支配的生活,是一种由理智发布命令,而别的成分服从的生活"①。幸福只不过是"善"的理念,人们只有摆脱现实世界,才能进入幸福的理念世界中去,"这样在解脱了肉体的愚蠢之后,我们就会是纯洁的,并且和一切纯洁的相交通,我们自身就会知道到处都是光明,这种光明不是别的,乃是真理的光"②。在善的理念指导下的"和谐、有序"是理想的人生秩序。近代理性主义哲学大师黑格尔以绝对精神表述精神境界的提升,精神发展经历主观精神、客观精神以及绝对精神阶段。主观精神分为以感性确定性、知觉形式存在的意识(狭义)、作为意识自身确定性的自我意识以及具有确定性和真理性的理性三个环节,在延展过程中,意识只是作为主观精神的个体意识和"精神的抽象物",是内在的尚未表现为外部社会关系和制度之中的精神。在客观"精神"阶段,意识表现为理性的真理性、"我们"、社会以及实际的社会历史,是表现于行动和现实中、具有普遍性特征的客观精神,"客观精神是现实形式下的精神,即实现于精神所创造和

---

① [美]弗兰克·梯利:《伦理学导论》,何意译,广西师范大学出版社2002年版,第120页。
② [英]罗素:《西方哲学史》(上),何兆武译,商务印书馆1963年版,第182页。

将由精神所创造的世界中的精神"①;客观精神的基本形态是"真实的精神,伦理",在此基础上经由"自我异化了的精神,教化",而最终达至"对其自身具有确定性的精神,道德"。绝对精神是具有确定性、实在性,实现精神主客统一,"认识到自己的有限性,亦即否定自身,并从而获得自己的无限性。有限精神的这种真理就是绝对精神"②。具体表现为艺术(包括象征的艺术、古典艺术、浪漫艺术)、宗教(包括自然宗教、精神个体性宗教和绝对宗教)和哲学。"这种哲学的概念,乃是思维着的理念,是进行认识的真理,是具有这样一种意义的逻辑的东西,即,这种逻辑的东西是在具体内容中亦即在其实在性中得到了验证的普遍性。"③哲学认识并达到逻辑概念、自然与人的精神合而为一整体的精神最高境界和形态。对"绝对精神"的哲学认识使人的精神同整个世界合而为一,成为"存在着的宇宙和世界历史",因此对"绝对精神"的哲学认识是人的精神本质和自由本质的最高最后实现,也是人的最高最后目的实现。

2. 基督教中人神合一的神圣境界

基督教以灵魂为最高,贬抑肉体,崇尚信仰,灭绝智慧。奥古斯丁指出,"幸福不是感性方面的,而是理智本性的满足。……人的特点在于精神性的灵魂,祈求精神的满足,追求无限的真善美"④。基督教的真善美统一的无限性是"上帝",因而"幸福在于上帝",在于达到上帝的本性。克尔凯郭尔认为,人在通向上帝、成为自我的过程中,可能有三种不同的存在方式或存在状态,称为"生活道路诸阶段",即审美阶段、伦理阶段和宗教阶段。"审美的境界是直接性的境界,伦理的境界是要求的境界,宗教的境界则是满足的境界。审美境界是人生的最低境界,伦理境界是人生的过渡境界,宗教境界是人生的最高境界。"⑤审美阶段的特点是人的生活为感觉、冲动和情感所支配,个人沉溺于感性的享乐生活,不追求确定的信念,不遵循固定的和普遍的原则和规范,到头来必因不能长久满足

---

① 《黑格尔全集》格罗克纳德文本第 10 卷,斯图加特 1929 年版,第 39 页。
② 《黑格尔著作》理论版 13 卷,Suhrkamp Verlag,1983 年版,第 130 页。
③ 《黑格尔全集》第 10 卷,美茵法兰克福祖尔坎普出版社 1970 年理论版,第 394 页。
④ 吴光远:《听大师讲哲学》,中国民航出版社 2003 年版,第 42 页。
⑤ 程潮:《人生境界说新构想》,载《现代哲学》1997 年第 3 期。

享乐或因满足后的空虚而陷入绝望;伦理阶段的特点是人的生活为理性所支配,能倾听理性的呼声,克制自己的情欲,将个人的所欲与社会的义务相结合,遵守具有普遍意义的道德准则和义务,但往往由于经受不住感性享乐的引诱而犯错;当人的内心意识到自己不能圆满地履行道德义务而有犯罪感并感到绝望时,个体就会跳向宗教阶段;宗教阶段的特点是生活为信仰所支配,人不仅摆脱了物质的世俗的诱惑,而且摆脱了一切道德原则的羁绊,人只是作为他自己而存在,所面对的只是上帝。人应该舍弃物质欲望,克制自己的七情六欲,完全履行道德义务;人生的最高境界应该是信仰的境界,而信仰的对象只能是上帝,最终走向完满。

(三)社会主义社会道德自我的精神境界追求

依据马克思主义的人生境界理论,罗国杰先生从境界的"过程结构"、境界的"性质结构"、境界的"标准结构"三个方面来论述个体的道德境界:道德境界的过程结构,包括自发境界(被动的、随俗的、仿效的、诱导的)、自觉境界(责任感驱动的、角色意识驱动的、事理所使然的)和自由境界(从心所欲不逾矩的、习惯成自然的)三种;道德境界的性质结构,包括恶境界、可容境界和善境界三种;道德境界的标准结构,包括极端自私自利的境界、追求个人正当利益的道德境界、先公后私的社会主义道德境界和大公无私的共产主义道德境界。① 在汲取传统智慧基础上,在马克思主义理论指导下,社会主义社会个体道德修养与人格精神境界的崇高追求在于以下几个方面:

1. 服务社会的奉献型人格和理想境界

自我不仅以个体的方式存在,它总是同时体现了类的利益;在自我与他人关系上,德性的特点在于确认成就自我与成就他人的统一,既实现自我的价值,又肯定他人的价值,是成己与成人的互摄、为己与为公的统一。市场经济条件下,具有道德修养的人能够领略到精神价值对于人生的重要意义,把社会生活尤其是道德价值放在重要地位,倡导积极向上、与人为善的人生观,注重于个体的全面发展和人格完善,在处理物质和精神关系,自身与他人、社会的关系时,坚持集体主义价值导向,自觉做到先义后

---

① 罗国杰:《伦理学》,人民出版社1989年版,第465~472页。

利、先人后己、先公后私,以服务人民和奉献社会为己任。追求为国家、为民族奉献自己的聪明才智,把有限的生命投入到无限的为人民服务之中去,这样的人生才有价值、有意义。毛泽东极力提倡毫不利己专门利人、大公无私和为人民服务精神,"一个人的能力有大小,但只要有这点精神,就是一个高尚的人,一个纯粹的人,一个脱离了低级趣味的人,一个有益于人民的人"①。爱因斯坦以切身体会告诉人们:"人只有贡献于社会,才能找出那实际工作上短暂而有风险的生命意义。"保尔·柯察金的名言曾鼓舞人们:"人最宝贵的是生命,每个人的生命只有一次。人的一生应该这样度过:当他回首往事的时候,不因虚度年华而悔恨,也不因碌碌无为而羞愧。这样,在他临死的时候他能够这样说:我的生命和全部精力,都献给了世界上最伟大的事业——为人类的解放而奋斗。"为人民和社会奉献青春、贡献价值是崇高的人格境界以及价值实现方式。

2. 天、人、我一体的和谐与自由境界

道德理想境界在于达到与万物同体、与天地相参、与世界融为一体,沉浸于自然、纯净、恬愉和完美一体之中。《中庸》曾提出:"诚者非自成己而已,所以成物也。成己,仁也;成物,知也。性之德也,合内外之道也。"完美的德性确认成就自我与成就他人、社会以及天地自然的统一,"故大人不明我以耀彼,而任彼之自明,不德我以临人,而付人之自得,故能弥贯万物,而玄同彼我,泯然与天下为一,而内外同福也"(向秀、郭象《庄子注·人间世》)。"唯天下至诚,为能尽其性;能尽其性,则能尽人之性;能尽人之性,则能尽物之性;能尽物之性,则可以赞天地之化育,可以赞天地之化育,则可以与天地参矣。"(《中庸》)张载主张"夫天地之常,以其心普万物而无心;圣人之常,以其情顺万情而无情。故君子之学,莫若廓然而大公,物来而顺应"②。至诚和尽性是自觉天、人、我自觉一体的生命和谐与大全精神境界,也是冯友兰所推崇并为世人认同和不懈追求的天地境界,"天地境界是人的最高的'安身立命之地'","天地境界是从

---

① 《毛泽东选集》第2卷,人民出版社1991年版,第660页。
② 引自《明道文集》卷二《答张横渠子厚先生书》。程朱把张载《西铭》的主旨概括为"大无我之公",见《张载集》附录《朱熹论西铭》。

一个比社会更高的观点看人生。这个更高的观点是什么呢?……叫'大全'"①。"一个人可能了解到超乎社会整体之上,还有一个更大的整体,即宇宙。他不仅是社会的一员,同时还是宇宙的一员。……他就为宇宙的利益而做各种事,他了解他所做的事的意义,自觉他正在做他所做的事。"②"自同于大全的,并不是'我'的完全消失,而是'我'的无限扩大。"③这种觉解是种无限的超越,构成现时代人们所能实现的完整的人生境界。

3. 生命不朽和价值永恒的完满境界

心灵超越和道德精神境界是人对生命价值的领悟、对自身效用的领悟、对内在精神价值的领悟、对人自身价值的全面追求和领悟,也是对终极价值的追寻。"追寻作为世界统一性的终极存在,这是人类实践和人类思维作为对象化活动所无法逃避的终极指向性,这种终极指向性促使人类百折不挠地求索世界的奥秘,不断地更新人类的世界图景和思维方式。……对终极价值的关怀就是对人与世界、人与人、人与自我的关怀,这种关怀促使人类不断地反思自己的全部思想与行为,并寻求评价和规范自己的标准和尺度。"④道德自我的境界和理想人格追求不仅是当下生活的和谐,而且是超越历史、体会古今同心同德的生命不朽和大同境界不朽追求,陆九渊说:"心是一个心,某之心,吾友之心,上而千百载圣贤之心,下而千百载复有一个圣贤其心,方亦如此。……心之体甚大,若能尽我之心,便与天同。为学只是理会此,成者自成也,而道自道也。"(《陆九渊集》卷三十五)虽然人在相貌、性别、职业、学养、地域等各方面均有差异,但人一定要超越百般差异,去体会"心"的同一性,不唯在同一时代之人心相同,就是千百载之前和之后的人,其心亦是同一。当人真正体会"心"之共通性,便会舍弃人作为个体差别而追求并努力达到作为主体的同一性以及生命大同。"圣人立德、立功、立言,此之谓三不朽。"(《左传·襄公二十四年》)"士不可不弘毅,任重而道远。仁以为己任,不亦重

---

① 冯友兰:《三松堂自序》,生活·读书·新知三联书店1984年版,第268、270页。
② 冯友兰:《中国哲学简史》,北京大学出版社1996年版,第292页。
③ 冯友兰:《新原人》,生活·读书·新知三联书店2007年版,第148页。
④ 孙正聿:《哲学通论》,辽宁人民出版社2000年版,第240~241页。

乎？死而后已,不亦远乎？""志士仁人,无求生以害人,有杀生以成仁。"(《论语·卫灵公》)明儒罗伦提出:"生而必死,圣贤无异于众人也。死而不亡,与天地并久,日月并明,其惟圣贤乎!"(《文集》)①文天祥"人生自古谁无死,留取丹心照汗青"的诗言也激励仁人志士追求生命不朽。马克思青年时代就明确追求:"如果我们选择了最能为人类福利而劳动的职业,那么重担就不会把我们压倒,因为这是为大家而献身;那时我们所感到的就不是可怜的、有限的、自私的乐趣,我们的幸福将属于千百万人,我们的事业将默默地,但是永恒发挥作用地存在下去。面对我们的骨灰,高尚的人们将洒下热泪。"②为伟大的事业奋斗,是个体人生境界和道德人格达到不朽的最高目标和崇高精神境界。

---

① 张岱年:《中国哲学大纲》,中国社会科学出版社1982年版,第488页。
② 《马克思恩格斯全集》第40卷,人民出版社1982年版,第7页。

第五章 道德自我的实践理性与交往实践中的价值推展

道德自我的价值实现以实践为价值实现的根本方式,人的实践是以社会关系和交往活动为基本发生的领域和活动方式。人是关系性的存在,其本质在于丰富的交往关系和社会性生活,"人的本质,并不是单个人所固有的抽象物,在其现实性上,是社会关系的总和"①。"社会关系实际上决定着一个人能够发展到什么程度","一个人的发展取决于和他直接和间接进行交往的其他一切人的发展"②。个人与他人、群体之间相互关联的社会生活是个体发展、确定自身社会属性的必要场域,构成道德自我价值实现的现实场境。从可能性上来看,人广泛具有的道德移情力和推己及人的愿望,推动自我将同样的情感赋予别人,"凡是思考的人必然会意识到自己对他人的义务,一定会承认自己同他们的联系,他会研究自己的性格,了解自己的需要和愿望,弄清自己对决定他本身的幸福的那些存在物的义务。所有这些思考就自然而然地产生出道德原理"③。在自我善性价值基源、理性修养以及完善人格、超越性道德境界基础上,道德自我将仁爱和良善推己及人,在人我、群己关系中实现自身价值。中国儒家认为,"仁义礼智根于心"在于"四端",仅是内在、心理的,只有"扩充"之后,才具有内外合一的普遍性。扩充不只是量的增加,还有提升之义,

---

① 《马克思恩格斯选集》第1卷,人民出版社1995年版,第56页。
② 《马克思恩格斯全集》第3卷,人民出版社1960年版,第295、515页。
③ [法]霍尔巴赫:《健全的思想》,王荫庭译,商务印书馆1966年版,第186~187页。

从主观变为客观,由内在变为外在,由特殊变为普遍,从感性变为理性,"明善为本,固执之乃立,扩充之则大,易视之则小。在人能弘之而已"(《张子全书》卷十四《性理拾遗》)。在公民社会和公民伦理视域下,道德自我在交往关系和社会集体中的德性实践,体现为通过扩充推展德性以实现社会价值的基本过程。

第一节 交往实践与道德自我的实践理性

马克思主义认为,建立在生产实践和追求生活意义基础上的交往是人的社会关系的现实活化形式和动态表现,也是个体追求生命价值和生活意义的过程,"人的本质是人的真正的社会联系,所以人在积极实现自己本质的过程中创造、生产人的社会联系、社会本质,而社会本质不是一种同单个人相对立的抽象的一般的力量,而是每一个单个人的本质,是他自己的活动,他自己的生活,他自己的享受,他自己的财富。……这些个人是怎样的,这种社会联系本身就是怎样的"[①]。道德自我注重个性价值与社会价值的统一,通过社会领域的交往实践活动得以现实呈现,具有朝向实践以实现自身价值的冲动,自我实践理性具有自觉承担道德责任、意志自律以及权变智慧的特质。

一、交往实践与人的社会性本质

(一) 交往关系与人的社会性存在

交往是人类特有的存在方式,是形成人们之间社会联系的中介,人的发展取决于和他直接或间接进行交往的其他人的发展以及交往的普遍发展。交往是人与人、人与群体之间为了实现变革世界和生存环境的目的,通过生活、生产实践而展开的相互沟通、相互影响、相互渗透、相互制约、相互改造的现实联系。作为生命生产与再生基本形式的家庭构成了生活

[①] 《马克思恩格斯全集》第42卷,人民出版社1979年版,第24~25页。

世界中多重社会关联的出发点:"整个所谓世界历史不外是人通过人的劳动而诞生的过程。"①物质资料的生产与再生产借以展开的劳动分工和实践,形成生产关系,并孕育了更广泛的经济、政治、社会交往联系。劳动交往与生产关系构成生产实践以及人类社会形成和发展的基本特征,"生产本身又是以个人彼此之间的交往〔Verkehr〕为前提的。这种交往的形式又是由生产决定的"。"人们在生产中不仅仅影响自然界,而且也相互影响。他们只有以一定的方式共同劳动和互相交换其活动,才能进行生产。为了进行生产,人们相互之间便发生一定的联系和关系;只有在这些社会联系和社会关系的范围内,才会有他们对自然界的影响,才会有生产。"②劳动交往是生产关系实现和维系的机制,具有稳定结构的生产关系又制约着交往关系,并且构成社会结构与上层建筑的根本经济基础,"生产关系总和起来就构成所谓社会关系,构成所谓社会,并且是构成一个处于一定历史阶段上的社会,具有独特的特征的社会。古典古代社会、封建社会和资产阶级社会都是这样的生产关系的总和,而其中每一个生产关系的总和同时又标志着人类历史发展的一个特殊阶段"③。物质关系和精神关系是人们社会交往关系中最为主要的关系,物质生产以及由此产生的交往形式决定着人们的意识活动和意识形式,"思想、观念、意识的生产最初是直接与人们的物质活动,与人们的物质交往,与现实生活的语言交织在一起的。人们的想象、思维、精神交往在这里还是人们物质行动的直接产物。表现在某一民族的政治、法律、道德、宗教、形而上学等的语言中的精神生产也是这样"④。在历史唯物主义的视野中,由生产力所引起的新旧交往形式、社会关系的更替构成了历史的发展过程,"一切历史冲突都根源于生产力和交往形式之间的冲突"。"已成为桎梏的旧交往形式被适应于比较发达的生产力,因而也适应于进步的个人自主活动方式的新的交往形式所代替;新的交往形式又会成为桎梏,然后又

---

① 《马克思恩格斯全集》第42卷,人民出版社1979年版,第131页。
② 《马克思恩格斯选集》第1卷,人民出版社1995年版,第68、344页。
③ 《马克思恩格斯选集》第1卷,人民出版社1995年版,第345页。
④ 《马克思恩格斯选集》第1卷,人民出版社1995年版,第72页。

为别的交往形式所代替。"①人类社会是在新旧交往形式的不断更新嬗变中向前发展。"共产主义和所有过去的运动不同的地方在于：它推翻一切旧的生产关系和交往关系的基础，并且第一次自觉地把一切自发形成的前提看作前人的创造，消除这些前提的自发性，使他们受联合起来的个人的支配。因此，建立共产主义实质上具有经济的性质，这就是为这种联合创造各种物质条件，把现存的条件变成联合的条件。"②人的本质体现在由劳动力的发展所决定各种交往关系特别是物质交往关系的制约性上。美国社会学家库利把交流愿望看作人的生命本性，"既然交流的需要是如此原始和基本的人性特点，我们就不能把它看作是与思考和生存的需要分离的或是它们的附加物。每一个人都在自然的活力驱使下努力向别人表露他愿意表露的那一部分生活"，"思想和人际交往可以被视为仅仅是同一物的两个方面。……我们的意识不是隐居者的草棚，而是待客和交集的客厅。我们没有真正离开他人的高层次的生活；正是通过想象别人，我们的人格才得以形成。……没有这种意识中的交往，就没有智慧、力量和正义，就根本没有高级的存在。意识的生命基本上是交流的生命"③。普遍交往能克服个体"狭隘地域性"的局限，形成人与人之间全面依存关系，相互补充和促进，扩大个体的自由和发展程度，利用人类文明成果来发展自己，以利于人的全面发展。

（二）现代性交往伦理的彰显

法兰克福派学者哈贝马斯致力于完成"现代性——一项未完成的计划"，力求跳出传统意识哲学窠臼，从语言哲学范式出发"重建理性"，立足于对交往行为合理性进行历史唯物主义的重建，推进社会的进步与发展。"合理性更多涉及的是具有语言能力和行为能力的主体如何才能获得和使用知识，而不是对知识的占有。"④哈贝马斯认为世界可以区分为

---

① 《马克思恩格斯选集》第1卷，人民出版社1995年版，第115、124页。
② 《马克思恩格斯选集》第1卷，人民出版社1995年版，第122页。
③ [美]查尔斯·霍顿·库利：《人类本性与社会秩序》，包凡一译，华夏出版社1989年版，第60、62页。
④ [德]哈贝马斯：《交往行为理论》第1卷，曹卫东译，上海人民出版社2004年版，第8页。

客观世界、社会世界、主观世界。根据行为者与三个世界所发生的关系，可将社会行为区分为：目的性行为即劳动、规范控制性行为、戏剧性行为、交往性行为。其中交往性行为是主体之间通过符号相互协调的活动，遵循着一定的规范，以语言为主要媒介，达到人与人之间相互理解和一致；只有在交往性行为中，行为者才同时涉及客观世界、社会世界、主观世界三个领域。交往合理性构成交往行为与交往伦理的核心，是包含了主体与客观世界、主体与社会世界、主体与自己和他人的主观世界的合理性，也即包容了认知－工具的理论理性、道德－实践理性、审美－表现理性三者相互关联的完整理性。交往行为是一种以"理解"和"同意"为导向或目的的行为，"相互理解意味着交往参与者就一个表达的有效性取得一致；同意意味着主体之间承认言语者为其表达提出的有效性要求"。理解"最宽泛的意义则是表示在与彼此认可的规范性背景相关的话语的正确性上，两个主体之间存在某种协调；此外还表示两个交往过程的参与者能对世界上的某种东西达成理解，并且彼此能使自己的意向为对方所理解"①。交往性理解是主体间依据共享的知识背景，基于共同信念所形成的，以主体间的相互信任解决心灵沟通，"理解过程以一种意见一致为目标，这种一致依于以合理推动的对一种意见内容表示同意。……意见一致总是基于共同的信念。"②和理解同样，"'同意'不应该是在一方的强制之下被另一方所接受，它是基于'共同的信念'，获得一致性的认识，它体现了行为中的互主体性。"理解和同意的目的是为了实现主体间相互认同与平等自由。基于理解的交往合理性打破了意识哲学中理性观的困境，克服主客二分的单向思维方式导致的人对自然、他人、自身的异化，使主体被置于一种无压制的、无扭曲的沟通背景之中，关注和回归现实生活世界，使人与人之间成为一种平等的协商关系、伙伴关系而不是目的手段的工具奴役性关系，避免理性走向工具理性的命运；通过普遍化与话语论证道德原则与规范来构建交往理性伦理。

---

① ［德］哈贝马斯：《交往与社会进化》，张博树译，重庆出版社1989年版，第3页。
② Jürgen Harbermas：*Moral Consciousness and Communicative Action*，MIT Press，1990，p134.

（三）交往基础上人与社会的有机统一

在注重人与人之间交往关系意义的基础上，马克思强调人的社会性本质及其与社会的有机统一，个人利益与社会利益具有一致性，一方面个人利益需要借助于集体利益才能得到保障和实现，"关键倒是在于：私人利益本身已经是社会所决定的利益，而且只有在社会所创造的条件下并使用社会所提供的手段，才能达到……它的内容以及实现的形式和手段则是由不以任何人为转移的社会条件决定的"①。"只有维护公共秩序、公共安全、公共利益，才能有自己的利益。"②另一方面公共利益要以个人利益为基础，"'共同利益'在历史上任何时候都是由作为'私人'的个人造成的。……所谓'普遍的'一面总是不断地由另一面即私人利益的一面产生的，它决不是作为一种具有独立历史的独立力量而与私人利益相对抗"③。马克思十分强调个人利益与社会利益的统一，告诫人们"应当避免把'社会'当作抽象的东西同个体对立起来。个体是社会的存在物。因此，他的生命表现，即使不采取共同的，同其他人一起完成的生命表现这种直接的生命形式，也是社会生活的表现和确证。人的个体生活和类生活并不是各个相同的。尽管个体生活的存在方式必然是类生活较为特殊的或者较为普遍的方式，而类生活必然是较为特殊的或者较为普遍的个体生活"④。中国近现代的启蒙运动中，作为新文化运动倡导者的胡适尽管受资产阶级文化影响推崇和宣扬西方个人主义，但他还特别指出，社会是个有机体，个人与历史或社会互相造就，"我这个'小我'不是独立存在的，是和无量数小我有直接或间接的交互关系的，是和社会的全体和世界的全体都有互为影响的关系的，是和社会世界的过去和未来都有因果关系的"。"我这个现在的'小我'，对于那永远不朽的'小我'的无穷过去，须负重大的责任，对于那永远不朽的'小我'的无穷未来，也须负重大的责任。我需要时时想着：我应该如何努力利用现在的'小我'，方才可

---

① 《马克思恩格斯全集》第46卷上，人民出版社1979年版，第102~103页。
② 《马克思恩格斯全集》第2卷，人民出版社1957年版，第609页。
③ 《马克思恩格斯全集》第3卷，人民出版社1960年版，第275~276页。
④ 《马克思恩格斯全集》第3卷，人民出版社1960年版，第122~123页。

以不辜负了那'小我'的无穷过去,方才可以不遗害那'小我'的无穷未来?"①李大钊也强调个性解放与社会团结的统一,"个人与社会,不是不能相容的两个事实,是同一个事实的两个方面;不是事实的本身相反,是为人所观察的方面不同。一云社会,即无所谓个人,即指群体中的分子。离开个人,无所谓社会,离开社会,亦无所谓个人。故个人与社会并不冲突,而个人主义与社会主义绝非矛盾。……真正合理的个人主义,没有不顾社会秩序的,真正合理的社会主义,没有不顾个人自由的。……个性解放,断断不是单为求一个分裂就算了事,乃是为完成一切个性,脱离了旧绊索,重新改造一个普通广大的新组织。一方面是个性解放,一方面是大同团结"②。社会的价值理想、价值规范和价值导向对个人的价值取向处于主导和支配地位;个人的价值目标总是取决于社会所指向的价值理想,趋向于社会所提倡的价值导向;个人的价值取向的内容总是具有社会内容的社会正义、法律制度、政治制度、人生意义等问题;个人价值取向的性质总是具有社会性质的真善美与假恶丑、理想与现实、集体利益与个人利益、整体利益与局部利益、长远利益与暂时利益等问题;个人价值取向的形式总是通过具有社会形式的科学、哲学、艺术、伦理、宗教等方式体现出来,价值认同总是契合于社会的某种价值规范。

二、道德自我的交往实践理性及其价值

实践的观点是马克思历史唯物主义的基本观点;道德是人的实践理性的主要表现和发挥实践作用的现实领域,实践理性是道德自我的重要表征,道德实践是道德自我建构和价值实现的根本途径。

(一)道德自我的实践理性

1. 实践、理性与实践理性

古代哲学家认为,实践就是实行、履行、有为。明末思想家王夫之称:"知之尽,则实践之而已。实践乃心所素知,顾乐莫大焉。"(《张子正蒙·

---

① 《新青年》第6卷第2号,1919年2月15日。
② 《李大钊文选》,上海远东出版社1995年版,第379页。

太和篇》)西方古贤苏格拉底曾执著于实践,"只要一息尚存,我永远不停止哲学的实践"①。实践是人们为了满足人类社会生存与发展需要而进行的探索和改造客观世界的物质活动,是有意识、有目的、在理性指导下的能动的创造性活动。马克思把实践理解为"对象性的活动",人"通过实践创造对象世界",人在实践中不仅把自然界作为对象,而且把由自己的活动、自身、他人的活动构成的社会变成对象;实践是"革命的"、"批判的"活动,实践的革命性、批判性表现为通过实践可以"改变世界"或"改造世界","对实践的唯物主义者即共产主义者说来,全部问题都在于使现存世界革命化,实际地反对和改变事物的现状"②。理性原本是指人心中区别于感性(或感受性)的自发性或能动性,具有超越性与规范性双重品格。亚里士多德坚持认为人的本性就在于理性,"对于人,符合于理性的生活就是最好的和最愉快的,因为理性比任何其他的东西更加是人"③。康德也认为人和动物之所以不同,就在于人是有理性的,理性使人变得有价值、高贵,"假如是没有理性的,也只有工具所有的相对价值,因此,我们把它叫做'东西'。反之,我们把有理性的称为人,因为他的本性就证明他就是目的,不能只当做工具"④。理性是一种逻辑地认知世界、把握事物和深入进行独立探究并进行设疑、判断和选择的辩证思维能力,是思维着的主体观念掌握对象世界的高级方式,追求的是普遍有效性和事物的完整性、合理性。马克思关注人的理性的实践应用,认为"人的思维是否具有客观的真理性,这不是一个理论的问题,而是一个实践的问题"⑤。作为对人与世界关系认识和处理的人的理性表现在两大方面:一是对世界的把握的认知理性(理论理性),认知理性是指人类运用逻辑思维形式对客观世界进行考察以获取真理性认识的能力及其成果,它的主要任务是回答世界是什么、为什么、怎么样的问题,意在对世界作出科学合理的解释和说明,侧重于认识事物内部的客观真理,它指向的是实有的

---

① 《西方哲学原著选读》上卷,商务印书馆1981年版,第68页。
② 《马克思恩格斯选集》第1卷,人民出版社1995年版,第75页。
③ 《古希腊罗马哲学》,商务印书馆1961年版,第328页。
④ 康德:《实践理性批判》,商务印书馆1999年版,第62页。
⑤ 《马克思恩格斯选集》第1卷,人民出版社1995年版,第55页。

事物，探讨的是客观必然性；一是涉及对世界的改造的实践理性，实践理性是运用逻辑思维形式对人类应该如何处理人与自然、人与人、人与社会以及人与自我的关系，即应当如何行动才是合目的的和合规律的一种观念预设的能力及其成果，它的主要任务是回答世界应当如何、人应当如何的问题，为人的实践活动确立主体、对象、目的、目标、原则、方法、手段、途径、工具等，它直接指向人的现实的社会实践活动，是对人与世界关系的能动把握，它以合目的性为标准，着眼于对主体和客体的改造，并通过这种改造达到人与世界的和谐相处，解答人为了满足自己的需要，实现自己的目的应该做什么和怎么做的问题，体现了主体对合目的性的理想的追求，是对理想世界的追求。康德首先提出实践理性的概念，他认为，人类的认识能力有两个领域，即自然概念的领域和自由概念的领域。哲学也顺应着这个分类而区分为理论和实践两部分，凭借自然概念来立法的是理论的，它遵循因果律；凭借自由概念来立法的是实践的，它遵循自由律。康德根据纯粹理性的这两种不同功能及其应用领域，第一次将人类理性区分为理论理性和实践理性，并赋予实践理性以确切的含义和独特的研究对象，从而确立了与理论理性相对应的另一种"理性"即实践理性。

2. 实践理性的道德哲学向度

哲学家孜孜以求于理性，不是因为理性能帮助我们构成一个绝对的哲学体系，而是因为"理性的力量在人类行为中提供指导"，实践理性是人从事和选择正当行为的机能和能力。人的实践有两种形式，即实现外在于他的目标的过程（如建筑、学习或趋向目标）和本身即是目的的行为（如生活、幸福、沉思等）。实践作为人类处理人与世界关系的最基本、最现实的方式，其中融贯着两重理性：一是工具理性，关涉实践活动的成败；二是价值理性，决定着实践行为的品性。根据最终目标的不同，亚里士多德曾把科学分为三种：理论科学、生产科学、实践科学；理论科学探讨事物的最终原因和根据；生产科学与应用有关，关注产品和结果；实践科学则思考人的实践或行为。实践科学的目的不是知识而是行为的改善，用亚里士多德的话说，就是实践的智慧（phronimos）。实践与生产也不同，实践则是以在活动本身寻找意义的活动为基础的，是趋向目的的过程和本身就是目的的行为；实践知识的目的是调节、处理人的行为，不是人的所有行为都是实践,只有那些具有价值和道德意义的行为才属于实践。实践探讨的是人的目的本身的正当性,存在于人对自身意义和价值的开拓过程中。康德认为,实践理性是行动的功能,它研究物自体,解答"应当如此"的问题。"并非每种活动都叫作实践,而是只有其目的的实现被设想为是某种普遍规划过程的原则之后果的,才叫作实践。"①他认为,凡是以感性的自然世界为对象的,都属于理论知识,只有超感觉的涉及自由的东西才是严格意义上"实践的"。纯粹理性在理论、知识范围内的运用,是理论理性,而实践、行为领域的运用则是实践理性,理论和实践的区别来源于现象世界与本体世界的区别,是主体性在不同领域的表现。纯粹实践理性不仅为自然界立法,而且为人的行为立法,自然和自由是对立的,人的意志自由和纯粹实践理性决定了人的一切伦理道德行为,所以,实践理性高于理论理性。康德提出实践理性优于理论理性的看法。"在过去的哲学中普遍流行着理论理性'优于'实践理性,知识过去被指派的任务是决定是否有自由,如何有自由,从而决定关于德行的现实性,康德认为,德行的现实性是实践理性的事实,因此我们必须相信自由为其可能性的(先决)条件。对康德来说,从这种关系中得出这样的结论:实践理性优于理论理性;因为前者不仅能够保证后者必然否定的东西,而且还表现出在有关无条件者的理念中理论理性超出了自身的范围,此理论理性是由实践理性的需要而决定的。"②康德认为,所谓实践理性,是"纯粹理性"的实践运用,是"纯粹理性"的"实践"功能,它的内容是行为的规范,它的对象是"至善",它的目的是探求和实现人的意志自由所需要的东西。康德认为这种自己决定自己行动的理性力量不仅是一种道德实践能力,而且本质上是自由的,因而这种理性又是一种自由的理性,是一种自律的理性。这种意志的自律表现为理性的一种自我立法的能力,它构成纯粹理性的最高形式原理,即最高的道德法则;它独立于任何经验上的条件,自己决定意志,并通过自律来决定意志去行动;它体现在人的意志自由中,并通过意志的自由表现出来,真正的实践理性应该是建立在自由法

---

① [德]康德:《历史理性批判文集》,何兆武译,商务印书馆1990年版,第176页。
② [德]文德尔班:《哲学史教程》下册,罗达仁译,商务印书馆1987年版,第761页。

则的基础之上,体现人的自主自觉的意识和道德实践能力。黑格尔也看到了实践理性的这个性质,他说:"实践理性设定善这个普遍规定不仅是内在的东西,而且实践理性之所以成为真正的实践的理性,是由于它首先要求真正地实践上的善必须在世界中有其实际存在,有其外在的客观性,换言之,它要求思想必须不仅仅是主观的,而且须有普遍的客观性。"①实践理性是实践的导向性因素,抑或引导与规范实践的主体性因素。实践理性的本质决定了实践理性的特点,实践中的认知理性和价值理性的统一,就是实践理性,它体现了对象的外在尺度和人的内在尺度的观念统一。伽达默尔的实践理性建立在对实践概念的重新认识和考察上。即实践意味着全部具体的实际的事物,以及一切人类的行为和人在世界中的自我设定,"实践与其说是生活的动力,不如说是与生活相联系的一切活着的东西,它是一种生活方式,一种被某种方式所引导的生活"②。通过实践理性,人才知道他应该做什么和怎么做,并且"通过他做什么和怎样行动才成为这样一个已成为如此地、但也是正在成为如此地以一定方式去行动的人"③。正是实践理性创造了人类生存的意义世界和人类生存的依据。

(二)道德自我实践理性的现实价值

道德实践是主体出于道德动机,基于一定道德需要和价值理想自觉运用一定的道德手段作用于他人或人际关系以达到完善人类和社会的行为活动。"意志作为主观的或道德的意志表现于外时,就是行为。"④道德行为是主体根据自己的意志自愿抉择而做出的影响他人或社会利益的行为。道德实践、实践理性对于道德自我价值在社会的实现具有根本作用,在实践中确证和提升自身价值。

1. 实践理性中知、行的统一

道德领域的知善和行善之间存在着互动的关系。作为道德知识与信念的统一,道德认识在确认何者为善的同时,也自觉要求将这种确认转化

---

① [德]黑格尔:《小逻辑》,贺麟译,商务印书馆1980年版,第143页。
② [德]伽达默尔:《科学时代的理性》,薛华等译,国际文化出版公司1988年版,第79页。
③ [德]伽达默尔:《真理与方法》上卷,洪汉鼎译,上海译文出版社2004年版,第405页。
④ [德]黑格尔:《法哲学原理》,范扬、张企泰译,商务印书馆1961年版,第116页。

为行动,其内涵实践的意向,且源自于行善的定势——凡是善的,就是应当做的。道德当然的知识,不仅需要回答"应当做什么",而且要回答"应当如何做";道德行为所以可能的条件既包括对普遍规范的把握、对具体情景的分析,也涉及特定的行为方式和程序,懂得"应当做什么",又了解"应该如何做",才能扬弃自发性与盲目性而真正赋予道德行为以合理的品格。"圣人之言,无非使人求其至当以见之行;求其至当,即先务于知也。凡去私不求去蔽,重行不先重知,非圣学也。"(戴震《孟子字义疏证·权》)古人论"知"往往首先指向德性之知,知与行的互动,即意味着在习行过程中培养德性,也蕴涵着化德性为德行的要求。王阳明在阐述格物致知时论述"若鄙人所谓致知格物者,致吾心之良知于事事物物也。吾心之良知,即所谓天理也。致吾心良知之天理于事事物物,则事事物物皆得其理矣"(《传习录中》)。所言事事物物,是就道德之域而言人际伦理关系,格、致皆涉及道德实践;致吾心之良知于事事物物,也就是将道德意识运用于道德实践、化德性为德行,使内在的德性展示并体现于伦常世界和现实的伦理关系。孔子强调,"君子欲讷于言而敏于行","古者言之不出,耻躬之不逮也"(《论语·里仁》)。强调对行为实践的重视,认为德行是理性建构的基础,"行有余力,则以学文"(《论语·学而》)。道德理性之知与道德践履之行各显重要性,而且知、行相互促进,"知与行工夫,须着并列,知之愈明,则行之愈笃;行之愈笃,则知之益明。二者皆不可偏废"(《朱子语类》卷十四)。要求做到知行合一。王阳明以"心即性,性即理"、"良知即良能"而提出良知包括意念、感情和动机,向外发动、显露出来就是行,"知之真切笃实处即是行,行之明觉精察处即是知。知行工夫,本不可离"(《传习录中·答顾东桥书》)。王夫之提出"知行相资以为用","知天理者,善动以化物"(《读鉴通论》卷二),意在通过言行、知行的内在一致,表达道德善性良知的实践理性特征和意义。

2. 实践过程中自我的道德生长

从本源看,人们的道德意识和理论是在社会实践需要和道德实践积累基础上发展起来的,来源于现实实践的确认和推动,德性的形成离不开德行;实践是道德理论的检验标准,促进个体建构正确、有效的价值标准和参考体系。毛泽东曾经撰写《实践论》并另撰文指出:"人的正确思想是从哪里来的？是从天上掉下来的吗？不是。是自己头脑里固有的吗？不是。人的正确思想，只能从社会实践中来，只能从生产斗争、阶级斗争和科学实验这三项实践中来。"①伦理道德思想尤其离不开现实生活与个体行为实践。传统伦理重视个体道德自我在实践中善性和良知道德的自然增进和磨砺，孟子认为，"强恕而行，求仁莫近焉"（《孟子·尽心上》）。"德者，行焉而有得于心之谓也。"（《读四书大全说》卷一）主体如果能在实际践履中遵循道德规范，便可以逐渐达到仁的品格。行动是善性和良知的彰显以及检验真知、意诚的尺度，"夫学问岂以他求，不过欲明此理而力行之耳……故圣贤教人必以穷理为先，而力行以终之"（《朱子文集》卷五四《答郭希吕》）。"善在那里，自家却去行他，行之久则与自家为一，为一则得之在我。"否则，"未能行，善自善，我自我"（《朱子语类》卷一三）。"欲知知之真不真，意之诚不诚，只看做不做，如何真个如此做底，便是知至意诚。"（《朱子语类》卷一五）行动能增进个体明理良知，"知之愈明，则行之愈笃；则行之愈笃，则知之益明"（《朱子语类》卷一四）。南宋张栻认为："行之力，则知愈进；知之深，则行愈达。"（《论语解·序》）王夫之在"继善成性"、"习成而性与成"基础上，强调："行而后知有道。"（《思问录内篇》）"力行而后知之真也。"（《四书训义》卷十三）"知之尽，实践之而已矣。"（《张子正蒙注》卷四）颜元认为"习行"是明道、"性与习成"的根本途径，"明道不在诗书章句，学不在颖悟诵读"，"吾辈只向习行上做工夫，不可向语言文字上着力"（《颜习斋先生言行录》）。通过实践功用不断增进内在良善本性和德性内在价值，是道德自我涵濡性情、致知益善的价值源泉和实现途径；理想化人格道德和自我不仅唯有通过行为过程才能得到外在展现，而且只有在长期的自我磨练中才能形成稳定的德性本体结构。"君子之行也，不远于微近纤曲而盛德存焉。"（《王文成公全书》卷二十三《远俗亭记》）在西方亚里士多德是道德实践主义者，主张将德性贯彻到实践中去，"最高善就是最完满的德性实现活动"，"幸福

---

① 毛泽东：《人的正确思想是从哪里来的?》，引自《毛泽东文集》第 8 卷，人民出版社 1999 年版，第 320 页。

是合乎德性的现实活动","合乎德性的实现活动必然是快乐的"。① 一种品质之所以被称为德性,正是由于它符合当时社会历史实践所需要的那种性质,表现出那种实践所要求的优点,从而成为德性赖以构成的依据。麦金太尔明确指出,德性作为个人品格与道德能力,是在共同体中通过人的实践活动历史地形成的,通过一种具有连贯性的、复杂的、与他人共同协作的实践活动,人实现自身卓越的力量,达到自己的目的并实现自己的目标。

3. 实践与道德自我的价值实现

道德实践是道德自我作为主体表达道德存在的主要方式。道德自我不仅要有高尚的道德意识,而且要主动将这种意识外化为行动和在行为中自觉体现善性良知,成就和展现自身道德本性。道德践履是人性本善、本诚的内在要求、实践冲动以及修养目的和境界。荀子曾提出,"不闻不若闻之,闻之不若见之,见之不若知之,知之不若行之。学至于行之而止矣。行之,明也,明之为圣人。圣人也者,本仁义,当是非,齐言行,不失毫厘,无它道焉,已乎行之矣。"(《荀子·儒效》)朱熹强调:"知行常相须……论先后,知为先;论轻重,行为重。……方其知之,而行未及之,则知尚浅。既亲历其域,则知之益明。"(《朱子语类》卷九)"学之之博,未若知之之要;知之之要,未若行之之实。"(《朱子语类》卷十三)"致知力行,论其先后,固当以致知为先,然论其轻重,则当以力行为重。"(《朱子文集》卷五〇《答程正思》)肯定言行一致,在道德之知、之情与道德行为、践履的相互增进基础上,强调行重于知及其对于个体道德完善与价值实现的意义。完善的道德修养表现为自觉(合乎理性的规范)和自愿(出于内在意愿)统一的实践品格,善性的持守在于使个体行为摆脱人为的外在强制而取得自律的形式,达致"不待思勉,而从容中道矣"(周敦颐《通书·诚下》),"至诚而不动者,未之有也;不诚,未有能动者也"(《孟子·离娄上》),"君子之学也,入乎耳,著乎心,布乎四体,行乎动静;端而言,蝡而动,一可以为法则"(《荀子·劝学》),"既知则自然行得,不待勉强"

---

① 亚里士多德:《尼各马科伦理学》,苗力田译,中国社会科学出版社1999年版,第14~16页。

(《朱子语类》卷一),"穷理既明,则理之所在,动必由之"(《朱文公文集》卷四《答程允夫》)。德性实践恰切体现出个体道德修养"从心所欲不逾矩"的圆善境界。德性实践能时时防私欲于未萌之先而致其良知,"我今说个知行合一,正要人晓得,一念发动处便即实行了,发动处有不善,就将这不善的念克倒了,须要彻底根除不使那一念不善潜伏在胸中"(《传习录下》),达到"此心纯乎天理而无人欲之杂"的纯然境界。道德观念只有转换为道德实践,化德性为德行,才能使自我进入某种道德存在境遇,在德行中确证自身,在实践过程中获得现实性的品格。从生活世界中的交往,到劳动过程的生产实践,德性相应地体现并展开于人的存在的各个方面,是德性在不同的社会关系与存在境遇中的多方面展现。作为实践精神的现实行动,道德实践具有完善人际关系和人自身的目的性和计划性、具有趋善和价值追求的理想性、改造现实外部道德世界和主体内部道德世界的创造性。

三、道德自我实践理性中的意志自由、自律与权变智慧

(一)出于责任和义务的实践理性

与法哲学、权利哲学出于对自身权利关注和维护不同,道德哲学、道德自我关注和作为行为出发点的是自身的责任和义务。责任构成伦理生活和伦理评价的核心范畴。[①] 责任和义务表现为个体在行动和意识方面自觉认识和接受,并愿意主动承担行为后果的心理倾向,表现为责任感和义务感。马克思说:"作为确定的人,现实的人,你就有使命,就有义务,至于你是否意识到这一点,那都是无所谓的。"[②]道德责任和义务是作为人的社会生活关系、社会性生活需要或与现存世界的联系中所必须承担的相应职责和要求,是社会成员应当履行的道德要求。"道德责任是从道德意识上意识到对他人、对社会的道德义务、道德使命。道德责任本质上是对外在的道德义务的内心认同。道德责任是人们主动意识到的义

① Gary Waston: *Two Faces of Responsibility*, Philosophical Topics 24:1996, pp227~228.
② 《马克思恩格斯全集》第3卷,人民出版社1958年版,第329页。

务,具有良心的成分。道德义务与道德责任是同一道'命令'在人之外和人之内的两种基本表现形式。"①《中国大百科全书》(哲学卷)指出,道德责任是"人们在一定的社会关系中所应该选择的道德行为和对社会和他人所应承担的道德义务"。现实生活中,"任何一种生活,无论是公共的还是私人的,事业的还是家庭的,所作所为只关系到个人的还是牵涉他人的,都不可能没有其道德责任;因为生活中一切有德之事均由履行这种责任而出,而一切无德之事皆因忽视这种责任所致"②。中国传统的道德观强调个人对他人、对社会的责任和义务,并用仁爱、忠孝、礼义、伦常等范畴界定,作为人们行为和相处的道德准则;"义"在中国哲学中意味着"合宜"、"担当","义者,谓各处其宜也"(《管子·心术上》)。责任和义务体现为主体的自觉、自愿和自律性,义务感常被理解为道德主体自觉意识到了的道德责任感,责任感和义务意识构成健康人格的核心。道德责任和义务的履行往往表现出不对称性,"这样一种关护意识和责任的感觉,是作为行为主体的我们主动提出来的,它并不以被关护者的回报为前提,也无需以同样权能的理性主体之间的关系为前提,责任感、关护意识体现的是一种非对等、非对称、非交互的关系"③。责任感和义务感通常以牺牲自己某种个人利益而实现对行为的调节和价值目标的追求。非对称性显示出实践理性、意志自由的崇高性和超越性。康德从"善良意志"出发,把责任、义务视为实践理性的中心范畴。康德认为,道德行为不能出于爱好和欲望,而是强调出于对规律的敬畏所产生的责任和命令,"道德的第一个命题是:只有出于责任的行为才具有道德价值"。"责任就是由于尊重(Achtunt)规律而产生的行为必要性。……一个出于责任的行为,意志应该完全摆脱一切所受的影响,摆脱意志的对象,所以,客观上只有规律,主观上只有对这种实践规律的纯粹尊重,也就是准则,才能规定意志,才

---

① 罗国杰主编:《中国伦理学百科全书》,吉林人民出版社1993年版,第341~342页。
② [罗马]西塞罗:《论老年 论友谊 论责任》,徐奕春译,商务印书馆1998年版,第91页。
③ 甘绍平:《应用伦理学前沿问题研究》,江西人民出版社2002年版,第137页。

能使我服从这种规律,抑制自己的全部爱好。"①帕通对此责任思想综述说:"想要行为在道德上成为善良,就必须是为了责任而责任。""人类行为在道德上的善良,并不是出于直接爱好,更不是出于利己之心,而是因为出于责任。这就是康德关于责任的第一个命题。"②出于责任的行为也被称为出于"义务"而行为:"道德的意义就在于这种行为出于义务,而不是出于爱好。""他这样做不是出于爱好或畏惧,而是出于义务,那么,他的行为准则就有一种道德的价值。"③在《实践理性批判》中,康德也确认,"纯粹实践理性的需要则是建立在把一种东西(至善)立为我的意志对象以期竭能尽智加以实现的那种义务上的"④。康德在《道德形而上学》中更进一步完整论述了对自身的责任以及对他人的德性责任,凸显了人作为责任主体的存在。黑格尔也确认实践理性中责任和义务的根本地位。道德自我意识和行为在追求普遍性中往往以义务为自身的目的和对象并自视崇高,"道德意识一般是现实的和能动的,在它的现实和行动中履行着义务,它把义务当成本质","道德行为不是什么偶然的和有限的东西,因为它以纯粹义务为本质:纯粹义务构成着唯一的整个的目的"。作为自身确定性的道德和良心效准在于对义务的信念,"道德之所以是道德,全在于具有知道了自己履行义务这样一种意识"⑤。他在《法哲学原理》中论说:"真实的良心是希求自在自为的善的东西的心境,所以它具有固定的原则,这些原则对他说来是自为的客观规定和义务。"对义务的体认和承担使个体感觉到与普遍性、实体性的同在,体验着自身的责任和价值,"具有约束力的义务,只是对没有规定性的主观性或抽象的自由和对自然意志的冲动或道德意志(它任意规定没有规定性的善)的冲动,才是一种限制。但是在义务中个人毋宁说是获得了解放。一方面,他摆脱了对赤裸裸的自然冲动的依附状态,在关于应做什么、可做什么这种道德反

---

① [德]康德:《道德形而上学原理》,苗力田译,上海人民出版社 2005 年版,第 16、16～17 页。
② [德]康德:《道德形而上学原理》,苗力田译,上海人民出版社 2005 年版,第 94、99 页。
③ 引自包尔生:《伦理学体系》,中国社会科学出版社 1988 年版,第 299 页。
④ [德]康德:《实践理性批判》,关文运译,广西师范大学出版社 2002 年版,第 138 页。
⑤ [德]黑格尔:《精神现象学》下卷,贺麟译,商务印书馆 1979 年版,第 126、138、157 页。

思中,又摆脱了他作为主观特殊性所陷入的困境;另一方面,他摆脱了没有规定性的主观性,这种主观性没有达到定在,也没有达到行为的客观规定性,而仍停留在自己内部,并缺乏现实性。在义务中,个人得到解放而达到了实体性的自由"①。责任和义务意识,构成着道德自我实践理性的出发点、行为目标以及价值判断效准。

(二)实践理性的意志自由和道德责任

自由表示主体不受外力阻挠、自在自为的情形;广义的自由包括行动自由、思想自由和意志自由;狭义的自由在伦理学中主要指意志自由,即在各种不同行动中选择决断,以保证主体对自我态度的一致,表现为自觉、自愿与自然的统一。"在绝大多数伦理学导论中,这个问题(即意志自由)都占有一席之地。"②人的意志是自由的,因为人类行动者具有形成准则并切实行动的能力,实践自由即是行动者通过准则在感性欲望和冲动中进行抉择、按照准则行动的能力。道德上的自由行为固然以理性的认识为依据,并相应地表现为自觉的行为;但另一方面它又以意志的自主选择为前提,从而表现为自愿的行为,二者同时又以超越思勉、自然中道为其理想的形态。

1. 意志与自由关系理论的历史述评

许多哲学家都对意志自由问题充满了困惑,费尔巴哈感叹道:"从来没有一个问题像意志自由这个问题这样费脑筋,这样难于断然地加以肯定或否定;这种情形乃是对象本身的性质所造成的,同时也是哲学用语、甚至日常用语的任意性和歧义性所造成的。"③美国当代哲学家里奇拉克认为,"坦率地说,在人的知识中,没有别的概念比自由意志更有争议,更为人们所误解了"④。意志自由是自古至今得到无尽探索的有关价值评价的核心命题。

---

① [德]黑格尔:《法哲学原理》,范扬、张企泰译,商务印书馆1961年版,第139、167~168页。
② [英]理查德·黑尔:《道德语言》,万俊人译,商务印书馆1999年版,第79页。
③ 《费尔巴哈哲学著作选集》上卷,商务印书馆1984年版,第410页。
④ [美]里奇拉克:《发现自由意志与个人责任》,许泽民等译,贵州人民出版社1994年版,第59页。

中国传统思想家认为,不仅自由存在,而且是人的道德境界高低的表现,意志自由常常与士气、正气、志气之类精神品质相联系,被视为人的精神性本质。"先秦的儒家,自孔子以至荀子,都在一定意义上肯定了意志自由,这在中国伦理学史上产生了深远的影响。"①孔子将个体人生的行动与意识意志的关系概括为"三十而立,四十而不惑,五十而知天命,六十而耳顺,七十而从心所欲,不逾矩"(《论语·为政》),认为随着年龄的增长、阅历的丰富和自我的磨砺,个人的意志自由程度逐渐提升,提出"为仁由己"、"我欲仁,斯仁至矣"(《论语·述而》)的主体德性命题。孟子主张大丈夫当"养吾浩然之气",做到"富贵不能淫,贫贱不能移,威武不能屈"。荀子把人获得知识、主动约束自身的自由视为人禽分野的根本标志,"心者形之君也,而神明之主也,出令而无所受令,自禁也,自使也,自夺也,自取也,自行也,自止立也"(《荀子·解蔽》)。朱熹肯定个体在行为选择上的自主性,"有罪无罪,在我而已,古人所以杀身成仁"(《朱子语类》卷五十八)。此处"罪"非仅限于法律意义,大致相当于广义的道德恶,善恶的选择并非处在外在强制的结果,它完全取决于我(在我而已),"杀身成仁"这样崇高的行为也首先建立在自主选择的基础上,"士尚志……何谓尚志?曰仁义而已矣"(《朱子语类》卷一一八)。南宋陆九渊主张"内思其本"、"发明本心"的良心论和道德自由论,"此心之良,戕贼之于熟烂,视圣贤几与我异类。端的自身,谁实为之?改过迁善,固应无难,为仁由己,圣人不我欺也"(《陆九渊集》卷五《与杨敬仲》)。强调人有自身的价值,人的力量不可轻视,"天、地、人之才等耳,人岂可轻?"(《象山先生全集》卷三五)"人惟患无志,有志无有不成者。"(《陆九渊集》卷三十五《语录下》)人的力量不仅仅体现于类,而且同样展开于自我,每一个"我"都有自主的权能,"夫权皆在我,若在物,即为物役矣"(《语录下》)。主张"收拾精神,自作主宰,万物皆备于我,有何欠阙?当恻隐时自然恻隐,当羞恶时自然羞恶,当宽裕温柔时自然宽裕温柔,当发强刚毅时自然发强刚毅。"(《语录下》)王阳明认为:"志不立,天下无可成之事,虽百工技艺,未有不本于志者。今学者旷废隳惰,玩岁愒时而百

---

① 张岱年:《中国伦理思想研究》,上海人民出版社1989年版,第175页。

无所成,皆由于志之未立耳。故立志而圣则圣矣,立志而闲则闲矣。志不立如无舵之舟,无衔之马,漂荡奔逸,终亦何所底乎?"(《王文成公全书》卷二十六《教条示龙场诸生》)"志苟坚定,则非笑诋毁,不足动摇,反皆为砥砺切磋之地矣。"(《书顾惟闲卷》同上卷八)"志"构成了主体奋进的内在精神,志的定向客观构成了行为自我调节机制的一个方面;意志不仅具有定向功能,而且具有坚毅的品格,表现为意志的努力与实践过程相联系,"若是进道之志果能勇猛专一,则仰事府育之事,莫非进道之资"(王阳明《答周冲书》)。意志还与主体内在意愿相联系,自愿原则首先体现在善恶选择上,"但得好善如好好色,恶恶如恶恶臭,便是圣人"(《传习录》下)。以真实的意愿作为主体选择的内在根据,摆脱外在强制,"孟子集义工夫自是养得充满,并无馁歉,自是纵横自在,活活泼泼地"(《传习录》下)。贯彻在教育上,表现为根据被教育者的身心特点,顺导其情趣,尊重其内在意愿,使之日有所进。"圣人教人不是束缚他通做一般,且如狂者便从狂处成就他,狷者便从狷处成就他。"(《传习录》上)

  西方社会大多思想家肯定人的意志自由。古希腊德谟克利特认为,"可恶的不是做不公正的事情的人,而是那有意做不公正事情的人","照着良心行事并且能知其所以然的人,同时也是一个坚定而且正直的人。"[①]亚里士多德认为道德的本质是自愿自由的行为,知识是这种自愿自由行为的必要条件而非充分条件,"自愿行为的起点,在有认识的人的自身之中","德行和过恶都出于自愿","人的特殊功能是根据理性原则而具有理性的生活"[②]。一个人在道德上确定什么目的,选择什么手段,如何造就自己的性格和品德,都是由自己决定的。伊壁鸠鲁认为,"我们的行动是自由的,这种自由就形成了我们承受褒贬的责任"[③]。中世纪神学家奥古斯丁认为上帝创造了人类自由选择的能力,使他能够自主自觉地决定做上帝赞成之事,但是人类却滥用自己的意志自由,犯下了原罪,人应当为自己的自由选择承担罪责。康德认为意志自由是人的自愿、自

---

① 周辅成选编:《西方伦理学名著选辑》上卷,商务印书馆1964年版,第76~77、80页。
② 周辅成选编:《西方伦理学名著选辑》上卷,商务印书馆1964年版,第305、287页。
③ 周辅成选编:《西方伦理学名著选辑》上卷,商务印书馆1964年版,第105页。

主性意志体现,是行为主体与类相接通的桥梁,对道德原则的敬重使我们的所为获得道德性,构成为善良意志。真正的自由并不在于幻想中摆脱客观规律和社会约束而独立,而是要认识并按照客观规律和社会条件安排自己的行动和生活道路,"道德自由是我们能够按照应该那样行使我们的意志力和避免在不应该的时候行使我们的意志力"①。黑格尔认为,"自由是意志的根本规定,正如重量是物体的根本规定一样……自由的东西就是意志。有意志而没有自由,只是一句空话,亦即不是意志","法的基地一般说来是精神性的东西,它的确定的地位和出发点是意志。意志是自由的,所以自由就构成法的实体和规定性"。伦理、道德是真正的自由意志和自由意志的完全自我意识,"道德、伦理、国家利益等每个都是独特的法,因为这些形态中的每一个都是自由的规定和定在"②。伦理和道德对个性自由意志的肯定和规定,能够在成为普遍意志的规定性中彰显作为类的人性和理性精神的特征。

关于意志自由的讨论曾存在着理论偏失:一种观点认为自由是主观的,没有任何限制,可以超越一切、随心所欲,选择完全取决于个人,萨特以"存在先于本质"断定人是绝对自由的主体,自由是人与生俱来的本性,人的存在本身就是自由,"我被判定为自由,这意味着,除了自由本身外,不可能找到我的限制;或者意味着,我不能自由地终止自由的存在"③。自由是人存在的根本特征,是世界富有意义的根本原因,自由对人来说是绝对的,人的自由品格要求人在具体的境况中始终要自由地主宰和决定自己、谋划自己的存在。"除自己之外,无所谓其他立法者。由于他处在孤寂之中,他必须凭自己决定。"④人的选择是绝对自由的,因此他对自己的选择负起全部责任,"人由于命定是自由的,把整个世界的重

---

① [美]摩狄曼·J.阿德勒著,陈珠泉、杨建国译:《六大观念》,团结出版社1989年版,第154页。
② [德]黑格尔:《法哲学原理》,范扬、张企泰译,商务印书馆1961年版,第52~53、10、37~38页。
③ [法]萨特:《存在与虚无》,陈宣良等译,生活·读书·新知三联书店1987年版,第565页。
④ 中科院哲学所西哲组编:《存在主义哲学》,商务印书馆1963年版,第354页。

量担在肩上:他对作为存在方式的世界和他本身是有责任的"①。个人所参与的一切事件都是由自己造成的,负有不可推卸的责任,个人要为自己所做的一切承担责任。另一种观点即机械必然论、决定论者认为人是环境决定和必然性支配,道德律令及善恶标准是由自然、权威或上帝等终极原因预先设定的,人只能服从或遵守这些道德律令,不能在律令之外自行决定或选择善恶标准或行为,否定人有意志选择自由和个人应负责任。"自由是既不存在于意志中,也不存在于考虑里面,更不存在于选择和行动里面。……一切现象都是必然的。无论怎样思考,我们都不得不承认,人在全部行动中都服从于必然性,人的意志自由甚至在神学的体系中也是幻想。"②必然性决定论往往导致两种后果:一是流于宿命,认为任何企图改变自己命运的选择和努力都是徒劳的,一切要听从命运的安排;二是流于诡辩,把本来是出于自己意愿的选择说成是迫不得已、身不由己的决定,为不道德甚至不法行为自行开脱。

2. 意志自由的实践理性价值

道德体现了人的意志自由,鼓励了行动自由,要求道德自我用崇高理想和普遍的伦理规范限制自身尚不充分和成熟的意志和行为能力。亚里士多德等人认为人是理性动物,理性具有两种功能:一是认识功能,即理论(或理智)理性,以思辨、反映、分析、综合等理论活动为内容,其充分发挥形成理智的德性;二是实践功能,即实践理性,以意志、选择、行动等现实活动为特征,构成实践的德性和善行。马克思也指出,人类掌握世界的一切精神活动基本形式有理论思维的、艺术的、宗教的和实践精神的四种;实践精神通过感情的激励、意志的选择和信念的执著改造现有世界和个体自身现状。道德属于实践理性和实践精神的基本活动,与意志特别相关;理智为意志提供方向和目的,意志为理智提供动力,"我们把按自觉确定的目的进行的活动称为意志"。"意志是自由的这一命题以及意志和自由的性质,只有在与整体的联系中才能演绎出来。这一前提的基

---

① [法]萨特:《存在与虚无》,陈宣良等译,生活·读书·新知三联书店1987年版,第708页。
② [法]霍尔巴赫:《自然的体系》上卷,管士滨译,商务印书馆1964年版,第190页。

本特征是:精神首先是理智,理智在从情感经过表象以达于思维这一发展中所经历的种种规定,就是它作为意志而产生自己的途径,而这种意志作为一般的实践精神是最靠近于理智的真理。"①康德一再肯定,"意志不是别的,就是实践理性"。意志的基本特征在于自由,意志自由的出处是个人的意图、动机和理想,表现方式是对这种观念的服从和对并不重要或并不合适的欲望的克服。"自由必须被设定为一切有理性东西的意志所固有的性质。"②无论从社会整体上看,还是从个体成员看,意志自由是道德得以发生的前提,是个体道德能力的评价的基本依据。马克思强调说:"如果不谈谈所谓自由意志、人的责任、必然和自由的关系等问题,就不能很好地讨论道德和法的问题。"③意志自由是个体在社会生活中发展起来的意识状态,社会发展程度为个体意志自由的发展提供了场境,意志自由是对必然性的认识并结合自身的行为条件而做出的超越,个体通过主动创造的活动充分显示意志自由,体现了主体的行为可能及其限度。意志自由首先是道德自我认识和理性权衡能力,"自由就是认识了的必然"。"人对一定问题的判断愈是自由,这个判断的内容所具有的必然性就愈大;而犹豫不决是以不知为基础的。""意志自由是借助于对事物的认识来做出决定的那种能力。"④意志自由具有理性方面的特征。意志自由其次表现为道德自我自主自决的决定能力,表现为自我意志不受他人的奴役、强制,根据自身需要自我设计、选择方案、手段等,能自主决定,"自由意味着始终存在着一个人按自己的决定和计划行动的可能性,这一状态与一个人必须屈从于另一个人的意志的状态形成对照"⑤。能否根据对道德关系的认识自主地决定自己的行为方式,是主体自由程度高低的主要标志;意志自由还是自觉行动能力,意志自由的本质是超出主观进入客观,见之于客观,只有落实到行动上,才能完成其使命,并转化为行

---

① [德]黑格尔:《法哲学原理》,范扬、张企泰译,商务印书馆1961年版,第11页。
② [德]康德:《道德形而上学原理》,苗力田译,上海人民出版社2005年版,第71页。
③ 《马克思恩格斯选集》第3卷,人民出版社1995年版,第454页。
④ 《马克思恩格斯选集》第3卷,人民出版社1995年版,第455~456、455页。
⑤ [英]弗里德利希·冯·哈耶克:《自由秩序原理》,邓正来译,生活·读书·新知三联书店1997年版,第4页。

动的自由,行动自由是意志自由的必然后果。道德自我的意志自由在道德实践中表现为在善与恶、崇高与卑劣、利己与利他、应当与失当等之间做出选择并采取行动的自由,是主体在意志支配下在社会生活和个体生活的领域内所能达到的实践理性价值的最大发挥。作为愿望,道德意志积极地寻求和设定存在标准,确认德性的自我认同性和主观内在性;作为标准,道德意志提供了选择理由,通过评价而肯定意识存在冲动的自我实现;作为命令,道德意志积极地推动实现所确定的存在目标,赋予德性以动力特性和内在的自我强制性,三者共同赋予道德自我的意志以自由自为的地位,从而使德性意志提升为内在向善与公共普遍性统一的主体良心。

3. 主体意志自由的道德责任确认:个人责任与社会责任相统一

对社会道德规范的接受、理解、认同、选择、内化等均离不开个体在实践领域里表现出来的自由意志、精神自律以及主体的责任。"一个人只有在他握有意志的完全自由去行动时,他才能对他的这些行为负完全的责任。"[1]"取消了自己意志的一切自由,也就是取消了自己行为的一切道德责任。"[2]"只有当某人(有责任的行为者)有自由意志时,道德责任才存在。"[3]由于人有意志自由,当面临多种行为可能性时,可以做出各种各样的行为选择,由此赋予选择和行为主体以道德责任。道德选择是人们在一定的道德意识支配下,根据某种道德标准在不同的价值准则和善恶冲突之间所做的自觉自愿的行为抉择,需要在各种可能性中以及价值冲突中根据自己的需要、理想和信念进行比较权衡。"道德领域是人自由、自觉活动的领域,道德的规律是通过人的各种各样的选择实现的。"[4]自由"既包括一定历史条件提供给人的外在自由,也包括人按自己的意愿在外在可能性允许的条件下发挥独立自决能力的内在自由"[5]。道德是人自由自觉活动的领域,道德干预生活、影响社会及完善社会关系的重要

---

[1] 《马克思恩格斯选集》第4卷,人民出版社1995年版,第78页。
[2] [法]卢梭:《社会契约论》,何兆武译,商务印书馆1980年版,第16页。
[3] Peter Van Inwagen: *An Essay on Free Will*, Clarendon Press, 1983, p18.
[4] 张明仓:《意志问题与人学研究》,载《江海学刊》2000年第1期。
[5] 吴俊、木子:《道德认识辨析及其能力培养》,载《道德与文明》2001年第5期。

手段是帮助人们确定高尚的目标,培养人的择善去恶的能力,做出符合道德的选择,强调个体在社会生活中所具有的责任和精神价值的意义。选择包含着人的责任,"当我面对着善和恶,我可以抉择于两者之间,我可对两者下定决心,而把其一或其他同样接纳在我的主观性中","人的决心是他自己的活动,是本于他的自由作出的,并且是他自己的责任"①。道德意志只承认对出于它的意向或故意的行为负责任,只有主观的道德意志的表现才算是真正的行为,道德责任基于意识着的意向或故意,"意志的法,在意志的行动中仅仅以意志在它的目的中所知道的这些假定以及包含在故意中的东西为限,承认是它的行为,而应对这一行为负责"②,"当社会已形成具有必然性的道德要求,使主体能够根据这种要求选择行为时;当摆在主体面前的几种可能选择,包含了主体所应选择的行为可能时,也就是说当主体所应选择的行为具有现实可能性时;当主体具有或可以具有认识和选择具有必然性行为的能力时,主体应对自己的行为选择负有道德责任"③。意志选择自由是从主观进入客观、从抽象到具体、从必然进入应然的过程,"意志的活动在于扬弃主观性和客观性之间的矛盾而使它的目的由主观性变为客观性"④。主体在行动之前,要有明确的认知和理智选择能力,能够对行为方向、行为性质、外部对象及其他种种复杂情况有所了解和把握,能够对自己行为过程进行有效的控制,并以此承担责任。如果一个意志能力和思维健全的主体,在道德践履之前,对自己行为的善恶性质不加以认知,对自己的行为善恶放任自流、随波逐流,随意为外界所左右,此时,主体应当承担而不可逃避责任。

马克思主义伦理学认为,自由是个体道德选择及其责任的重要前提,但必须对自由做具体分析。道德选择的可能性是由社会提供的,是由社会发展内部结构形成的,个体的自由和选择要受社会所提供的可能性的制约,包括:个体选择的对象是由社会产生的,选择的方式要受到社会政治、法律和道德的制约,"人们自己创造自己的历史,但是他们并不是随

---

① [德]黑格尔:《法哲学原理》,范扬、张企泰译,商务印书馆1961年版,第146页。
② [德]黑格尔:《法哲学原理》,范扬、张企泰译,商务印书馆1961年版,第119页。
③ 高兆明:《存在与自由:伦理学引论》,南京师范大学出版社2004年版,第377页。
④ [德]黑格尔:《法哲学原理》,范扬、张企泰译,商务印书馆1961年版,第35页。

心所欲地创造,并不是在他们自己选定的条件下创造,而是在直接碰到的、既定的、从过去继承下来的条件下创造。一切已死的先辈们的传统,像梦魇一样纠缠着活人的头脑"①。个体的选择能力是在社会中发展起来的,依赖于集体以及社会发展程度,依赖于主体对社会共同体以及相应的社会道德规则标准的认同,"说主体为自己的道德决定或选择负责,不仅要求有主体的自由和自主,而且意味着主体的决定与选择有是非善恶之分,这就要求评价是非善恶的标准,这就要求主体认同于具有普遍性的价值标准,也就是要求主体认同于客观理性"②。在意志选择形式展开的行为中,总是渗入了价值观的内在制约,"我们的意志事实上已凝结着我们的意愿和价值观"③。合理的意志选择离不开普遍的规范,意志的定势与规范的范导相互融合,以不同的形式折射着价值观的深刻影响;美国当代学者米歇尔·穆迪·亚当斯和查士里·卡豪恩曾指出:"我们在某种程度上都受我们生活在其中的文化背景影响。人们已经在进一步思考文化背景作为一种减轻个人责任的环境在起作用。关于文化对行为和责任的影响效果……这个问题特别有趣,并且确实急迫。……如果仅仅把这些歧视实践归于文化的宽容,那么怎样把责任归于个人就不太容易。"④道德责任本身是一种社会现实中的责任,根植于一定社会、一定民族和阶级阶层中受到现实政治制度、政策的影响,"无论怎样,判断一个行为者在未来意义上应负责任,需要这样一个条件,完全属于行为者的行为被一个控制人与人之间关系的规范化规定所支配,这一控制在一个共享团体成员间产生预期"⑤。生活于现实社会环境中的人们,其道德选择的范围和能力以及自由度是有限的,行为结果和事情的发展并不一定总是符合

---

① 《马克思恩格斯选集》第1卷,人民出版社1995年版,第585页。
② 卢风:《历史、理性与自由——波谱社会历史观述评》,湖南师范大学出版社1993年版,第208页。
③ JurgenHabermas:*Justification and Application*:*Remark on Discourse Ethics*,MIT Press,1993,p3.
④ Michele Moody-Adams:Culture, Responsibility, and Affected Ignorance, *Ethics* 1994(104):pp.291~309;Cheshire Callhoun:Responsibility and Reproach, *Ethics* 1989(99):pp389~406.
⑤ [英]彼得·斯特劳森:《自由与怨恨》,引自应奇、刘训练编:《第三种自由》,东方出版社2006年版,第27页。

主体的意图和动机,当主体的主观意志转化为行动时,可能出现预想结果与非预想结果、必然性与偶然性相混杂的状态,会给责任判断带来难度,此种情况不能让行为者担当所有责任,不能对一切行为都承担道德责任。只是"对于行为者来说应该具有预知后果复杂性和行为后果影响的延展性的能力,行为者应当对行为的直接后果和近因间接结果负一定责任。因为他的行为毕竟是这些后果的原因和最初原因"①。但必须确认,面对主体意志自由选择及其结果,"我们在此发现一种双重的责任:首先,我们坚持个人本身有责任,然后是塑造他的集体即他的家庭、社会阶层、民族乃至一般人类也有责任"②。道德责任是个体应负责任与社会应负责任的统一。根据客观环境所提供的可能性和选择时的自由量度以及行为主体选择的主观能力来衡量和确定道德自我的自由和选择的责任,是马克思主义伦理思想的基本原则。

(三)道德自我实践理性的意志自律

道德自我在实践活动中的价值体现在:行为前的自我选择以及责任的主动承担;行为过程中的自我立法和意志自律,在伦理冲突的境遇中不拘泥于教条,以伦理智慧和道德理性恰当地权变。

1. 道德自我实践的内在立法

道德选择和实践是"人自己为自己立法"的过程,人只有在道德领域才具有本体的地位,才是自由的存在者。启蒙时期卢梭以理性宣称:"唯有道德的自由才使人类真正成为自己的主人;因为只有嗜欲的冲动便是奴隶状态,而唯有服从人们自己为自己制订的法律,方是自由。"③自由是道德法则与律令的根据和来源。康德承接启蒙理性认为,知性给自然立法,是自然的必然;理性给自己立法,就是人的自由,作为自由的存在,仅仅遵循自己颁布的法则,理性的自我立法和意志自由是纯粹理性在道德实践领域的表现。道德律中最基本的一条就是普遍立法的原则,"当你行动时,你的意志所遵循的准则应总是同时能够成为普遍立法的原则"。

---

① 罗国杰:《伦理学》,人民出版社1999年版,第393页。
② [德]包尔生:《伦理学体系》,何怀宏、廖申白译,中国社会科学出版社1988年版,第393~394页。
③ [法]卢梭:《社会契约论》,何兆武译,商务印书馆1980年版,第29页。

"作为自己和全部普遍实践理性相协调的最高条件,每个有理性东西的意志的观念都是普遍立法意志的观念。"①作为道德律令的立法者,先天的理性具有超越个体的形式,道德律往往作为普遍的定言命令,"自由是道德法则的存在理由,道德法则是自由的认识理由。假使道德法则不是预先在自己的理性中明确地思维到的,那我们便不应当认为自己有理由来假设'自由'这种东西。……但是如果没有自由,那我们就不可能在自身发现道德法则"②。黑格尔也曾指出:"道德学的意义,就是主体由自己自由地建立起善、伦理、公正等规定。""伦理之为伦理,更在于这个自在自为的善为人所认识,为人所实行。"③自我内在立法,也体现着主体良心对社会风俗、现行制度的内在超越,"有一种在历史上作为较普遍的形态(如苏格拉底、斯多各派等等)出现的倾向,想在自己内部去寻求并根据自身来认识和规定什么是善的和什么是正义的,在那个时代,在现实和习俗中被认为正义的和善的东西不能满足更善良的意志。到了更善良的意志已不信任目前自由的世界的时候,它就不会再在现行的义务中找到自己,因而不得不在理想的内心中去寻求已在现实中丧失了的协调"④。道德理性是一种道德自我对外在强制的超越和自由,是一种越来越不为自己的情欲或坏习性所主宰,而且也日益摆脱"偶然的意志"、任性和冲动所驱使的状态,是孔子所说的"从心所欲不逾矩"的理想境界,体现着内在愿望、标准和命令的统一。

2. 道德自我实践中的意志自律

德性以"我应当"为约束形式,并自觉认同规范制约,扬弃行为的他律性,走向自律的道德,达到和体现着人格自我同一性。康德认为,纯粹理性、意志自由是人的先天能力和特殊标志,"在世界之中,一般地,甚至在世界之外,除了善良意志,不可能设想一个无条件善的东西","意志是

---

① [德]伊曼努尔·康德:《道德形而上学原理》,苗力田译,上海人民出版社2005年版,第51页。
② [德]康德:《实践理性批判》,商务印书馆1960年版,第1~2页。
③ [德]黑格尔:《哲学史讲演录》第2卷,贺麟、王太庆译,商务印书馆1959年版,第42~43页。
④ [德]黑格尔:《法哲学原理》,范扬、张企泰译,商务印书馆1961年版,第141页。

彻头彻尾善良的,绝不会是恶,也就是说,如果把它的准则变成普遍规律,是永远不会自相冲突的","一个彻底善良的意志,它的原则必定表现为定言命令,它包含着意志的一般形式,任何客体都不能规定它,它也就是作为自律性"①。意志自律是在善的推动下所做的先验德性决断,是实现善的一种德性方法。自律是行为主体的自我控制能力,是具有按照理想克制自我情感、欲望和按常规办事的理性能力,一定意义上,"全部道德文化的主要目的是塑造和培养理性意志使之成为全部行动的调节原则。我们把这样一种德性或美德称为自我控制。……离开了自我控制,就没有自由和个性"②。自律和自我控制要求人们在行为过程中理智地选择和追求价值目标,约束自身的破坏性欲望冲动;自律不仅是一种良好的品格,更多的是表示一种内在的道德力量,体现行为主体的实践道德能力。自律行为也表达了自愿性,因为"在被人强制或无知的情况下所做的就是非自愿的行为。强制涵盖了行为者实际上根本不可能称为行为者的一切情况。如风吹着他的船漂到某处。当其他人控制了行为者时,其行为也是非自愿的"③。因而,"不可能希望用命令去规范那一个不能够自律的主体的行为。一个人要使自己的行为符合命令,就必须能够控制自己行为的方向"④。杰拉尔德·德澳尔金对道德自律作界说指出:"当,而且仅当个人是道德原则的创立者及这些原则的创始人时,他是道德自律的。"⑤自律性就是人和任何理性本性的尊严的根据,也是实践理性在实践行为中的重要价值。具有自律性的道德自我,自觉自愿认同并履行道德责任,"如果一个人不是被当下的刺激及其引起的暂时的欲望所决定,而是被目的的观念和理想所决定(指他整个人被推动),被义务和良心所

---

① [德]康德:《道德形而上学原理》,苗力田译,上海人民出版社2005年版,第8、57、66页。
② [德]包尔生:《伦理学体系》,何怀宏、廖申白译,中国社会科学出版社1988年版,第412页。
③ [美]麦金太尔:《伦理学简史》,龚群译,商务印书馆2003年版,第106页。
④ Thomas May: *Automony, Authority and Moral Responsibility*, Kluwer Academic Publishers, 1998, p98.
⑤ [美]汤姆·彼彻姆:《哲学的伦理学——道德哲学引论》,雷克勤等译,中国社会科学出版社1990年版,第200页。

决定(仅仅指他的行为),那么我们说这个人的行为是自由的"①。道德自律在以普遍法则为依据的同时,从不同方面展示了自我在道德实践中的存在方式:作为道德自我及其作用的现实确证,道德自律涉及了自我本身的多重规定以及自我与规范、自我与境遇等关系;就道德意识层面而言,道德自律的过程展开为意志选择、理性评价、情感认同等之间的相互作用,自我意识的综合统一构成了道德自律所以可能的前提;在活动开始前,表现为审慎、理智的自觉;在行动中,调动知识、情感、热情和理智于一身,努力实现预期目标;在活动之后,自我进行评价和矫正自身的道德意识和能力;在特定境遇中,自我总是通过情境分析而具体地把握道德规范的作用条件,为规范的引用与变通提供依据,并由此扬弃普遍规范对于自身的外在性和异己性,使行为获得自律的性质。

(四)伦理境遇与道德自我的权变智慧

实际社会生活中,由于主体所扮演的不同社会角色引起所承担义务或由于他人、社会期待不一致引致内心矛盾,由于社会历史条件或自身条件限制而导致个人价值目标选择上的困境,生活中发生不同主体利益或不同形式利益选择上的困境,基本道德原则之间发生冲突以及手段和目的之间的冲突等使得主体在现实和具体情境中难以同时践履多种道德要求而出现准则或道德冲突,从而面临选择困境。"平常的行为本没有道德、不道德的区别。遇着疑难的境地,可以这样做,也可以那样做;但是这样做便有这等结果,那样做又有那种结果。究竟还是这样做呢,还是那样做呢?到了这个选取、去取的时候,方才有一个道德的境地,方才有道德不道德的问题。"②道德冲突可能表现为不同道德体系之间原则规范要求之间的冲突,在于社会存在体现不同阶级、阶层和集体利益的道德价值体系;也表现为同一道德体系内不同原则、道德要求之间的冲突,是生活和社会关系中存在人们无法预料的不确定因素,是道德准则体系的复杂性、变动性所造成的;还表现为道德意识的现有水平和道德理想之间、人们的

---

① [英]亨利·西季威克:《伦理学方法》,廖申白译,中国社会科学出版社1993年版,第237页。

② 胡适:《实验主义》,引自《胡适文存》卷二,亚东图书馆1923年版,第139页。

道德理智与道德情感之间的冲突,等等。当主体面临具体的道德问题时,行善的定势往往规定了权衡、选择的导向(善的意向),实践理性和认知理性则将规范的引用和情景的分析结合起来,使行善的意向进而化为如何行善的具体结论。"在道德生活中,人们考虑最多的,常常不是不断地固守原则或规条,而是更倾向于可信的品性、善良的道德情感和依据真实的感情行事。"①道德行为既需要普遍原则的指导,又必须考虑个体所处的特定境遇,使之转化为具体可行的道德要求,对具体情景的分析,往往需要涉及原则的变通和对准则冲突的恰当解决。

　　道德的根本价值在于解决生活实践中面临的实际问题,面临普遍的原则如何在具体的境遇或情境中合理引用,表现为规范在实践过程中的某种调整和变通。传统哲学经、权之辨中,"经"侧重的是原则的绝对性,"权"的本意是衡量事物之轻重,作为一种行为原则,含有灵活变通之意,基本要求是对不同的存在情境作具体分析。道德规范作为一定时期社会关系的反映,总是从一个方面体现了人的族类(社会)本质,对道德原则的态度,往往反映了对作为社会存在的人的看法,孔子首先将关注点指向道德原则的至上性,"君子无终食之间违仁,造次必于是,颠沛必于是"(《论语·里仁》)。"非礼勿视,非礼勿听,非礼勿言,非礼勿动。"(《论语·颜渊》)在肯定以原则规范现实的同时,并不否认原则本身在运用过程中的理性张力,将道德原则与具体的情景联系起来。"君子之于天下也,无适也,无莫也,义之于比。"(《论语·里仁》)"危邦不入,乱邦不居,天下有道则见,无道则隐。"(《论语·泰伯》)孟子对"权"作了更明确的阐述,"男女授受不亲,礼也;嫂溺援之以手者,权也"(《孟子·离娄上》)。对不同的存在情境作具体分析构成灵活运用原则(权)的前提;与"权"相对的是执一,即拘泥某种规范而不知变通,其必然导致一般规范的僵化,使之难以应付丰富多样的社会生活(举一废百),从而最终限制规范本身的作用(贼道),孟子反对"无权":"执中无权,犹执一也。所恶执一者,为其贼道也,举一而废百也。"(《孟子·尽心上》)荀子主张善于应物之"通","物至而应,事起而辨,若是则可谓通士矣"。"兼权之,熟计

---

① Tom Beauchamp:*Principle of Biemedical Ethics*,Fifth Edition,Oxford,2001,p26.

之,然后定其欲恶取舍。"(《荀子·不苟》)"宗原应变,曲得其宜,如是然后圣人也。"(《荀子·非十二子》)董仲舒也确认"权"的价值,"权者何?权者,反于经然后有善也"(《春秋公羊传·桓公十一年》),表达对境遇中权变的注重。"权"既是灵活变通,又指渗入理性的比较分析(取衡),"权,则是那常理行不得处,不得已而有所通变底道理。……所谓权者,于精微曲折处,曲尽其宜以济经之所不及耳"(《朱子语类》卷三十七)。"君子之道,随时而动,从宜适变,不可为典要,非造道之深,知己能权者,不能与于此也。"(《周易程氏传》卷第二《周易上经》)"惟善变通便是圣人。"(《河南程氏遗书》卷第二)对原则的灵活变通,以"权"否定执一,总是与个体的特定存在方式相联系,内在地蕴含着对个体存在和主体价值的确认,"惟豫有以知其相通之理而存之,故行于此而不碍于彼;当其变必存其通,当其通必存其变,推行其大用,合于一心之所存,此之谓神"(王夫之:《张子正蒙注》卷一)。"通"与"变"统一的相通之理意味着化普遍规范为内在的观念结构,包含着经与权的互动,又以内在的观念结构为本(合于一心之所存)。以境遇分析为依据的"权",又称为"时","变通者,趋时者也","应乎天而时行,是以元亨"(《易·大有象》)。"时止则止,时行则行,动静不失其时,其道光明。"(《易·艮象》)"随时之义大矣哉。"(《易·随象》)因时、随时是根据具体的时间和特定情景灵活应变;孔子是"圣之时者",能够根据具体情况,恰当地调整行为方式。"可以速而速,可以久而久,可以处而处,可以仕而仕,孔子也。"(《孟子·万章下》)"大德不踰闲,小德出入可也。"(《论语·子张》)意志自律的人在道德实践中不偏不倚,具有中庸的行为方式和应变处事能力,表现出:"当恻隐处自恻隐,当羞恶处自羞恶,当恭敬处自恭敬,当是非处自是非。"(《明儒学案》卷四十七《诸儒学案中一》)"故圣人之道,宽而栗、严而温、柔而直、猛而仁。太刚则折,太柔则卷,圣人正在刚柔之间,乃得道之本……故圣人以身体之。"(《淮南子·氾论训》)中道、中庸表证着对一般原则的把握以及合理运用,在理性审慎中达到"极高明而道中庸"的君子、圣者风范。现实行为中规范的引用与情景的分析判断以及特定情景中可能的行为方式的权衡、选择,都受制于行为主体统一的德性人格结构;由于角色差异或价值目标导致的准则、道德冲突,需要行为主体调整价值取向和进行价值权衡取舍,暂时放弃某些道德规范和准则、牺牲部分道德价值,保持对其他原则和规范的恪守,维护和实现更高的道德价值;以坚持基本原则为前提的具体境遇中的权变,使个体在身处特定境遇时,既避免走向无视情境特殊性的独断论,又超越蔑视普遍性规范制约的相对主义。

第二节 人我关系中道德自我的外在价值推展

人我关系是人与社会的基本联系,"天下莫不相与为彼我,而彼我皆欲自为,斯东西之相反也。然彼我相与为唇齿,唇齿者未尝相为,而唇亡则齿寒。故彼之自为,济我之功弘矣!"(郭象:《庄子注·秋水》)马克思认为:"人起初是以别人来反映自己的,名叫彼得的人把自己当作人,只是由于他把名叫保罗的人看作是和自己相同的。"①人的自我和自我意识是在人与人的交往中形成和发展起来的,个体自我价值也在与他人和社会交往中不断得到肯定、提升和实现。"在自我与他人的关系上,德性的特点在于成就自我与成就他人的统一。……真正具有完美的德性,意味着既实现自我的价值,又肯定他人的价值。"②如何处理和协调彼我、人我之间关系,构成个体道德自我价值实现的基本途径。

一、中国传统道德哲学视野中的人我关系

传统儒家伦理和道德思想认为,道德自我的力量和价值体现在现实关系之中,以恻隐之心为基础,个体具有推己及人、由人及己的同情心、移情力和内在价值推展力量,体现于仁爱、忠恕以及乐群贵和等良善愿望和行动,呈现为个体自我的自然善性和理性自觉的统一。当代海外新儒家杜维明认为:"儒家传统中的自我被看作各种关系的一个中心,是在一个

---

① 《马克思恩格斯全集》第 23 卷,人民出版社 1972 年版,第 67 页。
② 杨国荣:《伦理与存在——道德哲学研究》,上海人民出版社 2002 年版,第 143 页。

不断扩展的人类关系周围中的自我发展;儒家思想本体的宗旨,其核心的价值,是人际关系中的个人道德化。"①

(一)"仁爱"感通的价值推展

"仁爱"精神是中国传统伦理思想的固有精神和思想精髓。"仁"是种不安、不忍、不容己的道德情感与心理状态,是对他人的慈悲亲爱的心理或情感,仁爱是主体的主动外推、交互主体之爱,揭示了道德自我与主体德性在性善、良知的潜隐、可能性基础上的自觉提升、推展的模式和思想机制;"仁"道的基本精神在于尊重和确认每一主体的内在价值,它既肯定主体自我实现的意愿,又要求主体间真诚地承认彼此的存在意义。"仁者,为其中心欣然爱人也,其喜人之有福,而恶人之有祸,生心之所不能已,非求其报也。"(《韩非子·解老》)孔子学说中"仁"比"礼"更为本质和核心,是礼不断因革、损益的根据,"此礼的新的内容、基础,乃发于内心的仁,亦所以实现内心的仁"②。以"仁"为最重要的道德准则,是德之本和"心之全德",包含着丰富的道德内涵,"爱人"为其核心和仁学的实质,深刻论述和奠定了以仁爱之心把人当人(而不把人看成物、看成工具)的最基本道义准则,并为后人从不同立场、不同观念出发去运用这一准则开辟了广阔余地。"仁爱"是孟子思想及儒家正统德性学说的基石以及理论主旨,被确立为个体道德的根本价值取向、人格修养的理想境界和道德生活范型。"仁,人心也。"(《孟子·告子上》)"夫仁,天之尊爵也,人之安宅也。"(《孟子·公孙丑上》)"仁也者,人也。合而言之,道也。""仁者以其所爱兼及所不爱。"(《孟子·尽心下》)"仁"来自于人的恻隐之心,是人的相通共感的同情心与真情实感的流露;义、礼、智、信以仁为纲维,"仁"是家国天下存废兴亡的根本因素。"三代之得天下也以仁,其失天下也以不仁。国之所以存废兴亡者亦然。天子不仁,不足以保四海;诸侯不仁,不保社稷;卿大夫不仁,不保宗庙;士庶人不仁,不保四体。"(《孟子·离娄上》)"仁既是存在范畴,也是关系范畴,仁是在关系

---

① 杜维明:《儒家传统的现代转换》,中国广播电视出版社1992年版,第336页。
② 徐复观:《中国思想史论集》,台湾学生书局1983年版,第238页。

中存在的。"①董仲舒确认"仁者爱人"的人我关系价值:"《春秋》之所治，人与我也。所以治人与我者，仁与义也。以仁安人，以义正我。故仁之为言人也，义之为言我也，言名以别矣。……是故《春秋》为仁义法。仁之法在爱人，不在爱我；义之法在正我，不在正人。我不自正，虽能正人，弗予为义；人不被其爱，虽厚自爱，不予为仁。"(《春秋繁露·仁义法》)在此，"他把社会人际关系归结为'人我之间'，并把处理这一关系分析为对人和对己两个方面，认为只要做到'正我'、'爱人'，就能使社会关系'顺'而不乱，从而把自我修养与待人处事统一起来。这作为处理人际关系的一种模式，不无合理之处"②。宋明理学注重以生物、感通之心理释"仁"之运展，朱熹评价说:"仁者天下之正理，失正理，则无序而不和。"(朱熹:《论语集注》)"盖仁之为道，乃天地生物之心即物而在。情之未发而此体已具，情之既发而其用无穷。诚能体之而存之，则众善之源，百行之本，莫不在是。此孔门之教所以必使学者汲汲于求仁也。"(《宋元学案·晖翁学案·仁说》)清初戴震以立足于满足百姓日用方面将"仁"诠释为:"仁者，生生之德也。'民之质矣，日用饮食'，无非人道所以生生者，一人遂其生，推之而与天下共遂其生，仁也。"(《孟子字义疏证·仁义礼智》)"人之生也，莫病于无以遂其生。欲遂其生，并遂人之生，仁也；欲遂其生，至于戕人之生而不顾者，不仁也。"(《孟子字义疏证·理》)"遂己之欲，亦思遂人之欲，而仁不可胜用矣。"(《原善下》)以交互和推展心理揭示个体"仁爱"的价值推展愿望和内在心性基础。

个体与外在世界交往中"仁"的价值推展精神体现在:首先是亲亲和孝悌，"君子笃于亲，则民兴于仁"(《论语·泰伯》)。"仁之实，事亲是也。"(《孟子·离娄上》)"君子务本，本立而道生，孝悌也者，其为人之本与!"(《论语·学而》)其次是爱人、仁民和泛爱众，"樊迟问仁，子曰:爱人"(《论语·颜渊》)。"民之于仁也，甚于水火。"(《论语·卫灵公》)孔子希望"弟子入则孝，出则弟，谨而信，泛爱众而亲仁"(《论语·学而》)。孟子主张"仁者爱人"(《孟子·离娄下》)，"老吾老以及人之老，幼吾幼

---

① 蒙培元:《情感与理性》，中国社会科学出版社2002年版，第311页。
② 朱贻庭主编:《中国传统伦理思想史》，华东师范大学出版社2003年版，第212~213页。

以及人之幼"(《孟子·梁惠王上》)。"以爱己之心爱人则尽仁。"(《正蒙·中正》)爱人体现了人的族类整体意识和广泛关怀;再次以"仁"体现泛爱万物,孟子提出"亲亲而仁民,仁民而爱物"(《孟子·尽心上》),张载提出"乾称父,坤称母;予兹藐焉,乃浑然中处。故天地之塞,吾其体;天地之帅,吾其性。民吾同胞,物吾与也。大君者,吾父母宗子;其大臣,宗子之家相也。尊高年,所以长其长;慈孤弱,所以幼吾幼。圣其合德,贤其秀也。凡天下疲癃残疾惸独鳏寡,皆吾兄弟之颠连而无告者也"(《正蒙·乾称》)。理学家主张"仁者浑然与万物同体",揭示仁爱来源于天性自然并具有超越自身的力量,能最终辐照于自然万物,如程颢所言:"若夫至仁,则天地为一身,而天地之间品物万形为四肢百体。"(《二程遗书》卷四)王阳明提出:"大人者,以天地万物为一体者也;其视天下犹一家,中国犹一人焉。若夫间形骸而分尔我者,小人矣。大人能以天地万物为一体也,非意之也,其心之仁本若是,其与天地万物而为一也。岂惟大人,虽小人之心,亦莫不然;彼顾自小之耳。是故见孺子之入井,而必有怵惕恻隐之心焉,是其仁之于孺子而为一体也。……是其一体之仁也,虽小人之心,亦必有之,是乃根于天命之性,而自然灵昭不昧也。"(《王文成公全书》卷二十六《大学问》)"人者天地之心,天地万物本吾一体者也,生民之困苦荼毒,孰非疾痛之切于吾身者乎!不知吾身之疾痛,无是非之心者也。是非之心,不虑而知,不学而能,所谓良知也。良知之在人心,无间于圣愚,天下古今之所同也。世之君子,惟务致其良知,则自能公是非,同好恶,视人犹己,而以天地万物为一体,求天下无治,不可得矣。"(《传习录中·答聂文蔚》)具有崇高道德境界的圣人或大人,体认天命之良知良能,富含深邃、宽宏的同情心,自觉把自我与一切人、物乃至天地宇宙视为一体。"仁"是人内心一种感通精神、一种生命力和原动的活力,朱熹将"仁"的价值延展概括,"仁如水之源,孝悌是水流底第一坎,仁民是第二坎,爱物则三坎也"(《朱子语类》卷二十),形象表达和映现"仁"心自然流露的潜在机理,体现着恻隐怵惕之心的自觉外延和推展,是现代社会道德价值建构的本基。孙中山曾高度评价:"仁爱也是中国的好道德。……把仁爱恢复起来,再去发扬光大,便是中国固有的精神。"①也有学者综述中国的仁爱精神及其现代价值说:"'仁爱'之义立,处人处世便有了一个为人们可以认同的判断是非的准绳。历史上的仁人志士们,也正是从此树立起为之奋斗不息、乃至甘愿献身的崇高的道义目标。时至今日,处理人际关系,虽然不好简单地用'爱人'来做唯一的行为准则,但是关心人爱护人,进而爱集体、爱人民,总是公民道德要求的一个最基本的内容。进而言之,人类社会处于日渐趋同的现代化趋势中的今天,能否有'仁爱'的目标和'仁爱'的行为准则,确已成为一切事业,大到国家大局的管理,小到一厂一家的管理,能否取得成功的重要制约力量。"②

(二) 忠恕的价值推展模式

儒家以"忠恕"予以彰显和贯通"仁爱","夫子之道,忠恕而已矣"(《论语·里仁》)。通过忠恕,推动人我之间的正义和平等,"忠恕所以致公平,造德则自忠恕,其致则公平"(《二程遗书》卷十五)。忠、恕分别体现为德性主体道德责任的觉识和宽容精神的推衍,"忠"归于理性层面的尽己,"恕"则视为感性层面的推己,"尽己之谓忠,推己之谓恕","忠,尽己也;恕,推己也。尽己之理而忠,则以其天下之理;推己之情而恕,则以贯天下之情。推其知己而忠恕,则天下之情理无不贯也。斯'一以贯之'矣"(王夫之《读四书大全说·论语》)。"忠恕"在心理和行为、自我与他人等方面追求统一,是"吾道一以贯之"的"仁之方"和为人处世的根本之道,体现着仁义善心推展的态度和方法。"忠"与"诚"的意义接近,是道德主体以诚信、诚意、诚实的精神与恭敬虔诚的态度去尽性命之道,勉力行通体现人我同体、患难与共的仁心和道义,孔子反复提诫:"居处恭,执事敬,与人忠。"(《论语·子路》)"为人谋而不忠乎?"(《论语·学而》)"子以四教:文、行、忠、信。"(《论语·述而》)以"忠"表达负责任、端正、守信用,不仅独善其身,而且能够兼善天下,即"己欲立而立人,己欲达而达人"(《论语·雍也》)的积极处世精神,深切体行"老吾老以及人之老,

---

① 《孙中山选集》,人民出版社1956年版,第681~682页。
② 丁伟志:《活着的传统》,引自武经伟:《经济人道德人全面发展的社会人》,人民出版社2002年版,第147页。

幼吾幼以及人之幼"(《孟子·梁惠王上》)的博爱精神,自觉"知性善以忠信为本,此先立其大者"(《程氏外书》卷二),彰显"是故立必俱立,知必周知,爱必兼爱,成不独成"(《正蒙·诚明》)的博大胸怀。张岱年先生评价说:"'己欲立而立人,己欲达而达人',包含关于人己关系的一种重要观点,即确认自己是人,亦确认别人也是人;肯定自己有立、达的愿望,也承认别人有立、达的愿望。应该承认,这是道德的一项最根本的原则,可以称为古代的人道主义观点。这是孔子'仁'的中心含义。"①如心为"恕",会意为同情和推己及人,被视为彰行仁义的"絜矩之道","强恕而行,求仁莫近焉"(《孟子·尽心上》)。"回曰:'一言而有益于人,莫如恕'。"(《孔子家语·颜回》)戴震将"恕"道概括为"以情絜情","凡所施于人,反躬而静思之:人以此施于我,能受之乎?凡有所责于人,反躬而静思之:人以此责于我,能尽之乎?以我絜之人,则理明"(《孟子字义疏证》卷上)。"恕"是在"忠"的态度和前提下由本己、对己的道德价值推延所展开的道德价值和实际行为,"夫仁者,必恕而后行"(《说苑·贵德》);"以公理施于人,所以恕也"(《二程全书外书四》)。"故仁,所以能恕,所以能爱。恕则仁之施,爱则仁之用也。"(《二程遗书》卷十五)"恕"不仅要推衍自我的积极内容——欲立、欲达及于他人而立人、达人,而且要求类推自我消极方面——所不欲,度于他人而勿施于人,即"己所不欲,勿施于人","躬自厚而薄责于人,则远怨矣"(《论语·卫灵公》)。表达对他人的理解、尊重、体谅和宽容,德国思想家费尔巴哈评价说:"中国的圣人孔夫子说:……'己所不欲,勿施于人'。……在许多由人们思考出来的道德原理和训诫中,这个素朴的通俗的原理是最好的、最真实的,同时也是最明显而且最有说服力的,因为这个原理诉诸人心,因为它使自己对于幸福的追求服从良心的指示。……(是)健全的、纯朴的、正直的、诚实的道德,是渗透到血和肉中的人的道德,而不是幻想的、伪善的、道貌岸然的道德。"②忠恕之道的价值特征是"能近取譬,推己及人",自感人我同

---

① 张岱年:《中国古典哲学概念范畴要论》,中国社会科学出版社1989年版,第158页。
② 《费尔巴哈哲学著作选》上卷,荣震华、李金山等译,商务印书馆1984年版,第577~578页。

体、祸福同担,"以己之情通乎人之情,以己之欲通乎人之欲,已欲立而立人,己欲达而达人,己所不欲,勿施于人"(焦循:《孟子正义》卷二十二)。自觉把自身的善性和愿望推及他人,达到人与人之间相互尊重、相互宽容、相得益彰,具有内在的普遍性自然心理和道德价值基础。

(三)推恩、推己及人的价值心理

仁与非仁之别、小仁与大仁之分,关键在"推"的心理施展。"凡有四端于我者,知皆扩而充之,若火之始燃,泉之始达。苟能充之,足以保四海;苟不充之,不足以事父母。"(《孟子·公孙丑上》)"古之人所以大过人者,无他焉,善推其所为而已矣。"(《孟子·梁惠王上》)"禽兽与人绝相似,只是不能推。"(《河南程氏遗书》卷二下)"推也者,以其所不取之,同于其所取者,予之也。"(《墨子·小取》)善"推"使"仁"心连属他者、通达社会、贯通天下。"亲亲,仁也;敬长,义也。无他,达之于天下也。"(《孟子·尽心上》)"人皆有所不为,达于其所为,义也。"(《孟子·尽心下》)能推和扩充是人之所以为人和仁心的施行。"仁道有本,近譬诸身,推以及人,及其方也。必欲博施济众扩之天下,施之无穷。"(《正蒙·至当》)"以责人之心责己则尽道……以爱己之心爱人则尽仁……以众人望人则易从……此君子所以责己责人爱人之三术也。"(《正蒙·中正》)传统哲学提倡尽心知性知天,存心养性事天。"惟天下至诚,为能尽其性;能尽其性,则能尽人之性;能尽人之性,则能尽物之性;能尽物之性,则可以赞天地之化育;可以赞天地之化育,则可以与天地参矣。"(《中庸》)以天命之性为基点,由尽己之性,到尽人之性,再到尽物之性,最后达到参天地之化育、与天地参,是个体内在价值层层外推、步步展示的过程,也是自我德性不断扩充、完善的过程。"道必充于己,而后施以及人"(《伊川先生文一》),"所以为万物一体者,皆有此理,只为从那里来。'生生之为易',生则一时生,皆完此理。人则能推,物则气昏,推不得,不可道他物不与有也"(《二程遗书》卷三上)。"格物穷理,非是要穷尽天下之物,但于一事上穷尽,其他可以类推。"(《二程遗书》卷十五)"天下之理一而已。小以成小,大以成大,无异事也。举斯心以加诸彼,远而推之四海而准,久而推之万世而准。故一修身而知所以治人,知所治人而知所以治天下国家。"(《河南程氏经说》卷第八)由亲亲而爱民至于爱物,在于以同然之心和天理以推己及人,感而遂通天下万物,"古之君子,惟见得道理真实如此,所以亲亲而仁民,仁民而爱物,推其所为,以至于能以天下为一家,中国为一人,而非意之也"(朱熹:《答陆九渊书》,见《陆九渊集》附录)。"古人必由亲亲推之,然后及于仁民;又推其余,然后及于爱物。皆由近以及远,自易以及难。"(《孟子集注》)人以内在情感推之于他人外物,实现"万物一体"之仁。王夫之称赞"善推"之为:"古人之大过人者,只是极心之量,尽心之才,凡所欲为,皆善推以成其所为。则有其心,必加诸物,而以老吾老、幼吾幼,则吾老吾幼则受其安怀;及人之老,及人之幼,而人老人幼亦莫不受其安怀也。扩大而无所穷,充实而无所虚,以保妻子,以保四海,一而已矣,则为其有恩之必推者同也。"(《读四书大全说》)善推之善在于大公而无私,以之为絜矩之道。"人之知识多,能推广其爱力而固结之。……其推爱力愈广,其固结愈远。由此推之,故合群愈大,蘖种愈繁者,其知识最大者也。"(《大同书》)近代梁启超认为,人是"善群之动物",道德的作用在于以公德固群和利群,公民要有良好的公德意识,须以私德为基础进行外展,"公德者,私德之推也。知私德而不知公德,所缺者只在一推;蔑私德而谬托公德,则并所以推之具而不存也,故养成私德,而德育之事思过半焉"[①]。现代心理学以移情力确证仁爱精神,"自我意识正是通过它的移情力这一基本方式,不断地把个人由他律的彼岸引到自律的此岸"[②]。人以体谅、同情之心设身处地体察别人的处境和情绪,自觉把自身的善性和愿望以及情感由己推人和由人推己。

二、近现代西方道德哲学视野中的人我关系道德觉识

当代人际关系的复杂,文化的发展,使得人们关注于人我之间联系的内在性。人我关系问题为现代哲学广泛关注和谈论,无论是关于人的本质的寻解,还是道德心理的察证,以及现象学对意识本质的还原,都关涉

[①] 《梁启超选集》,李兴华、吴嘉勋编,上海人民出版社1984年版,第249页。
[②] 肖雪慧、韩东屏:《主体的沉沦与觉醒——伦理学的一个新构想》,贵州人民出版社1988年版,第76页。

和确证人我关系的价值和意义。

(一)人我之间的同情和道德情操论

英国近代哲学家休谟、斯密等人对同情(sympathy)作过细致分析,将其视为整个道德系统的基础。亚当·斯密认为,对别人不幸遭遇产生怜悯之情的同情,是每一个人或多或少都有的天性,"个人的天赋中总是明显地存在着这样的一些本性,这些本性使他关心别人的命运,把别人的幸福看成是自己的事情,虽然他除了看到别人幸福而感到高兴以外,一无所得。这种本性就是怜悯或同情,就是当我们看到或逼真地想像到他人的不幸遭遇时所产生的感情"①。作为人性中基本倾向的同情,源于人们的生活经验和想象力,人相同的感觉器官以及由此产生的感受的一致性是人们同情和情感共鸣发生的基础,他比拟为:"一切人的心灵在其感觉和作用方面都是类似的。凡能激动一个人的任何感情,也只是别人在某种程度内所能感到的,正像若干条弦线均匀地拉紧在一处以后,一条弦线的运动就传达到其余弦线上去;同样,一切感情也都由一个人迅速地传到另一个人,而在每个人心中产生相应的活动。"②情感共鸣也来自对具体情景的观感,即基于观察、经验、想象的境遇实感并作为"公正旁观者"角度进行客观想象。情感共鸣会使人产生愉快或不愉快的情绪及协调相应的行为,"在这两种不同的努力,即旁观者努力体谅当事人的情感和当事人努力把自己的情绪降低到旁观者所能赞同的程度这样两个基础上,确立了两种不同的美德。在前一种努力的基础上,确立了温柔、有礼、和蔼可亲的美德,确立了公正、谦让和宽容仁慈的美德;而崇高、庄重、令人尊敬的美德,自我克制、自我控制和控制各种激情——它们使我们出乎本性的一切活动服从于自己的尊严、荣誉和我们的行为所需的规矩——的美德,则产生于后一种努力之中"③。同情心以对他人、群体的尊重、关心,同时拒斥各种敌视社会、危害群体的行为倾向,促进社会成员之间的凝聚,如黑格尔所说:"爱和同情,把分散的人聚集在一起,把在空间上远隔着的

---

① [英]亚当·斯密:《道德情操论》,蒋自强等译,商务印书馆1997年版,第5页。
② [英]休谟:《人性论》下册,关文运译,商务印书馆1980年版,第617页。
③ [英]亚当·斯密:《道德情操论》,蒋自强等译,商务印书馆1997年版,第24页。

人,在情感上联系起来,这至少是一个事实。"①美国社会学家库利认为,同情是不可缺少的社会力量,是否具备同情心可以反映出一个人是否保持着精神健康。"一个人所同情的事物的范围是对他个性的衡量,表现他作为一个人的内涵到底有多大";"广义的同情,也标志着一个人的道德水准,并使我们对他的为人品行作出估价";"缺乏同情、公平和正直就谈不上社会化的、完美的人性,并且可能是堕落的开端"②。情感共鸣、同情行为遵循着自然发展史的普遍规律,是影响和决定人们行为的主要力量;是道德发生和判断的基础以及人们友谊和道德关系的纽带,也是道德自我价值推展的心理基础。

(二)费尔巴哈"我-你"关系与"爱"的道德论

在启蒙精神影响下,透过对宗教以及抽象思辨哲学的批判,费尔巴哈以"我"、"你"的具体关系代替我与上帝的联系,解释普遍的人与人之间的关系,人的本质只存在于交往即人与人的统一之中,这种统一只能以我与你的实在差异为基础,"孤立的、个别的人,不管是作为道德实体或作为思维实体,都未具备人的本质。人的本质只是包含在团体之中,包含在人与人的统一之中"③。"我"与"你"关系是道德发生以及人本主义伦理学实现的基础和本质,"道德不能单从自我,或是从没有感情的纯粹理性中得出来的,也是不能单独用自我或是没有感情的纯粹理性加以解释的。它只能从'我'与'你'的联系中得到解释并且引伸出来;提供这种联系的只能是同考虑自己的'我'相对立的感情,它只能借助于不同于我自身的东西从康德的'自律'和'他律'的结合、从自我立法和立法的联系中得到解释"。"事实上,被思考为自身独立存在的个人的道德是毫无内容的虚构。在我之外没有任何你,亦即没有其他人的地方,是谈不上什么道德的;只有社会的人才是人"④。"我"与"你"之间联系原则是感性的"爱",

---

① 苗力田译编:《黑格尔通信百封》,上海人民出版社1981年版,第289页。
② [美]查尔斯·霍顿·库利:《人类本性与社会秩序》,包凡一译,华夏出版社1989年版,第89、91、140页。
③ 《费尔巴哈哲学著作选集》上卷,荣震华、李金山等译,商务印书馆1984年版,第185页。
④ 《费尔巴哈哲学著作选集》上卷,荣震华、李金山等译,商务印书馆1984年版,第432、571页。

包括男女之间的性爱,也包括广泛的人与人之间的情感联系,即人与人之间的同情与友谊,这种人与人之间的联系及其相互义务构成道德基础,"只有把人对人的关系即一个人对另一个人的关系,我对你的关系加以考察时,才能谈得上道德;只有把对自己的义务认为是对他人的直接义务,只有承认我对于自己有义务只因为对他人(对我的家庭、对我的乡村、对我的民族、对我的祖国)有义务时,对自己的义务才具有道德的意义和价值。好的和合乎道德的是同一个东西,所以一个人只有对于他人是好的,才能说他是好的"。个人的幸福和价值体验也与人与人之间关系的理解相关联,"道德只知道同志式的共同的幸福","只有唯一无二地、绝对地和无条件地以他人的幸福作为自己的行动的原则和准则的人,才是善的和'德的'。……只有无条件地善意地对待他人,才是善的。此外无它"①。道德就是同别人发生关系,在这种关系中,最重要的就是能够关爱别人。由"我-你"的关系,进而揭示个人与家庭、民族、团体的关系,把人与他人、社会的联系作为人的本质,大大启导近代以来人本主义、人道主义伦理学,马克思由此赞扬费尔巴哈"创立了真正的唯物主义和现实的科学,因为费尔巴哈使'人与人之间的'社会关系成了理论的基本原则"②。

(三)现象学视野中的"自我"与"他者"关系伦理

致力于回到意识本身的"现象学可以说是一切近代哲学的隐秘的憧憬"③。在现象学先驱黑格尔那里,他人的显现是构成世界和我的经验自我不可或缺的一个前提条件,一个既有感觉又有经验,既是自我又有其感觉的对立面的他人的我,才是真实的自我;怀疑自我之外的他人存在,就是怀疑自身的存在,"在感觉的实在性和客观性问题上,我的出发点,不是和物理的、肉体的自然事物相对立的我,而是有个自身之外的、和自身相对立的你的我,这个我和一个他我,和一个你相对立,和一个自我感性

---

① 《费尔巴哈哲学著作选集》上卷,荣震华、李金山等译,商务印书馆1984年版,第572~573、575、594页。
② 《马克思恩格斯全集》第42卷,人民出版社1979年版,第158页。
③ [德]胡塞尔:《纯粹现象学通论》,李幼蒸译,商务印书馆1992年版,第160页。

化了的东西相对立"①。"为他的存在"成了自我意识发展的一个必然阶段,我是从他人那里获得对自我的认识的;"为他的存在"为我本身存在的一个必要环节,我正是依赖他人的本质存在。胡塞尔在《观念》一书第二卷第三部分"精神世界的构成"中指出,每个人都是他周遭世界的中心,他人正是在每个人的周遭世界中遇到的,我们是一共同的周遭世界的主体,我们处于人际的联系中而相互共属,人在本质上是被构成为共他的(with the other),由此,"才能自为与为他地成为通常意义上的一个人,一个在人的联合体中的人"。在这个共同的周遭世界中,每个人都"相互指引自身",他们或言或行,被他人所理解,以言相切磋,以行相回报,"在这种种的相互理解的关系中,便产生了一种有意识的人际间的相互关联,并在同时产生了他们与共同周遭世界的统一关联"。② 每个人都隶属于某个社会联合体,作为群体中的一员相互间都是伙伴,他们之间在实际中或在潜在中在爱与反爱、恨与反恨、信任与反信任的行为中相互关联着;"团体精神的周遭世界或外部世界"是交互主体构成的客观世界,每个主体藉其相互间的理解而确认这个世界既给予他本人又同样给予他的伙伴;我不仅与他的思想、他的情感、他的行为感通,而且也必须在它们之中追随着他,对他人的理解,便成了"我本己的转换"(variations of my own);在《笛卡尔沉思》中,胡塞尔借助"类比统觉"、"结对"、"附呈"、"感通"等范畴分析他人的给出,交互主体性以及客观世界构成问题的关键乃在于"他人"的构成,交互主体性的意向分析的最后结果便是大同世界之目标。海德格尔着力强调此在(Dasein)在世的交互主体性的一面,"由于这种有共同性的在世之故,世界向来已经总是我和他人共同分有的世界。此在的世界是共同世界。'在之中'就是与他人共同存在。他人的在世界之内的自在存在就是共同此在"。③ "Dasein 本身,在本质上是向其他

---

① 《黑格尔通信百封》,苗力田译编,上海人民出版社 1981 年版,第 302 页。
② Husserl: *Ideas Pertaining to a Pure Phenomenology and to a Phenomenological Philosophy*, Second Book, Trans. Rojcewicz and Schuwer, Kluwer Academic Pubishers,1989,p201、203.
③ [德]海德格尔:《存在与时间》,陈嘉映、王庆节译,生活·读书·新知三联书店,2006 年版,第 138 页。

Dasein 的共存敞开着的。"①自我本己的领域原已是公开的、交互主体的领域,在相杂共在、保持距离、平均状态、平整作用、公众意见等常驻状态下,本己的 Dasein 完全"消解"、"沉沦"在他人的存在方式中,常(他)人到处都在;"我们"乃是共在的常态,人的实在在其本质存在中相互依赖,"我们的关系不是一种面对面的对立,而毋宁是一种肩并肩的相互依赖"②。在法国学者列维纳斯看来,他人对我来说是一种无法回避的存在,我总是面对面地与他人在一起,而我与他人的关系首先是一种责任关系,"我把责任理解为对他人的责任"。正是在对他人的责任中,自我的主体性得到了确证,每一个人都可以看作关系中的存在,在对他人的尊重、关心、尽责中,我不再囿于"小我"而获得了更广的存在意义,随着责任意识的形成,我的存在之域超出了自身的边界而走向更广阔的天地。马丁·布伯从"我-你"的视角揭示了人的生存的基本事实是"人与人"这一"之间"的领域,通过"我与你"的关系性,我才成为真实的我,基本道德要求是把他人看作与自己一样具有相同的价值。

三、人我关系中道德自我的价值推展

传统思想以仁爱为基础的交往主动性、施与性推展精神为处理人我关系奠定了一定的道德典范,但需要通过理性精神予以矫正;人我关系的当代道德调节和协调在于人格平等基础上进行互相交往,注重合作价值,在联合体中共同发展,发扬宽厚的人道主义思想。

(一)人我和谐与相互尊重

人我之间的关系和谐是交往的重要价值。《国语·郑语》言证,"夫和实生物,同则不继。以他平他为之和,故能丰长而物归之;若以同裨同,尽乃弃矣"。因此"君子和而不同,小人同而不和"(《论语·子路》)。《礼记·中庸》体认说:"中也者,天下之大大本也;和也者,天下之达道

---

① Heidegger:*The Basic Problem of Phenomenology*, Trans. Hofstadter,Revised Edition, Indiana University Press,1982,p296.
② [法]让-保罗·萨特:《存在与虚无》,陈宣良等译,安徽文艺出版社 1998 年版,第 326 页。

也。致中和,天地位焉,万物育焉。"王符与刘劭也分别论证说:"天地氤氲,万物化醇,和气生人,以统理之。是故天本诸阳,地本诸阴,人本中和,三才异务,相待而成,各循其道,和气乃臻。"(《潜夫论·泰族训》)"凡人之质量,中和最贵矣。中和之质,必平淡无味,故能调成五材,变化应节。"(《人物志·九征篇》)肯定中和对于宇宙自然变化以及个体生命资质的价值意义;人际交往中,主张"礼之用,和为贵"(《论语·学而》);肯定"天时不如地利,地利不如人和"(《孟子·公孙丑下》)。英国哲学家罗素由衷赞扬中国和气精神,"中国至高无上的伦理品质中的一些东西,现代世界极为需要。这些品质中,我认为和气是第一位的"①。以和谐为目标的交往作为人存在的方式首先表现为对自我中心的超越,又以人与人之间的相互沟通为目标,在沟通中主体呈现的是一种互为目的、相互尊重的关系。"我对你的原则意味着一个人对另一个人在人格方面或者说以人对人的方式上的公正原则。在这里,公正表现为人格对等。"②追求和谐的交往行为中人与人之间的关系是互为主体,他人在自我眼中是相互依赖的互助、尊重关系。孔子对人们的交往予以极为自觉的关注,主张彼此的沟通、信任与尊重,"君子矜而不争,群而不党"(《论语·卫灵公》),"君子同而不比"(《论语·为政》),"君子尊贤而容众"(《论语·子罕》)。《孟子》记载:"万章问曰:'敢问交际何心也?'孟子曰:'恭也。'"(《孟子·万章下》)《易经·彖》曰:"谦,亨,天道下济而光明,地道卑而上行。……谦尊而光,卑而不可逾,君子之终也。"谦恭具有亨通的性质,谦让自处必有善终。明代杨继胜告诫子孙和世人:"与人相处之道,第一要谦下诚实。同干事则勿避劳苦,同饮食则勿贪甘美,同行走则勿择好路,同睡寝则勿占床席。宁让人,勿使人让;宁容人,勿使人容。吾宁吃人亏,勿使人吃吾之亏;宁受人气,勿使人受吾之气。人有恩于吾,则终身不忘;人有仇于吾,则即时丢过。见人之善,则对人称扬不已;闻人之过,则绝口不对人言。……人之胜似你,则敬重之,不可有傲忌之心;人之

---

① [英]罗素:《中国问题》,引自中国人权研究会:《东方文化与人权发展》,东方出版社(北京)2004年版,第179页。
② 赵汀阳:《论可能的生活——一种关于幸福和公正的理论》,中国人民大学出版社2004年版,第176页。

不如你,则谦待之,不可有轻贱之意。"①诚恳地表达了人际交往中的谦和美德。维新派谭嗣同一方面痛切"三纲",另一方面提倡平等尊重的朋友交往,"五伦中于人生最无弊而有益者,无纤毫之苦,有淡水之乐,其惟朋友乎!故择交何如耳。所以者何?一曰平等,二曰自由,三曰节宣惟意。总括其义,曰不失自主之权而已矣"②。著名思想家胡绳提倡人己关系中的尊重:"尊重个人有两方面的意义,第一是尊重自我,也就是尊重自己这一个人;第二是尊重旁人,也就是尊重除自己以外的旁的个人。惟其尊重自我,才能觉得自己必须堂堂正正地生活与思想,发挥自己存在的价值,这样才算是一个人而不是一个奴才……惟其尊重旁人,才会承认旁人也有旁人的感情、要求、思想、意见种种,正如我自己一样……因而才能有宽容的精神……所以必须尊重自己又尊重旁人,也就是自己不做奴才,也不把人家当奴才,才能算是民主的精神。……惟其尊重多数是基于尊重个人而来,则才不是盲目的风尚追逐,惟其尊重个人自由是基于对一切个人的尊重,则自由自然不会被'滥用'。"③道德自我在交往中以善的意向和行动确定自己合理的存在方式和内容,超越自我存在而以普遍有效的存在协调自我与他者之间的利益。

(二)人我关系中的情理结合

交往是共在主体之间的相互作用、相互接触、相互交流、相互沟通、相互理解。中国传统社会是以人情交往和互动为特质的道德理性社会,人情体现了传统中国社会以亲亲、仁爱为基本的心理和行为样式。黄国光认为,"人情"在中国文化中有三层不同含义:个人遭遇到各种生活情境时,可能产生的情绪反应;人与人进行社会交易时,可以用来馈赠对方的一种资源;中国社会中人与人应该如何相处的社会规范。④ 人际交往中基于情感的主动施与以及礼尚往来构成中国人伦交往的基本模式。"事实上,传统的中国人也称'人'为'有情'。……中国人的'心'包括感情、

---

① 引自包东坡选注:《中国历代名人家训精萃》,安徽文艺出版社1991年版,第221页。
② 谭嗣同:《仁学》,引自《谭嗣同集》,中华书局1981年版,第349~350页。
③ 胡绳:《人的改造》,载《大众生活》,1941年新22号。
④ 黄国光、胡先缙:《面子——中国人的权力游戏》,中国人民大学出版社2004年版,第11~12页。

理智、意志与道德判断，而以'感情'为挂帅的主导因素。像这样的'心'，就必须由自己发射出去，在别人身上完成。"①情理精神克服了纯粹理性的形式化、逻辑化、抽象化对人与人之间关系的曲解，呈现为入世的实用主义倾向，"肯定人的动物生存，将社会性所要求的'理'渗入'欲'，将动物族类的自然本能转换性地提升，创造理性化的伦常关系和伦常情感，强调理渗透情、情协调理、'合情合理'和人际温暖"②。樊浩先生认为，人情主义是中国伦理精神的人文形态，是最能体现中国社会、中国文化、中国伦理的精神范畴以及人际交往样式，"所谓人情，是以德性为本体、以人伦为本位、以情感为机制、以伦理政治为本质的人际互动方式。……人情主义表现在伦理精神结构和日常生活两方面。在中国道德哲学体系中，伦理与道德被赋予特殊的理解和使命，它不仅是为人之道，也是待人之道、治人之道。为人、待人、治人的统一，就是所谓'内圣外王'之道，'修齐治平'之道，亦即中国式的'人道'。在日常生活中，中国伦理以'忠恕'、'回报'为原则。'己立立人，己达达人'的道德准则，与'投之木瓜，报以桃李'的伦理原则相结合，形成具有很强人情味和道德属性的伦理互动和人情互动"③。肯定人情温暖，传统思想也注重于理性、智知对人情的运施和矫正，注重于人道（仁爱）原则与理性原则相统一。孔子认为，"智、仁、勇，天下之达德也"（《中庸》），提醒人们，"未知，焉得仁"（《论语·公冶长》）。理性之"知"是施行恻隐同情"仁"德的重要条件。孟子认为："仁之实，事亲是也；义之实，从兄是也；智之实，知斯二者弗去是也。"（《孟子·离娄上》）"口之于味也，有同耆焉；耳之于声也，有同听焉；目之于色也，有同美焉。至于心，独无所同然乎？谓理也，义也。圣人先得我心之所同然耳。故理义之悦我心，犹刍豢之悦我口。"（《孟子·告子上》）强调克服褊狭私爱，求取心所同然之理。汉代王符和刘劭认为，"德义之所成者，智也"（《潜夫论·赞学》）。"智者，德之帅也"，"以明将仁则无不怀，以明将义则无不胜，以明将理则无不通"（《人物志·八

---

① 孙隆基：《中国文化的深层结构》，广西师范大学出版社2004年版，第33页。
② 李泽厚：《实用理性与乐感文化》，生活·读书·新知三联书店2005年版，第77页。
③ 樊浩：《中国伦理理念的价值生态及其在文明互动中的意义》，载《中国人民大学学报》2003年第6期。

观》),主张人们以明智统帅自然感性之仁、义、理,在仁爱、情义施展中追求合理。宋代朱熹和明代刘宗周分别认为,"理也者,形而上之道也,生物之本也。气也者,形而下之器也,生物之具也"(《朱文公文集·答黄道夫》)。"天理云者,言乎自然之分理也;自然之分理,以我之情挈人之情,而无不得其平是也。"(《刘子全书》卷十一《学言中》)仁智统一、情理结合的道德理性主义是更为体现中国文化的重要精神特质,"如果说西方哲学是在'知'的真理性和逻辑性的基础上肯定'理'的必然性的话,那么,儒家哲学主要就是在'情'的真诚性和安适性的基础上肯定'理'的必然性,强调'合理'即'合情'、'天理'与'人情'不可分离"①。梁漱溟先生指出:"理性实为人类的特征,同时亦是中国文化特征之所寄。……所谓理性,要亦不外吾人平静通达的心理而已。"②基于人情主义的人伦交往情理精神泛存于中国传统宗法社会,在当今仍有恒久价值基础和人性诉求。现代社会人际交往的多元化、开放性、复杂性呼求人们在交往中情感与理性的融渗,促使仁爱价值在更广阔的交往范围得以扩展和求取平衡,"复杂的社会不能单靠情感(比如同情和信任)来加以维系,因为情感只在小范围内有效。对待陌生人的道德行为,要求有'人为的'德行,特别是正义的禀赋"③。普遍理性的规范、法律能够矫正人情的褊狭和自私,基于"承认"、"主体间性"的理性化、公正化的规范应该成为人们交往的基本价值理念。仁爱之情与正义之理有机结合是交往实践的合理途径。

(三)人道主义博爱思想

自由、平等、博爱的道德理念,具有全人类的恒久价值,体现了全人类共同的道德理想和道德情感,即源自于人的普遍责任的对人类的普遍关怀和尊重,包括关心、爱护他人的生命,尊重他人生存的权利;尊重人的劳动,尊重他人的价值和权利,维护社会的正义。孔子倡导仁爱,墨家主张兼爱,佛教普度众生,基督教博爱,都包含了对人的普遍关怀和尊重的深远传统,并通过文化遗传和流传,成为每一代、每个人的潜意识和自然而

---

① 刘清平:《儒家伦理:道德理性还是血亲理性?》,载《中国哲学史》1999年第3期。
② 《梁漱溟全集》第三卷,山东人民出版社1990年版,第122~123页。
③ [德]哈贝马斯:《包容他者》,曹卫东译,上海人民出版社2002年版,第15页。

然的行动,成为怎样做人的基本信念以及尊严。孔子强调,"仁"者要做到"虽之夷狄,不可弃也"(《论语·子路》),"躬自厚而薄责于人,则远怨矣"(《论语·卫灵公》)。老子告诫人们:"善者吾善之,不善者吾亦善之,得善。信者吾信之,不信者吾亦信之,得信。"(《老子》四十九章)"无弃"、"容人"的宽厚思想主张,深得后人认同和赞许。佛祖释迦牟尼曾说过一段偈语:"对忿怒的人,以忿怒还牙,是一件不应该的事。对忿怒的人,不以忿怒还牙的人,将可得到两个胜利:知道他人的忿怒,而以正念镇静自己,不但能胜于自己,也能胜于他人。"对人以慈使其乐,以悲拔其苦,以德报怨;佛家《法句经》中说:"在这世上,绝不能以怨恨止息怨恨,唯独无怨恨才可止息,这是永恒不变的真理。"[①]费尔巴哈赞扬人间之爱,并把对神的爱转变为人对人的爱,"如果人的本质就是人所认为的至高本质,那么,在实践上,最高的和首要的基则,也必须是人对人的爱。……这就是至高无上的实践原则,就是世界史的枢轴"[②]。当代西方思想家舍勒高度称赞人我关系中爱的伦理价值:"人在失去自我的行动中,获得的是永恒的自我!人在爱之行为以及施与行动之中,是幸福的! ……因爱本身就充满价值,因而人充满爱是更高、更坚实、更丰富的存在和生命——生命的珍贵和标志就是爱的行动本身。至关重要的不是最大的福利,而是人际中爱的最大值! 相助是爱之直接的、恰且的表达,而不是爱的'目的'和意义。爱之意义只在爱本身:在于爱在心中充溢,在于爱之心灵在其爱之行为中的高贵。"[③]博爱不仅在于受助方所获得的帮助和福利,也在于施助者心灵的净化和自觉提升;施与一切人的博大的爱代表着超越性的正义和美德;宽广的胸怀、善于理解他人的心灵导向高尚、纯洁的行为。

---

① 引自魏承思:《佛教与人生》,甘肃人民出版社1991年版,第80页。
② 《费尔巴哈哲学著作选集》下卷,商务印书馆1984年版,第315页。
③ 《舍勒选集》上卷,刘小枫选编,上海三联书店1999年版,第451页。

第三节 群己关系中的社会性道德自我价值实现

个体与群体、个人与社会之间的关系是人类文化的一个根源性问题，也是道德自我价值实现的重要场域。合理的群己观是社会实践主体处理自我与他人、个体与社会之间关系的思想自觉，是社会整体价值和个体自我价值实现的思维前提。对群体的重视和对秩序的追求是人类文化的追求目标和关注的问题，历史上形成了整体主义思想传统，基本特征是强调群体特别是统治阶级代表的国家利益，主张个体利益、个体意志对群体特别是国家绝对服从，通过对个体自由的否定以及个体的独立存在价值的消解实现所谓的"整体利益"；建立在无产阶级整体利益基础上的集体主义原则是关于群己关系问题对历史上的整体主义思想的合理借鉴与时代超越。

一、中国传统文化中的整体主义思想

中国思想家很早就体认到群居和社会生活对于人后天生活以及先天本性的意义，仁爱精神的价值推展力量完整之处体现在人们自觉希望群居和一，重视家、国、天下等群体价值以及人伦关系，主张以自我修身、宏远抱负造就承担群体责任的道德自我主体。

（一）社会至上论思想

中国传统思想重视人的群体、类存在属性，强调群体认同，群体相对于个体具有优先地位，个体始终生活在社会群体之中并承担着普遍的社会责任。在群与己的合理定位中，注重主体之间的相互沟通，要求化解群己之间的紧张，儒家"成己"、"为己"之说最后指向群体价值的实现，即"修己以安人"，"修己以安百姓"（《论语·宪问》）。荀子论说："人之生，不能无群，群而无分则争。……离居不相待则穷，群而无分则争……救患除祸，则莫若明分使群矣。"（《荀子·富国》）"人力不若牛，行不若马，而牛马为用，何也，曰：人能群而彼不能群也。"（《荀子·王制》）正是通过合

群,人能驾驭和不断征服自然,群体构成个体存在并实现自身的价值的基本前提。宋初大儒石介比拟说:"明堂所赖者唯一柱,然众材附之乃立;大勋所任者唯一人,然群谋济之乃成。"(《上范经略书》)近代严复以进化论佐证群的价值:"盖人之由散入群,原为安利,其始正由禽兽下生等耳。……既以群为安利,则天演之事,将使能群者存,不能群者灭;善群者存,不善群者灭。"①康有为认为,人类的群体存在形式是人道承接天道的必然结果,"人为有知之物,则必恶独而欲群;人为有欲之物,则必好偶而相合","夫喜群而恶独,相扶而相植者,人情之所乐也。故有父子、夫妇、兄弟之相亲、相爱、相收、相恤者,不以利害患难而变易者,人之所乐也。……结党而争胜,从强而自保者,人情之所不能免也。故有部落、国种之分有君臣、政治之法,能以保全家室财产之乐也"②。群体生活既是仁爱力量推展的天道之必然,又合乎人道之应然,是客观的社会存在方式。梁启超以"群"为历史进化的主体,"欲求进化之迹,必于人群。使人人析而独立,则进化终不可期,而历史终不可起。盖人类进化者,一群之进也,非一人之进也"③,断言说:"道莫善于群,莫不善于独。独故塞,塞故愚,愚故弱;群故通,通故智,智故强。"④并告诫人们:"群之于人也,国家之于民也,其恩与父母同,盖无群无国,则吾性命财产无所托,智慧能力无所附,而此身将不可以一日立于天地"⑤,"凡人不能以一身而独立于世界也,于是乎有群。其处于一群之中,而与俦侣共营生存也,势不能独享利益,而不顾俦侣之有害与否。苟或尔尔,则己之利未见而害先睹矣。固善能利己者,必先利其群,而后己之利亦从而进焉"⑥。无论是封建专制社会秩序下,还是社会动荡变革的年代,传统有远见的思想家们深深体认和强调群体、社会对于个体的重要价值。

---

① 《严复集》第5册,中华书局1986年版,第1347页。
② 康有为:《大同书》,中州古籍出版社1998年版,第61、37页。
③ 梁启超:《新史学·史学之界说》,引自《饮冰室合集·文集之九》,中华书局1989年版。
④ 梁启超:《饮冰室合集·文集之一》,中华书局1989年版,第31页。
⑤ 梁启超:《新民说》,《饮冰室合集·专集之四》,中华书局1989年版,第14页。
⑥ 梁启超:《十种德性相反相成义》,引自《饮冰室合集·文集之五》,中华书局1989年版,第49页。

(二) 儒家整体主义与大同理想

传统思想对群体的注重蕴含着导向群体至上的契机,相应地衍化为整体主义思想原则;强调个人利益服从社会整体、民族国家利益,是被许多思想家称道和自觉持守的"中华传统道德的核心及其一贯思想"①。中国历来称赞周公"夙夜在公",孟子赞扬兼善天下的大丈夫之志,"古之人,得志,泽加于民;不得志,修身见于世。穷则独善其身,达则兼善天下"(《孟子·尽心上》)。汉代贾谊提倡:"主而忘身,国而忘家,公而忘私,利不苟就,害不苟去,唯义所在。"(《新书·阶级》)海外学者张灏指出,儒家对人生的理解,包含"对自我实现的个人关怀和对道德秩序的社会关怀"两种关怀,对个人以及自我实现的关怀和重视最终是以对群体秩序的关怀及其完善为目标的。② 自我虽然作为个体而存在,但他却始终面向着群体,履行着对群体的义务,正是这种对群体的关注,构成君子不同于小人的本质特征,道德自我实现的独善其身是群体完善的手段,并从属于淑世和兼善天下。宋明儒学主张具有普遍性的品格的道心之我而无人心、有己之我,以道心为主即是将主体理解为一种具有社会品格的普遍化自我,注重承担对社会的道德责任,"君子则所见者大,小人则所见者小且近。君子之志所虑者,岂止其一身? 直虑及天下千万世。小人之虑,一朝之忿,曾不惶恤其身"(《河南程氏遗书》卷第十)。唯有明了并履行对群体(社会)的责任,才能真正达到主体性。宋朝张载抒发个体的责任:"为天地立志,为生民立道,为去圣继绝学,为万世开太平。"③王阳明认为:"大人者,以天地万物为一体者也,其视天下犹一家,中国犹一人焉。若夫间形骸而分尔我者,小人矣。"(《大学问》)近代思想家唐才常也认为:"凡百君子,不欲图存则已,如欲图存,则易独而群,易私而公,易倾轧排忌之心而守望相扶持。"(《唐才常集·辨惑》)传统思想中范仲淹"先天下之忧而忧,后天下之乐而乐"的忧民豪情,顾炎武"保天下者,匹夫之贱,与有责焉耳矣"(《日知录》卷十三)的担当抱负,都体现了倡扬以

---

① 罗国杰主编:《中国传统道德简本》,中国人民大学出版社1995年版,第5页。
② [美]张灏:《危机中的中国知识分子》,山西人民出版社1988年版,第23页。
③ 《张子全书》卷十四《性理拾遗》;此句各文本略有不同,朱熹《近思录》卷二及南宋末吴坚刻本的《张子语录》为"为天地立心,为生民立道,为去圣继绝学,为万世开太平"。

道德自我的善性和仁爱精神推衍、辐射至人伦群体、家国天下的脉理,彰显"文化意识宇宙道德之光"的整体主义至善道德理想。致求群体合一、修平天下的大同社会是人们世代孜孜以求的朴素道德理想。战国时代的尉僚曾提出"民无私则天下为一家,而无私耕私织,共寒其寒,共饥其饥"的均平思想;《礼记》对大同社会进行了描述:"大道之行也,天下为公,选贤与能,讲新修睦。故人不独亲其亲、不独子其子,使老有所养,壮有所用,幼有所长,鳏寡孤独废疾者皆有所养。男有分,女有归。货恶其弃于地也,不必藏于己;力恶其不出于身也,不必为己。是故谋闭不兴,盗窃乱贼而不作,故外户不闭。是谓大同。"(《礼记·礼运》)大同理想得到中国传统社会的不懈追求,近代维新派康有为以"大同世"作为社会改良终极目标,"吾救苦之道,即在破除九界",以实现人间大同,"这个人类未来理想社会的'大同之道'就是:'人人如一','无贵贱之分,无贫富之等,无人种之殊,无男女之异','平等公同','无所谓君,无所谓国,人人皆教养于公产,而不恃私产','内外为一,无所防虞,故外不闭户,不知兵革'"。"夫大同太平之世,人类平等,人类大同,此固公理也。"人所具在的不忍人之心之"爱质"及其扩充和推展是人所以合群而至天下大同的内在根本力量,"人道所以合群,所以能太平者,以其本有爱质而扩充之,因以裁成天道,辅相天宜,而止于至善,极于大同,乃能大众得其乐利"①。孙中山倡导"天下为公",毛泽东把"太平世界,环球同此凉热"作为崇高的社会理想,都是中国大同理想的继承和升华。

二、西方传统中的社会有机体思想

被认为是个体主义文化盛行的西方社会,一直伴随着另外一种社会共同体思想,从古希腊的城邦共同体思想、到中世纪的基督教共同体观念,再到近现代西方社会的社会有机体思想和社群主义观念,都体现了整体主义、共同体思想的源远流长和可贵性。

---

① 康有为:《大同书》,中州古籍出版社1998年版,第156、344页。

(一)希腊城邦共同体思想和宇宙普遍主义追求

被称为西方文化轴心时代的古典希腊,主要政体和伦理舞台是民主城邦制,城邦不仅是一个地理概念,而且是一个精神实体,"城邦至上"的观念深入人心,城邦构成他们的生活精神和斗争勇气,独立自由的公民为城邦工作也就是为自己工作,城邦利益高于一切,个人服从城邦,被认为是一种崇高的美德,"在我们这里,每一个人所关心的,不仅是他自己的事务,而且也关心国家的事务:就是那些最忙于他们自己事务的人,对于一般政治也是很熟悉的——这是我们的特点:一个不关心政治的人,我们不说他是一个注意自己事务的人,而说他根本没有事务"①。伯里克利认为国家的整体利益是判断言行善恶的最高标准,赞扬爱国精神和伟大的生活目标,以保持清醒的头脑和高尚的情操;强调发扬勇敢和牺牲精神,认为勇敢是取得自由和达到幸福的必要条件,公民与城邦认同的最高体现是他们为了国家利益与荣耀而英勇善战,不惜献出生命,"这就是这些人为它慷慨而战,慷慨而死的一个城邦,因为他们只要想到丧失了这个城邦,就不寒而栗"②。德谟克利特认为:"国家的利益应该放在超乎一切之上的地位上,以使国家能治理得很好。不应该让争吵过度以致失去公道,也不应该让暴力损害公共的善。因为一个治理得很好的国家是最可靠的庇护所,其中有着一切。"③维护公共利益是实现和保障幸福的条件,亚里士多德指出:"凡隔离而自外于城邦的人——或是为世俗所鄙弃而无法获得人类社会组合的便利或因高傲自满而鄙弃世俗的组合的人——他如果不是一只野兽,那就是一位神祇。人类生来就有合群的性情,所以能不期而共趋于这样高级(政治)的组合。"④历史学家罗班形容说:"在这个国度中,一切公民对于他城邦的事务的处理或领导都有一份……每一个人都要在一切人的眼前证明他自己'德行'的高超,这所谓的'德行'就是

---

① [古希腊]希罗多德:《历史》第5卷,王嘉隽译,商务印书馆1959年版,第78页。
② [古希腊]修昔底德:《伯罗奔尼撒战争史》,谢德风译,商务印书馆1960年版,第132页。
③ 周辅成编:《西方伦理学名著选集》上卷,商务印书馆1964年版,第86页。
④ [古希腊]亚里士多德:《政治学》,吴寿朋译,商务印书馆1965年版,第8~9页。

指管理自己及他人的生活的才干和能力。"①在斯巴达城邦,人们"像是一群蜜蜂,孜孜不倦地使自己成为整个社会不可缺少的一部分,聚集在首领的周围,怀着近乎是忘我的热情和雄心壮志,将自己的一切隶属于国家"②。古希腊城邦和晚期希腊化时期,超越城邦的普遍主义、宇宙主义伦理学思潮盛行,斯多葛学派从整个宇宙的本质、秩序论证人的道德活动,思考道德的本质,从宇宙本质推出道德原则,把人的道德活动、道德目的的实现同整个宇宙的规律联系起来,宇宙秩序被看作理念的具体化,宇宙秩序是人类秩序的依据,由它孕育出人类的法律、正义和规范。

(二) 基督教普遍主义社会共同体精神

中世纪基督教会是一个世界性教会,教会公共生活由在信仰上平等的教徒组成,教徒确信个人行为有一位全知全能者监视,关心如何遵照教会的教义规范和听从上帝的启示获得神恩。基督教会成为社会权力结构金字塔顶后,意味着各种世俗权力之上还有一种超世俗的权力机构,其直接关涉个人灵魂的得救;一切社会关系如家庭、主奴、邻里、教俗、君臣、民族以及敌我党派关系等都是抽象的上帝儿女之间的关系;教会公共生活由在信仰上平等的教徒构成,将人们的公共生活转化为确定仪式、教义规范的共同践履。"基督教伦理学的一项任务就是,要促成我们的社会制度具有这样的结构和特征:让我们以使我们特定的爱和忠诚有益于宇宙万物整体的方式来适当地施行爱心,并且光荣地完成我们的忠诚。"③世界主义的文化土壤,决定了基督教伦理意识的人类中心-世界主义的特质和道德关怀,拥有权威权力的教会将普世主义的宗教伦理理想带向世界,抽象了种族、地域、集团的差异性和具体性,从一种人类意识的视角看待人类处境。"罪"作为最一般的人类处境和赎罪作为最一般的人类希望,是基督教伦理意识现实落实上的价值论立场。精神国度亦即"上帝之城"是基督教伦理设定的终极价值形态。"基督教伦理道德之核心组

---

① [法]罗班:《希腊思想和科学的起源》,陈修斋译,商务印书馆1965年版,第169页。
② [古希腊]普鲁塔克:《希腊罗马名人传》,陆永庭等译,商务印书馆1990年版,第117页。
③ [美]查尔斯·L. 坎墨:《基督教伦理学》,王苏平译,中国社会科学出版社1994年版,第88页。

成部分中的一个,这就是基督教爱的律令,及从其中流淌出来的人类群体的思想和标准,即基督教的集体思想。"①有学者对中世纪共同体精神揭示:"在中世纪,独立的人就是一种或者被判处流放或者注定要死亡的人;如果是活着的,他就立即寻求将其自己至少与一群强盗联系在一起。"②"大概只有在宗教领域里,每个人的潜能才都能够得到充分的发挥,而又不会相互倾轧,因为耶稣有圣谕:天国里人人平等,尽管大家共有一个目标,但耶稣仍能确保每个人都有可能实现这个目标,而且不会相互排挤,反而只会相互依赖。……只有在宗教范围内才能真正彻底地实现和睦共处……这里也可以认为宗教在本质上表现为调控集体生活的形式和功能。"③基督教文化土壤对于西方的社会共同体思想有着深切的影响,也构成了现代西方社群主义观念的重要思想渊源。

(三)现代社会中的社会有机体思想

黑格尔以精神作为研究个体与社会的本真形式,在精神哲学中把人的精神分为主观精神、客观精神和绝对精神。即使在个人精神的自我意识阶段,意识的形成也与他人、社会密切关联,分别经历着单个的自我意识、承认的自我意识、全体的自我意识,逐步意识到为他人的存在以及与实体的共同性、同一性、普遍性。个人精神的外部表现"客观精神"本质是一个"我们","精神既然是实体,而且是普遍的、自身同一的、永恒不变的本质,那么它就是一切个人的行动的不可动摇和不可消除的根据地和出发点"④。社会历史的发展是从个体性完全消融、埋没于整体性之中的"真正的精神,伦理",经过人与人失去联系而各自对立、互相反对的阶段"自我异化的精神,教养",最后达到"自我确定性的精神,道德",个体性与整体性得到统一,表明了个体与社会有机统一的事实和发展过程。其后胡塞尔的"主体间性"(Intersubjektivitaet)思想,海德格尔的"共在"(Mitsein)思想都源于黑格尔观点:个人意识都建立在个人与他人的社会关系之上,"我"建立于"我们"之上。"单个人的自我意识由于它具有政

---

① 《舍勒选集》,刘小枫选编,上海三联书店1999年版,第811页。
② Lewis Mumford: *The Culture of City*, Harcourt, Brance and Company, 1938, p29.
③ [德]西美尔:《现代人与宗教》,曹卫东译,中国人民大学出版社2003年版,第15页。
④ [德]黑格尔:《精神现象学》下卷,贺麟译,商务印书馆1979年版,第2页。

治情绪而在国家中,即在他自己的实质中,在他自己活动的目的和成果中,获得了自己的实体性的自由。……成为国家成员是单个人的最高义务。""由于国家是客观精神,所以个人本身只有成为国家成员才具有客观性、真理性和伦理性。结合本身是真实的内容和目的,而人本身是被规定着过普遍生活的;他们进一步的特殊满足、活动和行动方式,都是以这个实体性和普遍有效的东西为其出发点和结果。"①美国社会学和人类学家库利认为,人的社会生命起源于与他人的交流,社会和个人之间的关系是一种有机的关系。一切都是不胜追忆的历史的社会遗传,他(个人)把全人类作为一个整体而通过社会和遗传的渠道从中吸收生命的养料,他不能脱离人类整体,遗传因素和教育已经构成了他的生命;另一方面,社会整体也在某种程度上依赖于每一个个人,每一个人都给整体生活贡献了不可替代的一部分。② 思想和感情的共有都产生于普遍的社会生活;正是普遍知识、互助和协作精神等文化特征使得个人在现代机器生产中能保持自我并有所作为;意识和想象作为一个整体,在最广泛的角度被视为贯穿所有时代的一种发展和组织的人类思想。"社会有许多要求,这些要求无论是大是小,都表达了社会生命的整体。……人的共同体是由自由个体的结合。共同体规定了义务,义务又使共同体得以维持,并为共同体引入了某种规律性,这种规律性仅仅类似于生命现象的稳固秩序。"③把自我界定于社会自我,注重于社会有机体思想在近代以来有广泛的理论认同,法国教育家图尔干认为:"合乎道德的行动,就是根据集体利益而行动——道德领域的起点就是社会领域的起点。"④法国思想家爱尔维修提出美德应该是自爱和公益的结合,"一个人一切行动都以公益为目标的时候,就是正义的……要行为正直,就应当仅仅倾听和信任公

---

① [德]黑格尔:《法哲学原理》,范扬、张企泰译,商务印书馆1961年版,第253~254页。
② [美]查尔斯·霍顿·库利:《人类本性与社会控制》,包凡一译,华夏出版社1989年版,第22页。
③ [法]亨利·柏格森:《道德与宗教的两个来源》,王作虹、成穷译,贵州人民出版社2001年版,第3页。
④ Emil Durkheim: L'éducation Moral, Libraie Félix Alcan, 1925, p68。

共利益"。① 德国哲学家舍勒主张个体在社会中的共负精神,"我们据以出发的第一条定理是如下述:人,即有精神的、有限的人格,与其他和自己同类的个人过着共同的生活——只有人才这样,因为只有人才是这样一个人——这并非出于偶然,也不只是事实性的(不仅由于其积极的本性及历史认识所致)。进一步说,一个理性人的全部存在和行动,既是一个有自我意识的、责任自负的个体现实,同样也是某个集体中有意识的、责任共负的成员现实,这乃是一个理性的人的永恒的理念的本质"②。美国社会学家乔治·米德主张心灵、自我形成的社会基础,"没有某种社会制度,没有构成社会制度的有组织的社会态度和社会行动,就根本不可能有充分成熟的个体自我或人格"③。法国社会学家马里坦主张社会共同的善,"社会是一个整体,而且它是一个由自由组成的有机体,而不只是由营养细胞所组成的有机体,它有自己的善和自己的工作"。"共同的善是某种伦理学意义的善。它所包含的一个本质因素是此时此地个人之最大可能的发展。这里个人创造了以形成一个民族为目的的统一起来的大众。这不是靠武力组织起来的,而是靠公正组织起来的"④。西方伦理学家布拉雷德曾经以一种康德与黑格尔式哲学口吻谈道,个人本身是有限的,但总有一种崇高的道德目的使人们在有限中追求无限,在现实中超向理想,从自我中超脱出来,走向更大更高的"自我实现",所谓"实现你自己","并不仅仅意味着'成为一个整体',而是成为一个无限的整体",成为整体的自我与追求无限是人们道德目的的极致,构成了人们道德价值的最高信仰。哈贝马斯认为,"对伦理领域来说,这个逻辑的结果是,国家这一更高层次的主体性高于个人的自由"。⑤ 莱奥那·布鲁尼也告诫人们:"在对人类生活所作的道德教诲中,最重要的是关系到国家和政府的那部分,因为他们涉及为所有人谋求幸福。如果说为一个人争取幸福

---

① 北京大学哲学系外国哲学史教研室:《十八世纪法国哲学》,商务印书馆1963年版,第463页。
② 《舍勒选集》下卷,刘小枫选编,上海三联书店1999年版,第820页。
③ [美]乔治·赫伯特·米德:《心灵、自我与社会》,赵月瑟译,上海译文出版社1992年版,第231页。
④ Maritain: The Reason and the Common God, Charls Scriker's sons Press,1944,p43.
⑤ [德]哈贝马斯:《关于现代性的哲学演讲》,政治出版社1987年英文版,第40页。

是件好事的话,那么为整个国家争取幸福不是更好吗?幸福覆盖的范围越广泛,这种幸福也就越神圣。"① 西方当代"社群主义"的批判理论认为,自由的个人主义,无论是作为一种经济理论或政治理论,还是作为一种认识论,都在根本上误解了个人与其社会存在之间的关系,而"社群主义"的首要原则便是强调道德共同体的价值高于道德个体的价值,并强调社会、历史、整体和关系等非个人性因素在人类道德生活中的基础性和必然性意义。麦金太尔从亚里士多德的政治伦理学出发,试图把人解释为生活于社会政治生活和文化传统之中同时又具有自由德性追求的人类群体;泰勒根据黑格尔的历史哲学基本原则,反驳当代自由主义"原子论"的个人主义思想,主张给予人的社会历史情景一个更高的理论地位;桑德尔则运用后现代学哲学运动中产生的"后个体主义"观念反驳罗尔斯等当代自由主义者的"无限制"、"无约束"的个人主义,主张共同体的"善"必须得到尊重,个人的权利必须得到限制,甚至认为人们的共同性、关系性和交互性优于个人的自我性和唯一性。社群主义者宣称,一个社会不只是经由契约联系在一起的个人间的结合,它应该是具有相同的理性信念和道德追求的人群而结合在一起的社群。政治哲学的任务绝不仅仅是一种保护或增进个人权利的学说,而更应该是一种确保"共同善"的理论。② 重视社会整体价值、坚持个体与国家统一的思想在西方社会无论是古希腊、中世纪基督教还是现代社会,都具有源远流长的理论基础和思想认同。

三、集体主义价值观中的道德自我价值实现

处理个体与社会、群体的关系,以无产阶级的世界观、历史观去分析和看待相互之间的有机联系,以之作为道德自我价值实现的基本原则,既是传统伦理思想中建立在仁爱原则基础上的整体主义思想的弘扬和发

---

① [意]加林著,李玉成译:《意大利人文主义》,生活·读书·新知三联1998年版,第15页。
② 参见王岩:《整合·超越:市场经济视域中的集体主义》,中国人民大学出版社2003年版,第161~162页。

展,也是社会主义社会繁荣进步的根本保障,更是道德精神的价值彰显。道德的实质和灵魂、精髓和真谛、崇高和尊严,在于唤起人们对整体利益和社会福利的责任感。

(一) 自由联合体中的共同发展

马克思主义始终重视与强调社会共同体的价值,"只有在共同体中,个人才能获得全面发展其才能的手段,也就是说,只有在共同体中才可能有个人自由。……在真正的共同体的条件下,各个人在自己的联合中并通过这种联合获得自己的自由"①。在对剥削阶级压迫、宗教束缚特别是资产阶级经济压迫批判基础上,马克思根据社会发展规律和历史进步可能性趋势,把代替奴役制的未来社会设想为"自由人联合体","代替那存在着阶级和阶级对立的资产阶级旧社会的,将是这样一个联合体,在那里,每个人的自由发展是一切人的自由发展的条件"②。自由人联合体的实现最终在于社会的高度发展使得所有社会成员个性的全面自由发展,任何个体自由个性的表现形态、发展程度,取决于整体人类的实践能力和其他社会成员所能达到的水平,这种联合体和自由个性是在对片面的"人对人的依赖性"、"人对物的依赖"的否定基础上,所达到的"建立在个人全面发展和他们共同的社会生产能力成为他们的社会财富这一基础上的自由个性,是第三阶段"③。人的个性全面自由发展也是人类社会发展的完善阶段,理想的实现程度始终取决于相互交往与联合体中其他成员个性的共同发展,因此个体需要树立健全的共同体伦理和互助道德。马克思认为,"如果一个人只为自己劳动,他也许能够成为著名学者、大哲人、卓越诗人,然而他永远不能成为完美无疵的伟大人物",只有"那些为共同目标劳动因而自己变得高尚的人",才是"伟大人物";只有"那些为大多数人带来幸福的人",才是"最幸福的人"④。集体本身具有目的意义和内在价值,是个人利益最普遍、最一般利益及其最坚实基础的概括。郭沫若确认说:"我们应该克服各种形式的个人主义来发挥集体精神;在集

---

① 《马克思恩格斯选集》第 1 卷,人民出版社 1995 年版,第 119 页。
② 《马克思恩格斯选集》第 1 卷,人民出版社 1995 年版,第 294 页。
③ 《马克思恩格斯全集》第 46 卷(上),人民出版社 1979 年版,第 104 页。
④ 《马克思恩格斯全集》第 40 卷,人民出版社 1982 年版,第 7 页。

体的力量中,把自己的存在,光大发扬起来。……个人都在以集体主义的精神努力,那努力的成果总汇起来便足以转移时势。个人向集体没入不是消灭自己,而是扩大了自己。"①涵盖于个体生活各个方面和全部过程的共同体精神,是道德自我价值扩展和实现的根本途径。

(二)民族精神中的道德自我价值实现

民族精神是作为一个民族在长期的共同生活和共同实践基础上形成和发展起来的为民族大多数成员所认同和接受的思想品格、价值取向和道德规范,是一个民族的心理特征、文化传统、思想情感等的综合反映;民族精神是民族文化传统的历史积淀,是民族生存、延续和发展的文化认同、归属感与精神支柱,是整个民族的理想信念和价值追求。中国人民的勤劳开拓与绵延不断的文化积蕴孕育和形成了独具特色和魅力的民族精神,"在五千多年的发展中,中华民族形成了以爱国主义为核心的团结统一、爱好和平、勤劳勇敢、自强不息的伟大民族精神"。中国传统伦理道德成为中华民族精神的重要内容,牢固地植根于民族的性格和心灵中,积淀与溶化于民族成员的血脉里。江泽民指出,"一个民族,没有振奋的民族精神,没有高尚的民族品格,没有坚定的民族志向,不可能自立于民族先进之林";"保持和发展本民族的优良文化传统,大力弘扬民族精神,积极吸取世界其他民族的优秀文化成果,实现文化的与时俱进,是关系到广大发展中国家前途和命运的重大问题"②。温克勤先生撰文指出,弘扬和培育民族精神是对国际文化竞争给发展中国家带来严峻挑战的回应,是对拜金主义、享乐主义、个人主义思潮泛滥的回应,是实现民族振兴、增强综合国力、克服否定民族优良传统的民族虚无主义和殖民主义文化不良影响的需要。③ 弘扬中华民族精神,根本的是要培养爱国主义道德信念,"一个人在少年时代的道德修养和高尚精神,是由他通过自己对祖国的职责来观察世界这一点而形成的;对于他来说,祖国的荣誉、光荣、强盛和独立是最可贵的、最神圣的东西"④。"爱国主义也和其他道德情感与信

---

① 《郭沫若全集》第18卷,人民文学出版社1992年版,第110~111页。
② 《江泽民论有中国特色社会主义》,中共文献出版社2002年版,第391页。
③ 温克勤:《略谈民族精神及其培养》,载《高校理论战线》2003年第3期,11~13页。
④ [苏]苏霍姆林斯基:《教育的艺术》,湖南教育出版社1983年版,第228页。

念一样,使人趋于高尚,使他愈来愈能了解并爱好真正美丽的东西,从对于美丽东西的知觉中体验到快乐,并且尽一切方法使美丽的东西体现在行动中。"①民族精神的传承和爱国主义思想是当代中国个体对社会价值的体认和集体主义价值观的现实实践,是道德自我社会价值实现的理论基础。

(三)马克思主义人类关怀与大同社会理想中道德自我的实现

康德心目中的社会理想是普遍的世界公民状态,其不仅要求建立民主共和体制,而且要建立永久和平的国际秩序;不仅社会成员的关系应该以自由平等为基础,而且国家间的关系也以自由平等权为基础,国际秩序建立在理性所揭示的普遍权利基础上。受启蒙思想影响,马克思在年轻时就立志献身人类社会整体利益,"在选择职业时,我们应该遵循的主要指针是人类的幸福和我们自身的完美。……人的本质应当是这样的:人,只有为自己同时代人的完美,为他们的幸福而工作,自己才能达到完美"②。马克思、恩格斯基于对人类社会的历史和发展趋势研究以及投身工人运动实践,创立了关于无产阶级和全人类解放的科学共产主义学说。无产阶级及其政党"意识到自己的利益和全人类的利益相一致的人,是一个伟大的大家庭中的成员"③,努力使人们确认:"既然正确理解的利益是整个道德的基础,那就必须使个别人的私人利益符合于全人类的利益。"④《共产党宣言》指出,无产阶级没有特殊的阶级利益,他们利益的实质是全人类最后解放的利益,"如果不同时使整个社会一劳永逸地摆脱一切剥削、压迫以及阶级差别和阶级斗争,就不能使自己从进行剥削和统治的那个阶级(资产阶级)的奴役下解放出来"⑤。在《社会主义从空想到科学的发展》中恩格斯指出:空想社会主义"并不是想首先解放某一个阶级,而是想立即解放全人类",科学社会主义继承空想社会主义关于解

---

① [苏]凯洛夫:《教育学》,人民教育出版社1957年版,第355页。
② 《马克思恩格斯全集》第40卷,人民出版社1982年版,第7页。
③ 《马克思恩格斯全集》第2卷,人民出版社1957年版,第277页。
④ 《马克思恩格斯全集》第2卷,人民出版社1957年版,第167页。
⑤ 《马克思恩格斯选集》第1卷,人民出版社1995年版,第257页。

放全人类的宏愿,"完成这一解放世界的事业,是现代无产阶级的历史使命"。① 无产阶级只有解放全人类才能解放自己,全人类得到解放的目标就是建立"自由人联合体",实现共产主义。对人类的关怀和实现社会大同的愿望是科学社会主义的奋斗目标,道德自我以对人类社会发展规律的科学把握为前提,正确处理个人与社会集体关系,以投身社会主义建设实践,推动人类实现永恒和彻底解放为价值实现的根本途径。

---

① 《马克思恩格斯选集》第3卷,人民出版社1995年版,第760页。

结语　道德本质以及自我价值实现的究诘

　　回首学术研究的历程,多年前,我曾凝重地思索人的自我及其价值如何成为问题,并撰写《论自我价值的内涵》等文,提出"自我价值是人们基于自身对社会的贡献基础上社会给予的评价和满足",意在探寻自我的发展和人生成就。苏格拉底曾告诫人们:未经省察的生活,对人来说是没有意义的。在忙乱芜泛的现世生活和飞转流逝的世俗世界中,我们还应时刻追随思想家的提撕,反思追问生命的价值与自由的本质,探究"人是什么"、"我是谁"、"我应当做什么"、"我应该成就什么"等问题,核心是如何成就自我。人的自我可以是可感觉的物质肉体,可以是具有理性知识和思维能力的"我思",也可以是处于社会关系之网中的一个"纽结",还可以是具有反思能力的统觉"自我",驾驭个体自身实现和谐与统一。现代人本主义心理学通过实证揭示人内在所具有的自我向善价值态势,"人的内部存在着向一定方向成长的趋势或需要,这个方向一般地可以概括为自我实现,或心理健康的成长。或者可以具体概括为,向自我实现的各个方面和一切副次方面成长,也就是说,他有一种内部的压力,指向人格的统一和自发地表现、完全的个别化和同一性,指向探索真理的、成为有创造力的、成长美好的人,等等。即人是如此构造的,他坚持向着越来越完美的存在前进,而这也就意味着,他坚持向着大多数人愿意叫做美好的价值前进,向着安详、仁慈、英勇、正直、热爱、无私、善行前进"[①]。自我实现诉求被心理学、社会学家们称为人最高形态的需要和最有价值的

---

① [美]A.H.马斯洛:《存在心理学探索》,李文湉译,云南人民出版社1987年,第139页。

人性发展,对人类千百年来所积淀的高尚人性和正义文化的向往和发展构成个体无上崇高的潜能和自我追求。马克思主义理论揭示,与社会价值相统一并建立在社会价值基础上的自我价值,是个体自我评价与实现的基本途径,人生的价值在于对社会的奉献,在于关怀他人的实践,并且与自我努力和追求紧密相关,正是在道德思维、实践理性和道德实践中,自我的价值得到超越、提升和得以真正实现。道德自我是个体自我实现的最高形态,推动自我实现真正的价值和意义。

在哲学家黑格尔看来,人类具有真理性(现实性)的客观精神经历着"真实的精神——伦理"、"自身异化了的精神——教化"以及"对自身具有确定性的精神——道德"三个在社会发展中依次递进又相互联系的重要精神形态;伦理精神是自身作为单一物与所在实体作为普遍物相统一、不可割舍的自在精神;教化世界是接受资本主义启蒙、充分认识并行使自身法权、彼此孤绝的自为法权世界;道德是对自身权利、责任和义务自我反思,自觉追求内心向善的自由精神。回顾和省视中国精神世界的发展和现状,中国历来被国学思想家如当代新儒家唐君毅、牟宗三等人标立为道德传统国家;仁爱精神也被西方世界学者如黑格尔、汤因比等人认同和称羡,期许以中国文明精神解决现代性难题并引领世界文化潮流。然而,客观地审视,中国传统思想中的道德、伦理精神并非完整,自古以来,追求并确真达到修齐治平、胸怀万物证一体之仁的仅仅是社会部分志士仁人的抱负和成就,许多处于社会下层的贫苦大众为了自己的生存,仅仅是把仁爱、良知之善施诸家庭、邻里、亲族、知己等核心实体之间,对于实体之外的他人和社会,他们是无力顾及的;他们的道德、良心表现是有限的,甚至是自私的。另外,中国传统社会是一种乡土社会、宗族社会,人们无限认同所在宗族、家庭的权力以及个体在该实体中的责任和义务,对自身要求非常苛刻而对亲人无限慈爱,对实体之外的社会的关心非常有限,也就是梁启超所说的"重私德而公德殆缺",因此,中国传统文化所体现并对中国当今人文依然残存影响的道德是一种缺乏反思的乡土伦理、宗族伦理或者说伦理型道德。还有,中国民主政治和法制建设在新中国成立后以及改革开放以来的发展,受市场经济契约法权和西方启蒙精神的影响,使得中国传统文化中的优秀仁爱思想、儒家伦理遭到祛魅和遗弃,不但是公德殆阙,甚至我们曾经自豪的家庭私德也处处彰显危机,此时,我们常常缅怀传统伦理下人与人之间的关怀和温情,留恋改革开放前的前现代时期的国民道德的质朴。为此,我们当今社会文化价值转型,既非国粹情结的传统伦理型道德的回复,也非西化主义的法权世界的肆意扩张,而应当是对两种文化既有超越,又有对其精华相互兼收并蓄的新的"道德世界观"的建构。道德精神既发扬了人间的宝贵的仁爱精神,更随着人们对社会正义问题的重视而把仁爱精神超越、扩展,并注意克服法权意识下人与人之间的理性张扬和孤立;道德精神不是自在的信守和外在的服从,它经过了自我的体认和自觉反思,达到了他律、自律的统一和升华,是体现精神自由的真实道德精神。

现代科学技术发展以前所未有的速度,达到了令人们惊诧的高度,取得了让人们富足和自满的成就。然而,伴随经济发展、物质丰裕而至的是人们精神世界的贫乏、人间感情的匮缺、道德精神的失落。这在于人们关注真理科学技术而忽视了精神力量和善的价值,正如黑格尔1818年在柏林大学讲演时告诫人们的:"人对于日常生活琐事予以太大的重视……致使我们精神上的内心生活不能赢得宁静。世界精神太忙碌于现实,太驰骛于外界,而不遑回到内心,转回自身,以倘佯自怡于自己原有的家园中。"[①]西方启蒙以来人们对于科学技术的过分迷信、物质利益的过分关注,造成对自然价值和人文价值的疏离,造成分工和技术对道德自我的分离和隐匿,另外,伦理学领域学科之争和道德理论分化异常突出,19世纪末20世纪初,尼采对启蒙以来的理性主义权威和虚无主义进行了反叛,倡导重估一切价值,拉开了后现代主义思潮序幕。在分析哲学、新实用主义和后结构主义哲学浪潮的涤荡下,传统理性大厦被解构和行将坍塌,代之以存在主义、情感主义、人本主义思潮;主体和主体性被放逐,没有任何社会规定性、不具有任何社会内容和社会身份的"自我"以及没有本质、连续性、因果性和目的性的"自我"成为当代道德问题的深刻根源;麦金太尔在"谁之正义,何种合理性"拷问声中,在对"百科全书派"的道德迷信、谱系学派的人格认同困境进行批判的基础上,提出"追寻美德"、回到

---

① [德]黑格尔:《小逻辑》,贺麟译,商务印书馆1980年版,第31页。

德性传统的主张。恩格斯设想未来社会是"明确认识到人和大自然的统一,自由地独立地创造建立在纯人类道德生活关系基础上的新世界"①。道德对人类社会具有永恒和终极价值,中国当代文化和精神文明建设的重要任务在于弘扬道德价值,构建社会道德理想,重塑个体道德自我内在良心实体、健全人格与超越精神。

哲学是时代精神的精华,研究哲学和道德问题,必然专注于对时代的精神状况进行考衡和学术塑构。为此,本书基于道德本质和自我价值实现主题,专注于审理当代社会精神和道德状况,探讨了道德自我价值实现的社会道德原则和个体道德精神塑造与实践的路径,以期求破解当前社会层面大众道德与个体精神的显性或隐性难题。

---

① 《马克思恩格斯全集》第1卷,人民出版社1956年版,第650页。

参考资料

1. 《老子今注今译》,陈鼓应注译,商务印务馆2003年版。
2. 《四书五经》,中华书局2009年版。
3. 陆永品:《庄子通释》,中国社会科学出版社2009年版。
4. 张觉:《荀子译注》,上海古籍出版社1995年版。
5. [宋]朱熹、吕祖谦:《近思录》,山西古籍出版社2007年版。
6. [宋]朱熹:《朱子语类》,黎靖德编,王星贤点校,中华书局2007年版。
7. [明]王阳明:《王阳明全集》,上海古籍出版社1992年版。
8. 樊浩:《伦理精神的价值生态》,北京,中国社会科学出版社2007年版。
9. 樊浩:《中国伦理精神的历史建构》,江苏人民出版社1992年版。
10. 樊浩:《中国伦理精神的现代建构》,江苏人民出版社1997年版。
11. 樊浩:《道德形而上学体系的精神建构》,中国社会科学出版社2007年版。
12. 樊浩:《道德与自我》,吉林教育出版社1994年版。
13. 樊浩:《文化撞击与文化战略:中西比较文化原理》,河北人民出版社1994年版。
14. 蔡元培:《中国伦理学思想史》,上海古籍出版社2005年版。
15. 张岱年:《中国伦理思想研究》,江苏教育出版社2005年版。
16. 陈瑛、温克勤等:《中国伦理思想史》,贵州人民出版社1985年版。
17. 陈瑛:《中国伦理学思想史》,湖南教育出版社2006年版。
18. 朱贻庭:《中国传统伦理思想史》(增订本),华东师范大学出版社 2003 年版。

19. 张锡勤、饶良伦、杨忠义:《中国近代伦理思想史》,黑龙江人民出版社 1984 年版。

20. 赖永海:《宗教与道德劝善》,江苏古籍出版社 2002 年版。

21. 业露华:《中国佛教伦理思想》,上海社会科学院出版社 2000 年版。

22. 焦国成:《中国传统伦理学通论》(上),山西教育出版社 1997 年版。

23. 焦国成:《传统伦理及其现代价值》,教育科学出版社 2002 年版。

24. 焦国成:《中国古代人我关系论》,中国人民大学出版社 1991 年。

25. 唐凯麟、张怀承:《成人与成圣:儒家伦理思想精粹》,湖南大学出版社 1999 年版。

26. 王泽应:《自然与道德:道家伦理思想精粹》,湖南大学出版社 1999 年版。

27. 许建良:《先秦道家的道德世界》,中国社会科学出版社 2006 年版。

28. 章海山:《马克思主义伦理思想的发展历程》,上海人民出版社 1991 年版。

29. 武天林:《马克思主义人学导论》,中国社会科学出版社 2006 年版。

30. 宋惠昌:《马克思恩格斯的伦理学》,红旗出版社 1986 年版。

31. 杨国荣:《伦理与存在——道德哲学研究》,上海人民出版社 2002 年版。

32. 杨国荣:《善的历程——儒家价值体系研究》,上海人民出版社 2006 年版。

33. 李明辉:《当代儒学的自我转化》,中国社会科学出版社 2001 年版。

34. 王齐彦:《儒家群己观研究》,中国社会科学出版社 2006 年版。

35. 梁伟弦:《儒家伦理学说研究》,吉林人民出版社 1992 年。

36. 戢斗勇:《儒家全球伦理》,甘肃人民出版社 2004 年版。

37. 黄慧英:《儒家伦理:体与用》,上海三联书店 2005 年版。

38. 李幼蒸:《仁学解释学:孔孟伦理学结构分析》,中国人民大学出版社 2004 年版。

39. 杨清荣:《儒家传统伦理的现代价值》,中国财政经济出版社 2003 年版。

40. 刘晓虹:《中国近代群己关变革探析》,复旦大学出版社 2001 年版。

41. 柴文华:《中国人伦学说研究》,上海古籍出版社 2004 年版。

42. 徐儒宗:《人和论——儒家人伦思想研究》,人民出版社 2006 年版。

43. 黄建中:《比较伦理学》,山东人民出版社 1997 年版。

44. 唐君毅:《道德自我之建立》,广西师范大学出版社 2005 年版。

45. 唐君毅:《文化意识与道德理性》,中国社会科学出版社 2006 年版。

46. 牟宗三:《道德理想主义的重建——牟宗三新儒学论著辑要》,中国广播电视出版社 1992 年版。

47. 杜维明:《儒家伦理新论:创造性转换的自我》,江苏人民出版社 1995 年版。

48. 杜维明:《人性与自我修养》,中国和平出版社 1988 年版。

49. 姚新中、焦国成:《中西方人生哲学比较》,中国人民大学出版社 2001 年版。

50. 杜维明:《儒家传统的现代转换——杜维明新儒学论著辑要》,中国广播电视出版社 1992 年版。

51. 冯友兰:《极高明而道中庸——冯友兰新儒学论著辑要》,中国广播电视出版社 1995 年版。

52. 方东美:《生命理想与文化类型——方东美新儒学论著辑要》,中国广播电视出版社 1992 年版。

53. 张君劢:《精神自由与民族文化——张君劢新儒学论著辑要》,中国广播电视出版社 1995 年版。

54. 任剑涛:《道德理想主义与伦理中心主义——儒家伦理及其现代

处境》，东方出版社2003年版。

55. 梁漱溟:《人心与人生》，上海人民出版社2005年版。

56. 马小虎:《魏晋以前个体"自我"的演变》，中国人民大学出版社2004年版。

57. 张庆熊:《自我、主体际性与文化交流》，上海人民出版社1999年版。

58. 邴正:《当代人与文化——人类自我意识与文化批判》，吉林教育出版社1998年版。

59. 贺来:《现实生活世界——乌托邦精神的真实根基》，吉林教育出版社1998年版。

60. 赵馥洁:《价值的历程:中国传统价值观的演变》，商务印书馆2006年版。

61. 戴茂堂、江畅:《传统价值观念与当代中国》，湖北人民出版社2001年版。

62. 江畅、戴茂堂:《西方价值观念与当代中国》，湖北人民出版社1997年版。

63. 孙正聿:《超越意识》，吉林教育出版社2001年版。

64. 韩震:《思考的痕迹:文化碰撞中的思想自我》，北京师范大学出版社2006年版。

55. 夏伟东等:《论个人主义思潮》，高等教育出版社2006年版。

66. 夏伟东:《道德本质论》，中国人民大学出版社1991年版。

67. 姚新中:《道德活动论》，中国人民大学出版社1990年版。

68. 陈根法:《德性论》，上海译文出版社2004年版。

69. 高兆明:《存在与自由:伦理学引论》，南京师范大学出版社2004年版。

70. 邵龙宝、李晓菲:《儒家伦理与公民道德教育体系的建构》，同济大学出版社2005年版。

71. 余潇风:《人格之境——类伦理学引论》，浙江大学出版社2006年版。

72. 何怀宏:《良心与正义的求索》，黑龙江人民出版社2003年版。

73. 赵敦华:《人性和伦理的跨文化研究》,黑龙江人民出版社 2003 年版。

74. 王晓朝:《传统道德向现代道德的转型》,黑龙江人民出版社 2003 年。

75. 何怀宏:《良心论——传统良知的社会转化》,上海三联书店出版社 1994 年版。

76. 龚爱林:《变革中的道德:当前我国伦理道德发展的变化、问题及对策研究》,湖南教育出版社 2000 年版。

77. 郭湛:《主体性哲学——人的存在及其意义》,云南人民出版社 2002 年版。

78. 王海明:《人性论》,商务印书馆 2005 年版。

79. 司马云杰:《价值实现论:关于人的文化主体性及其价值实现的研究》,陕西人民出版社 2003 年版。

80. 李佑新:《走出现代性道德困境》,人民出版社 2006 年版。

81. 李承贵:《德性源流——中国传统道德转型研究》,江西教育出版社 2004 年版。

82. 徐向东:《理解自由意志》,北京大学出版社 2008 年版。

83. 徐向东:《自由意志与道德责任》,江苏人民出版社 2006 年版。

84. 徐向东:《道德哲学与实践理性》,商务印书馆 2006 年版。

85. 方克立:《中国哲学史上的知行观》,人民出版社 1982 年版。

86. 赵汀阳:《论可能的生活———一种关于幸福和公正的理论》,中国人民大学出版社 2004 年版。

87. 蒙培元:《心灵超越与境界》,人民出版社 1998 年版。

88. 蒙培元:《情感与理性》,中国社会科学出版社 2002 年版。

89. [美]安乐哲:《自我的圆成:中西互镜下的古典儒学与道家》,彭国翔编译,河北人民出版社 2006 年版。

90. 维之:《精神与自我现代化——精神哲学新体系》,社会科学文献出版社 2004 年。

91. 朱义禄:《儒家理想人格与中国文化》,辽宁教育出版社 1991 年版。

92. 刘智蜂主编:《道德中国——当代中国道德伦理的深重忧思》,中国社会科学出版社2001年版。

93. 肖雪慧、韩东屏:《自我实现:主体论人生哲学》,河南人民出版社1988年版。

94. 肖雪慧、韩东屏:《主体的沉沦与觉醒》,贵州人民出版社1988年版。

95. 肖雪慧:《守望良知——新伦理学的文化视野》,辽宁人民出版社1998年版。

96. 赵光武:《走出自我中心困境》,华夏出版社1997年版。

97. 曾钊新、李建华:《道德心理学》,中南大学出版社2002年版。

98. 唐凯麟、曹刚:《重释传统:儒家思想的现代价值评估》,华南师范大学出版社2000年版。

99. 唐凯麟、龙兴海:《个体道德论》,中国青年出版社1993年版。

100. 吴奕新:《当代中国道德建设研究》,中国社会科学出版社2003年版。

101. 钟明华、李萍等:《马克思主义人学视域中的现代人生问题》,人民出版社2006年版。

102. 黎鸣:《问天命:道德的沦丧》,中国社会出版社2004年版。

103. 李德顺:《道德价值论》,云南人民出版社2004年版。

104. 任平:《交往实践的哲学》,云南人民出版社2003年版。

105. 任平:《交往实践与主体》,苏州大学出版社1999年版。

106. 曲小强:《自然与自我:从老庄到李贽》,济南出版社2007年版。

107. 王华:《美德论:传统美德与当代公民道德建设》,山东人民出版社2002年版。

108. 谭培文:《马克思主义的利益理论——当代历史唯物主义的重构》,人民出版社2002年版。

109. 武高寿:《社会契约新论:社会契约文化探求》,北京大学出版社2006年版。

110. 唐文明:《与命与仁:原始儒家伦理精神与现代性问题》,河北大学出版社2002年版。

111. 苗润田:《解构与传承:孔子、儒学及其现代价值研究》,齐鲁书社 2002 年版。

112. 唐代兴:《利益伦理》,北京大学出版社 2002 年版。

113. 曾振宇主编:《二十世纪儒家研究大系:儒家伦理思想研究》,中华书局 2003 年版。

114. 滕新才、曾超、曾毅:《中华伦理范畴:仁》,中国社会科学出版社 2006 年版。

115. 王征国:《道德规范论——以人为核心的道德规范体系研究》,中山大学出版社 2001 年版。

116. 商戈令:《道德价值论》,浙江人民出版社 1988 年版。

117. 莫伟民:《主体的命运》,上海三联书店 2001 年。

118. 王海明:《伦理学与人生》,复旦大学出版社 2009 年版。

119. 龚群:《现代伦理学》,中国人民大学出版社 2010 年版。

120. 杨方:《第四条思路:西方伦理学若干问题宏观综合研究》,湖南大学出版社 2003 年版。

121. 李幼蒸:《形上逻辑与本体虚无:现代德法伦理学认识论研究》,商务印书馆 2004 年版。

122. 黄振定:《上帝与魔鬼:西方善恶观念的历史嬗变》,湖南大学出版社 2003 年版。

123. 金生鈜:《德性与教化:从苏格拉底到尼采,西方道德教育哲学研究》,湖南大学出版社 2003 年版。

124. 温纯如:《康德和费希特的自我观》,广东人民出版社 1999 年版。

125. 向玉乔:《人生价值的诉求——美国伦理思潮的流变》,湖南师范大学出版社 2006 年版。

126. 向敬德:《西方元伦理学》,湖南师范大学出版社 2006 年版。

127. 陈立胜:《自我与世界,以问题为中心的现象学运动》,广东人民出版社 1999 年版。

128. 包利民、M. 斯戴克豪思:《现代性价值辩证论——规范伦理的形态学及其资源》,学林出版社 2000 年版。

129. 王晓东:《西方哲学主体间性理论批判》,中国社会科学出版社2004年版。

130. 张国清:《中心与边缘——后现代主义思潮概论》,中国社会科学出版社1998年版。

131. 李蜀人:《道德王国的重建》,中国社会科学出版社2005年版。

132.《马克思恩格斯全集》第1、2、3、42卷,人民出版社1956~1982年版。

133. 田海平:《西方伦理精神》,东南大学出版社1998年版。

134. 罗国杰、宋希仁:《西方伦理思想史》,中国人民大学出版社1986年版。

135. 章海山:《西方伦理思想史》,辽宁人民出版社1984年版。

136. 宋希仁:《西方伦理思想史》,中国人民大学出版社2004年版。

137. 宋希仁:《西方伦理学思想史》,湖南教育出版社2006年版。

138. 万俊人:《现代西方伦理学史》(上、下),北京大学出版社1990年版。

139. 万俊人:《20世纪西方伦理学经典》(1~4),中国人民大学出版社2005年版。

140.《亚里士多德选集:伦理学卷》,中国人民大学出版社1999年版。

141. [加]查尔斯·泰勒:《自我的根源:现代认同的形成》,韩震译,译林出版社2001年版。

142. [英]乔治·爱德华·摩尔:《伦理学原理》,长河译,上海译文出版社2003年版。

143. [古希腊]西塞罗:《论至善和至恶》,石敏敏译,中国社会科学出版社2005年版。

144. [美]汤姆·彼彻姆:《哲学的伦理学——道德哲学引论》,雷克勤等译,中国社会科学出版社1990年版。

145. [英]亨利·西季威克:《伦理学方法》,廖申白译,中国社会科学出版社1993年版。

146. [德]伊曼努尔·康德:《纯粹理性批判》,邓晓芒译,人民出版社

2004 年版。

147. ［德］伊曼努尔·康德:《实践理性批判》,关文运译,广西师范大学出版社 2002 年版。

148. ［德］康德:《道德形而上学、纯然理性限度内的宗教》,康德全集（第六卷）,中国人民大学出版社 2007 年版。

149. ［德］伊曼努尔·康德:《道德形而上学原理》,苗力田译,上海人民出版社 2005 年版。

150. ［德］费希特:《伦理学体系》,梁志学、李理译,中国社会科学出版社 1995 年版。

151. ［德］黑格尔:《精神现象学》上、下册,贺麟译,商务印书馆 1979 年版。

152. ［德］黑格尔:《法哲学原理》,范扬、张企泰译,商务印书馆 1961 年版。

153. ［德］黑格尔:《精神哲学——哲学全书·第三部分》,杨祖陶译,人民出版社 2006 年版。

154. ［德］弗里德里希·包尔生:《伦理学体系》,何怀宏、廖申白译,中国社会科学出版社 1988 年版。

155. ［法］科耶夫:《黑格尔导读》,姜志辉译,译林出版社 2005 年版。

156. ［德］叔本华:《伦理学的两个基本问题》,任立、孟庆时译,商务印书馆 1996 年版。

157. ［德］埃德蒙德·胡塞尔:《伦理学与价值论的基本问题》,艾四林、安仕铜译,中国城市出版社 2002 年版。

158. ［德］马克斯·舍勒:《价值的颠覆》,罗悌伦、林克、曹卫东译,生活·读书·新知三联书店 1997 年版。

159. ［德］马克斯·舍勒:《伦理学中的形式主义与质料的价值伦理学》,倪梁康译,生活·读书·新知三联书店 2004 年版。

160. ［德］卡尔·雅斯贝尔斯:《时代精神的状况》,王德峰译,上海译文出版社 2008 年版。

161. ［英］休谟:《人性论》,关文运译,商务印书馆 1980 年版。

162. ［英］大卫·休谟:《人类理智研究、道德原理研究》,周晓亮译,沈阳出版社2001年版。

163. ［英］亚当·斯密:《道德情操论》,蒋自强等译,商务印书馆1997年版。

164. ［英］伯特兰·罗素:《伦理学和政治学中的人类社会》,中国社会科学出版社1998年版。

165. ［德］哈贝马斯:《交往行动理论》,洪佩郁译,重庆出版社1994年版。

166. ［德］马克斯·霍克海默、西奥多·阿道尔诺:《启蒙辩证法——哲学片段》,渠敬东、曹卫东译,上海人民出版社2006年版。

167. ［俄］谢·弗兰克:《社会的精神基础》,王永译,生活·读书·新知三联书店2003年版。

168. ［苏］阿尔汉格尔斯基:《马克思主义伦理学的对象、结构、基本方面》,杨远、石毓彬译,中国社会科学出版社1990年版。

169. ［苏］古谢伊诺夫、伊尔利特茨:《西方伦理学简史》,刘献洲等译,中国人民大学出版社1992年版。

170. ［俄］尼古拉·别尔嘉耶夫:《人的奴役与自由——人格主义的体认》,贵州人民出版社1994年版。

171. ［俄］尼古拉·别尔嘉耶夫:《论人的使命》,学林出版社2000年版。

172. ［德］麦克斯·施蒂纳:《唯一者及其所有物》,金海民译,商务印书馆1989年版。

173. ［法］孔多塞:《人类精神进步史表纲要》,生活·读书·新知三联书店1998年版。

174. ［法］萨特:《存在与虚无》,陈宣良等译,生活·读书·新知三联书店1987年版。

175. ［德］恩斯特·卡西尔:《人论》,甘阳译,上海译文出版社2003年版。

176. ［英］齐格蒙特·鲍曼:《后现代伦理学》,张成岗译,江苏人民出版社2003年版。

177. ［英］齐格蒙·鲍曼:《生活在碎片之中——论后现代道德》,郁建兴等译,学林出版社 2002 年版。

178.[法]让·弗朗索瓦·利奥塔:《后现代道德》,莫伟民译,学林出版社 2000 年版。

179.[法]吉尔·利波维茨基:《空虚时代:论当代个人主义》,方仁杰、倪复生译,中国人民大学出版社 2007 年版。

180.[法]帕斯卡尔:《思想录:论宗教和其他主题的思想》,何兆武译,商务印书馆 1985 年版。

181.[英]乔治·爱德华·摩尔:《伦理学原理》,长河译,上海人民出版社 2003 年版。

182.[法]莫里斯·梅洛－庞蒂:《行为的结构》,杨大春、张尧均译,商务印书馆 2005 年版。

183.[美]芭芭拉·赫尔曼:《道德判断的实践》,陈虎平译,东方出版社 2006 年版。

184.[德]汉娜·阿伦特:《精神生活·意志》,姜志辉译,江苏教育出版社 2006 年版。

185.[美]麦金太尔:《德性之后》,龚群、戴扬毅译,中国社会科学出版社 1995 年版。

186.[美]麦金太尔:《谁之正义,何种合理性?》,万俊人等译,当代中国出版社 1996 年版。

187.[美]威廉·弗兰克纳:《善的求索——道德哲学导论》,黄伟合等译,辽宁人民出版社 1987 年版。

188.[美]约瑟夫·P.德马科、里查德·M.福克斯:《现代世界伦理学新趋向》,石毓彬、廖申白译,中国青年出版社 1990 年版。

189.[美]约翰·杜威:《人的问题》,傅统先、邱春译,江苏教育出版社 2006 年版。

190.[美]弗莱德·多尔迈:《主体性的黄昏》,万俊人、朱国钧、伍海针译,上海人民出版社 1992 年版。

191.[美]莱茵霍尔德·尼布尔:《道德的人与不道德的社会》,蒋庆、王守昌译,贵州人民出版社 1998 年版。

192.[美]埃里希·弗罗姆:《健全的社会》,王大庆等译,国际文化出版公司 2007 年版。

193. [美]埃里希·弗罗姆:《为自己的人》,孙依依译,生活·读书·新知三联书店 1988 年版。

194. [美]乔治·弗兰克尔:《道德的基础——关于道德概念的起源和目的的研究》,王雪梅译,国际文化出版公司 2007 年版。

195. [美]丹尼尔·贝尔:《资本主义文化矛盾》,赵一凡、蒲隆、任晓晋译,生活·读书·新知三联书店 1989 年版。

196. [美]约翰·罗尔斯:《道德哲学历史讲义》,张国清译,上海三联书店 2003 年版。

197. [美]安东尼·吉登司:《现代性与自我认同:现代晚期的自我与社会》,生活·读书·新知三联书店 1998 年版。

198. [英]R. W. 费夫尔(Fevre):《西方文化的终结》,丁万江、曾艳译,江苏人民出版社 2004 年版。

199. [美]马塞勒:《文化与自我》,任鹰译,浙江人民出版社 1988 年版。

200. [美]麦特·里德雷:《美德的起源——人类本能与协作的进化》,刘衍译,中央编译出版社 2004 年版。

201. [美]乔治·米德:《心灵、自我与社会》,赵月瑟译,上海译文出版社 1992 年版。

202. [美]福朗西斯·福山:《信任:社会美德与创造经济繁荣》,姜志华译,海南出版社 2001 年版。

203. [美]马斯洛等:《人的潜能和价值》,华夏出版社 1987 年版。

204. [苏]伊·谢·科恩:《自我论——个人与个人自我意识》,佟景韩等译,生活·读书·新知三联书店 1986 年版。

205. [美]赫伯特·马尔库塞:《单向度的人——发达工业社会意识形态研究》,上海译文出版社 1989 年版。

206. [美]流心:《自我的他性——当代中国的自我谱系》,上海人民出版社 2005 年版。

207. [美]斯蒂芬·贝斯特、道格拉斯·科尔纳:《后现代转向》,陈刚译,南京大学出版社 2002 年版。

208. [德]鲁道夫·奥伊肯:《新人生哲学要义》,张源、贾安抡译,中国城市出版社 2007 年版。

209. [美]查尔斯·库利:《人类本性与社会秩序》,包凡一译,华夏出版社 1989 年版。

210. [美]科尔伯格:《道德发展心理学:道德阶段的本质与确证》,郭本禹等译,华东师范大学出版社 2004 年版。

211. [美]柯尔伯格:《道德教育的哲学》,魏贤超译,浙江教育出版社 2000 年版。

212. [美]福朗西斯·福山:《大分裂:人类本性与社会秩序的重建》,刘榜离等译,中国社会科学出版社 2002 年版。

213. [英]布伦达－阿尔蒙德:《探索伦理学——通向善恶王国的旅行》,刘余莉、杨宗元译,中国社会科学出版社 2002 年版。

214. [美]查尔斯·L. 斯蒂文森:《伦理学与语言》,姚新中、秦志华译,中国社会科学出版社 1991 年版。

215. William Frankena:"A Critique of Virtue—Based Ethical Ethics" in Louis P. Pojman, ed. *Ethical Theory*: *Classical and Contemporary Readings*, CA:Wadsworth,2002．

216. Charles Taylor:*The Ethics of Authenticity* , Harvard University Press, c1991.

217. Arnold H. Buss:Self-consciousness and social anxiety , W. H. Freeman, c1980.

218. Abraham H. Maslow:*Motivation and personality* ,China Social Sciences Publishing House, 1999.

219. Robert Kegan:*The evolving self* : *problem and process in human development*,Harvard University Press, 1982.

220. Darlene Fozard Weaver:*Self-consciousness and social anxiety*, W. H. Freeman, c1980.

221. Robert V. Hannaford:*Moral anatomy and moral reasoning*,University Press of Kansas, c1993.

222. Oliver Letwin:*Ethics, emotion and the unity of the self*, Croom

Helm, 1987.

223. Jerrold E. Seigel: *The idea of the self : thought and experience in western Europe since the seventeenth century*, Cambridge University Press, 2005.

224. Lawrence Habermehl: *Morality in the modern world : ethical dimensions of contemporary human problems*, Wadsworth Pub. Co. , c1976.

225. Darlene Fozard Weaver: *Self love and Christian ethics*, Cambridge University Press, 2002.

226. Rosalind Hursthouse: *On Virtue Ethics*, Oxford University Press,1999.

227. Alasdair MacIntyre: *After Virtue*, University of Notre Dame Press,1984.

后　记

和许多人对当代中国道德现状的忧虑一样,我持久地关注与思考中国伦理道德建设的路向,但一直以来纠结于法律、道德两者关系的理论考虑,仅限于对社会成员道德素质的只言片语的见解,并未真正参透道德的本质,未能把捉到中国道德建设和价值转型的确切路向。

在东南大学读博期间,樊浩教授引领博士生研读黑格尔《精神现象学》《法哲学原理》,对其中关于客观精神"伦理世界"、"教化世界"、"道德世界"思想有着独到理论关注和精深学术见解;联系到冯友兰的人生自然境界、功利境界、道德境界、天地境界的区分,感悟中西方理论相互贯通和契合,我对道德本质、道德与伦理及法律之间的关系豁然明朗。田海平导师对道德哲学中的本体思维、伦理思维、道德思维的区分,也给予我深刻的启示,促成我立定将"道德自我"作为独特的道德哲学命题予以深究,由此触及对当代中国社会伦理、法权、道德价值的合理区分,对社会伦理文化建设和价值转型的根本路向和理想范型的逐渐明晰,并指向个体道德发展的完善目标。以《论道德自我的价值实现》为题,完成了博士学位论文的创作与答辩。

感谢东南大学伦理学学科博士点卓越师资团队对我的教诲和影响。田海平导师对哲学、伦理学的渊深知识给我的学习研究撑起广阔天空,使我对"道德自我"问题的思考不断获取深厚的知识底蕴,逐渐达致系统和严整。樊浩教授的治学精神、学术成就和在学界的声望令人敬仰,他以对中国传统伦理思想的系统提炼、对中西方伦理思想的贯通和诠释、在道德哲学领域的独到见解、严整的理论体系以及谨严的逻辑研究方法,为我的学习研究奠定了无比坚实的基础。董群老师超群的哲学睿智，孙慕义先生的学术厚蕴，陈爱华老师的严谨精神，许建良老师的深邃研究，王珏老师的横溢才华，都给我以直接、深刻的学术影响和观念启导。

进入郑州大学哲学系工作以来，在从事伦理学、现代西方伦理、中国伦理道德问题研究等课程的教学、研究中，我愈加认识到前期"道德自我的价值实现"研究的理论价值和现实意义，坚定了我对此项课题继续研究的信心。我把道德自我与公民伦理做了建设性的结合式研究，使得该项目研究趋显完整，倍感道德自我研究在当代中国愈加凸显它的理论和实践价值。

本课题在后续研究中，先后得到河南省教育厅人文社科研究项目、教育部人文社会科学研究项目、中国博士后科学基金面上资助项目、河南省哲学社会科学规划项目、教育部人文社科研究基地郑州大学公民教育研究中心基金的资助支持。课题研究中的阶段性成果先后在《同济大学学报》（人文社会科学版）、《学术论坛》、《山西师大学报》（人文社会科学版）、《南昌大学学报》（人文社会科学版）、《深圳大学学报》（人文社会科学版）、《学术交流》、《浙江社会科学》、《理论月刊》、《郑州大学学报》（哲学社会科学版）、《吉首大学学报》（人文社会科学版）、《学习与实践》等期刊刊载，并先后被人大复印资料《伦理学》、《新华文摘》转载或论点转摘。本书有幸入选《河南社会科学文库》2012年辑，在此对关心"道德自我"课题研究的专家表示诚挚谢意！本书中的不足，作者将努力在后续研究中予以补正。本书构思和行文参阅了同行、前辈的文献与研究成果，未能全部注明引文出处，在此一并感谢并致歉。

中国伦理学会副会长、东南大学人文学院院长、伦理学专业博士生导师樊浩教授，复旦大学哲学学院伦理学专业博士生导师邓安庆教授，对本研究成果的出版申报给予了鼎力推荐，导师田海平教授欣然作序，在此表示真忱的敬意和感谢！河南省社科联评审专家、河南人民出版社李自强编审对本书编辑出版给予了细致入微的审校和编辑，在此真诚致谢！

作　者

2012年5月